3D 프린팅 수업을 위한

틴커캐드 디자인 5

고성민 · 이송하 · 안진영 지음

도서출판 메카피아

(주)메카피아는 오토데스크 아카데믹파트너(AAP : Authorized Academic Partner)로 검증된 공인 강사를 통해 전문적이고 표준화된 교육 서비스를 제공하며 기계제조 분야의 현업경험을 토대로 실무적용에 맞춘 제품교육을 진행하고 있습니다.

3D 프린팅 수업을 위한
틴커캐드 디자인 ⭐

인　　쇄	2020년 3월 13일 초판 1쇄 인쇄
발　　행	2020년 3월 17일 초판 1쇄 발행
저　　자	고성민 · 이송하 · 안진영 지음
발 행 처	도서출판 메카피아
발 행 인	노수황 · 최영민
대표전화	1544-1605
주　　소	(본 점) 경기도 파주시 신촌2로 24번지
	(서울지점) 서울특별시 금천구 서부샛길 606
	대성디폴리스지식산업센터 B동 제3층 제331호
전자우편	mechapia@mechapia.com, pnpbook@naver.com
교육문의	02-861-9042
영 업 부	(서울) 02-861-9044, (파주) 031-8071-0088
팩　　스	(서울) 02-861-9040, (파주) 031-942-8688
인쇄제작	미래피앤피
제작관리	유종원
기　　획	이자영
마 케 팅	이정훈
영업관리	김순영
표지 · 편집	포인기획
등록번호	제2014-000036호
등록일자	2010년 02월 01일
I S B N	979-11-6248-074-8 13000
정　　가	12,000원

• 이 책은 저작권법에 의해 보호를 받는 저작물로 무단 전재나 복제를 금지하며,
  이 책 내용의 전부 또는 일부를 이용하려면 반드시 저작권자나 발행인의 서면동의를 받아야 합니다.
• 파본 및 낙장은 구입하신 서점에서 교환하여 드립니다.

저자 소개 | about Author

틴커메이커 고성민

영화, 게임컨텐츠를 개발해오다가
3D 프린팅을 접하게 되면서 3D 프린팅 교육으로 전향하여
메이커강사로 활동해 오고 있다.
현재는 (주)틴커스페이스를 설립하고 메이커스페이스를 구축하여
끊임 없이 3D 프린팅 교육 컨텐츠를 연구, 개발해 나가고 있다.

틴커메이커 이송하

산업디자인과를 전공하고 디자인 설계, 모델링 일을 하다
현재 3D 메이커 강사로 활동 중이며, (주)틴커스페이스 이사를 겸임하고 있다.
더욱 즐거운 메이커 수업을 만들어가기 위해
메이커 교육 커리큘럼을 연구·개발 중이다.

틴커메이커 안진영

설계회사와 글로벌 IT회사에서 근무하다가
현재는 메이커강사로 활동하고 있다.
메이커교육이 아이부터 성인까지 누구나 쉽고 흥미로운 교육이 되도록
다양한 커리큘럼을 연구 개발 중이다.

| Preface 　　　　　　　　　　　　　　　　　머 리 말

2020년까지 1천만 명에게 3D 프린터 활용 교육을 실시하겠다는 정부의 메이커 육성 공고에 따라 최근 초·중·고등학교와 기타 기관에서의 3D 프린팅 교육에 대한 관심이 최근까지 지속적으로 높아지고 있으며 이미 방과 후·자유학기제·동아리 수업을 넘어 다양한 활동이 이루어지고 있습니다.

1, 2, 3, 4권에 이어 5권째 출간하게 된 '3D 프린팅 수업을 위한 틴커캐드 디자인'은 3D 프린팅 수업 교재로도 사용될 수 있도록 여러 가지 내용으로 구성되어 있으며, 기존의 독자들 뿐만 아니라, 새로운 독자들도 쉽게 이해할 수 있도록 단계별로 쉽게 이해하고 배워 나갈 수 있는 난이도로 구성하였습니다.

또한 흥미를 유발할 수 있는 새로운 콘텐츠로 구성해보았습니다. 본 교재를 통해 학생들은 틴커캐드의 기능들을 쉽게 습득해 나감과 동시에 매 작품을 완성할 때마다 성취감을 느낄 수 있습니다.

'3D 프린팅 수업을 위한 틴커캐드 디자인'을 활용하여 더 많은 학생들이 메이커 문화를 이해하고 가까워질 수 있는 계기가 될 수 있기를 희망합니다.

2020년 3월 저자 올림

| Contents

목 차

SECTION 01
네임 키링 만들기 14

SECTION 02
메모꽂이 만들기 30

SECTION 03
카드 케이스 만들기 46

SECTION 04
병정모양 연필깎이 만들기 60

SECTION 05
공기놀이 만들기 81

SECTION 06
해시계 97

| Contents

목차

치약짜개 만들기 119

휴대폰 거치대 133

책갈피 153

축구공 퍼즐 만들기 169

태엽 토이 185

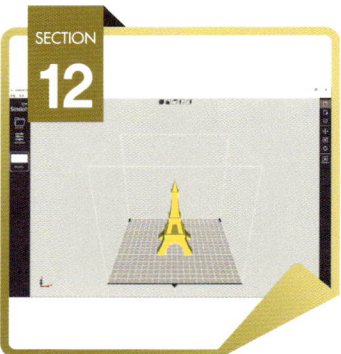

3D 프린터 출력하기 202

3D 프린팅 과정

I 3D Printing Curriculum

1. 모델링 파일 준비

틴커캐드는 Autodesk사에서 개발된
3차원 형상을 만드는 프로그램입니다.
https://www.tinkercad.com

※그 외 3D 모델링 프로그램
: Fusion 360, SketchUp, OpeNSCAD, Blender, Sculptris 등

2. G-Code 파일 변환

CURA는 Ultimaker의 슬라이싱 프로그램으로
3D 모델링 파일을 G-Code로 변환합니다.
https://ultimaker.com/en/products/ultimaker-cura-software

※그 외 슬라이서 프로그램
: Slic3r, KISSlicer, Mattercontrol, Simplify3D 등

3. 3D 프린터 출력

출력재료에 따라 FDM(필라멘트), SLS(파우더),
DLP(광경화성 수지) 등의 3D 프린터가 있습니다.
FDM 3D 프린터는 직교형과 델타형이 있으며,
재료인 필라멘트는 ABS와 PLA 등이 있습니다.

※주로 개인이 많이 사용하는 프린터는 PLA 재료를 사용하는 FDM 3D 프린터입니다.

| TINKERCAD

틴커캐드

구글크롬의 주소창에 'www.tinkercad.com'를 입력합니다.

틴커캐드는 미국 Autodesk사에서 만든 무료 프로그램입니다.
프로그램을 다운받아 설치하지 않고, 인터넷에 접속하여 프로그램을 실행하여 사용합니다.
작업파일도 클라우드 기반의 저장 공간에 자동으로 저장해 줍니다.

[지금 팅커링 시작] 을 클릭합니다.

계정 작성 창에 가입자 정보를 입력합니다.

가입 당시 만 13세 미만인 경우
부모님의 메일주소를 입력하고 계정을 만들 수 있습니다.

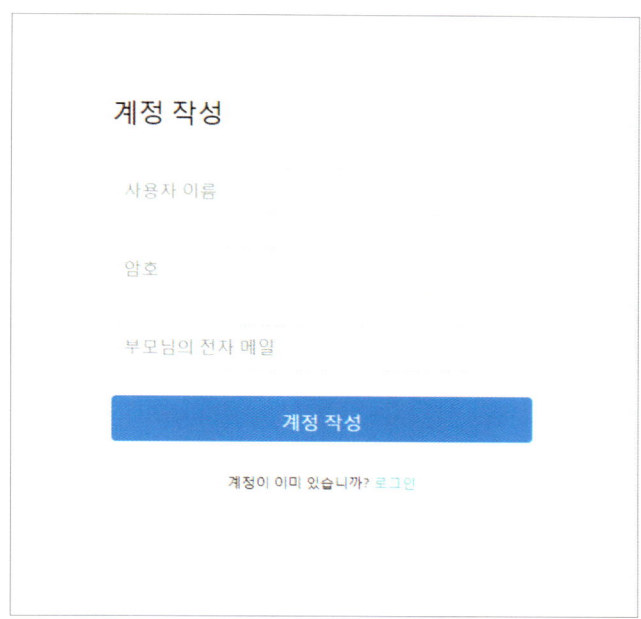

만 13세 미만인 경우 [초대 코드 입력 창]에서 선생님 또는 부모님의 초대 코드를 입력합니다.

만 13세 이상의 일반인 사용자가 초대코드를 생성하기 위해서는
상단의 '교육'을 클릭하면 8자리의 코드가 생성됩니다.

가입 후 로그인을 다시 하면 아래와 같은 대시보드가 나옵니다.

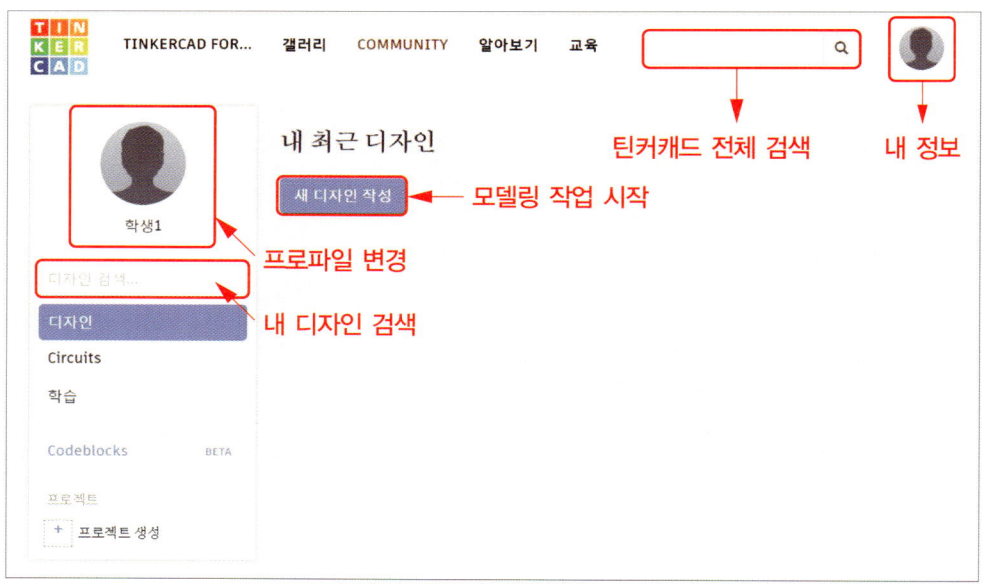

틴커캐드 작업화면 구성!

틴커캐드 화면 조작!

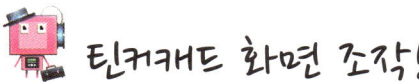

❶ **작업 평면 이동** : 작업 평면 위에서 마우스 휠 버튼을 누른 채 드래그하면 작업 평면이 화면의 원하는 곳으로 이동합니다.
Shift 를 누른 채 드래그하여도 화면이 똑같이 이동합니다.

❷ **작업 평면 회전** : 작업 평면 위에서 마우스 오른쪽 버튼을 누른 채 드래그하면 작업 평면이 360도 원하는대로 회전합니다.

❸ **작업 평면 맞춤** : F 키를 누르면 선택도형 맞춤 또는 모든 도형맞춤으로 뷰전환을 합니다.

❹ **작업 평면 확대/축소** : 작업 평면 위에서 마우스 휠 버튼을 돌리면 작업 평면이 확대 또는 축소됩니다.

모델링파일 내보내기!

3D 프린팅을 하기 위해서는 모델링 파일을 내보내기 해야 합니다.
팅커캐드 작업 화면의 오른쪽 상단 내보내기 버튼을 클릭합니다.

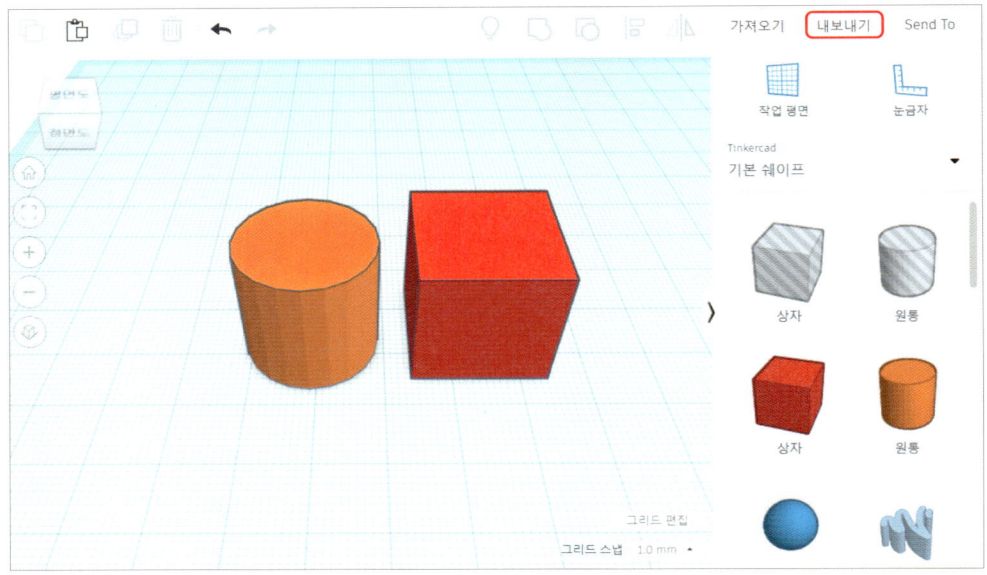

디자인에 있는 모든 것을 선택하고 ".STL" 버튼을 누릅니다.

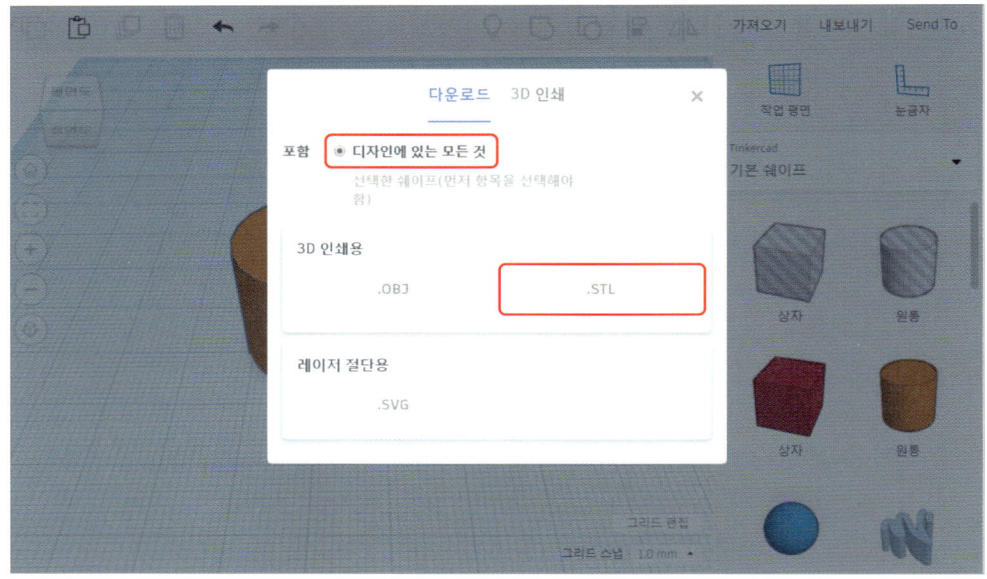

내보내기 한 파일은 "내컴퓨터"의 **다운로드** 폴더 안에서 확인합니다.
(슬라이싱 프로그램을 열고 저장된 stl 파일을 불러오기 할 수 있습니다.)

만약, ".OBJ" 버튼을 누르면 색상정보가 포함된 모델링 도형이 압축된 파일형태로 저장이 됩니다. 압축파일을 풀면 "obj.mtl" 파일과 "tinker.obj" 파일이 함께 저장되어 있습니다.

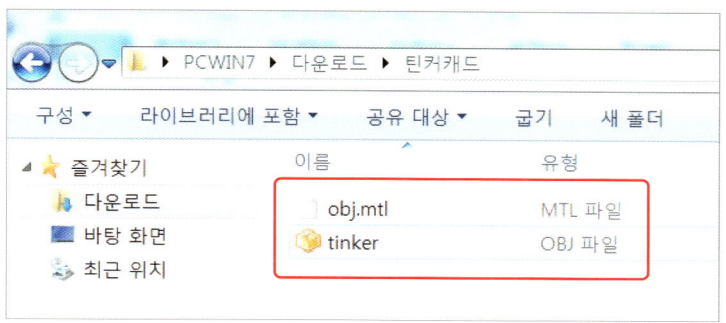

".SVG" 버튼을 누르면 그림처럼 가장 아래면의 선만 내보내기 됩니다.

SECTION 01 네임 키링 만들기

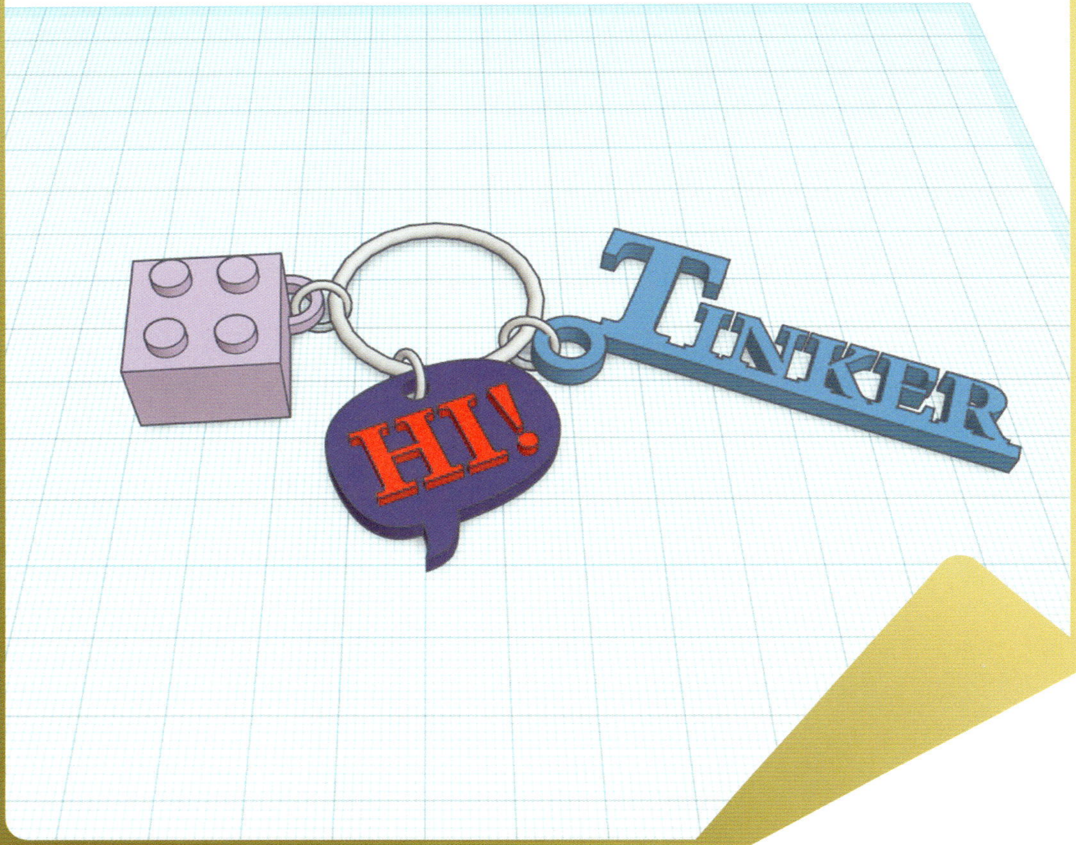

TINKERCAD DESIGN For 3D PRINTING

네임 키링 만들기

이니셜, 블록 모양, 손그림 등을 활용하여 다양한 키링을 모델링해 봅시다.
다양한 디자인으로 나만의 네임 키링을 완성해 봅시다.

TINKERCAD DESIGN For 3D PRINTING

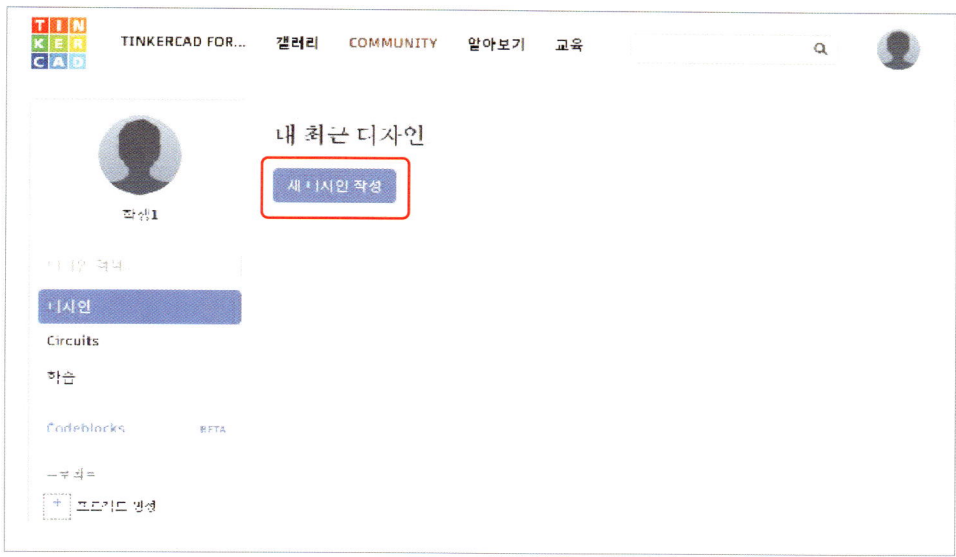

구글크롬 에서 틴커캐드 웹사이트(www.tinkercad.com)에 접속합니다.
로그인 후 대시보드의 새 디자인 작성 을 클릭합니다.

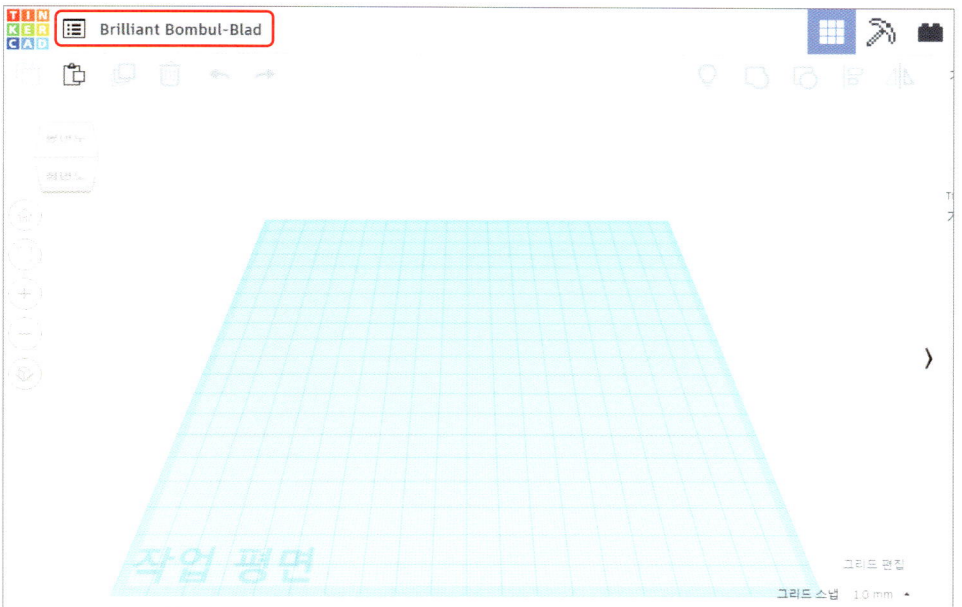

틴커캐드는 저장 버튼이 따로 없으며 웹에서 작업하고 모델링 작업파일 역시 인터넷 저장 공간에
자동으로 저장됩니다. 임의로 주어진 영어이름을 클릭하면 파일명을 수정할 수 있습니다.

TINKERCAD DESIGN For 3D PRINTING   SECTION 01

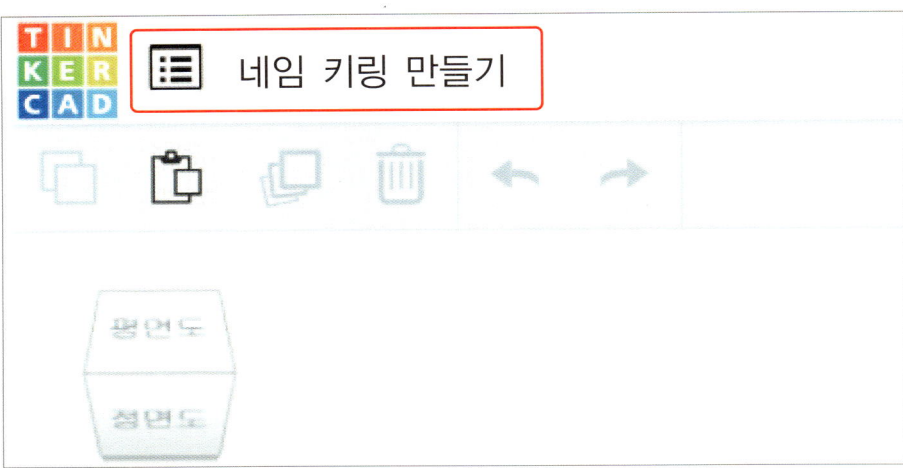

파일명을 "네임 키링 만들기"로 수정하고 엔터키 또는 화면의 빈 공간 아무 곳이나 클릭합니다.

네임, 이니셜 키링 만들기

02

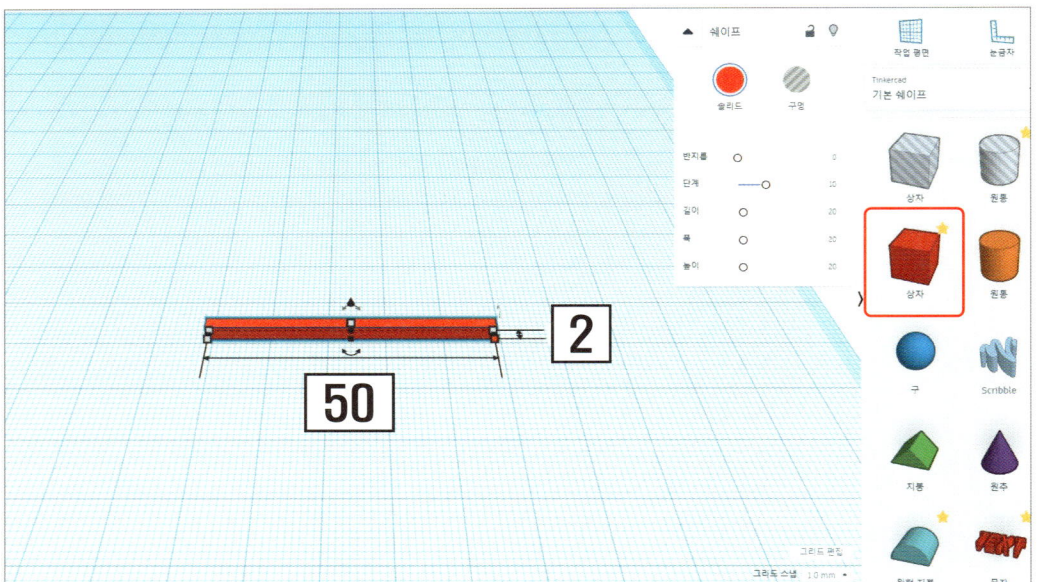

기본 쉐이프에서 상자를 선택하여 작업 평면에 놓은 후 치수를 조절합니다.
예 가로 50, 세로 2, 높이 3

TINKERCAD DESIGN For 3D PRINTING　　　　　　　　　　　　　SECTION 01

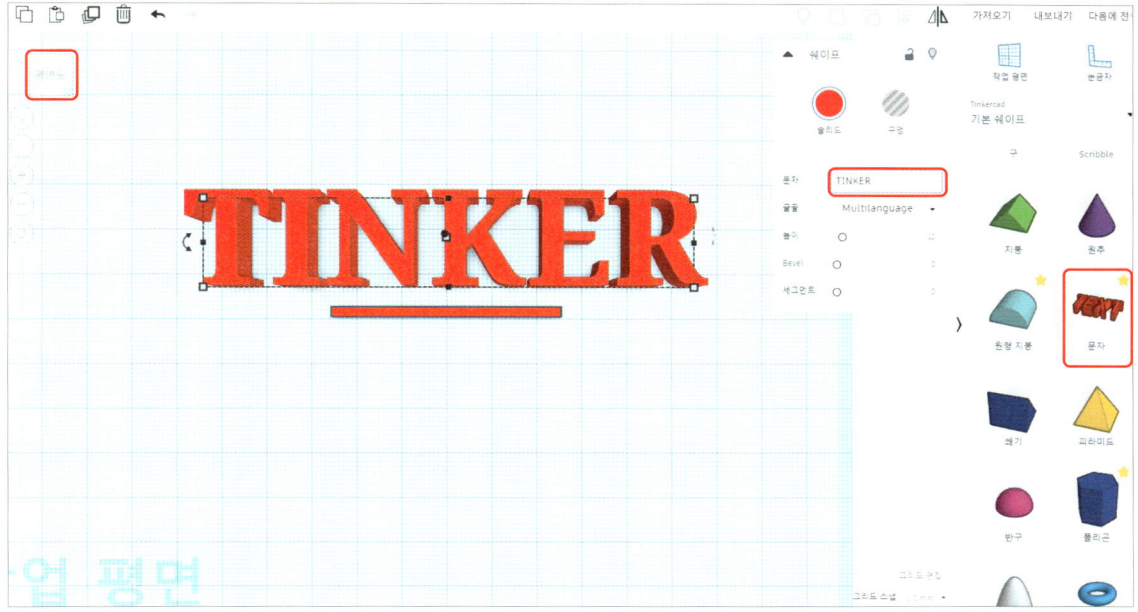

뷰박스를 평면도로 선택합니다.
기본 쉐이프에서 문자를 선택하여 작업 평면에 놓은 후 문자를 수정합니다.

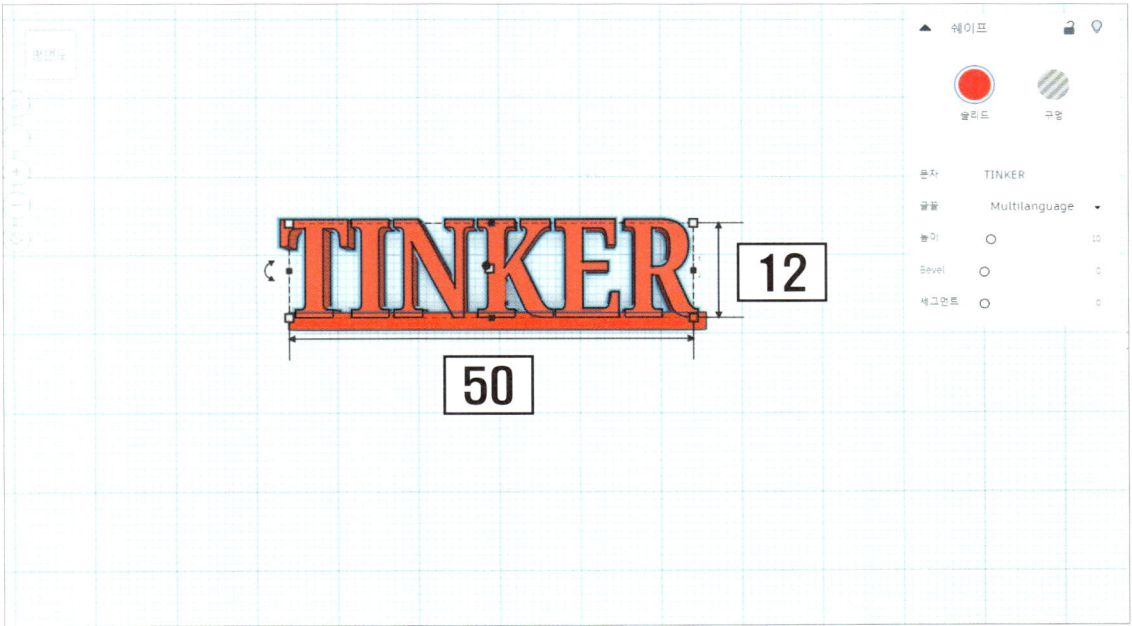

문자의 치수를 조절합니다.
예 가로 50, 세로 12, 높이 3

TINKERCAD DESIGN For 3D PRINTING SECTION 01

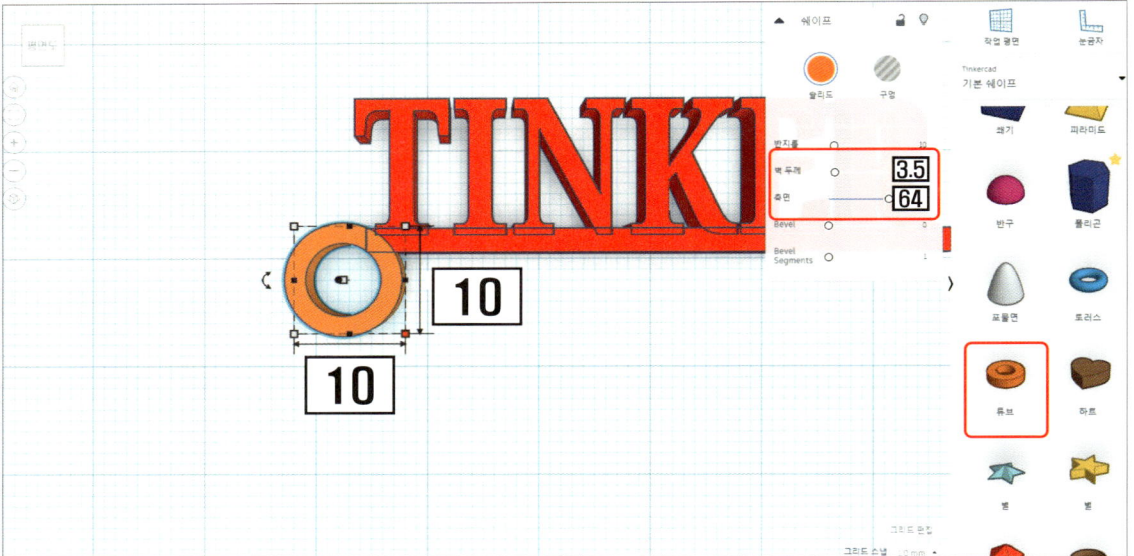

기본 쉐이프에서 튜브를 선택하여 작업 평면에 놓은 후 치수를 조절합니다.
예 가로 10, 세로 10, 높이 3, 벽두께 3.5, 측면 64

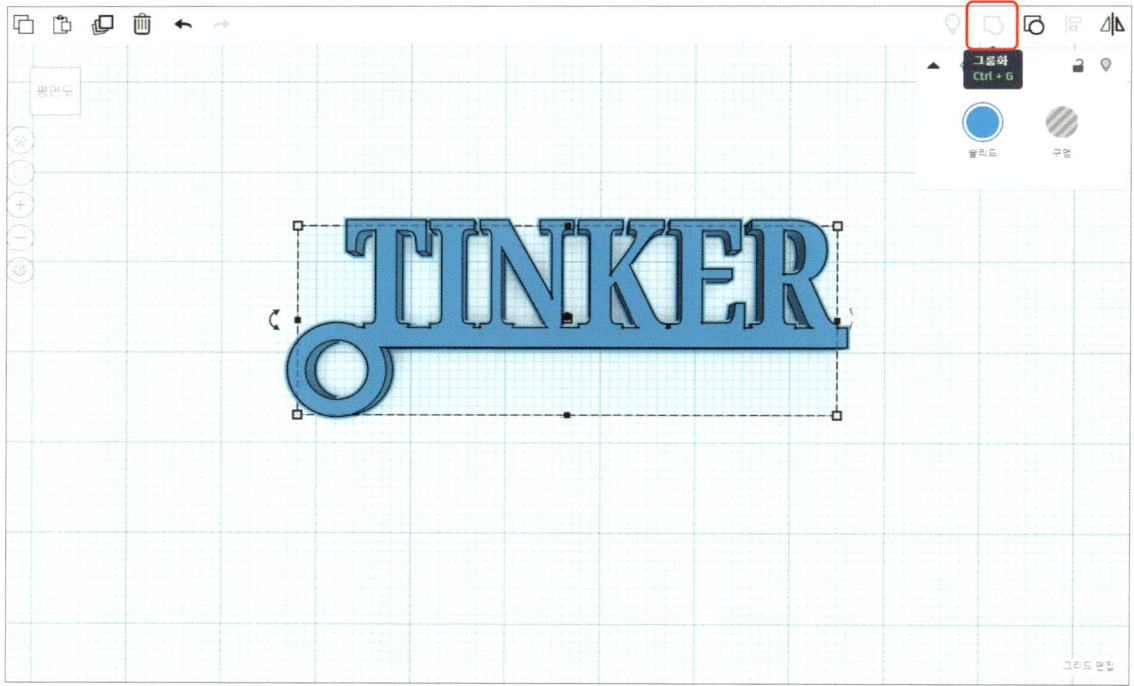

도형을 모두 선택한 후 그룹화합니다.
네임 키링 완성!

TINKERCAD DESIGN For 3D PRINTING

블록 모양 키링 만들기

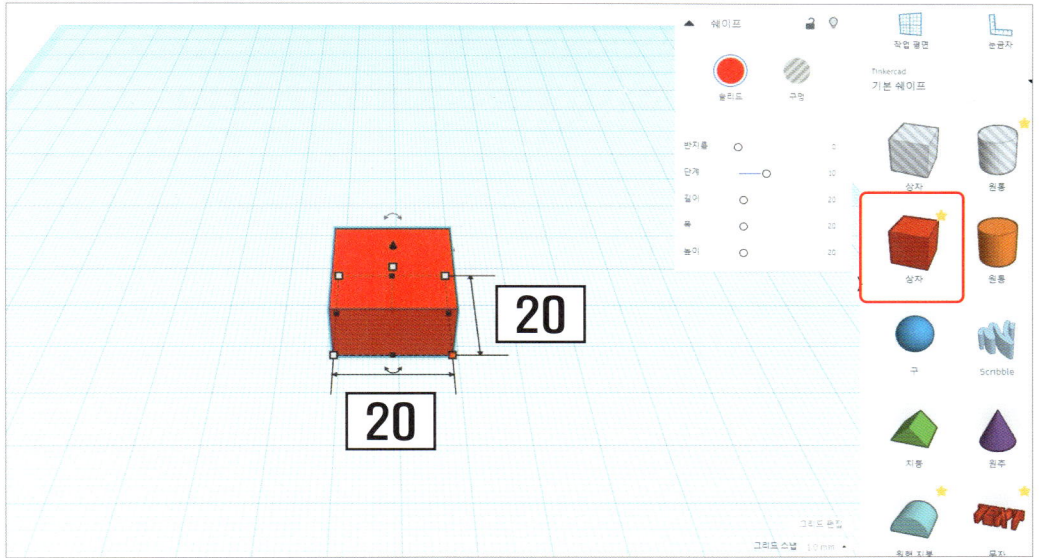

기본 쉐이프에서 상자를 선택하여 작업 평면에 놓은 후 치수를 조절합니다.
예 가로 20, 세로 20, 높이 12

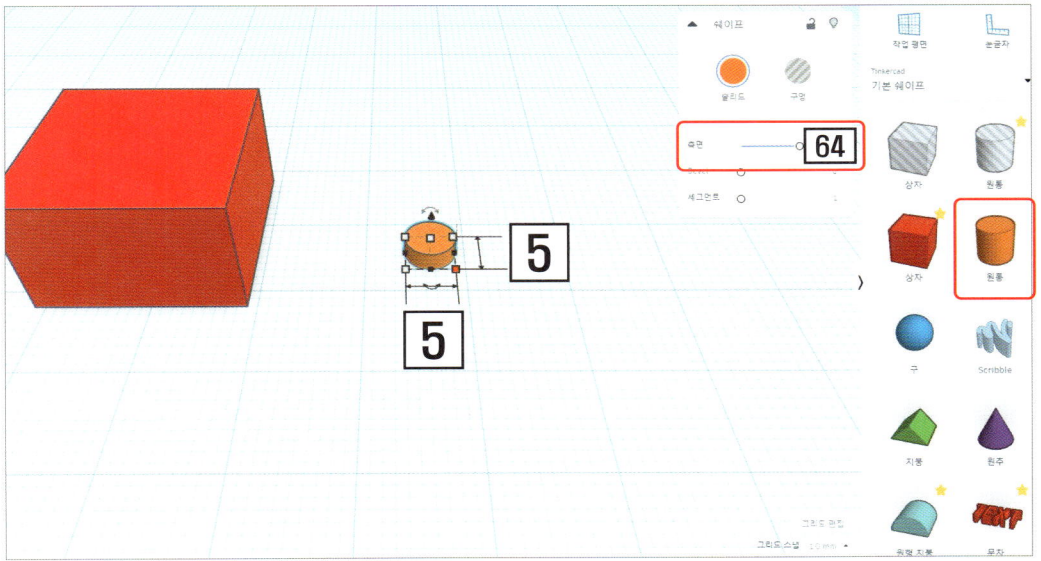

기본 쉐이프에서 원통을 선택하여 작업 평면에 놓은 후 치수를 조절합니다.
예 가로 5, 세로 5, 높이 2, 측면 64

SECTION 01_ 네임 키링 만들기

TINKERCAD DESIGN For 3D PRINTING _____

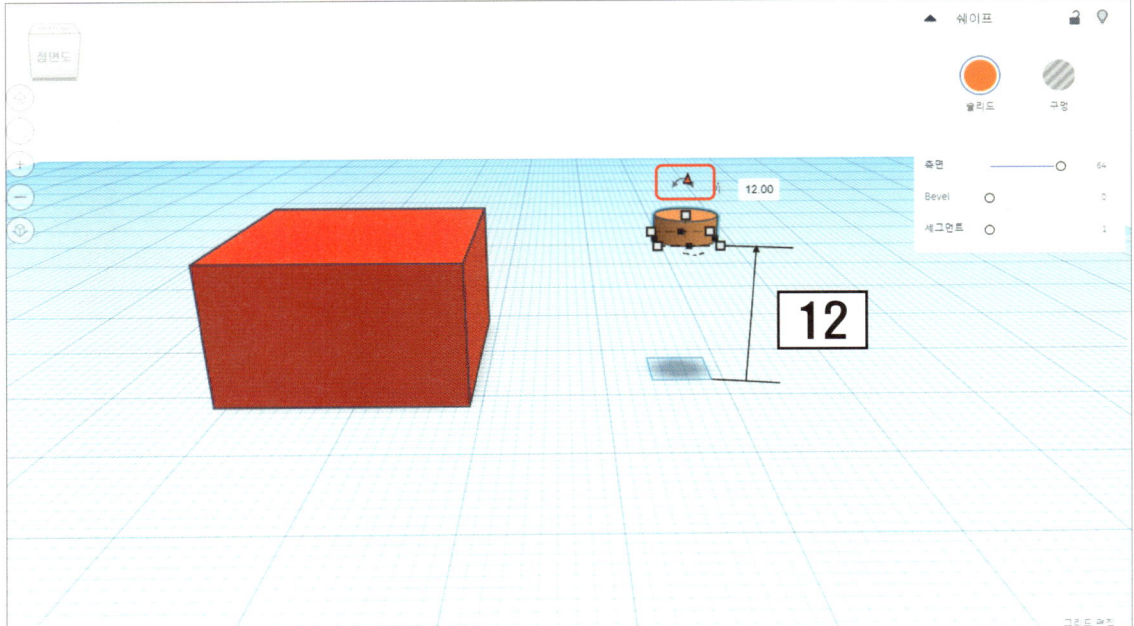

원통을 위로 "12"만큼 올려줍니다.

원통을 마우스로 움직이거나 키보드 방향키 로 그림과 같이 배치합니다.

TINKERCAD DESIGN For 3D PRINTING

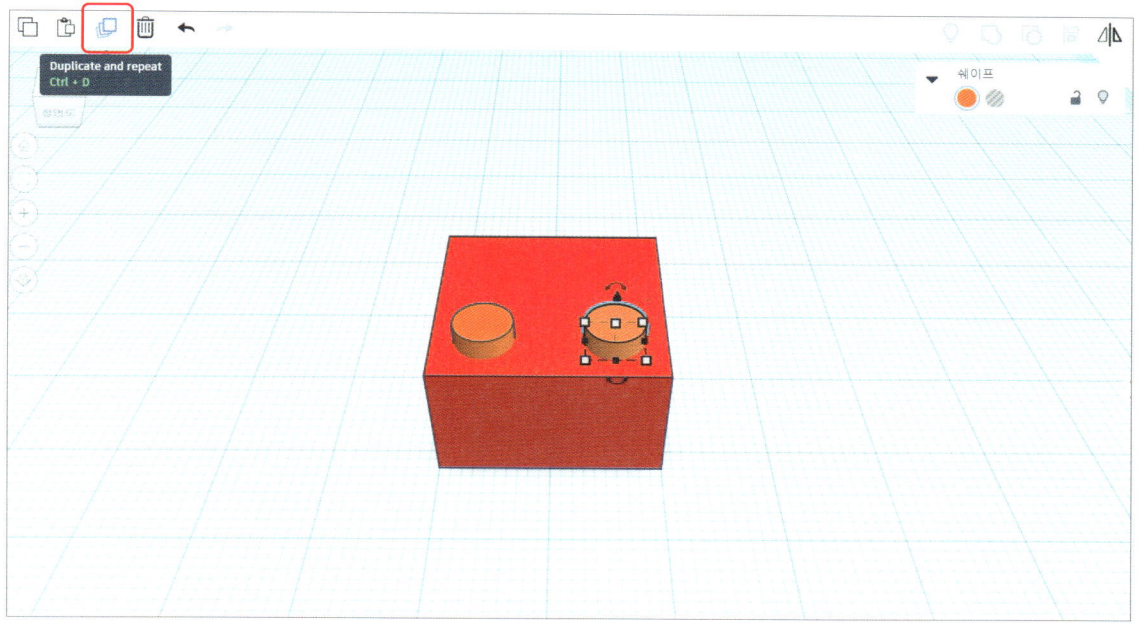

원통을 복제한 후 마우스로 움직이거나 키보드 방향키로 그림과 같이 배치합니다.

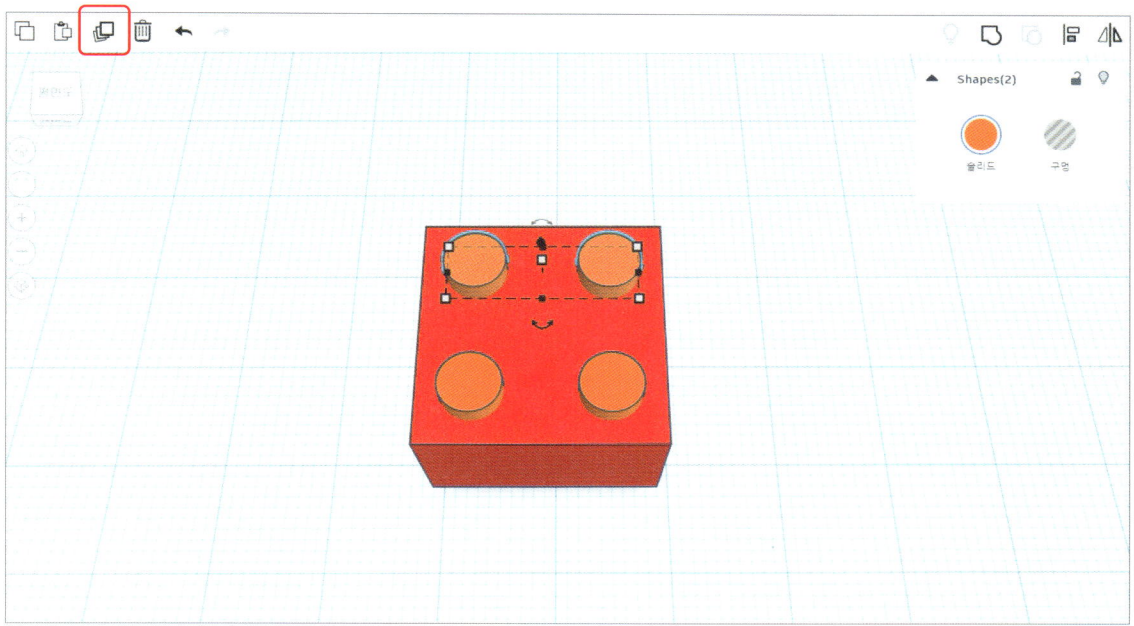

원통을 2개 더 복제한 후 마우스로 움직이거나 키보드 방향키로 그림과 같이 배치합니다.

TINKERCAD DESIGN For 3D PRINTING _____ SECTION 01

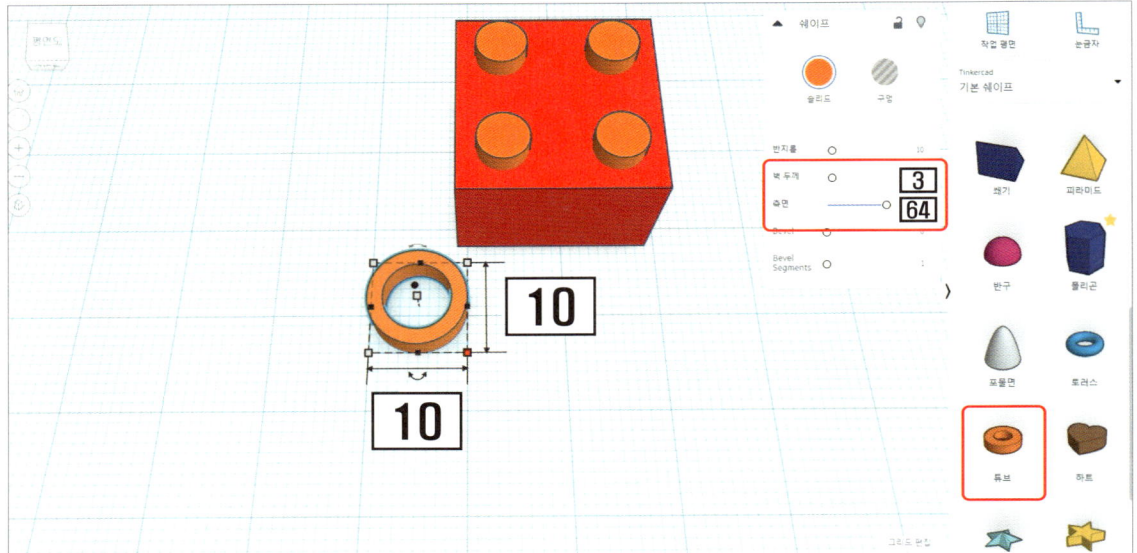

기본 쉐이프에서 튜브를 선택하여 작업 평면에 놓은 후 치수를 조절합니다.
예 가로 10, 세로 10, 높이 3, 벽두께 3, 측면 64

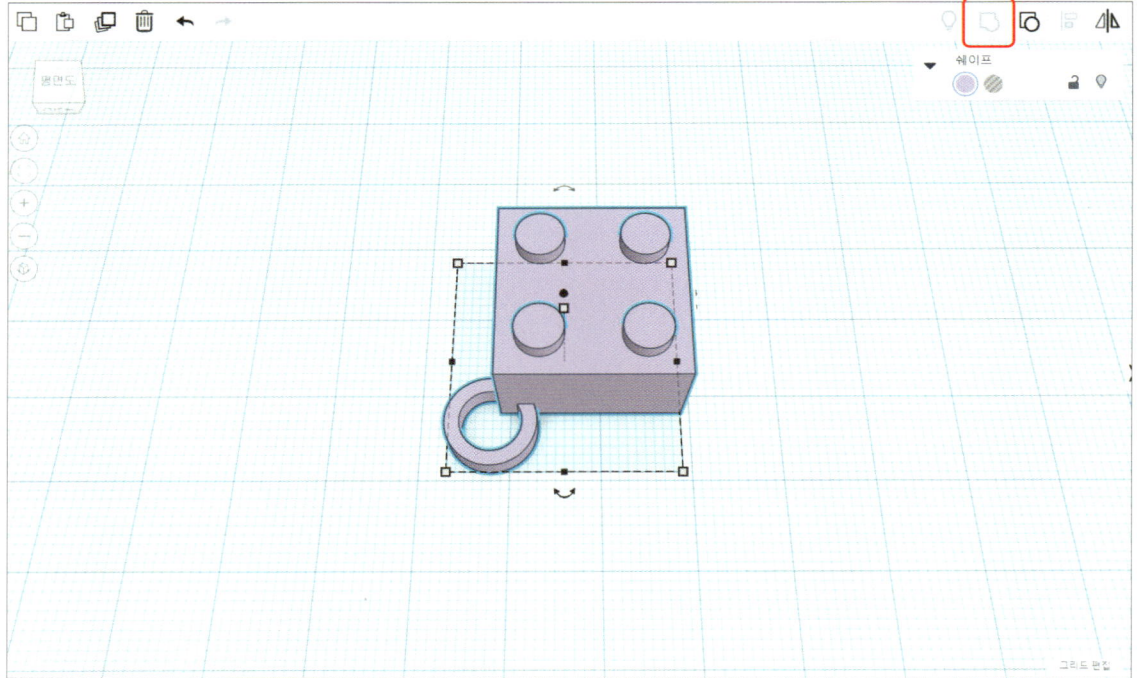

튜브 도형을 상자 도형과 겹치도록 배치한 후 도형을 모두 선택하여 그룹화합니다.
블록 모양 키링 완성!

TINKERCAD DESIGN For 3D PRINTING ─────────────────── SECTION 01

손그림 키링 만들기

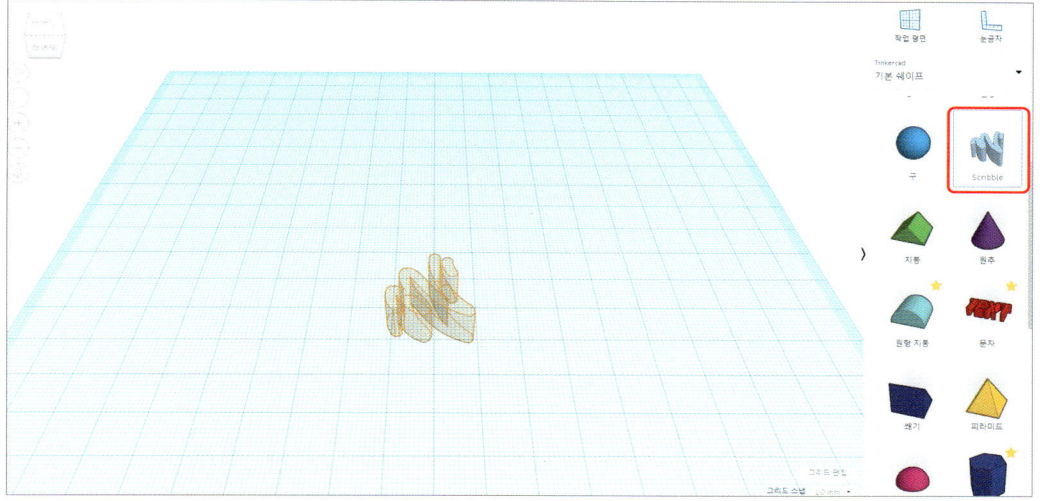

기본 쉐이프에서 Scribble를 작업 평면에 가져옵니다.
작업 평면에 놓는 순간 새로운 그림판이 생성됩니다.

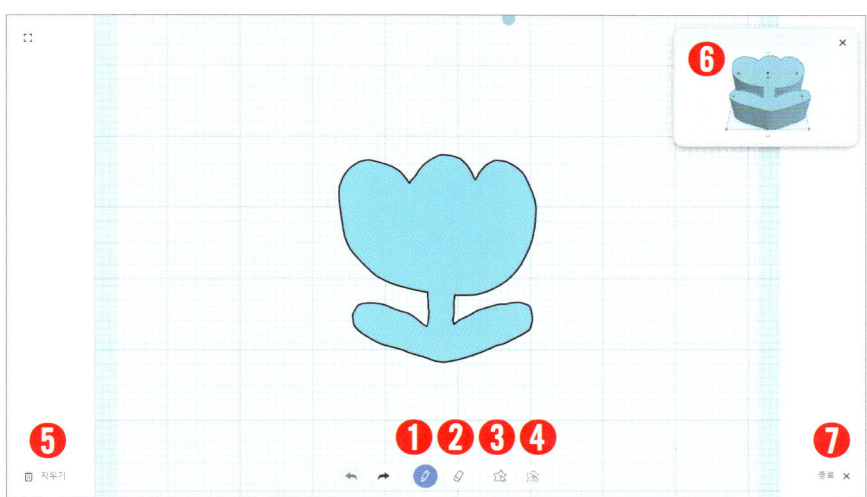

그림판에서 자유롭게 손그림을 그린 후 그려준 후 모델링을 확인하고 종료를 누르면 모델링이 생성됩니다.

❶ : 선 그리기 ❷ : 선 지우기 ❸ : 면 그리기 ❹ : 면 지우기
❺ : 전체 그림 지우기 ❻ : 모델링 작업 미리보기
❼ : 작업을 마친 후 종료버튼을 누르면 모델링이 완성되며 기존 작업 평면으로 돌아갑니다.

TINKERCAD DESIGN For 3D PRINTING　　　　　　　　　　　　　　　　　SECTION 01

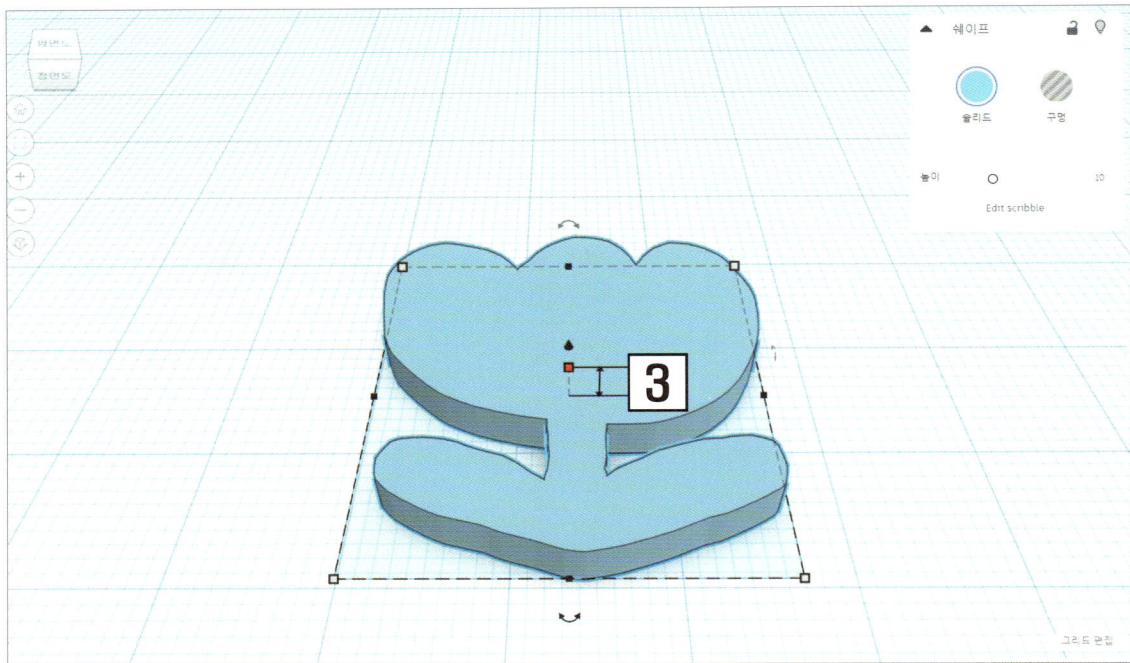

손그림 모양의 치수를 조절합니다.
예 가로 30, 세로 30, 높이 3 (가로, 세로는 그림에 따라 변동될 수도 있습니다.)

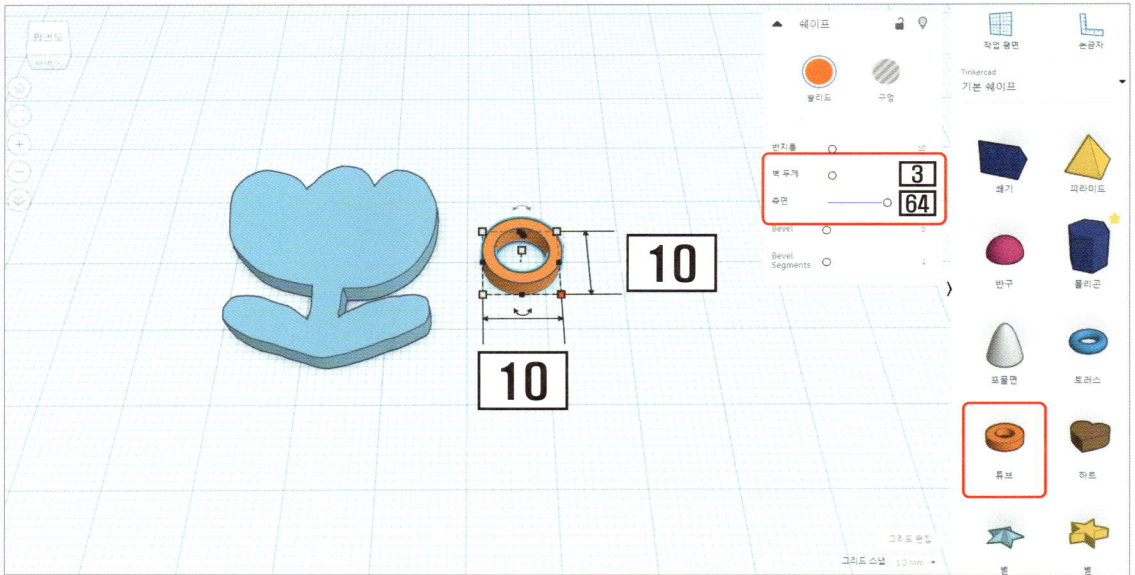

기본 쉐이프에서 튜브를 선택하여 작업 평면에 놓은 후 치수를 조절합니다.
예 가로 10, 세로 10, 높이 3, 벽두께 3, 측면 64

TINKERCAD DESIGN For 3D PRINTING

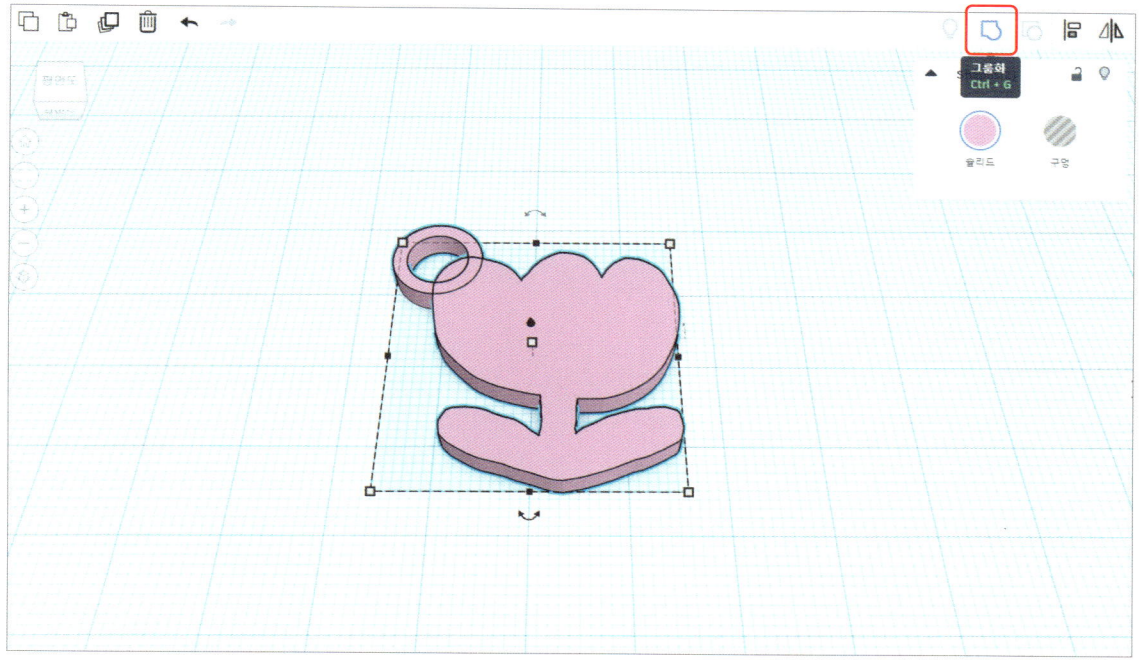

튜브 도형을 그림 도형과 겹치도록 배치한 후 도형을 모두 선택하여 그룹화합니다.
손그림 키링 완성!

 말풍선 키링 만들기

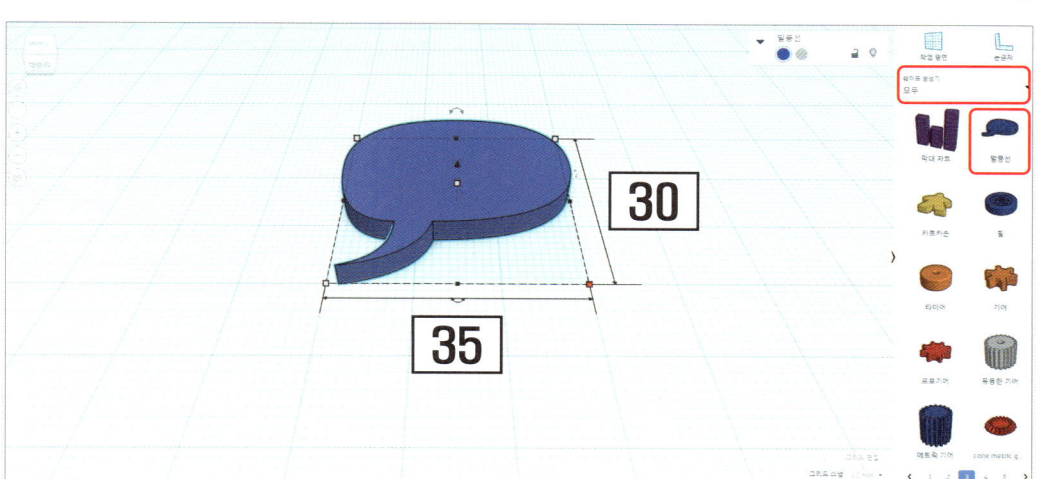

쉐이프 생성기 모두에서 말풍선(페이지 3)을 선택하여 작업 평면에 놓은 후 치수를 조절합니다.
예 가로 35, 세로 30, 높이 3

TINKERCAD DESIGN For 3D PRINTING _____ SECTION 01

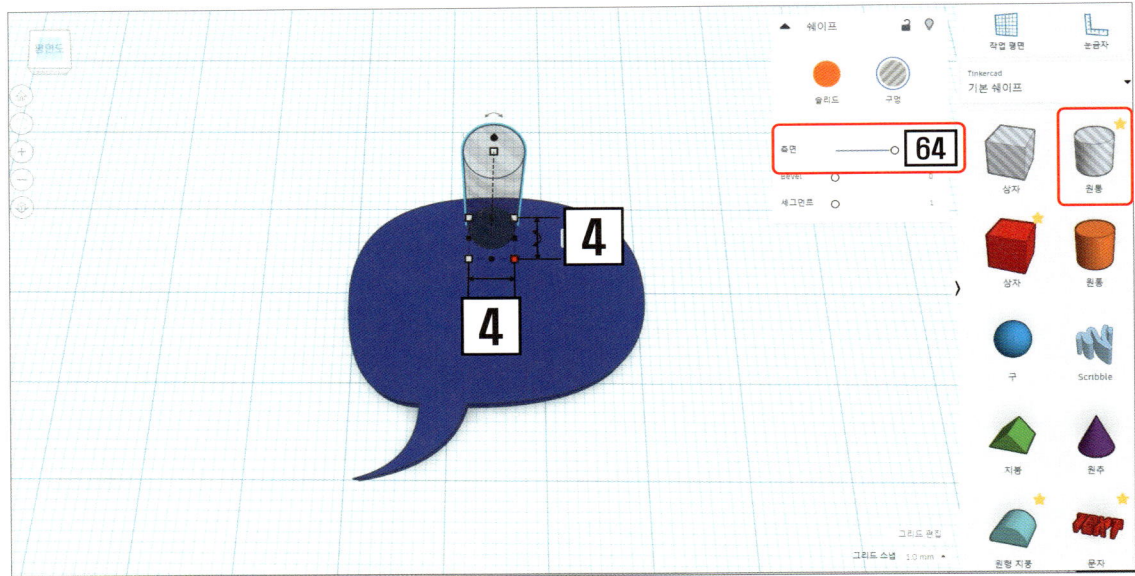

기본 쉐이프에서 구멍 원통을 선택하여 작업 평면에 놓은 후 치수를 조절합니다.
예 가로 4, 세로 4, 높이 20, 측면 64

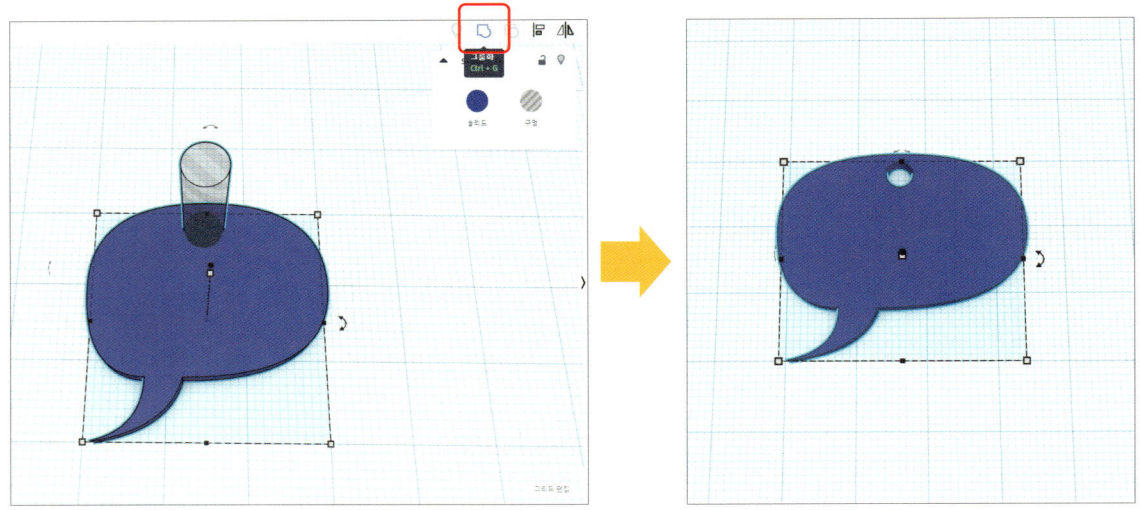

도형을 모두 선택한 후 그룹화합니다.

TINKERCAD DESIGN For 3D PRINTING

뷰박스를 평면도로 선택합니다.
기본 쉐이프에서 문자를 선택하여 작업 평면에 놓은 후 문자를 수정합니다.

문자의 치수를 조절합니다.
예 가로 22, 세로 10, 높이 5
말풍선 키링 완성!

TINKERCAD DESIGN For 3D PRINTING

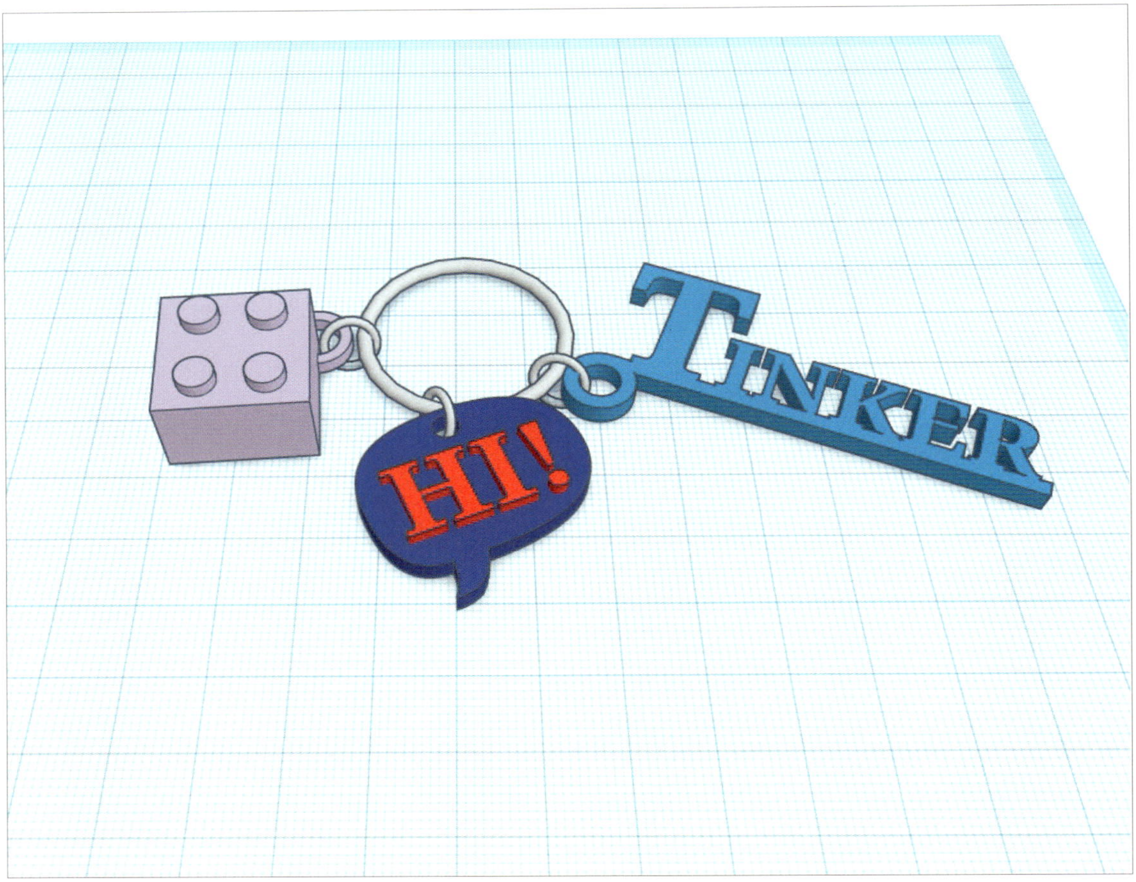

SECTION 01

※ 키링고리를 구매하여 다양한 키링 작품을 만들어 활용해 봅시다.

TINKERCAD DESIGN For 3D PRINTING

도 | 전 | 과 | 제

- 다양한 디자인의 키링을 모델링해 봅시다.

SECTION 02 메모꽂이 만들기

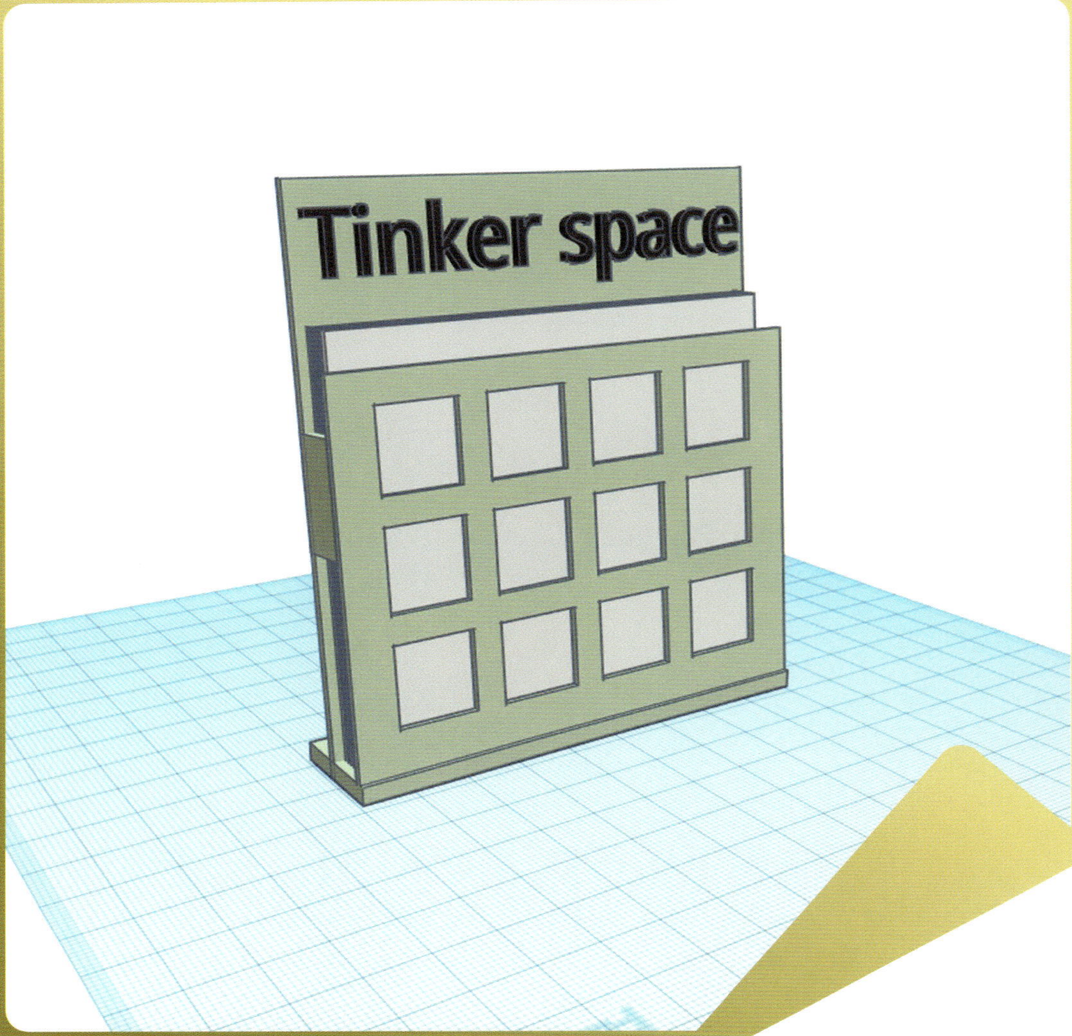

● 메모꽂이 만들기

새 학기를 맞이하여 나만의 메모꽂이를 만들어 봅시다.
구멍 내기를 활용하여 앞면의 다양한 구멍 모양을 만들어 모델링해 봅시다.

TINKERCAD DESIGN For 3D PRINTING

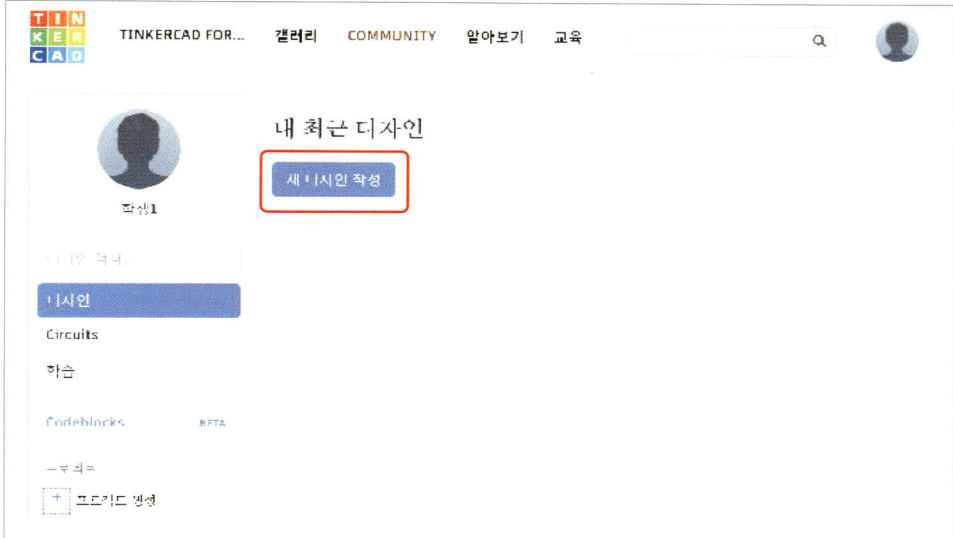

구글크롬 에서 틴커캐드 웹사이트(www.tinkercad.com)에 접속합니다.
로그인 후 대시보드의 새 디자인 작성 을 클릭합니다.

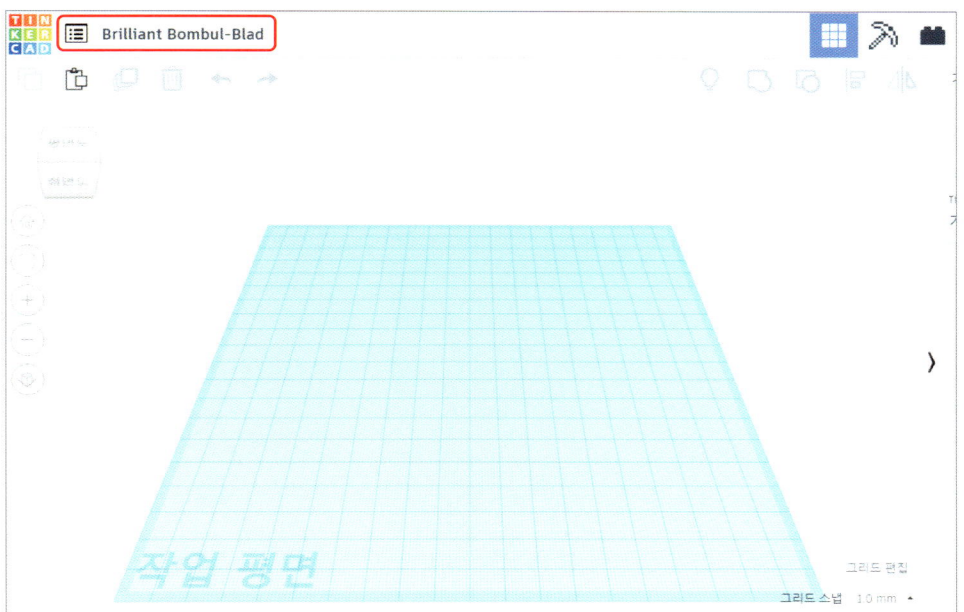

틴커캐드는 저장 버튼이 따로 없으며 웹에서 작업하고 모델링 작업파일 역시 인터넷 저장 공간에 자동으로 저장됩니다. 임의로 주어진 영어이름을 클릭하면 파일명을 수정할 수 있습니다.

TINKERCAD DESIGN For 3D PRINTING _____ SECTION 02

파일명을 "메모꽂이 만들기"로 수정하고 엔터키 또는 화면의 빈 공간 아무 곳이나 클릭합니다.

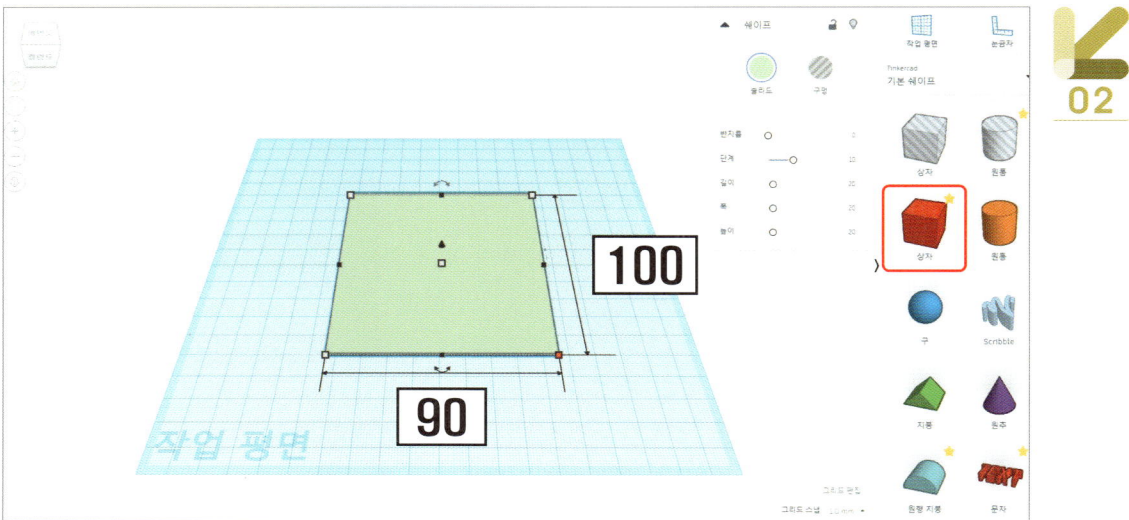

기본 쉐이프에서 상자를 선택하여 작업 평면에 놓은 후 치수를 조절합니다.
예) 가로 90, 세로 100, 높이 1

TINKERCAD DESIGN For 3D PRINTING

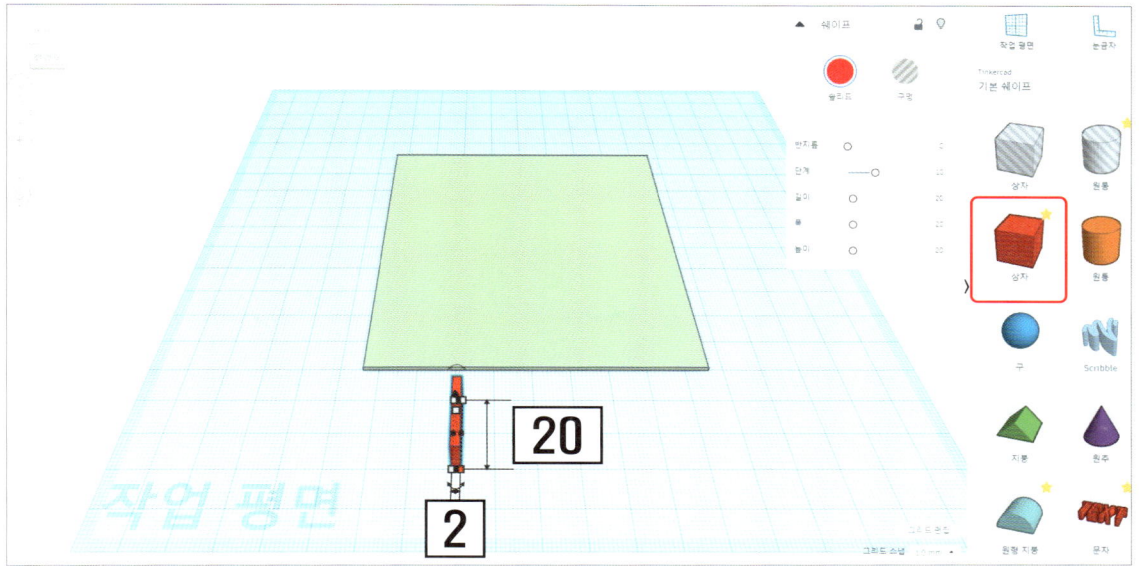

기본 쉐이프에서 상자를 선택하여 작업 평면에 놓은 후 치수를 조절합니다.
예 가로 2, 세로 20, 높이 10

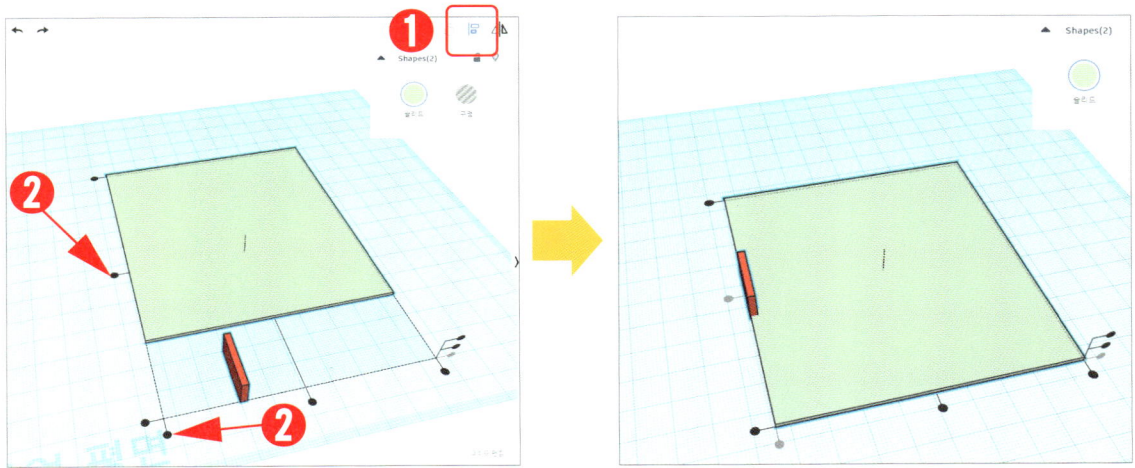

도형을 모두 선택하여 ❶ 정렬 버튼을 클릭한 후 ❷를 클릭하여 정렬합니다.

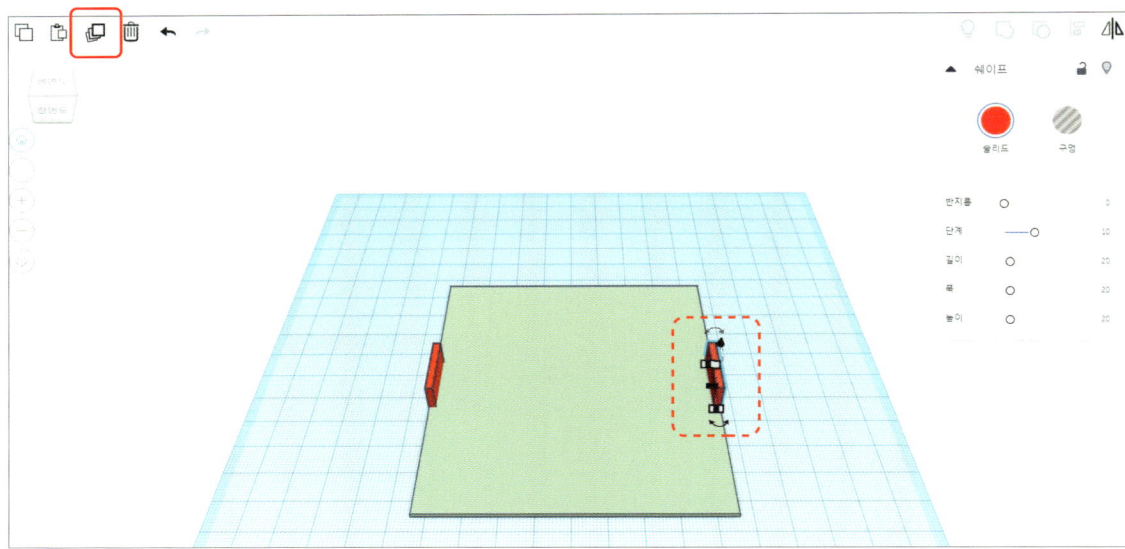

상자를 복제한 후 마우스로 움직이거나 키보드 방향키로 그림과 같이 배치합니다.

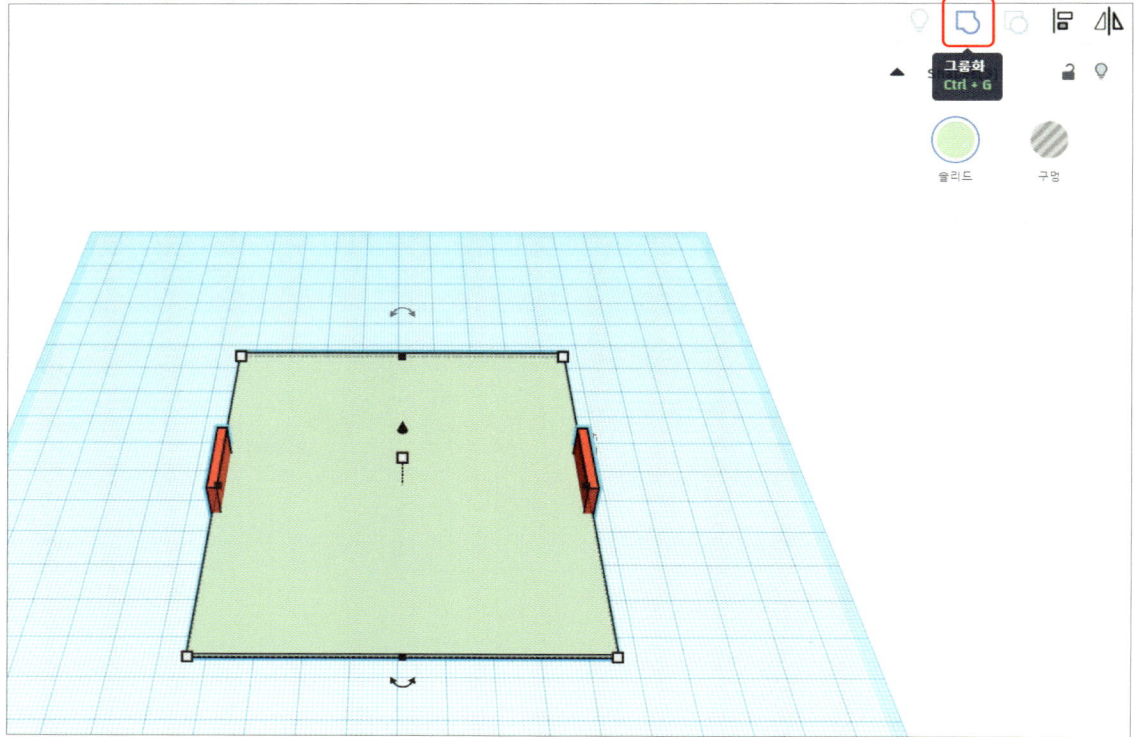

도형을 모두 선택한 후 그룹화합니다.

TINKERCAD DESIGN For 3D PRINTING

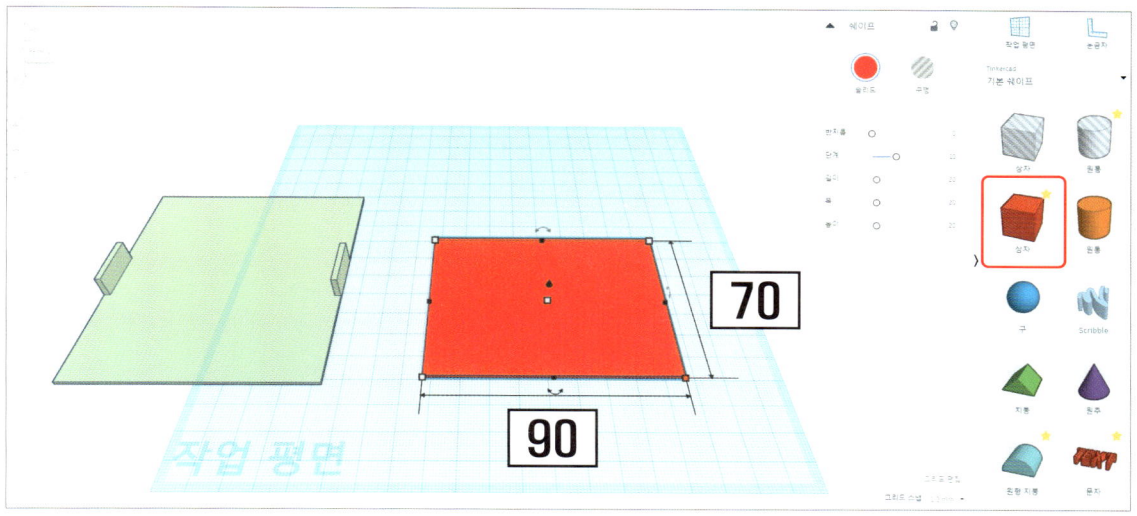

기본 쉐이프에서 상자를 선택하여 작업 평면에 놓은 후 치수를 조절합니다.
예 가로 90, 세로 70, 높이 1

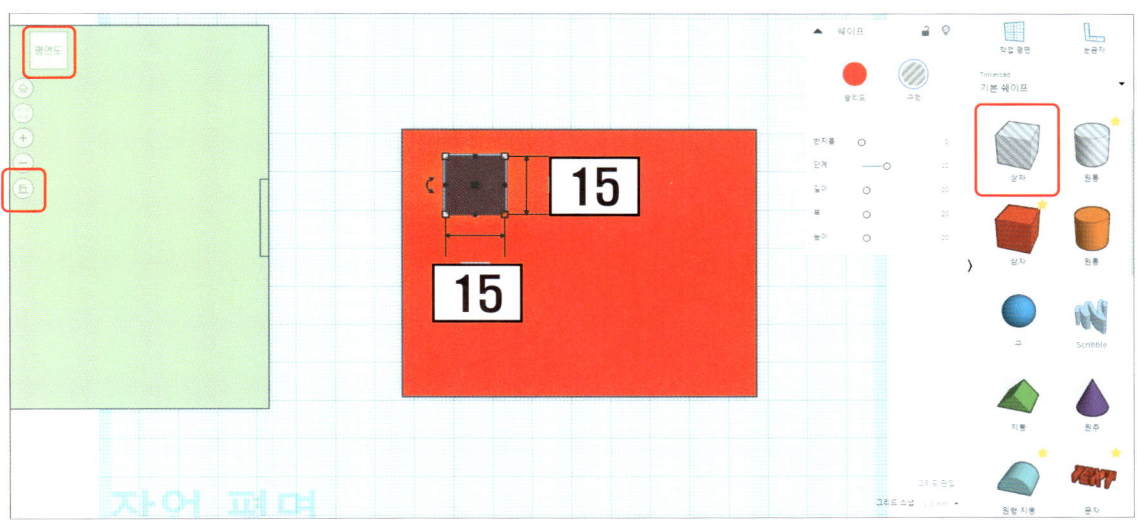

뷰박스를 평면도 · 직교뷰로 선택합니다.
기본 쉐이프에서 구멍 상자를 선택하여 작업 평면에 놓은 후 치수를 조절합니다.
예 가로 15, 세로 15, 높이 20

TINKERCAD DESIGN For 3D PRINTING   SECTION 02

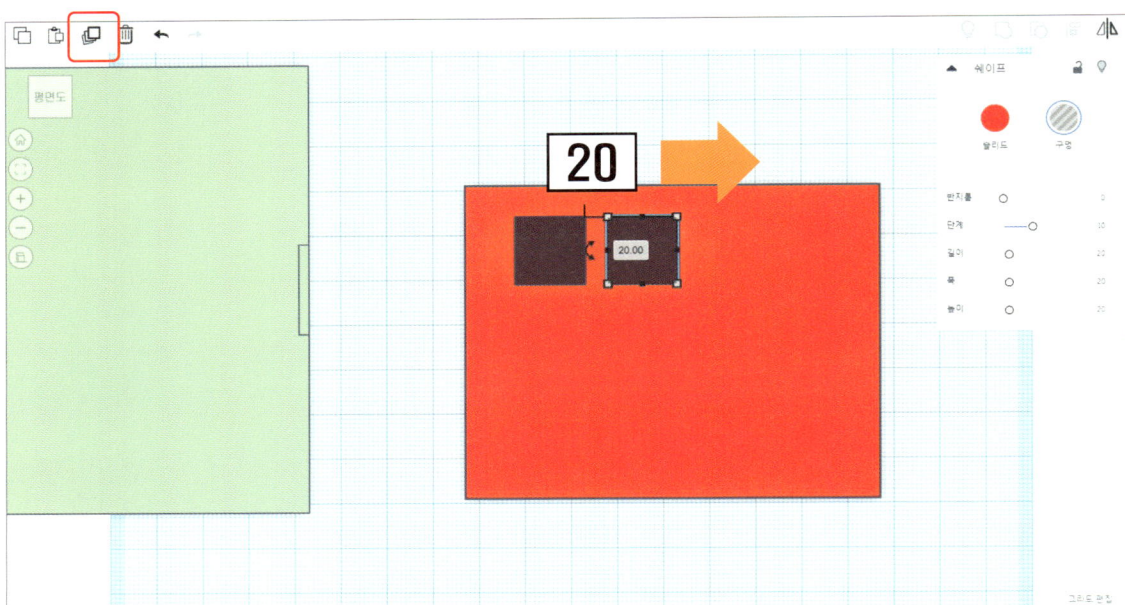

구멍 상자를 복제한 뒤 Shift 키를 누른 채로 옆으로 "20"만큼 이동합니다.
(Shift 키를 누른 채로 이동하면 일정한 방향으로 이동됩니다.)

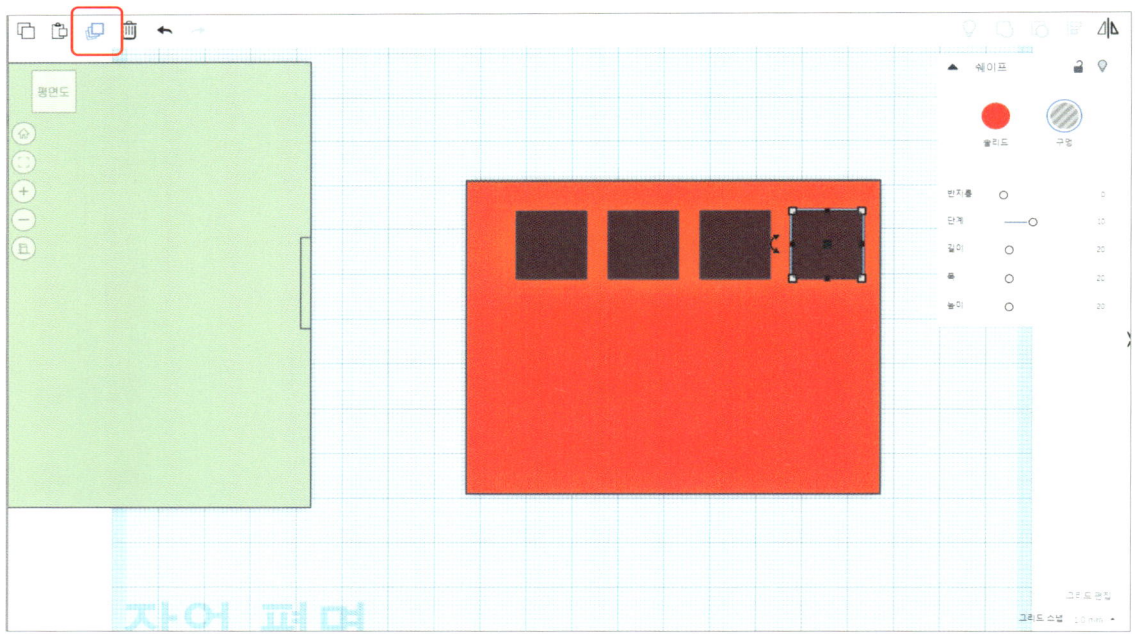

복제 버튼을 두번 더 클릭하여 줍니다.
"20"만큼 옆으로 반복하여 그림과 같이 복제됩니다.

TINKERCAD DESIGN For 3D PRINTING _____ SECTION 02

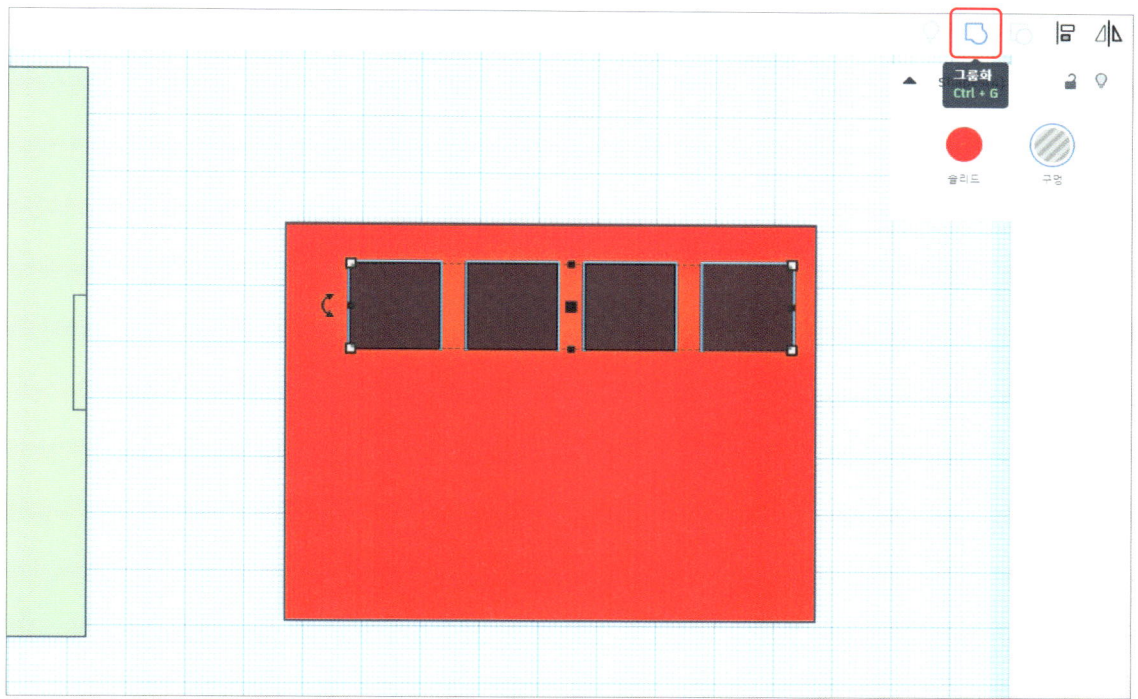

Shift 키를 누른 채로 구멍 상자를 모두 클릭하여 그룹화합니다.

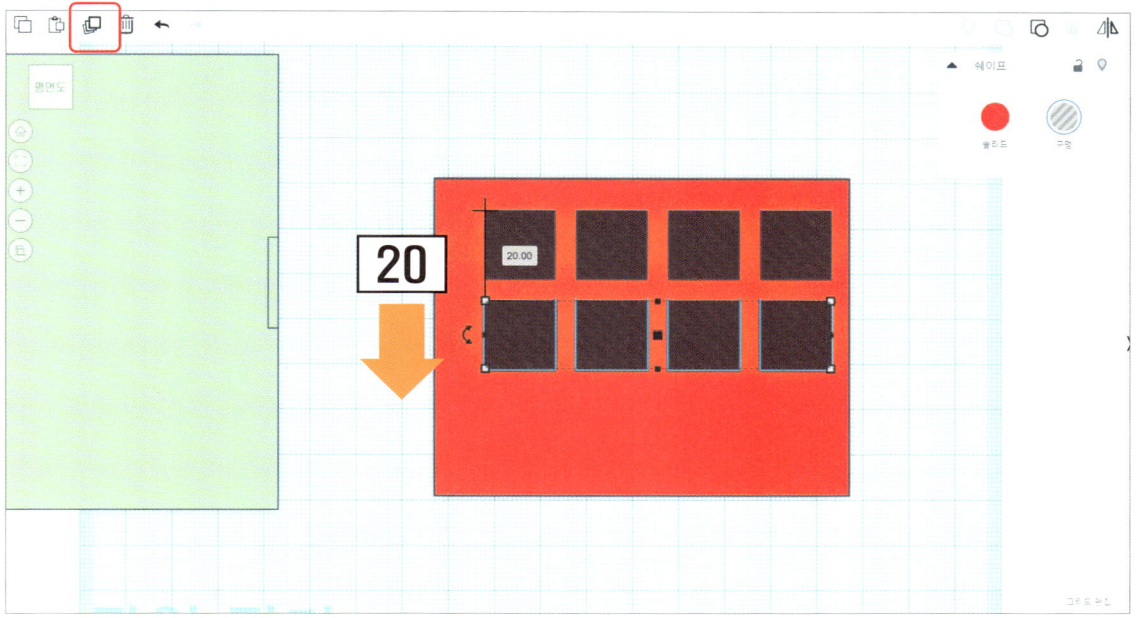

그룹화된 구멍 상자를 복제한 뒤 **Shift** 키를 누른 채로 아래로 "20"만큼 이동합니다.

TINKERCAD DESIGN For 3D PRINTING — SECTION 02

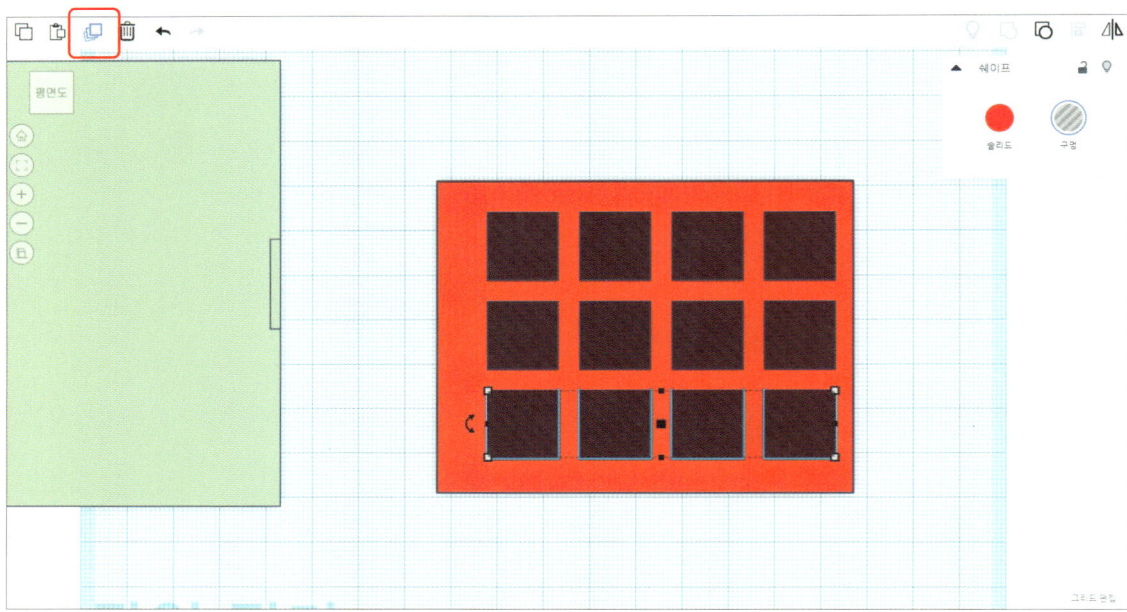

복제 버튼을 한번 더 클릭하여 줍니다. "20"만큼 아래로 그림과 같이 복제됩니다.

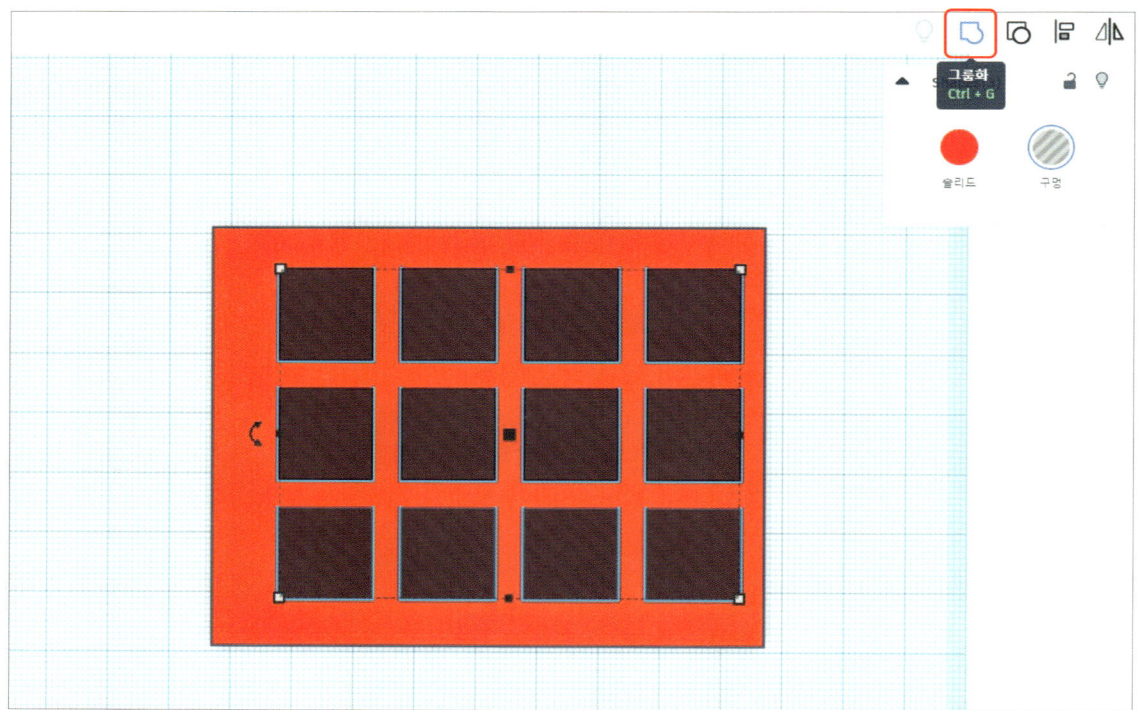

[Shift] 키를 누른 채로 상자를 모두 클릭하여 그룹화합니다.

TINKERCAD DESIGN For 3D PRINTING

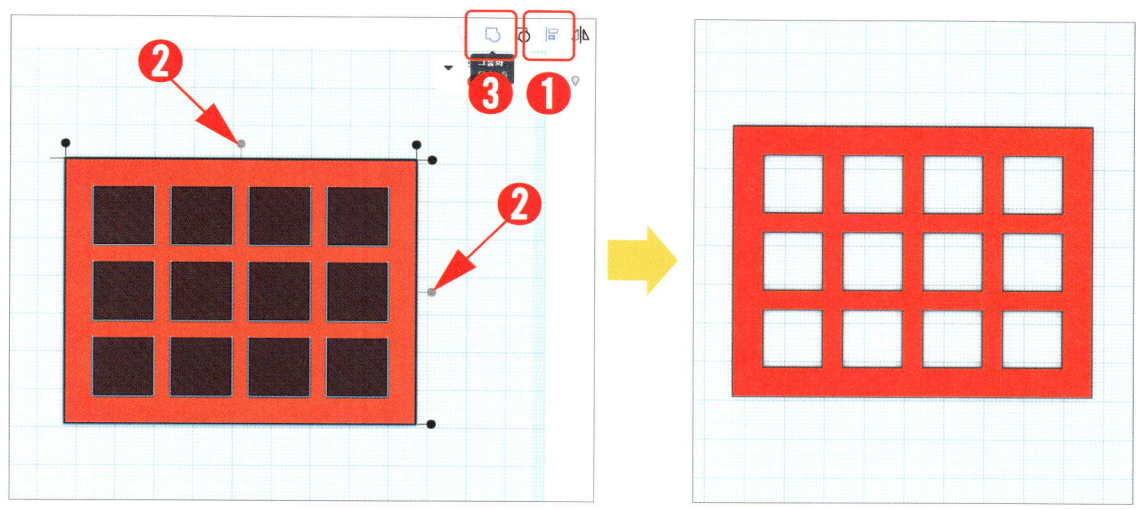

두 도형을 선택하여 ❶ 정렬 버튼을 클릭한 후 ❷를 클릭하여 가운데 정렬 후 ❸ 그룹화합니다.

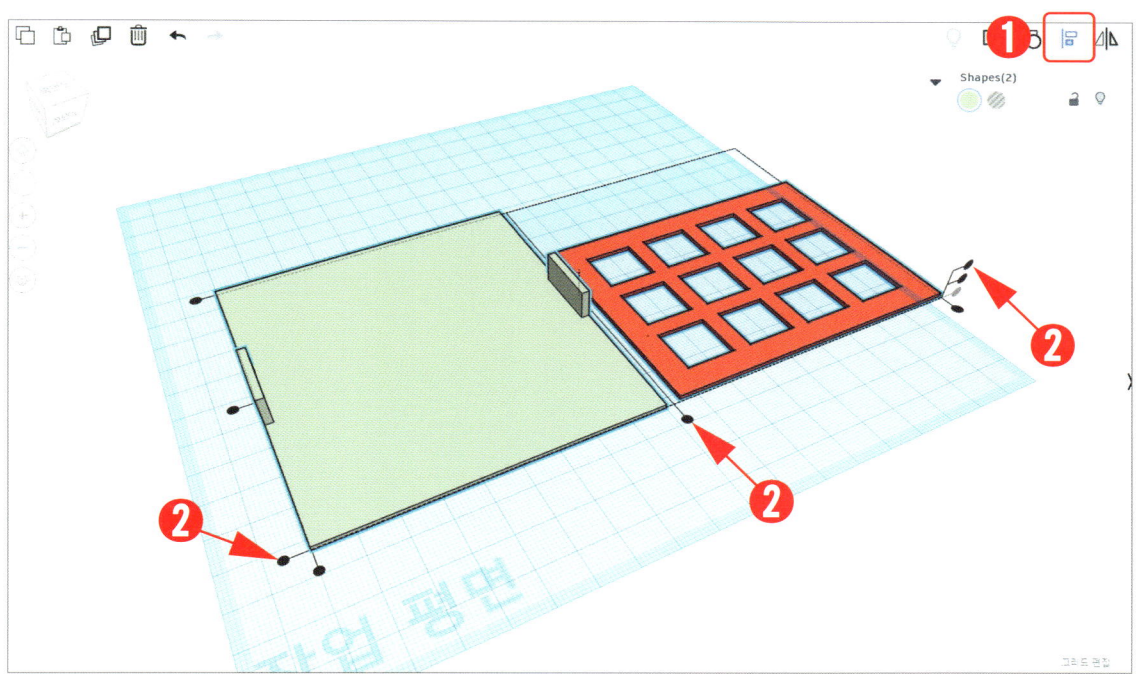

도형을 모두 선택하여 ❶ 정렬 버튼을 클릭한 후 ❷를 클릭하여 정렬합니다.

TINKERCAD DESIGN For 3D PRINTING

SECTION 02

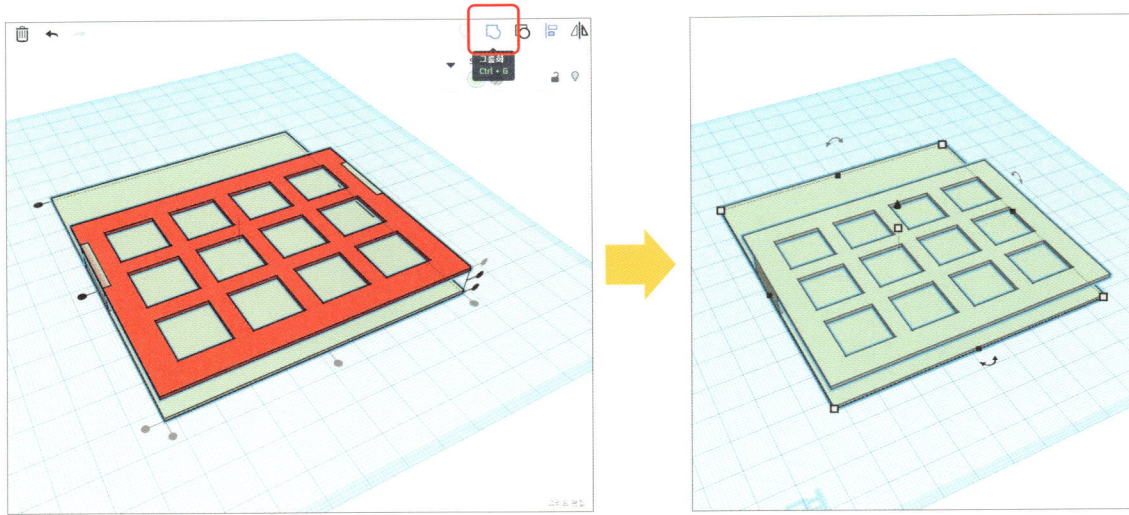

정렬된 도형을 모두 선택한 후 그룹화합니다.

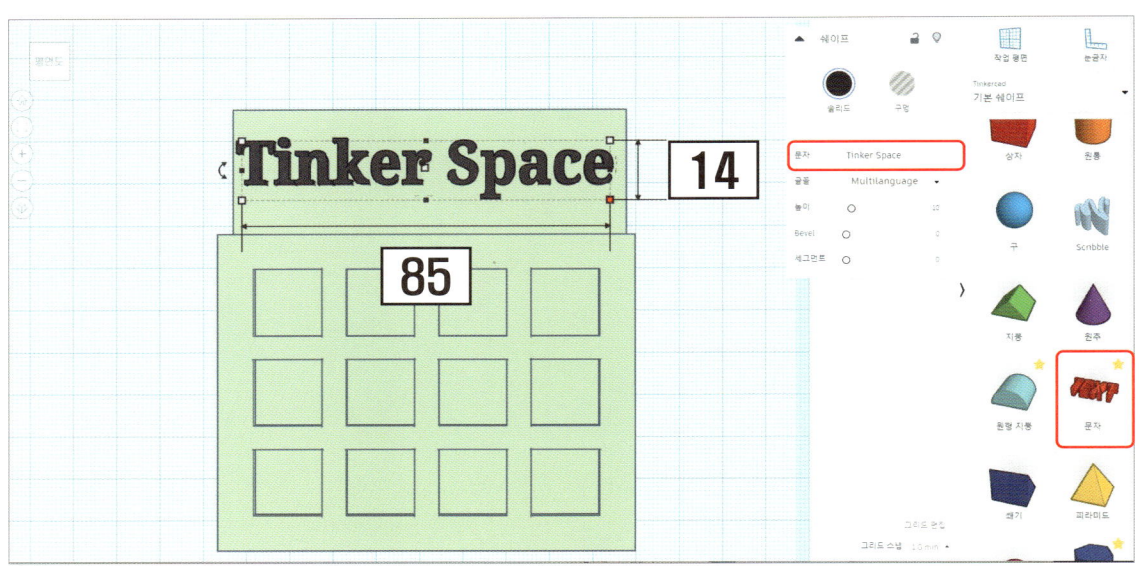

기본 쉐이프에서 문자를 선택하여 문자를 작성한 후 치수를 조절하여 그림과 같이 적절한 위치에 배치합니다.
예 가로 85, 세로 14, 높이 3

TINKERCAD DESIGN For 3D PRINTING

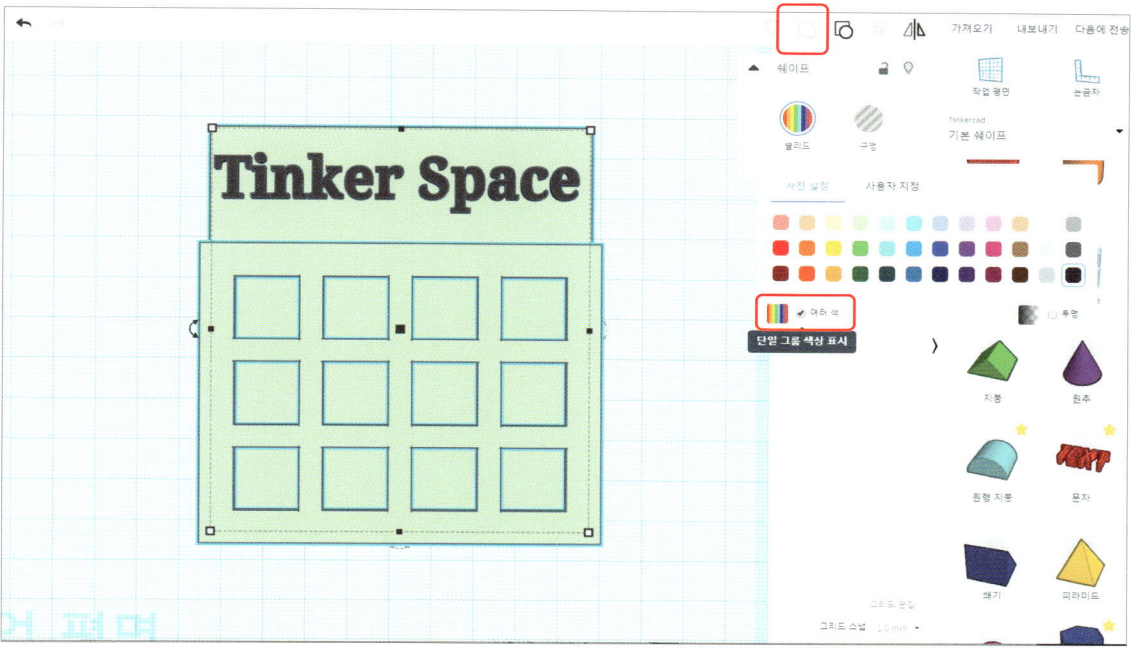

도형을 모두 선택한 후 그룹화합니다.
(그룹화한 후 솔리드에서 여러 색을 체크하면 다양한 색상으로 그룹화됩니다.)

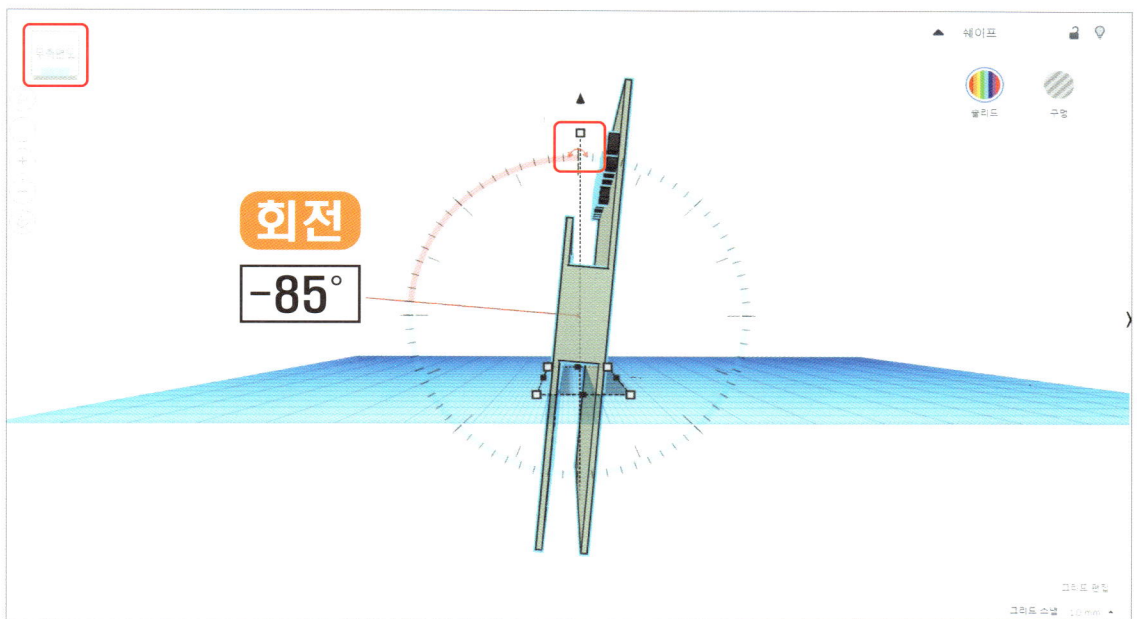

뷰박스를 측면도로 선택합니다.
그룹화된 도형을 -85° 회전합니다.

TINKERCAD DESIGN For 3D PRINTING

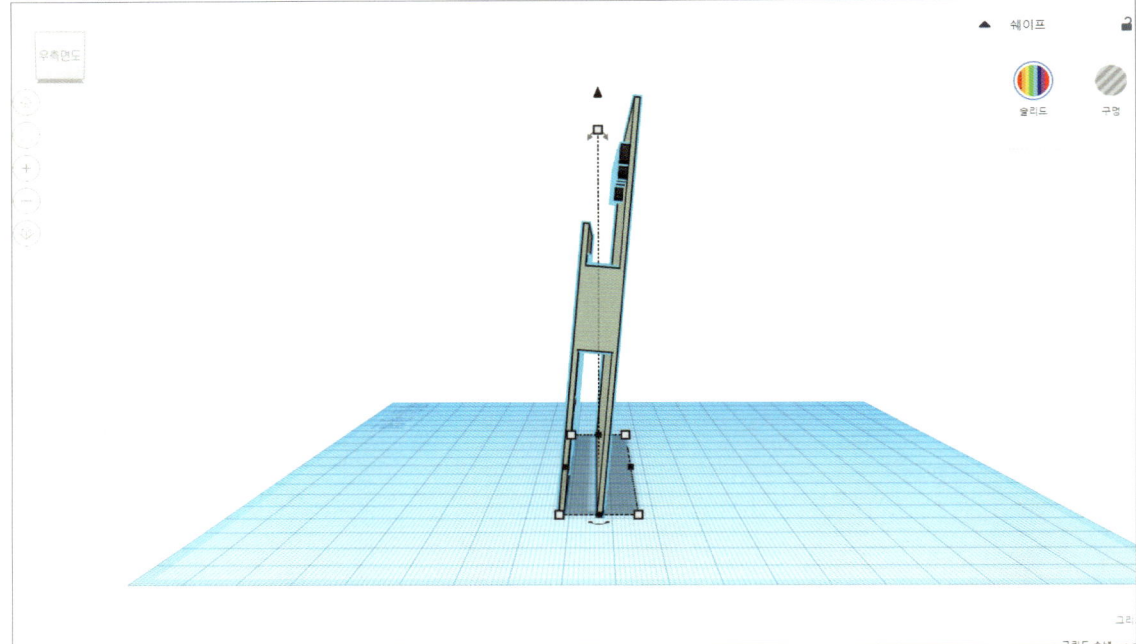

회전된 도형을 선택한 후 키보드의 " D "(Drop)를 눌러 바닥면에 붙여줍니다.

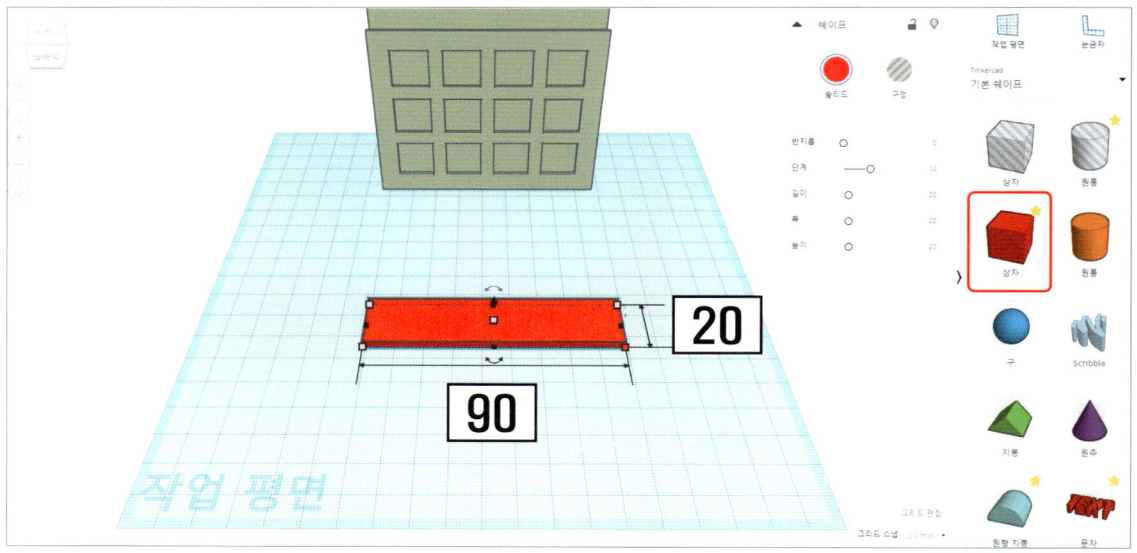

기본 쉐이프에서 상자를 선택하여 작업 평면에 놓은 후 치수를 조절합니다.
예 가로 90, 세로 20, 높이 3

TINKERCAD DESIGN For 3D PRINTING _____ SECTION 02

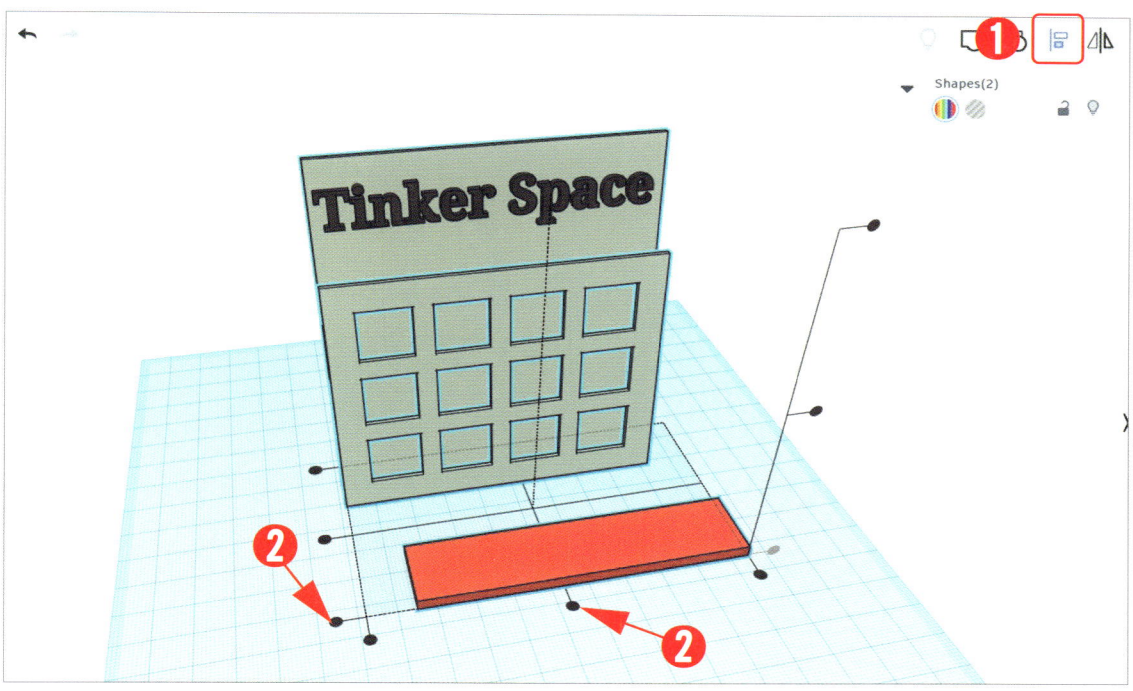

도형을 모두 선택하여 ❶ 정렬 버튼을 클릭한 후 ❷를 클릭하여 정렬합니다.

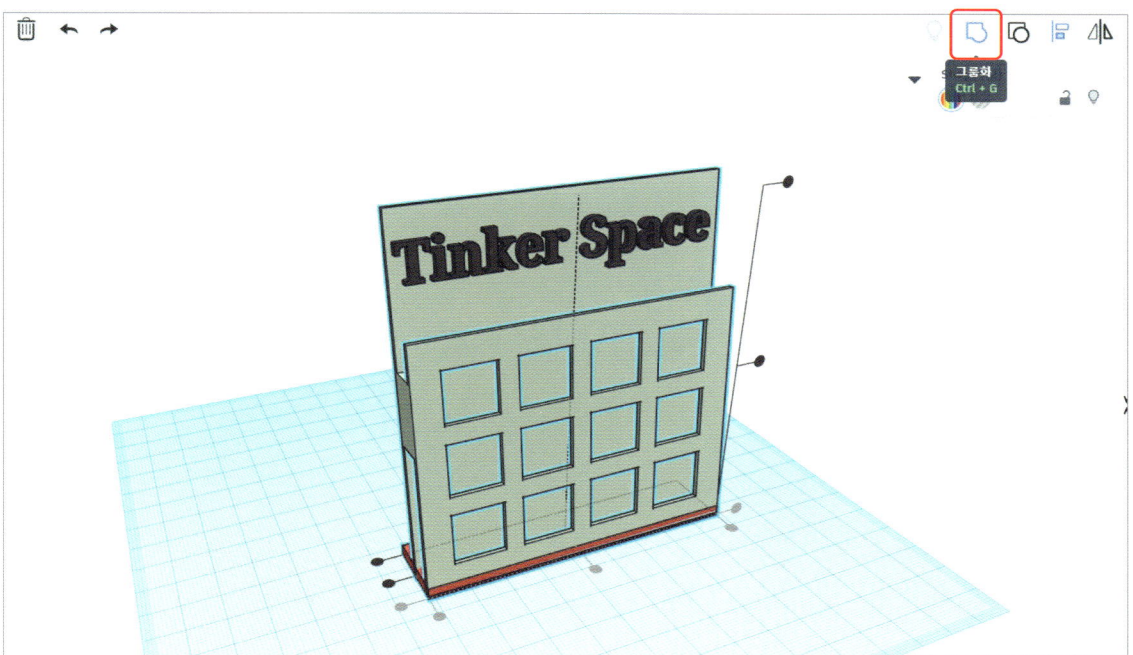

도형을 모두 선택한 후 그룹화합니다.

TINKERCAD DESIGN For 3D PRINTING

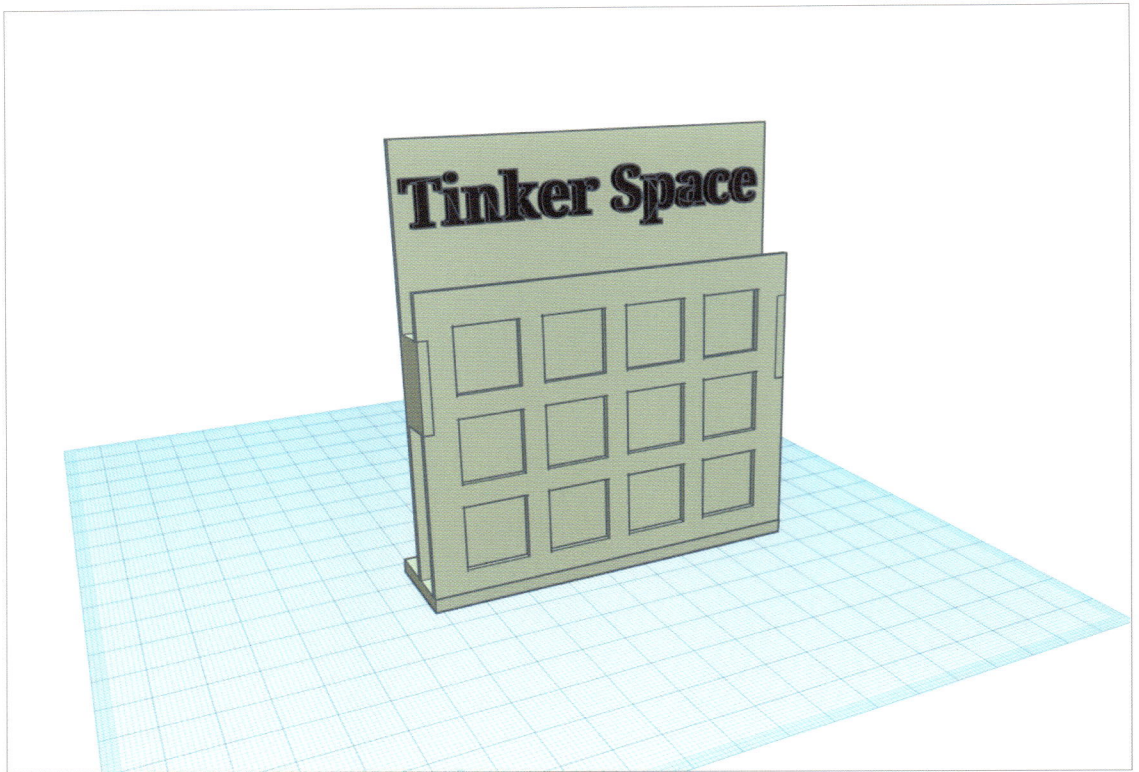

메모꽂이 완성!

TINKERCAD DESIGN For 3D PRINTING

도 | 전 | 과 | 제

- 다양한 디자인의 메모꽂이를 모델링해 봅시다.

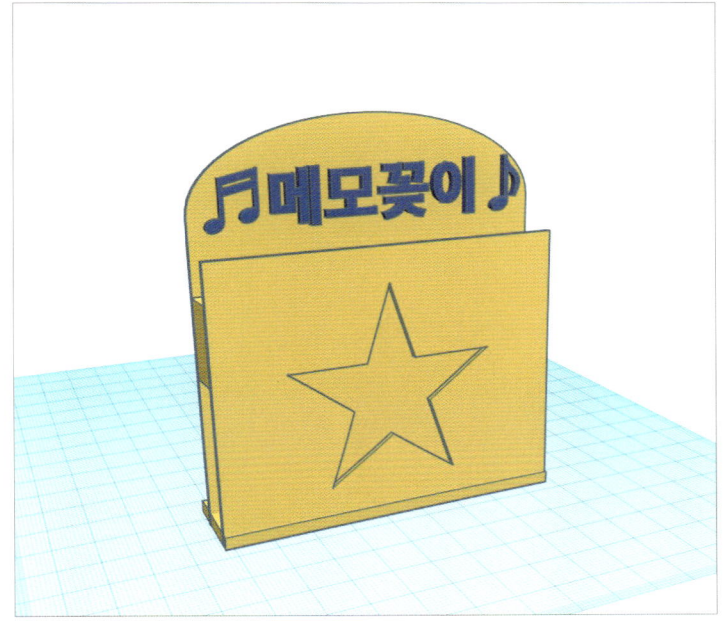

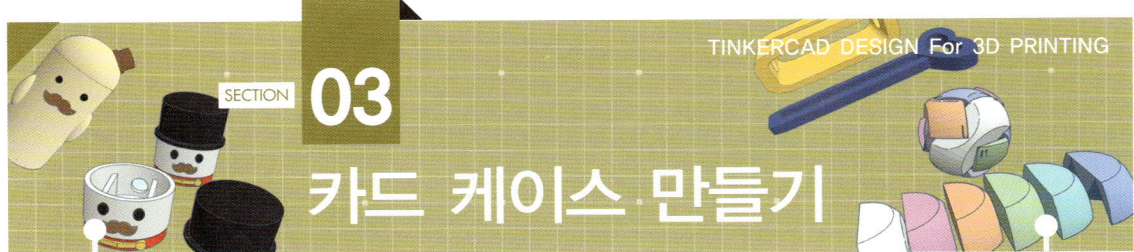

SECTION 03 카드 케이스 만들기

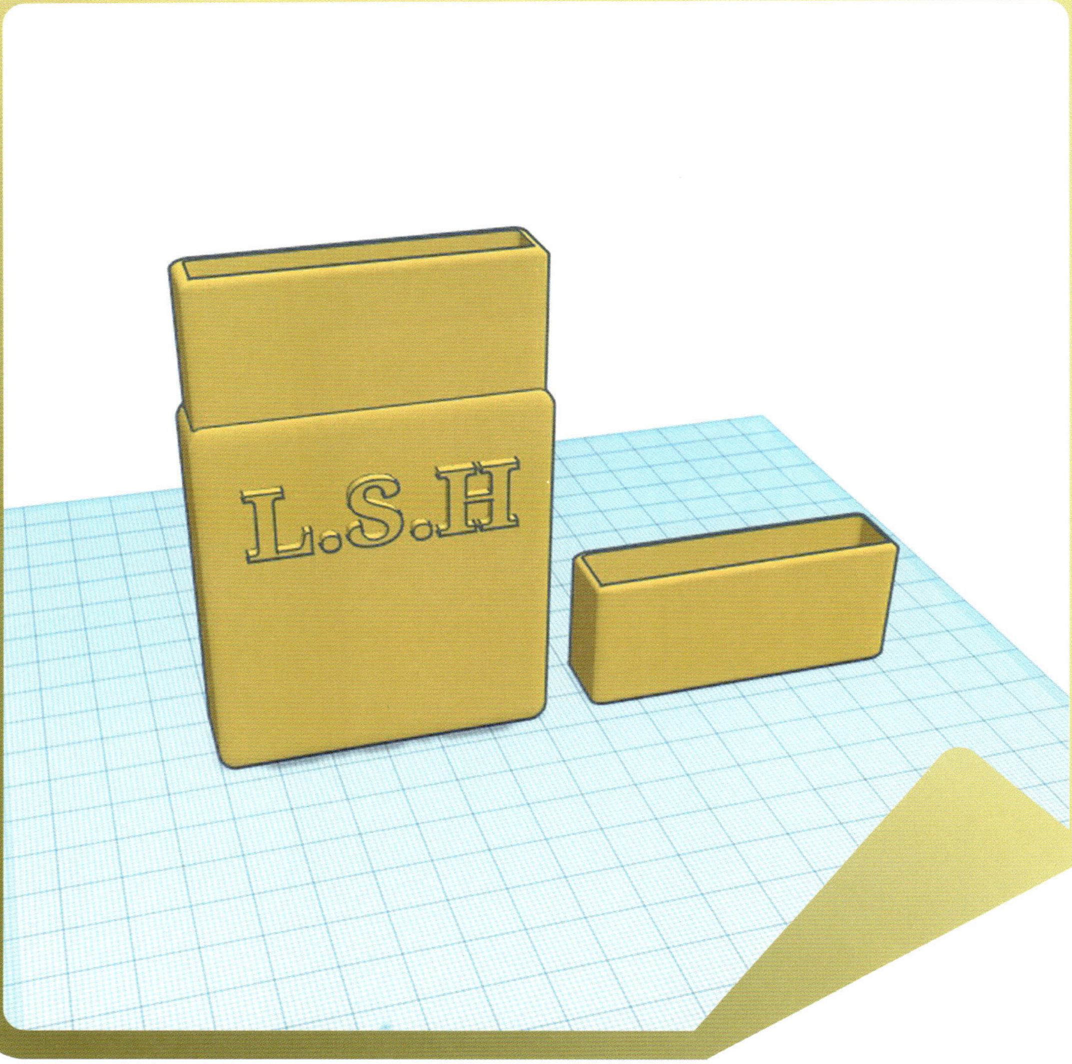

TINKERCAD DESIGN For 3D PRINTING

● **카드 케이스 만들기**

구멍 상자와 그룹화를 활용하여 카드 케이스를 모델링해 봅시다.
나만의 카드 케이스를 디자인하여 실생활에 활용해 봅시다.

TINKERCAD DESIGN For 3D PRINTING

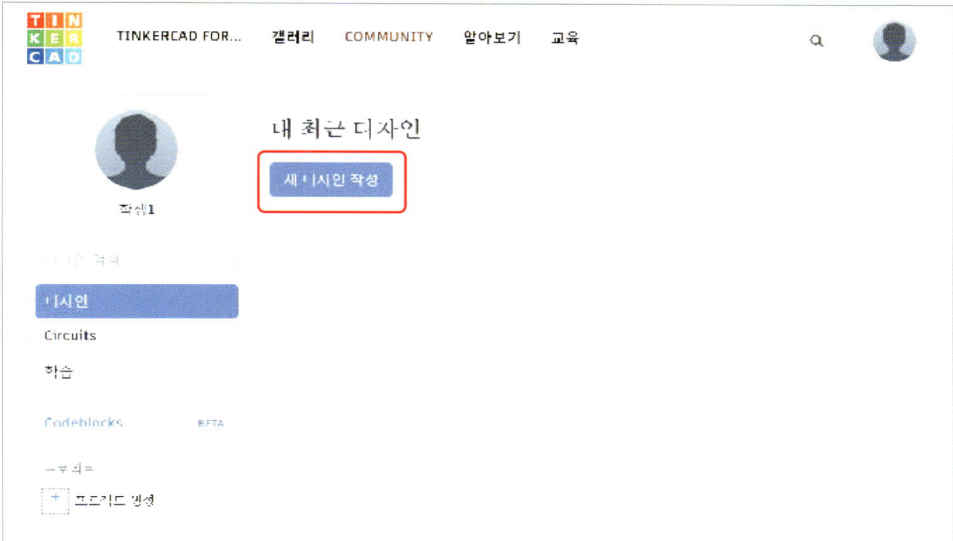

구글크롬  에서 틴커캐드 웹사이트(www.tinkercad.com)에 접속합니다.
로그인 후 대시보드의 `새 디자인 작성` 을 클릭합니다.

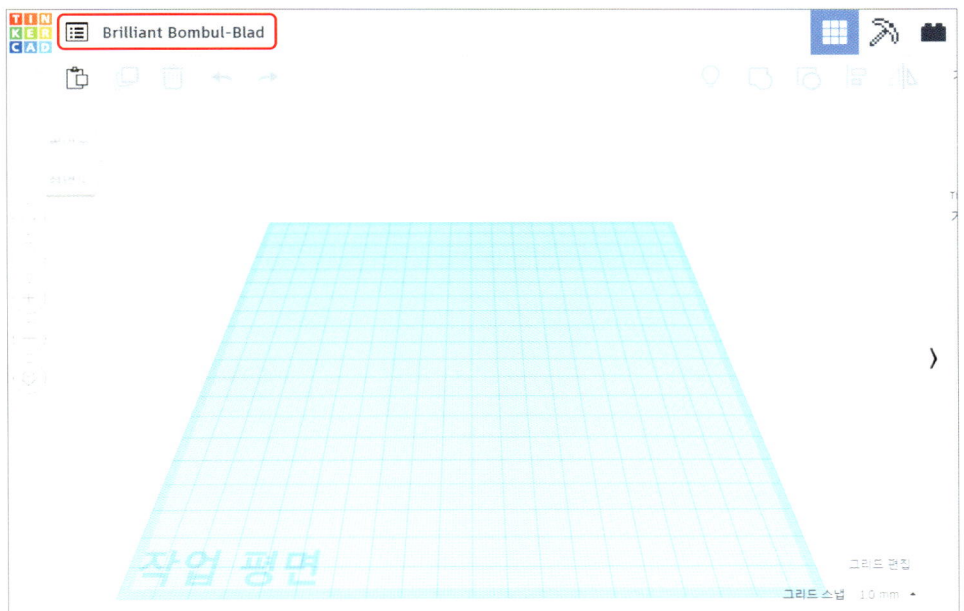

틴커캐드는 저장 버튼이 따로 없으며 웹에서 작업하고 모델링 작업파일 역시 인터넷 저장 공간에 자동으로 저장됩니다. 임의로 주어진 영어이름을 클릭하면 파일명을 수정할 수 있습니다.

TINKERCAD DESIGN For 3D PRINTING   SECTION 03

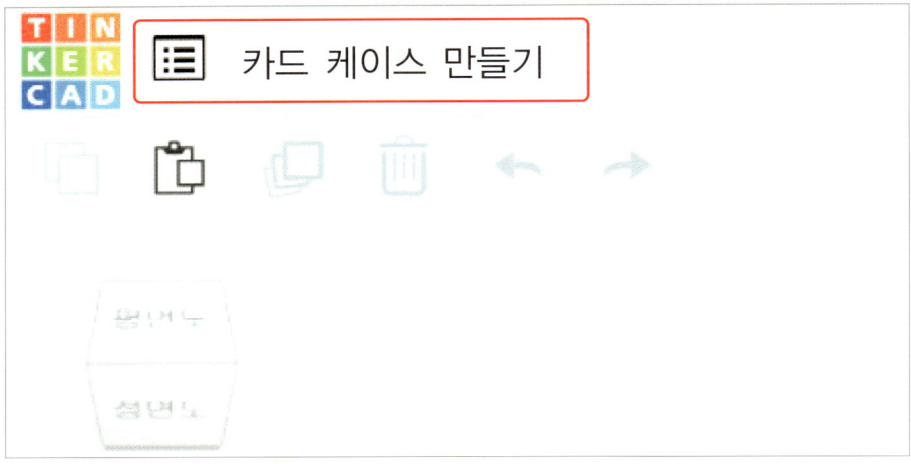

파일명을 "카드 케이스 만들기"로 수정하고 엔터키 또는 화면의 빈 공간 아무 곳이나 클릭합니다.

 카드 케이스 만들기

 02

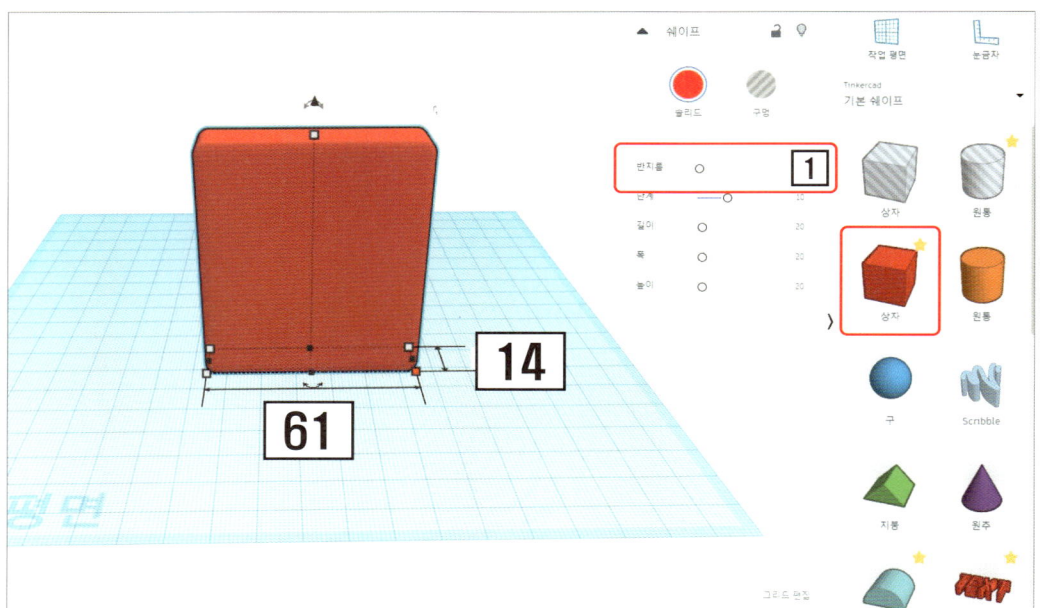

기본 쉐이프에서 상자를 선택하여 작업 평면에 놓은 후 치수를 조절합니다.
예) 세로 61, 가로 14, 높이 70, 반지름 1

TINKERCAD DESIGN For 3D PRINTING

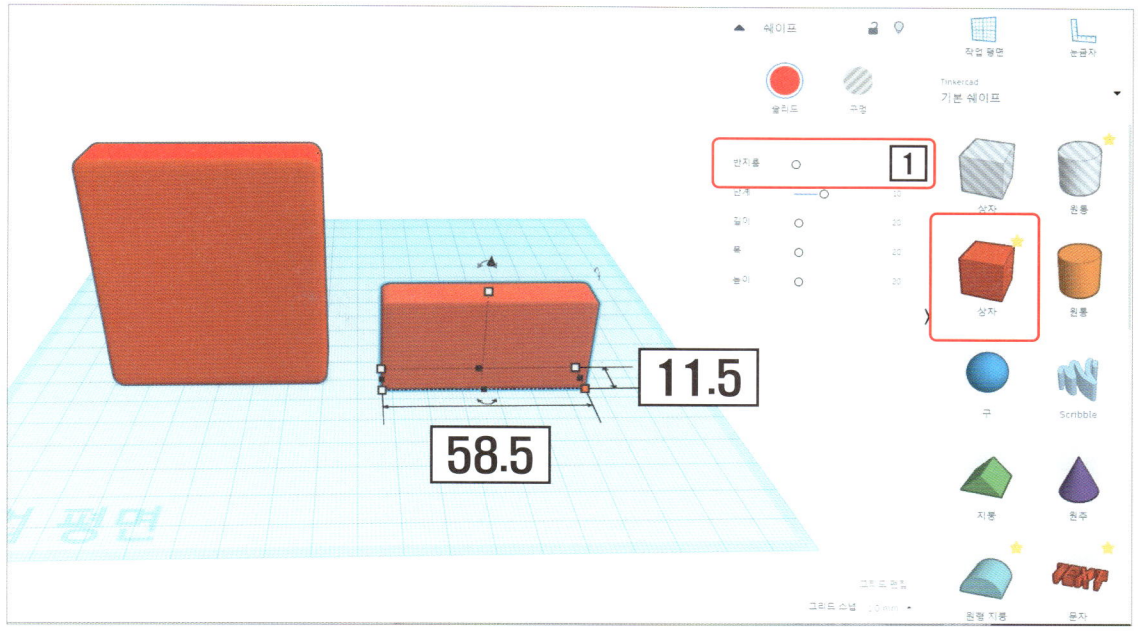

기본 쉐이프에서 상자를 선택하여 작업 평면에 놓은 후 치수를 조절합니다.
예 세로 58.5, 가로 11.5, 높이 30, 반지름 1

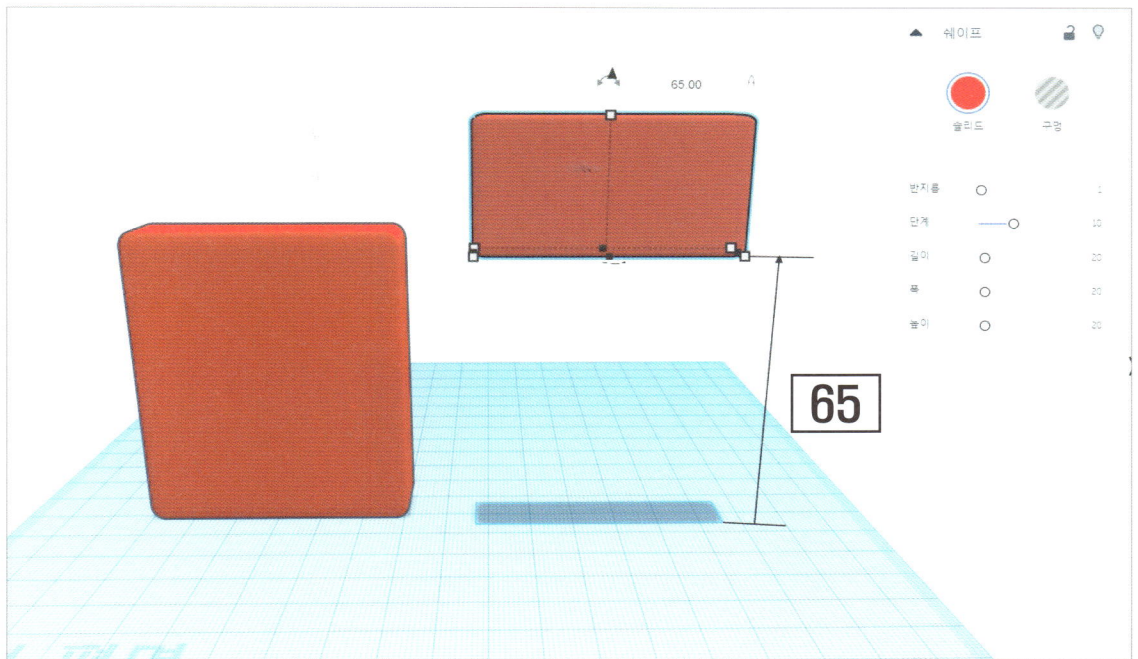

작은 상자를 위로 "65" 만큼 올려줍니다.

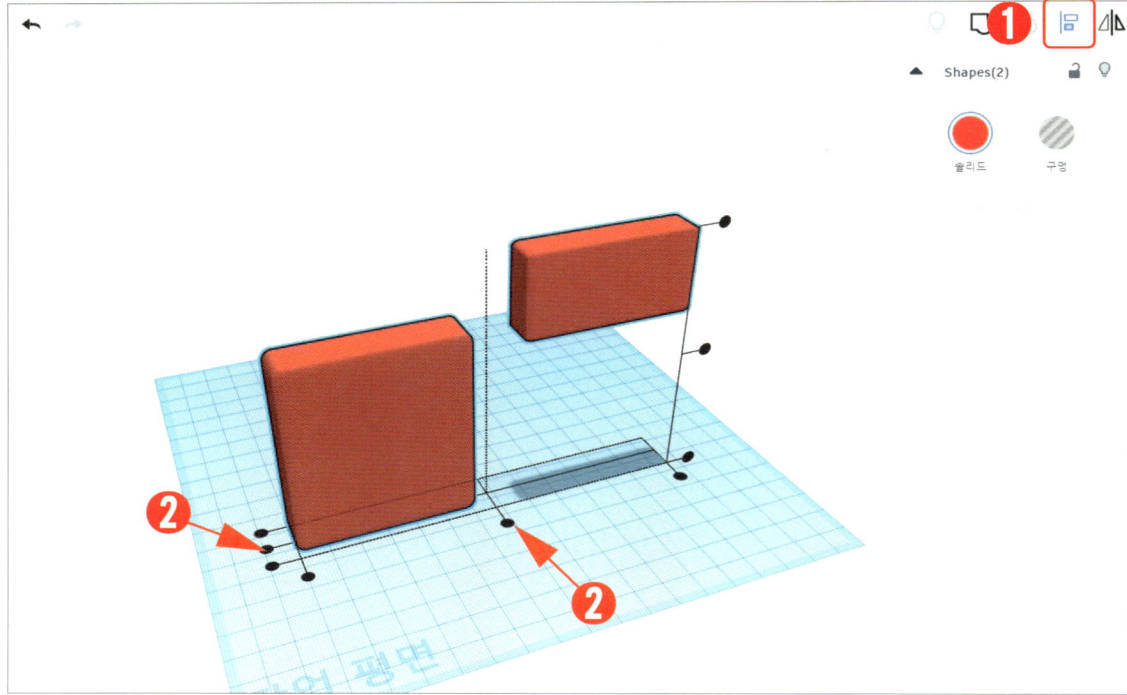

도형을 모두 선택하여 ❶ 정렬 버튼을 클릭한 후 ❷를 클릭하여 가운데 정렬합니다.

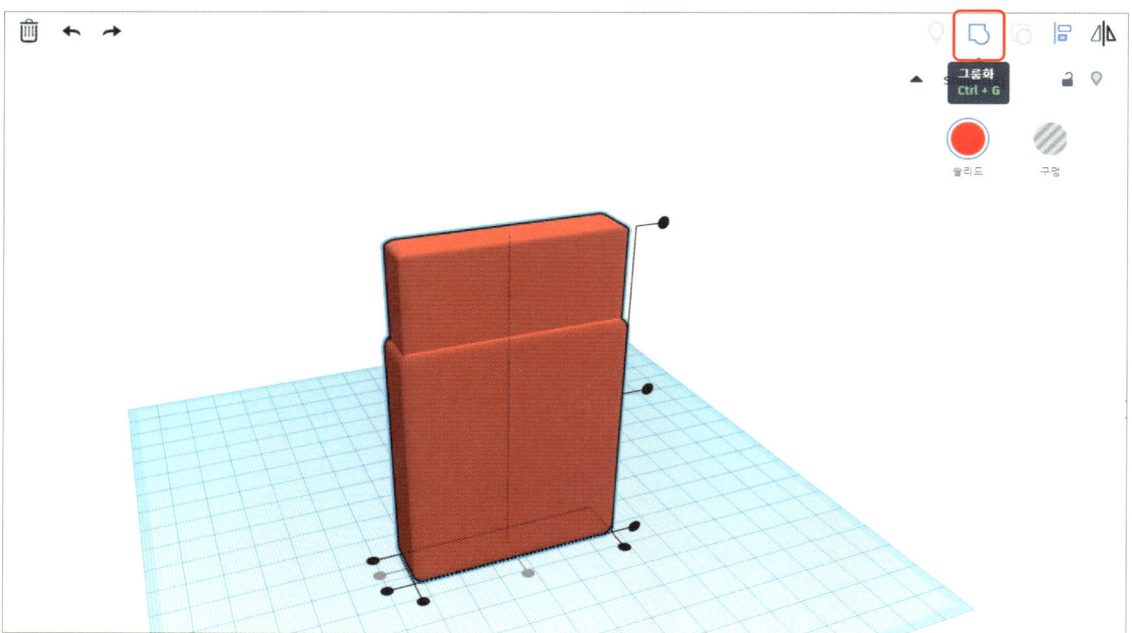

정렬된 도형을 그룹화합니다.

TINKERCAD DESIGN For 3D PRINTING

SECTION 03

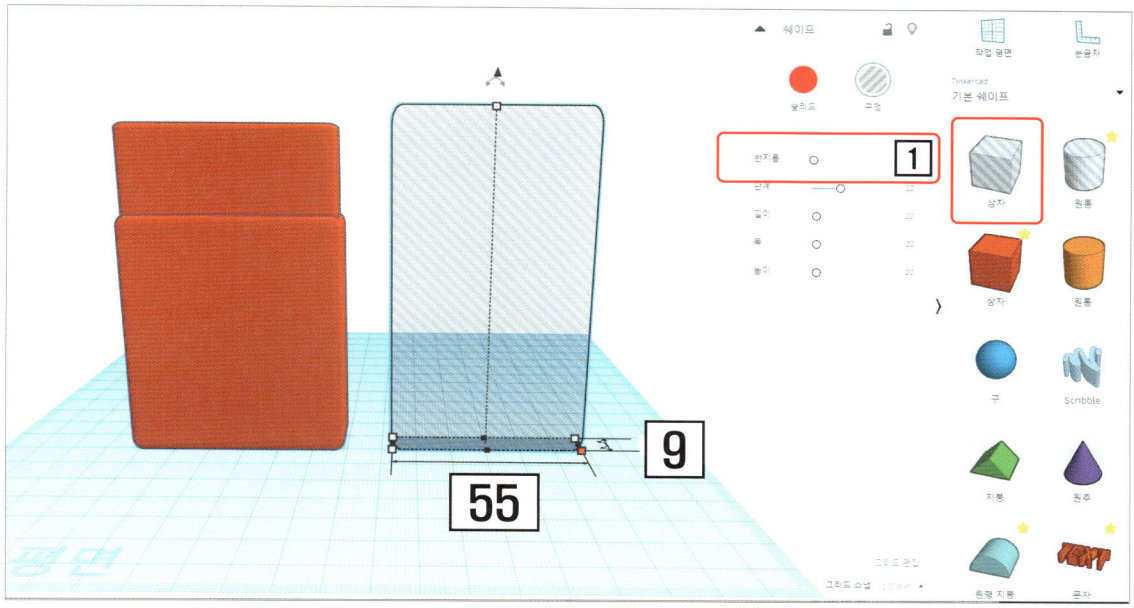

기본 쉐이프에서 구멍 상자를 선택하여 작업 평면에 놓은 후 치수를 조절합니다.
예 세로 55, 가로 9, 높이 100, 반지름 1

구멍 상자를 위로 "1"만큼 올려줍니다.

TINKERCAD DESIGN For 3D PRINTING SECTION 03

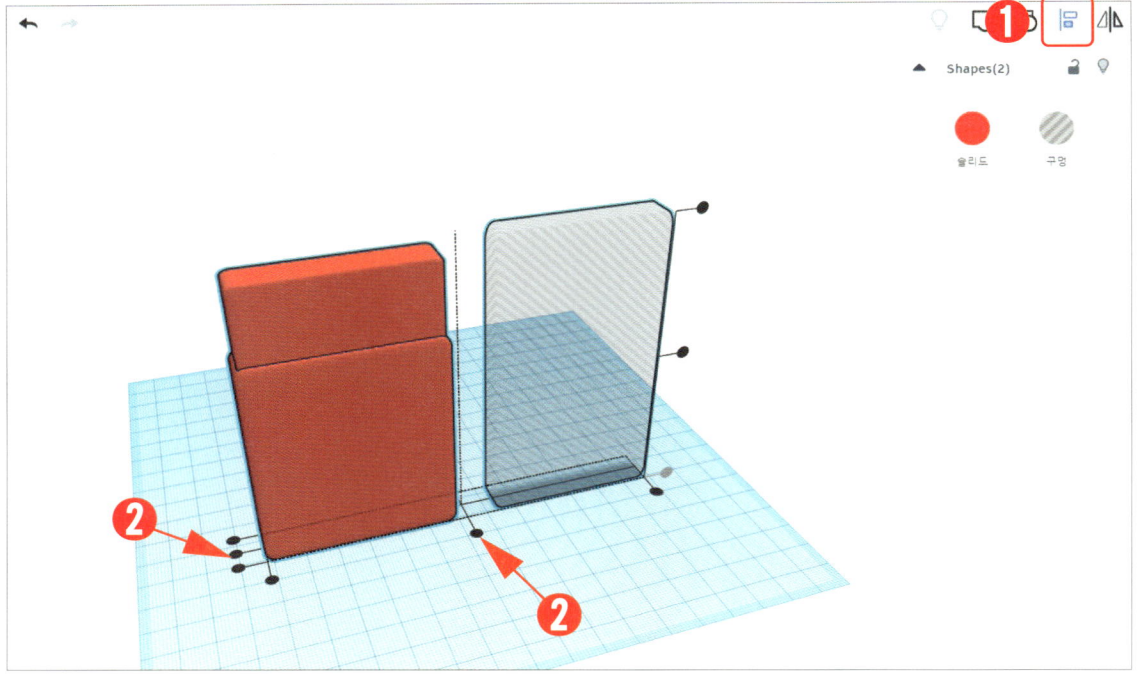

도형을 모두 선택하여 ❶ 정렬 버튼을 클릭한 후 ❷를 클릭하여 가운데 정렬합니다.

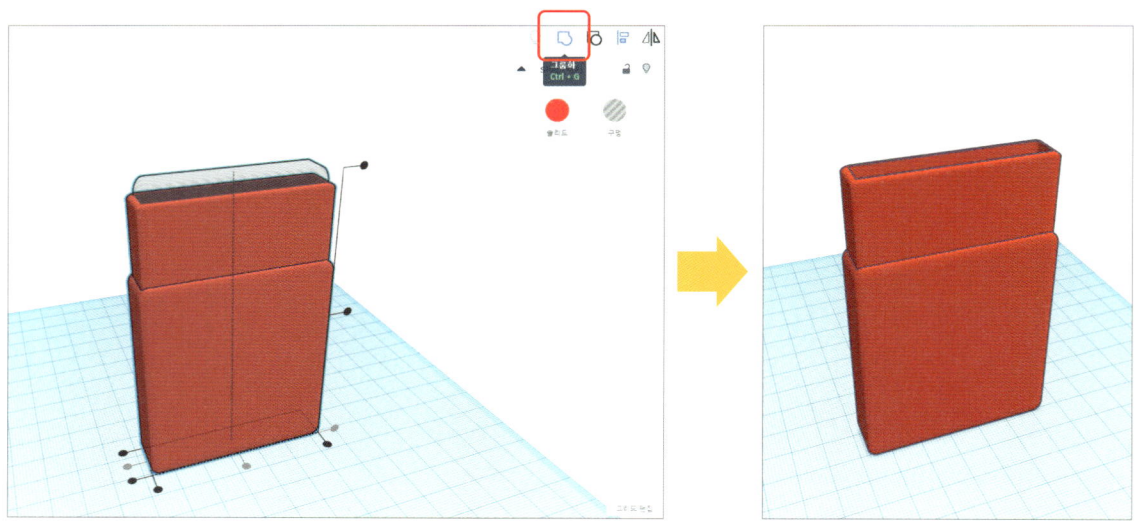

정렬된 도형을 모두 선택한 후 그룹화합니다.

TINKERCAD DESIGN For 3D PRINTING

케이스 덮개 만들기

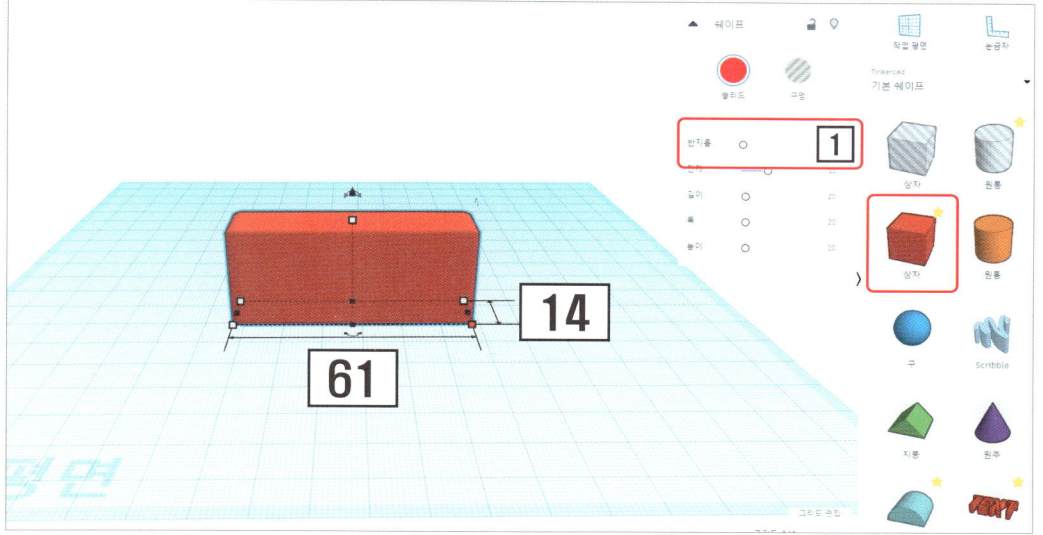

기본 쉐이프에서 상자를 선택하여 작업 평면에 놓은 후 치수를 조절합니다.
예 세로 61, 가로 14, 높이 27, 반지름 1

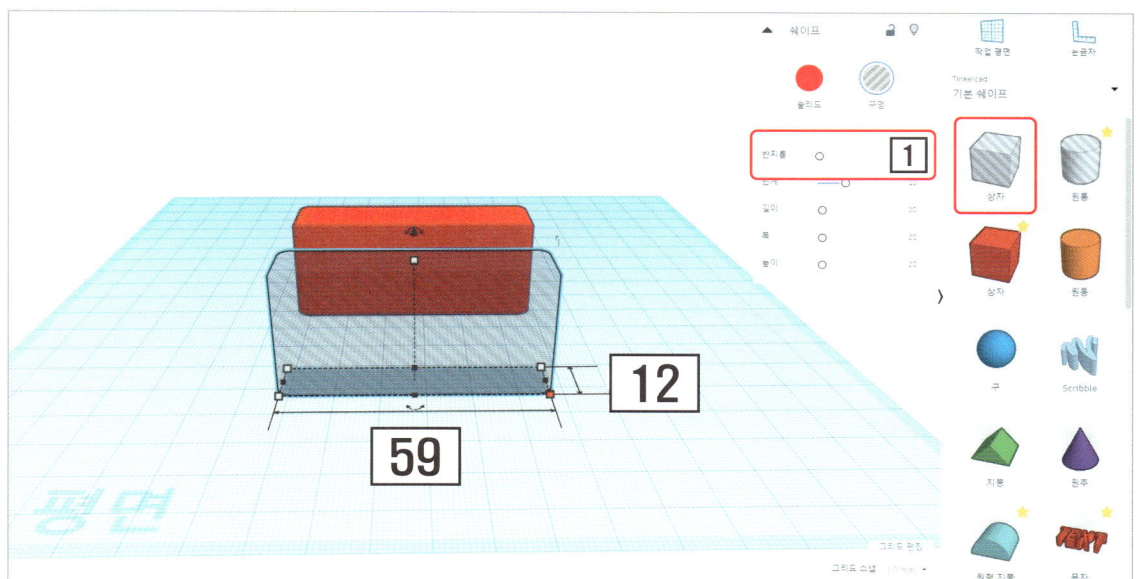

기본 쉐이프에서 구멍 상자를 선택하여 작업 평면에 놓은 후 치수를 조절합니다.
예 세로 59, 가로 12, 높이 30, 반지름 1

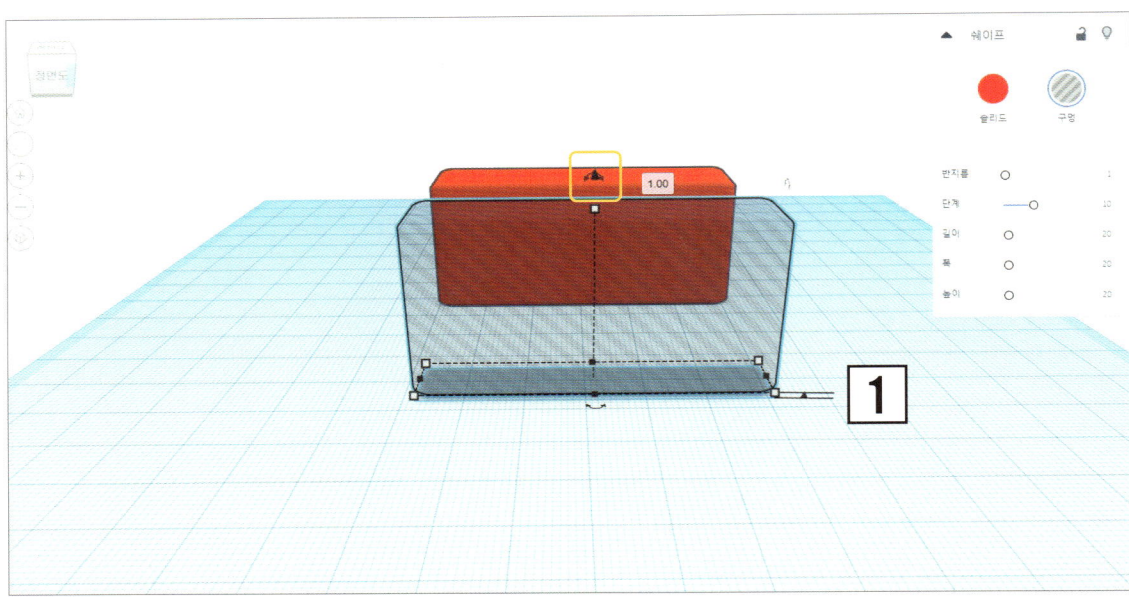

구멍 상자를 위로 "1"만큼 올립니다.

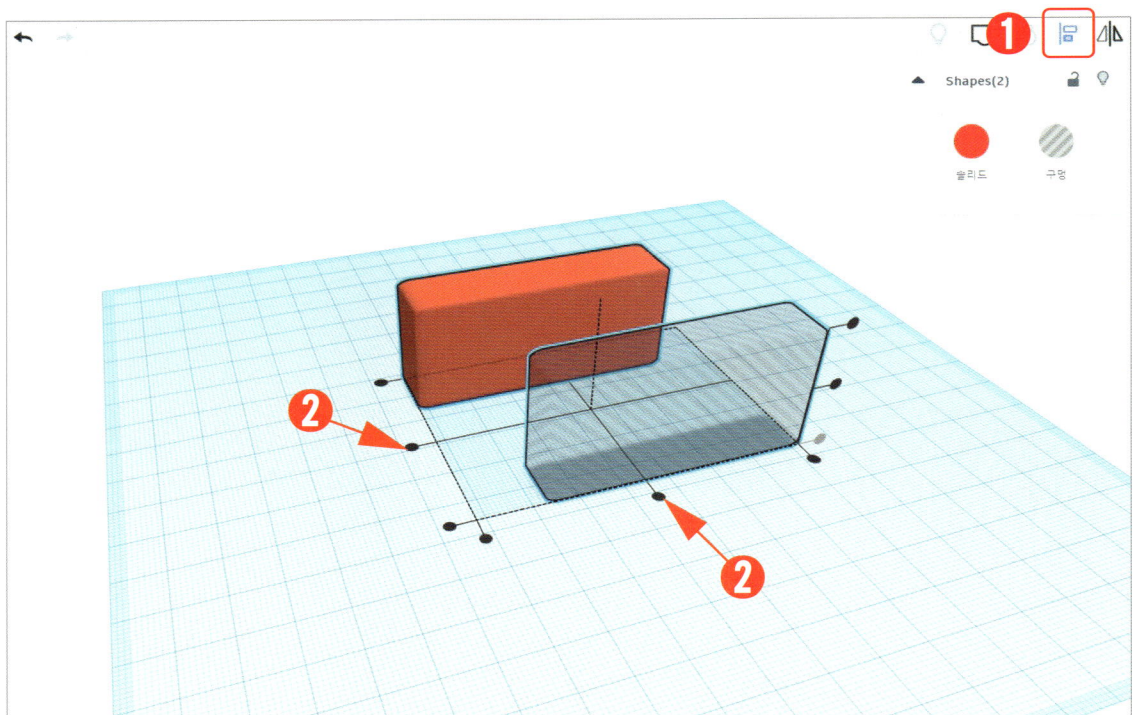

도형을 모두 선택하여 ❶ 정렬 버튼을 클릭한 후 ❷를 클릭하여 가운데 정렬합니다.

TINKERCAD DESIGN For 3D PRINTING

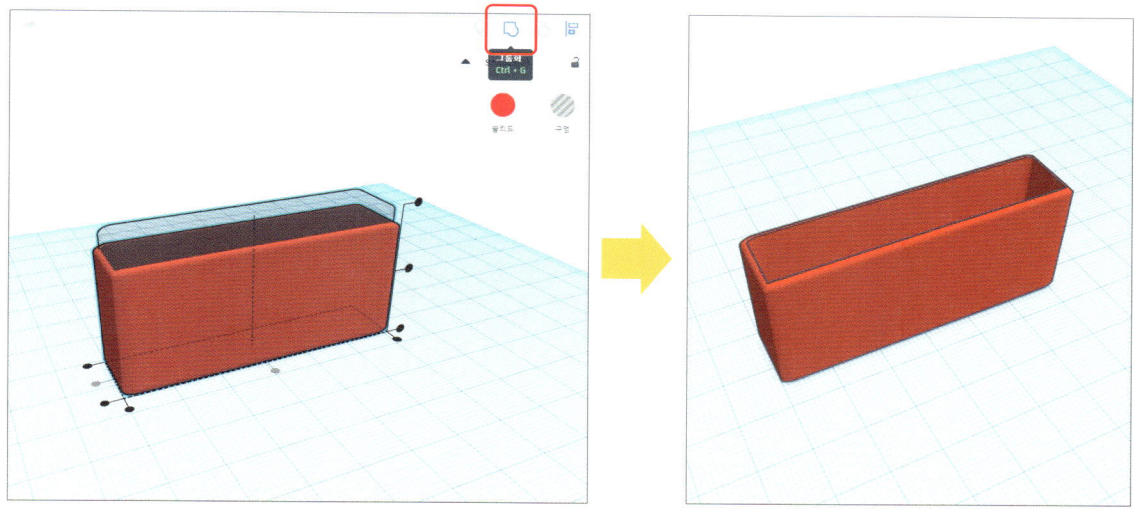

정렬된 도형을 모두 선택한 후 그룹화합니다.

 색상 바꾸기

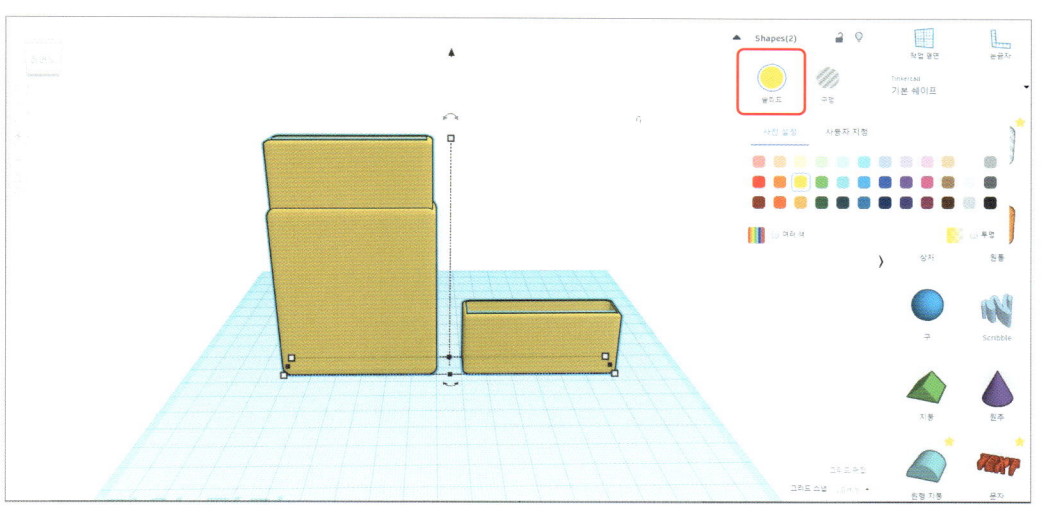

솔리드를 클릭하며 색상을 설정할 수 있습니다.
카드 케이스 기본 완성!

TINKERCAD DESIGN For 3D PRINTING

 카드 케이스 꾸미기

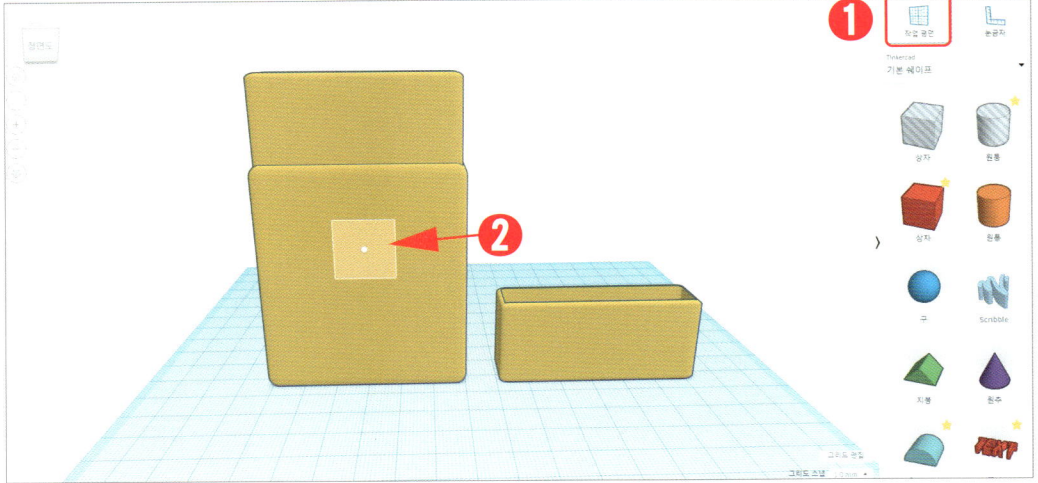

꾸미기를 위해 임시 작업 평면을 만들어 봅시다.
❶ 작업 평면 버튼을 클릭한 뒤 ❷ 위치를 클릭합니다.

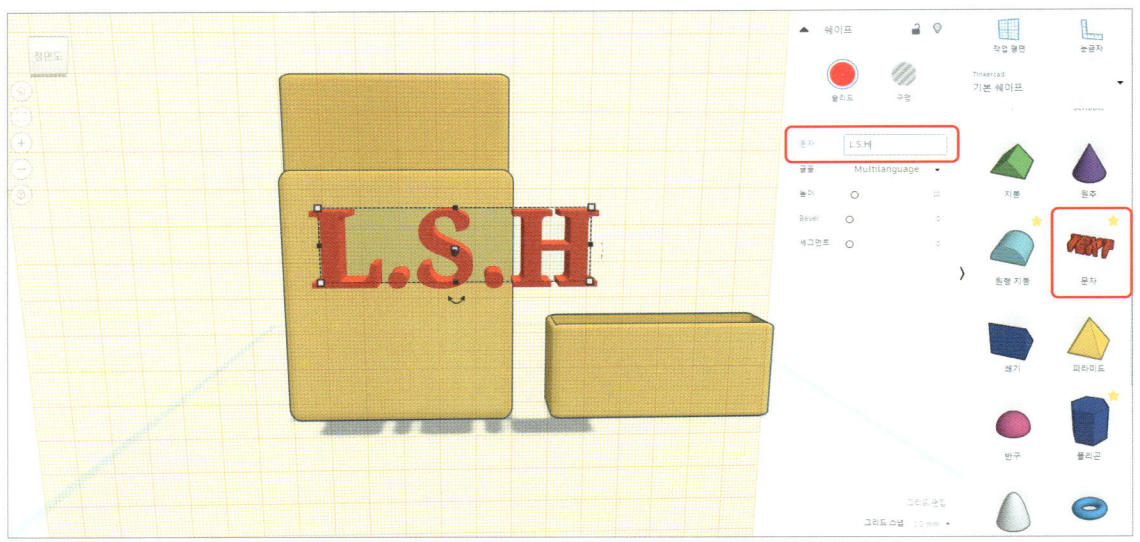

기본 쉐이프에서 문자를 선택하여 문자를 바꿔줍니다.

TINKERCAD DESIGN For 3D PRINTING _____ SECTION 03

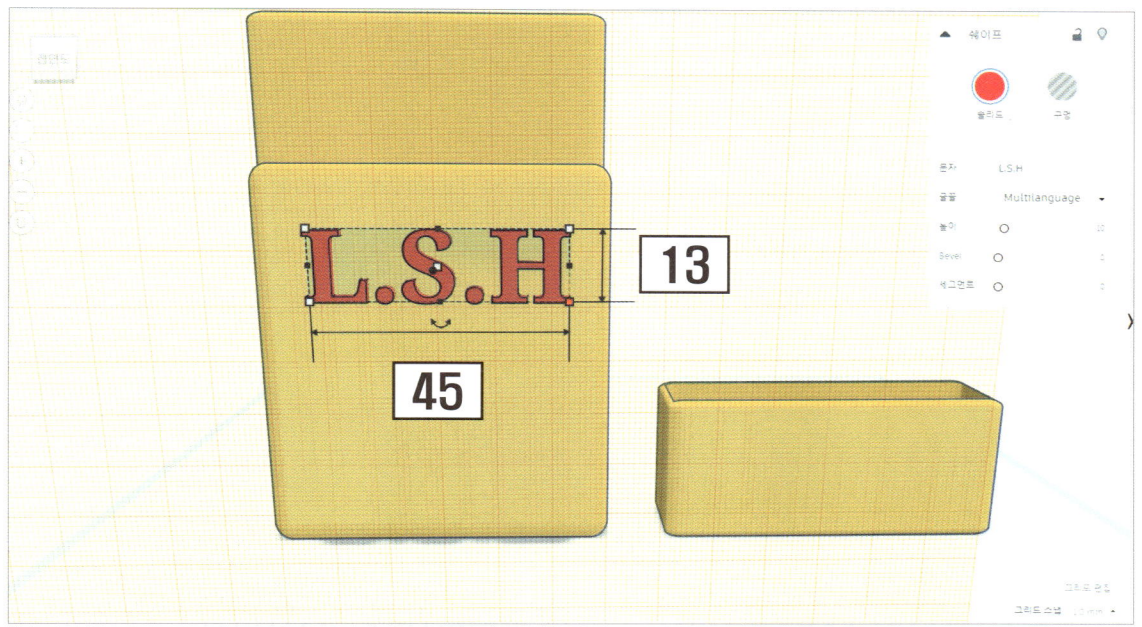

문자의 치수를 조절합니다.
예 가로 45, 세로 13, 높이 2

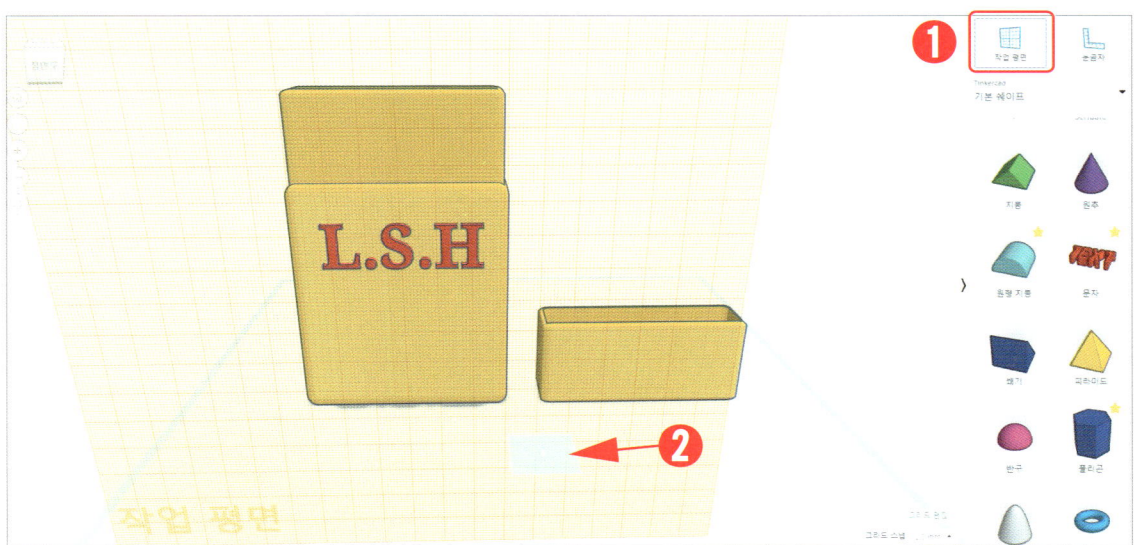

기존 작업 평면으로 돌아가기 위해 ❶ 작업 평면 버튼을 클릭한 후 ❷ 빈 공간을 클릭합니다.

TINKERCAD DESIGN For 3D PRINTING ─────────────────── SECTION 03

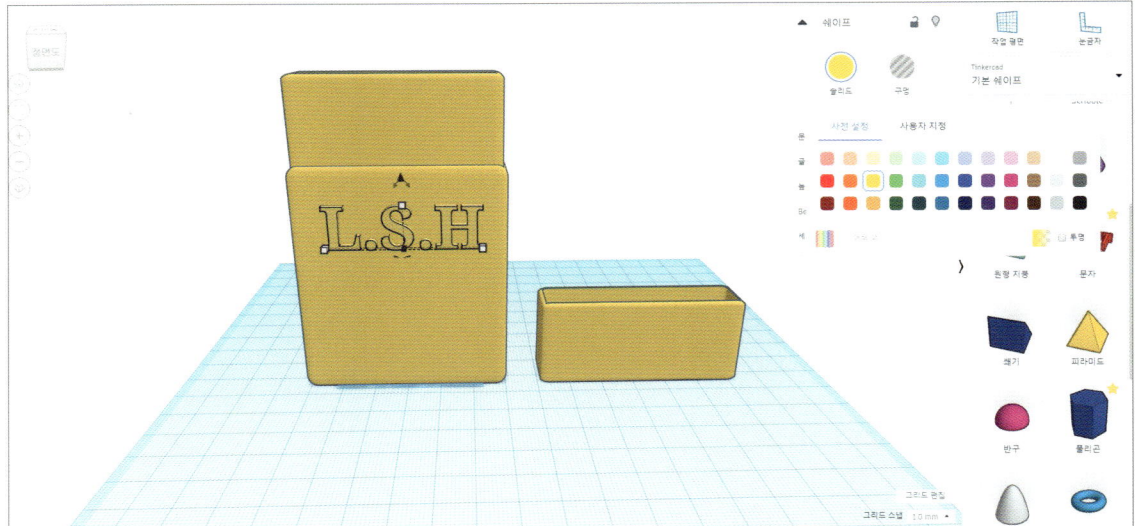

솔리드를 클릭하며 문자의 색상도 바꿔줍니다.
카드 케이스 꾸미기 완성!

도|전|과|제

• 나만의 카드 케이스를 다양하게 디자인하여 모델링해 봅시다.

SECTION 04
병정모양 연필깎이 만들기

TINKERCAD DESIGN For 3D PRINTING

● **병정 모양 연필깎이 만들기**

캐릭터를 단순화하여 캐릭터 모양의 연필깎이를 모델링해 봅시다.
직접 만든 연필깎이를 실생활에서 활용해 봅시다.

TINKERCAD DESIGN For 3D PRINTING

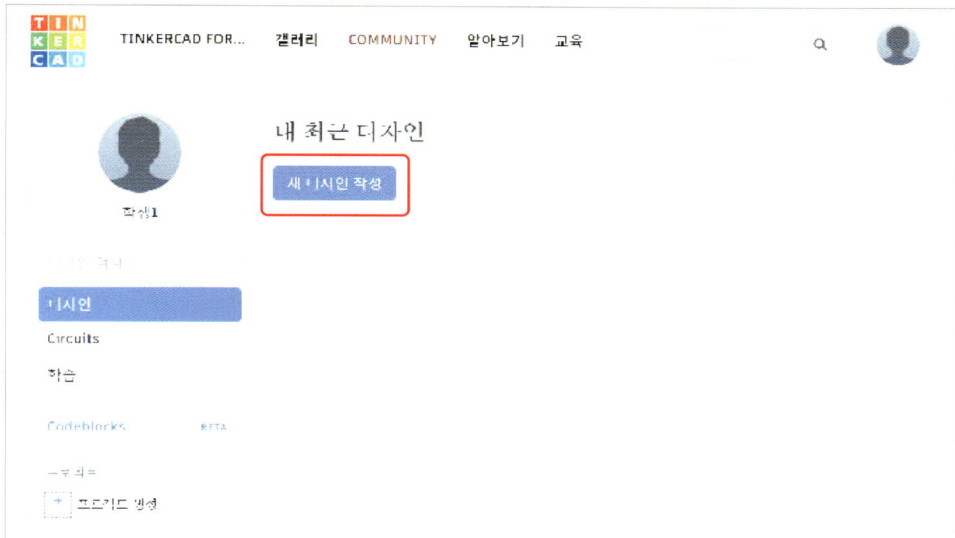

구글크롬 에서 틴커캐드 웹사이트(www.tinkercad.com)에 접속합니다.
로그인 후 대시보드의 새 디자인 작성 을 클릭합니다.

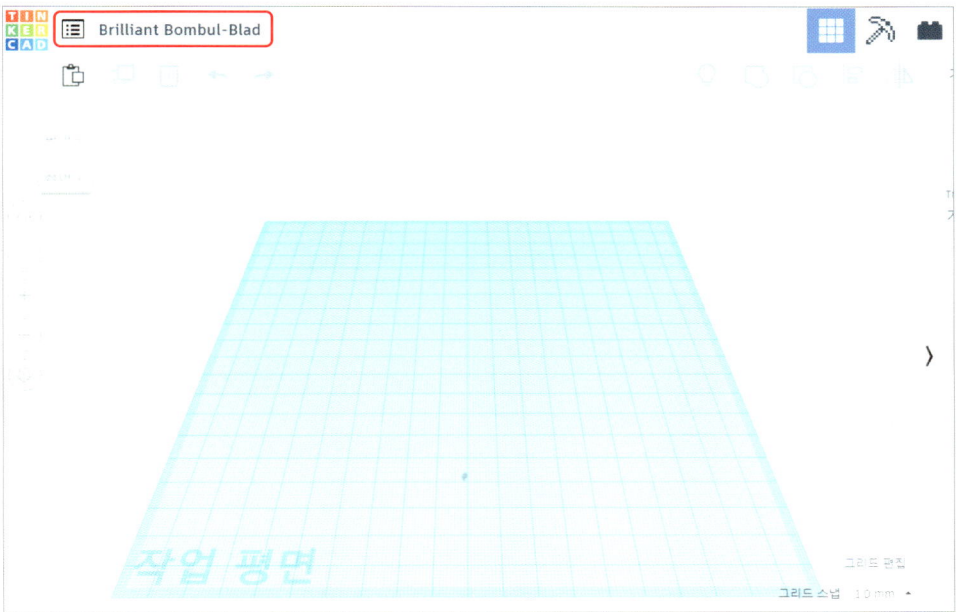

틴커캐드는 저장 버튼이 따로 없으며 웹에서 작업하고 모델링 작업파일 역시 인터넷 저장 공간에
자동으로 저장됩니다. 임의로 주어진 영어이름을 클릭하면 파일명을 수정할 수 있습니다.

TINKERCAD DESIGN For 3D PRINTING   SECTION 04

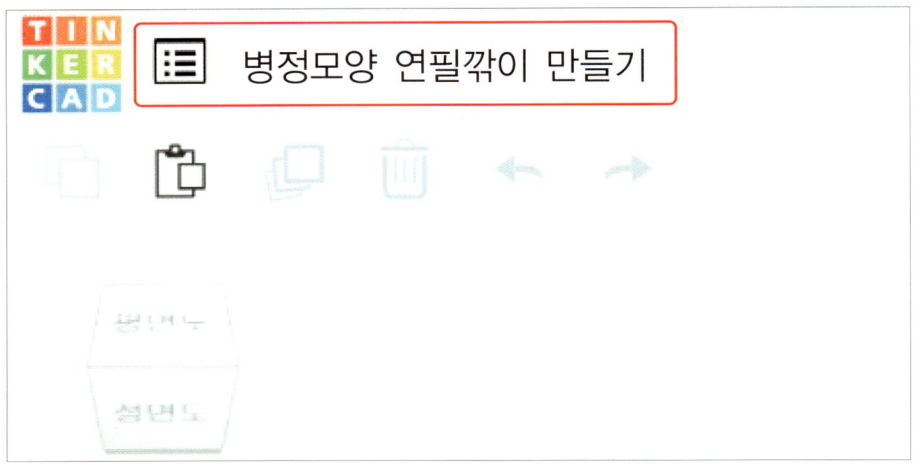

파일명을 "**병정모양 연필깎이 만들기**"로 수정하고 엔터키 또는 화면의 빈 공간 아무 곳이나 클릭합니다.

연필깎이 통 만들기

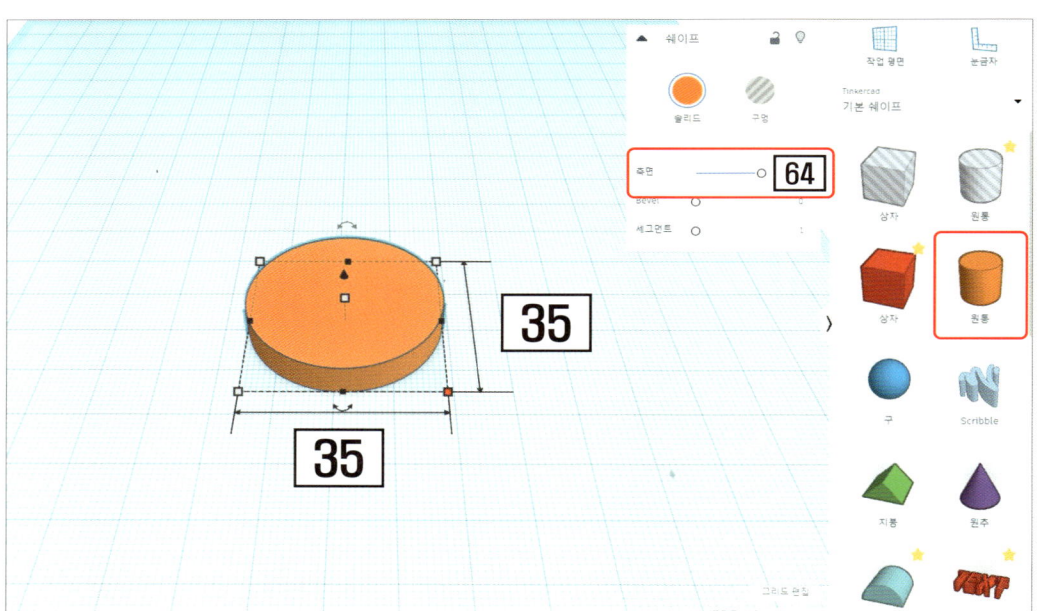

기본 쉐이프에서 원통을 선택하여 작업 평면에 놓은 후 치수를 조절합니다.
예 가로 35, 세로 35, 높이 6, 측면 64

TINKERCAD DESIGN For 3D PRINTING   SECTION 04

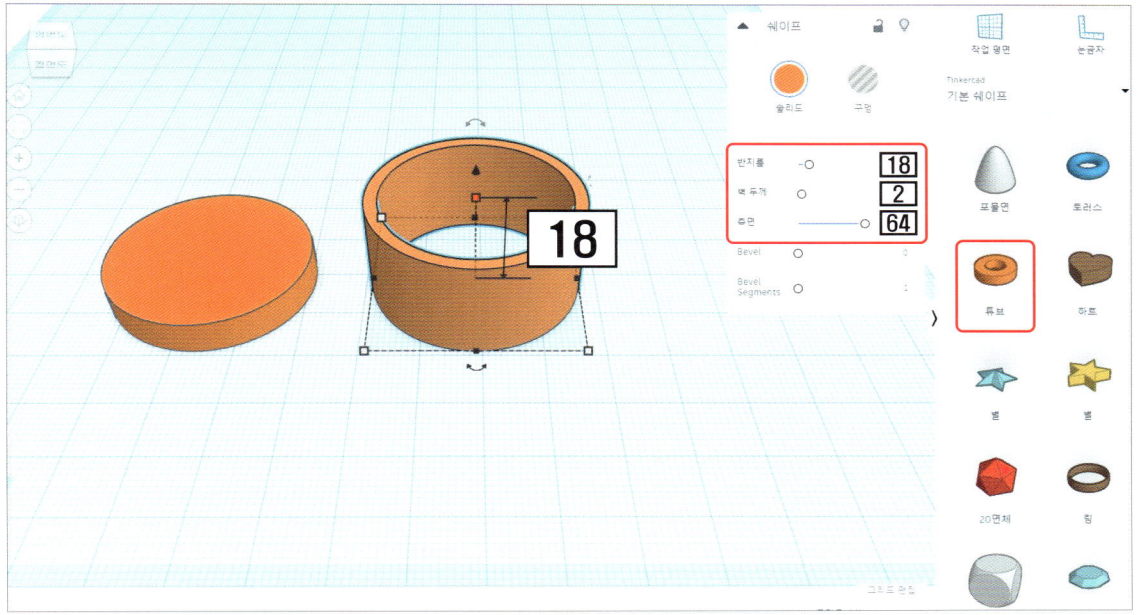

기본 쉐이프에 튜브를 선택하여 작업 평면에 놓은 후 치수를 조절합니다.
예 반지름 18, 벽두께 2, 측면 64, 높이 18

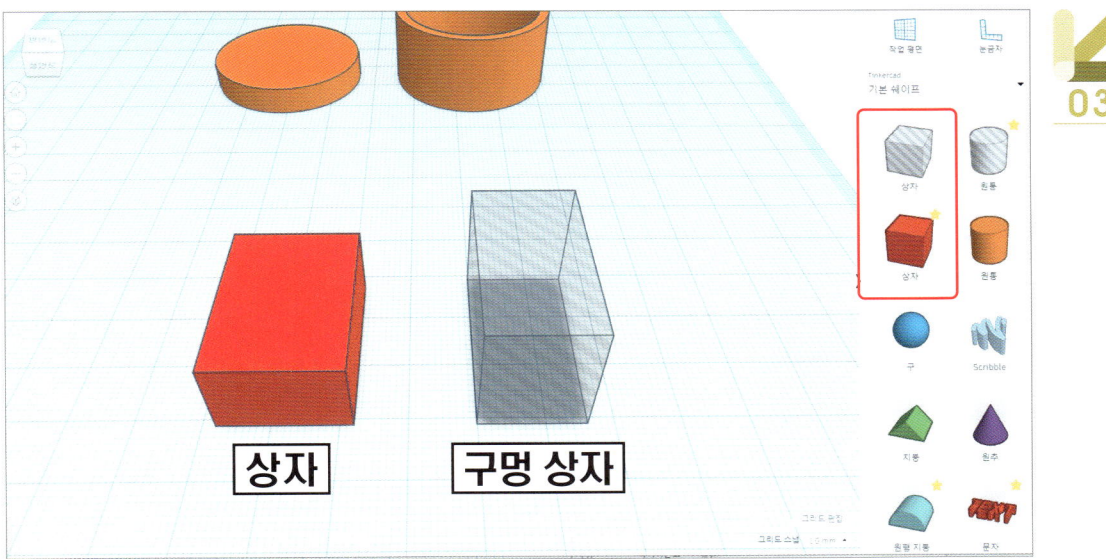

기본 쉐이프에 상자와 구멍 상자를 선택하여 작업 평면에 놓은 후 치수를 조절합니다.
예 상자 : 가로 20, 세로 28, 높이 13
　구멍 상자 : 가로 16, 세로 30, 높이 20

TINKERCAD DESIGN For 3D PRINTING

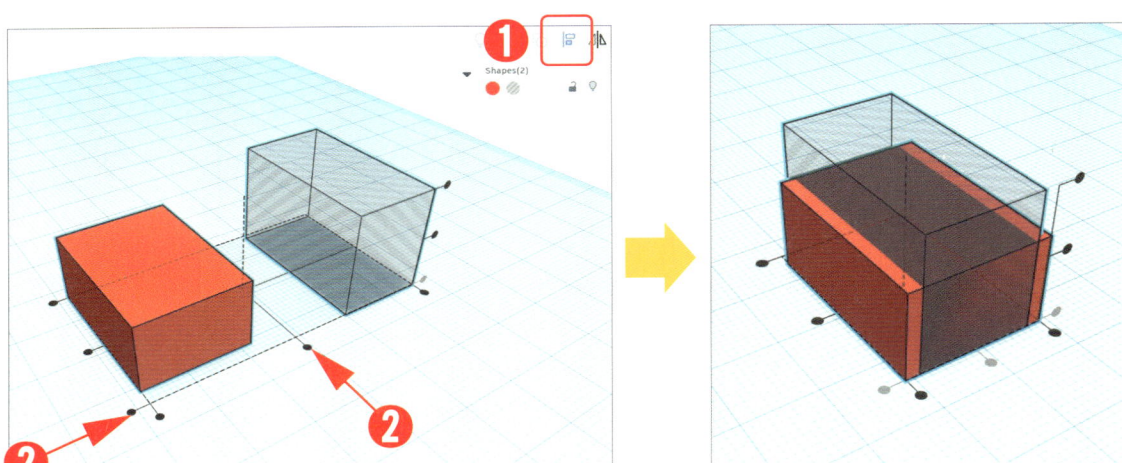

두 도형을 모두 선택하여 ❶ 정렬 버튼을 클릭한 후 ❷를 클릭하여 그림과 같이 정렬합니다.

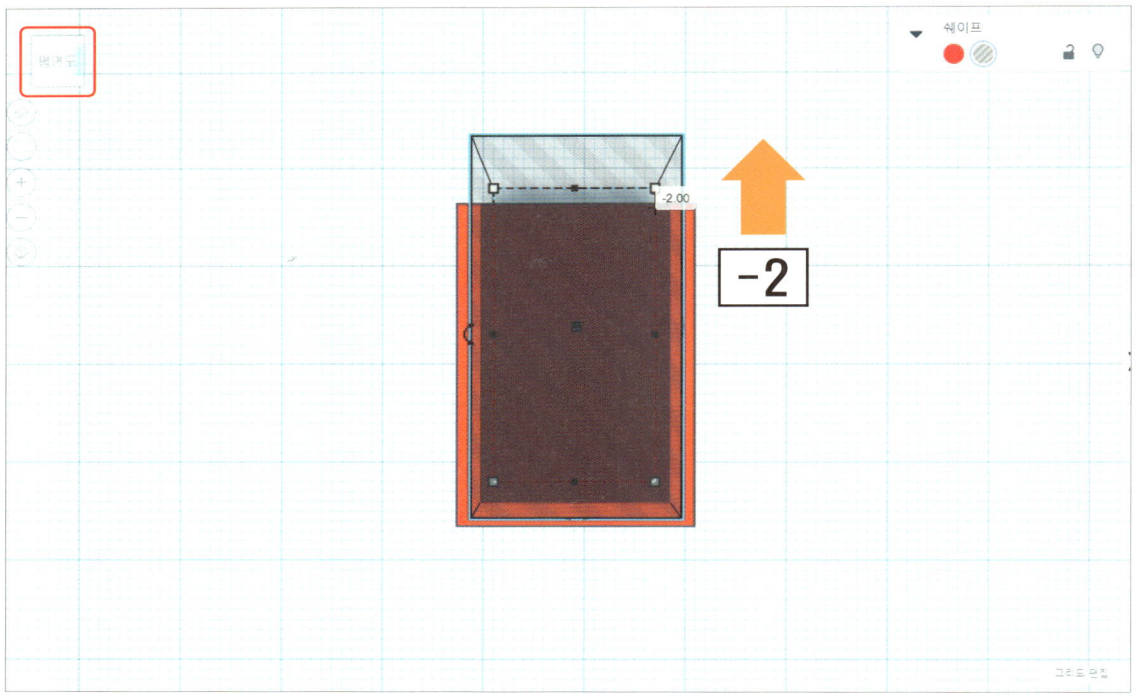

뷰박스를 평면도로 선택합니다.
구멍 상자를 Shift 키를 누른 채로 위로 "-2"만큼 이동합니다.
(Shift 키를 누른 채로 이동하면 일정한 방향으로 이동됩니다.)

TINKERCAD DESIGN For 3D PRINTING

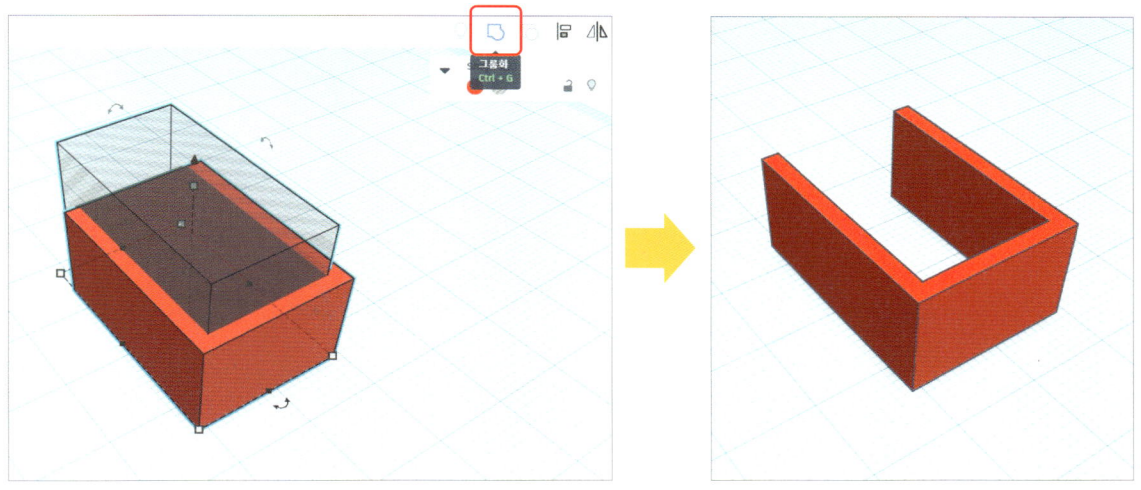

도형을 모두 선택한 후 그룹화합니다.

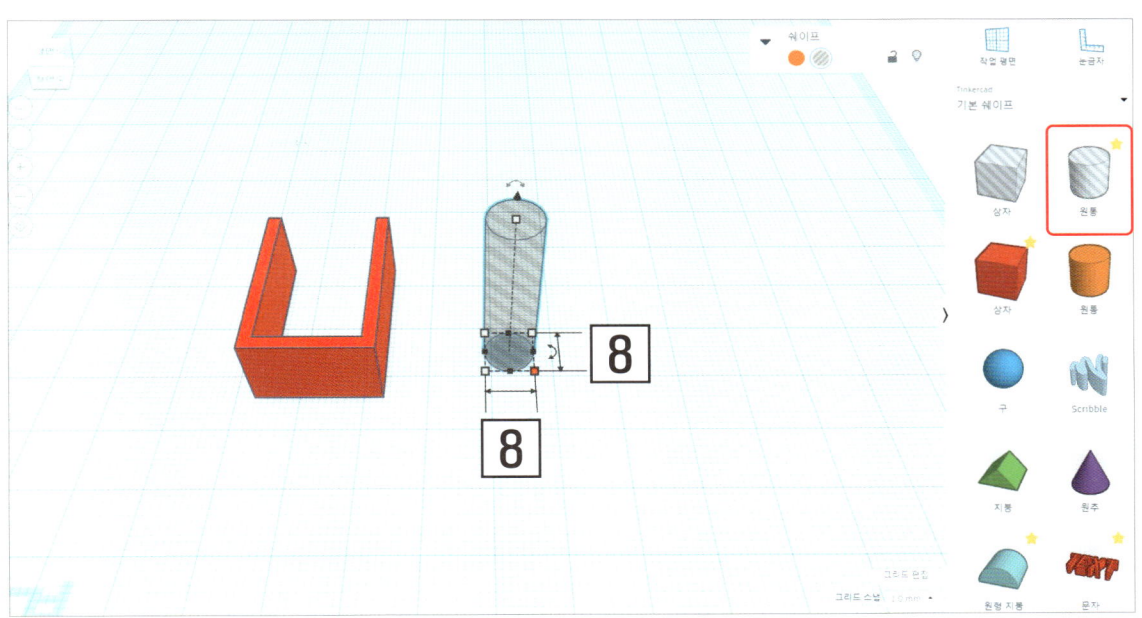

기본 쉐이프에 구멍 원통을 선택하여 작업 평면에 놓은 후 치수를 조절합니다.
예 가로 8, 세로 8, 높이 30

TINKERCAD DESIGN For 3D PRINTING

SECTION 04

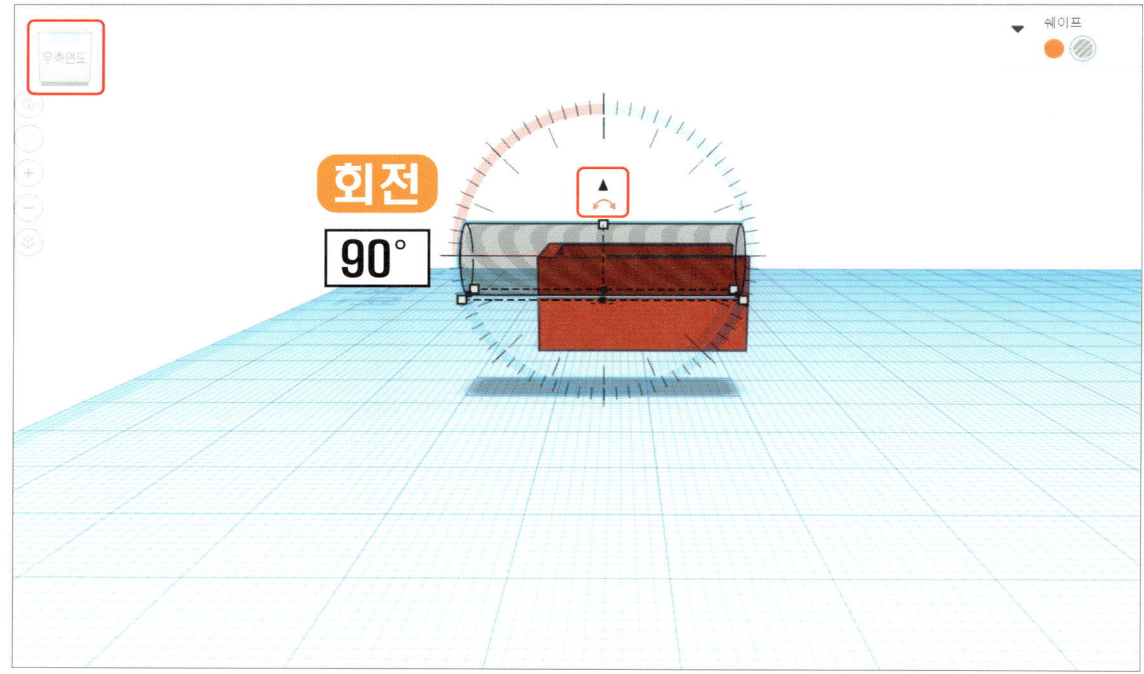

뷰박스를 측면도로 선택합니다. 구멍 원통을 90° 회전합니다.

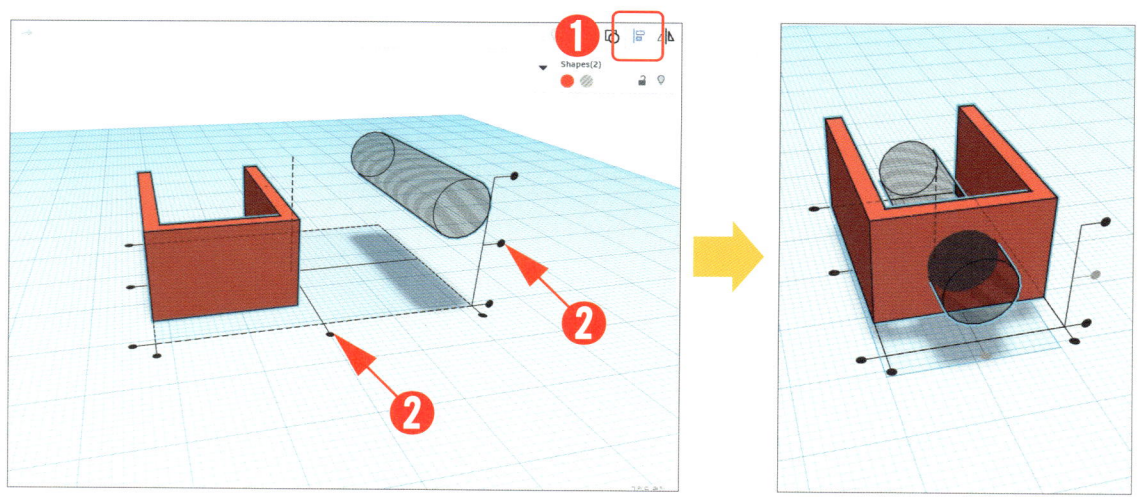

두 도형을 모두 선택하여 ❶ 정렬 버튼을 클릭한 후 ❷를 클릭하여 그림과 같이 정렬합니다.

TINKERCAD DESIGN For 3D PRINTING

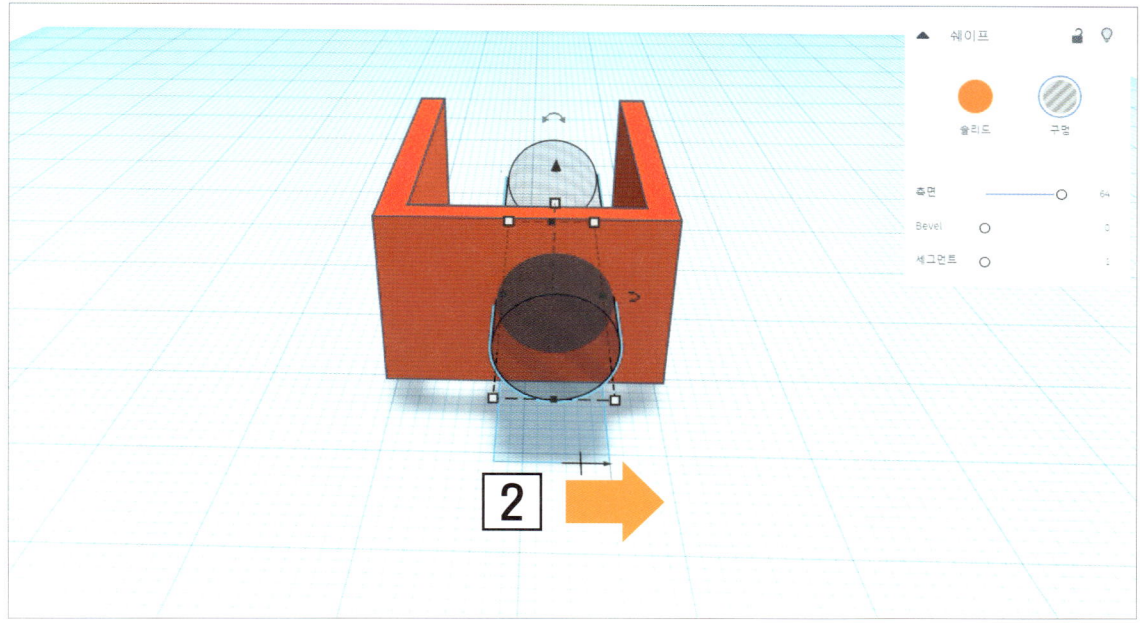

구멍 상자를 Shift 키를 누른 채로 옆으로 "2"만큼 이동합니다.
(Shift 키를 누른 채로 이동하면 일정한 방향으로 이동됩니다.)

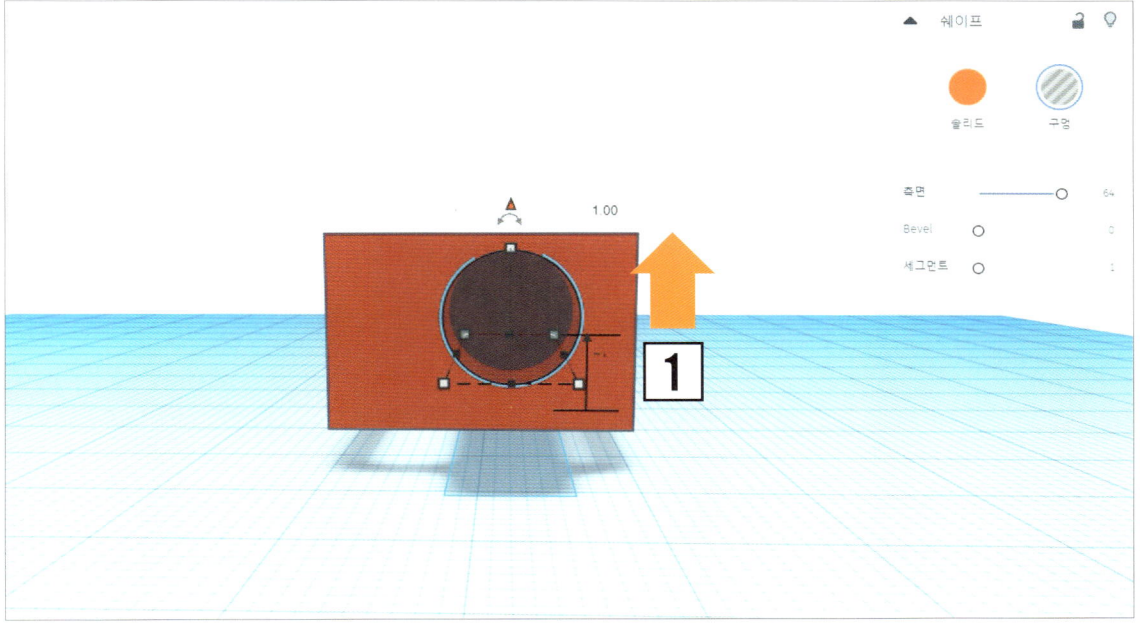

옆으로 이동한 구멍 상자를 다시 Shift 키를 누른 채로 위로 "1"만큼 이동합니다.
(Shift 키를 누른 채로 이동하면 일정한 방향으로 이동됩니다.)

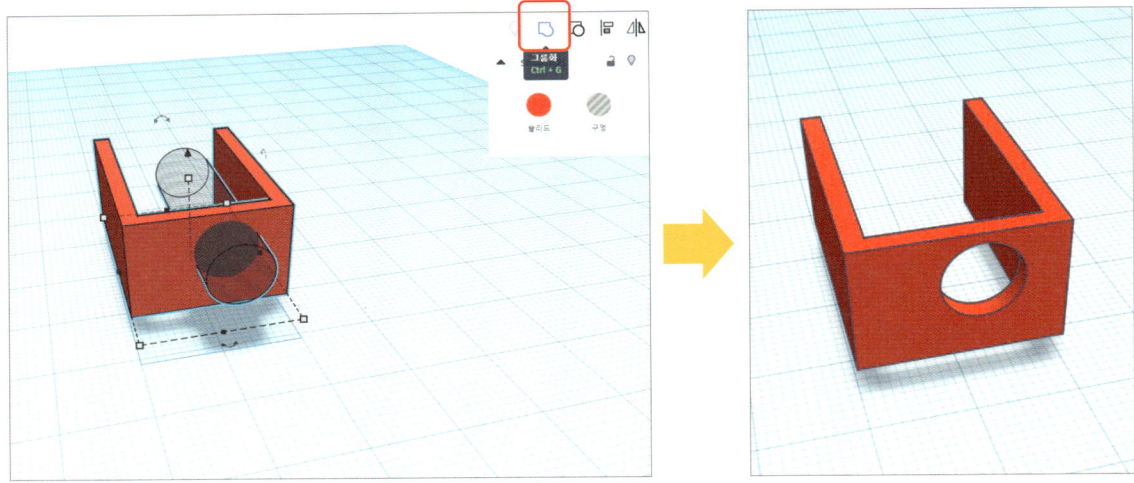

도형을 모두 선택한 후 그룹화합니다.

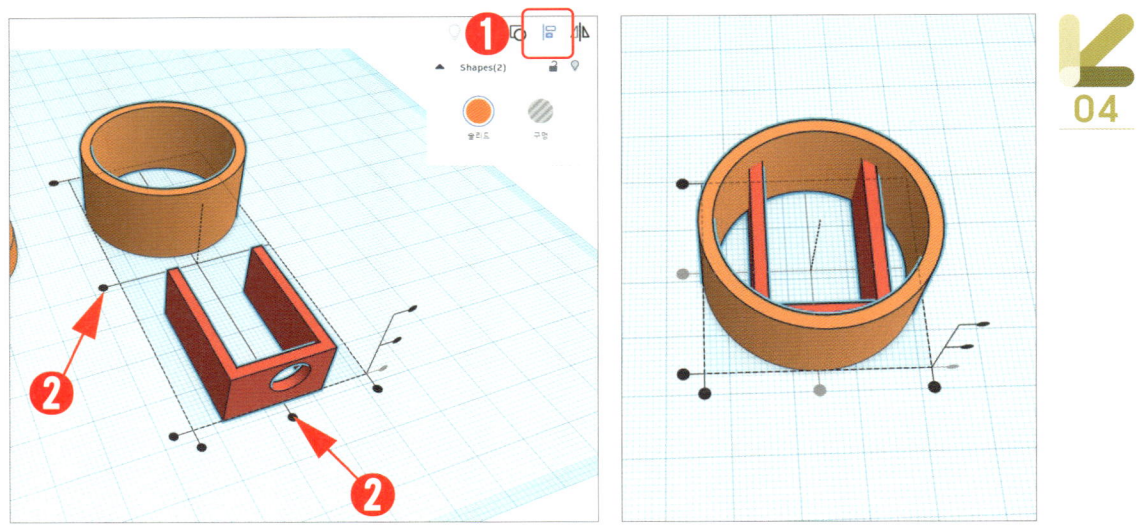

튜브 도형과 연필깎이 도형을 선택하여 ❶ 정렬 버튼을 클릭한 후 ❷를 클릭하여 가운데 정렬합니다.

TINKERCAD DESIGN For 3D PRINTING _____ SECTION 04

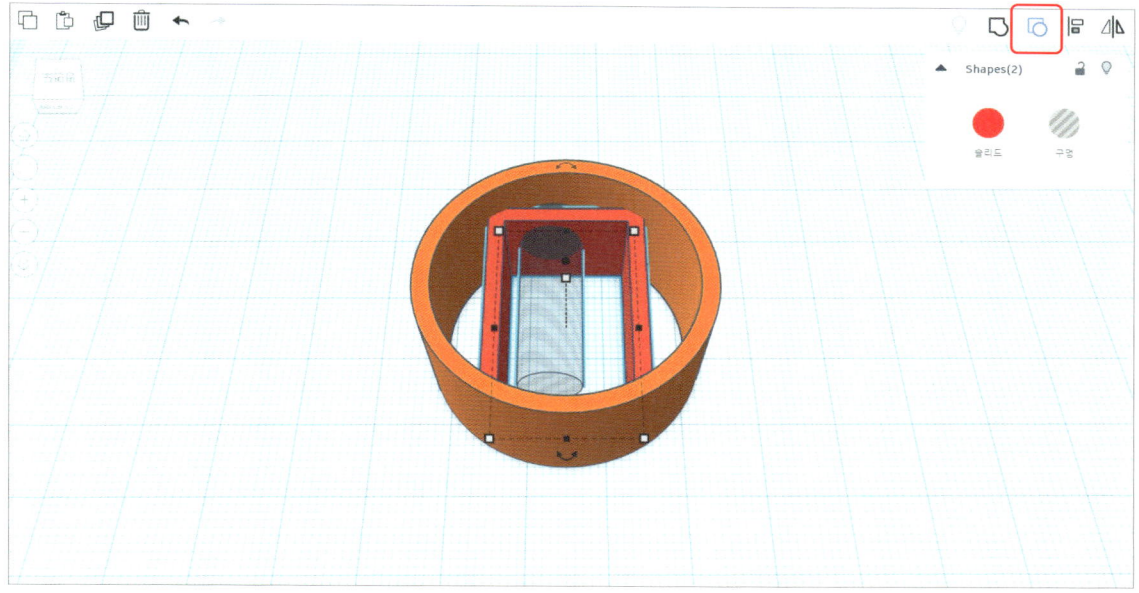

정렬된 연필깎이 도형을 다시 그룹해제 합니다.

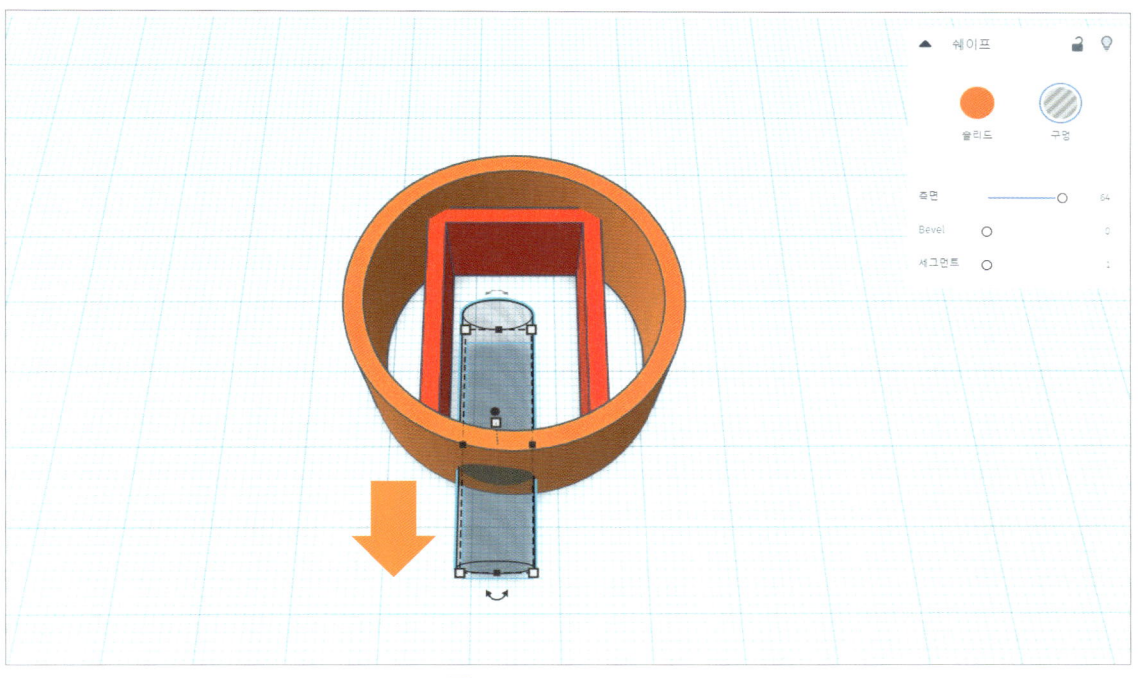

그룹해제된 구멍 원통을 키보드 방향키로 아래로 이동합니다.
(튜브 도형과 겹치도록, 상자 도형과는 겹치지 않도록 배치합니다.)

TINKERCAD DESIGN For 3D PRINTING

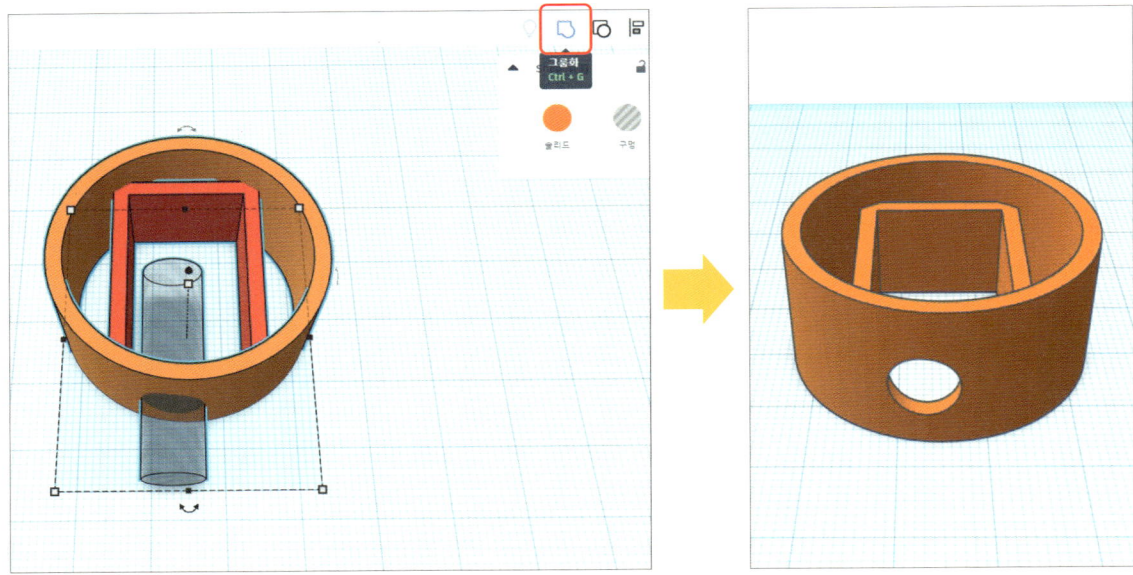

도형을 모두 선택한 후 그룹화합니다.

05

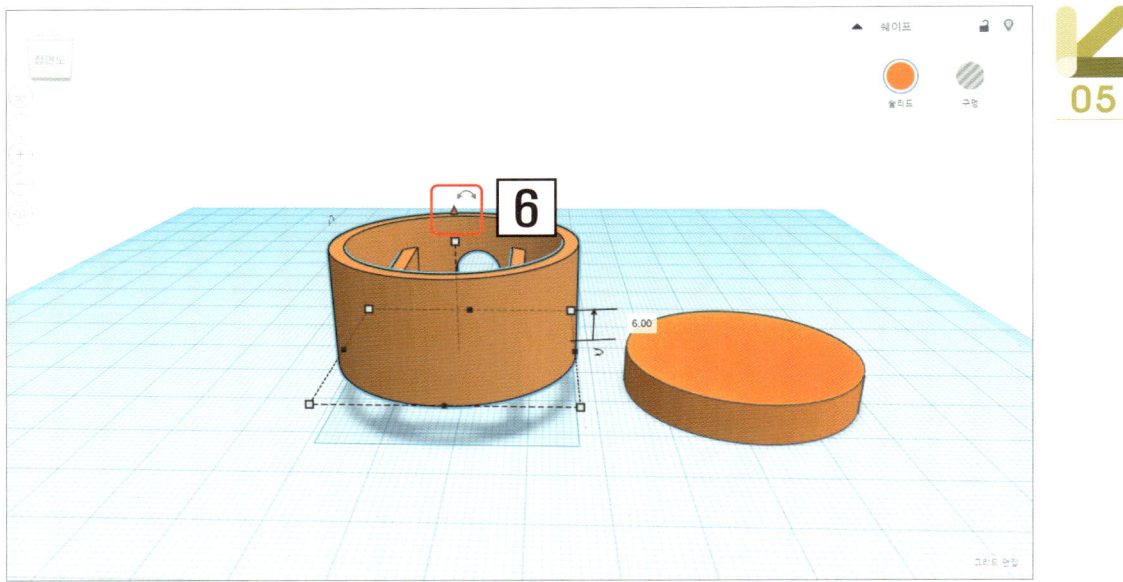

그룹화된 도형을 위로 "6"만큼 올려줍니다.

TINKERCAD DESIGN For 3D PRINTING

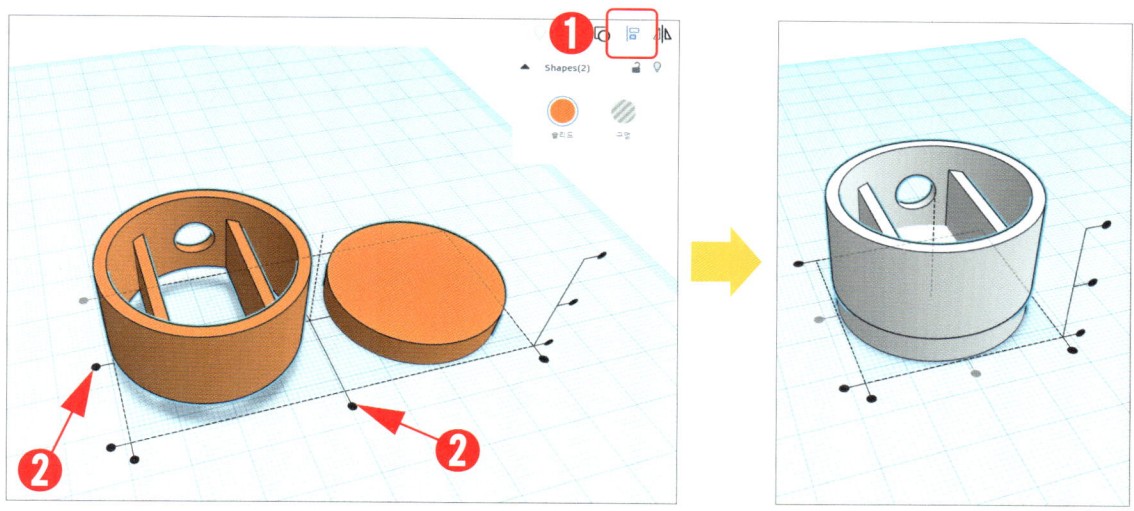

연필깎이 도형과 원통 두 도형을 선택하여 ❶ 정렬 버튼을 클릭한 후 ❷를 클릭하여 가운데 정렬합니다.

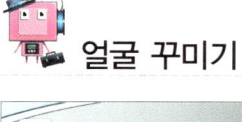 얼굴 꾸미기

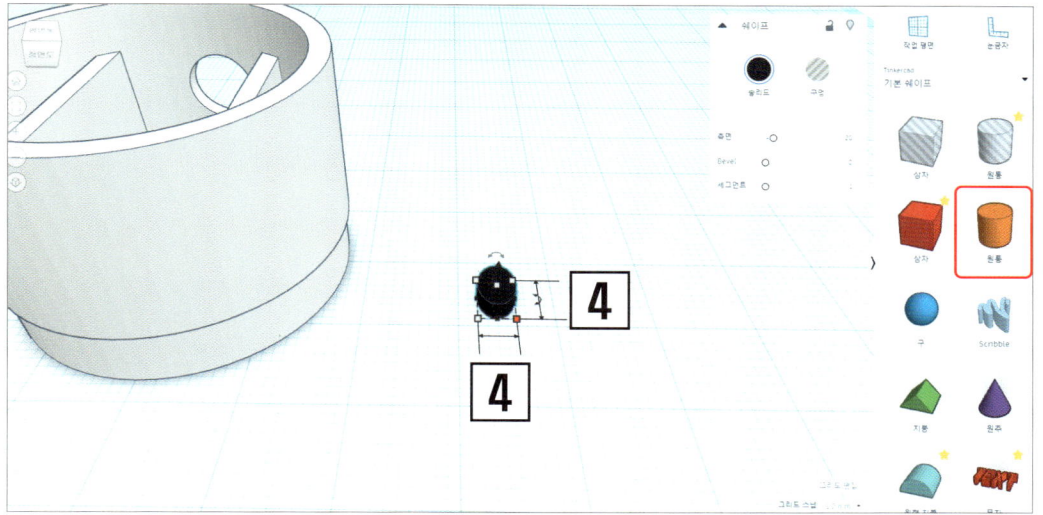

기본 쉐이프에 원통을 선택하여 작업 평면에 놓은 후 치수를 조절합니다.
예 가로 4, 세로 4, 높이 2

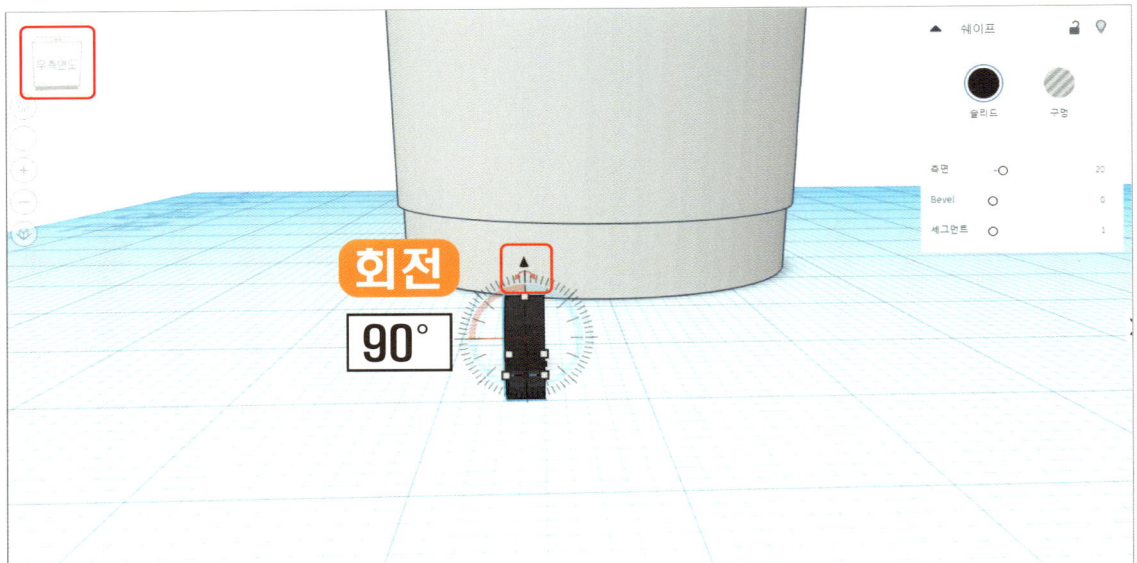

뷰박스를 측면도로 선택합니다. 구멍 원통을 90° 회전합니다.

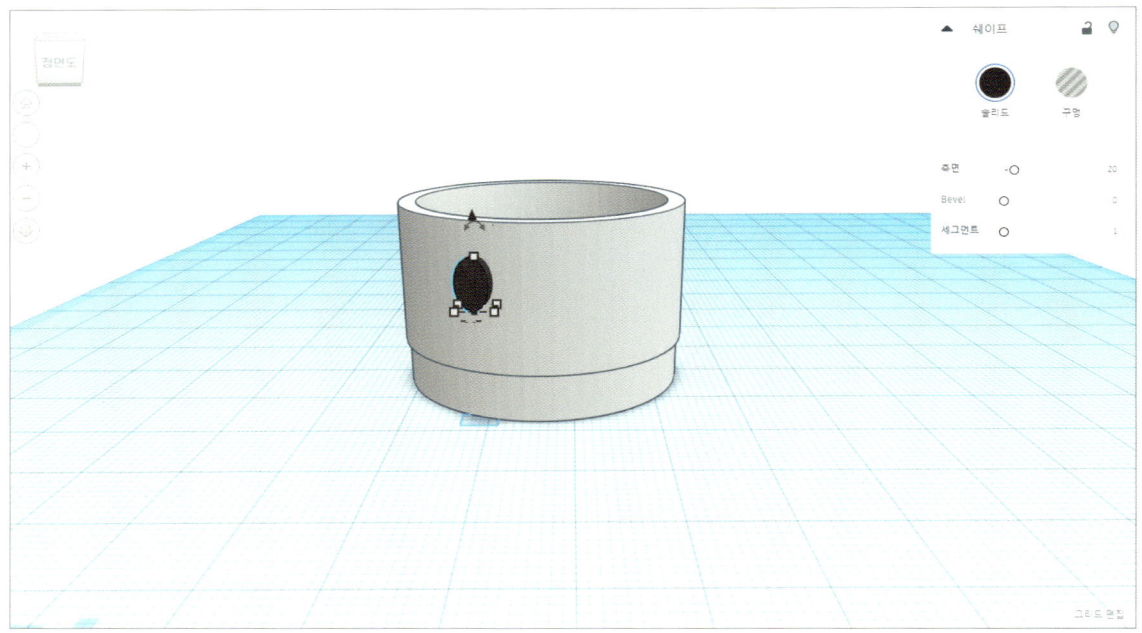

눈모양 도형을 키보드 방향키 ⬆⬅⬇➡ 와 높이방향 화살표, 회전 화살표 등을 활용하여 적절한 위치에 배치합니다.

TINKERCAD DESIGN For 3D PRINTING _____ SECTION 04

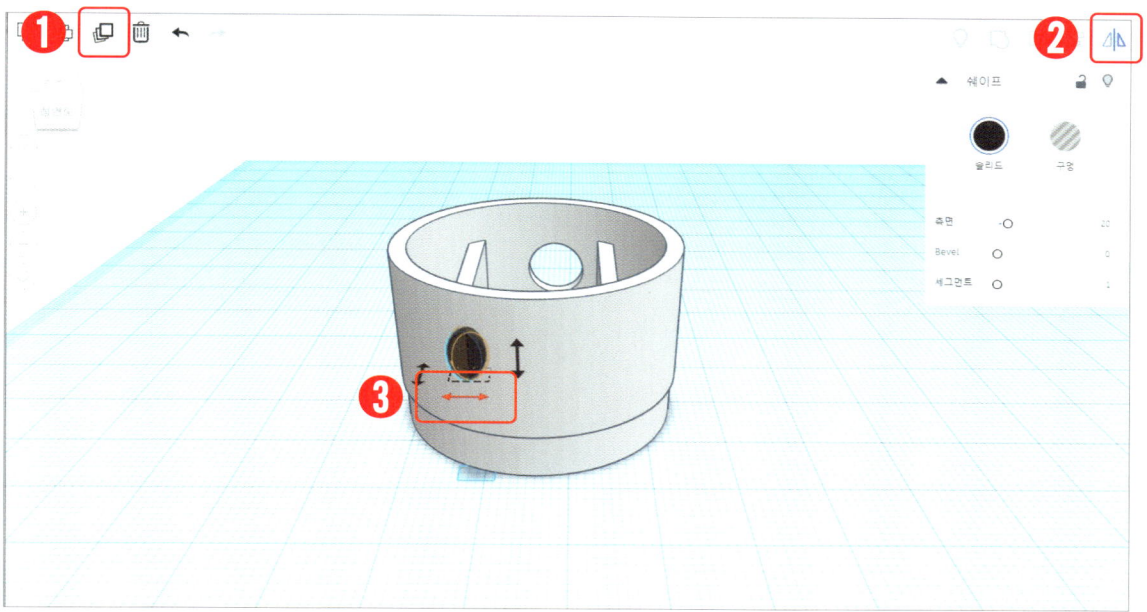

눈모양 도형을 ❶ 복제한 후 ❷ 대칭 버튼으로 ❸ 좌우 대칭합니다.

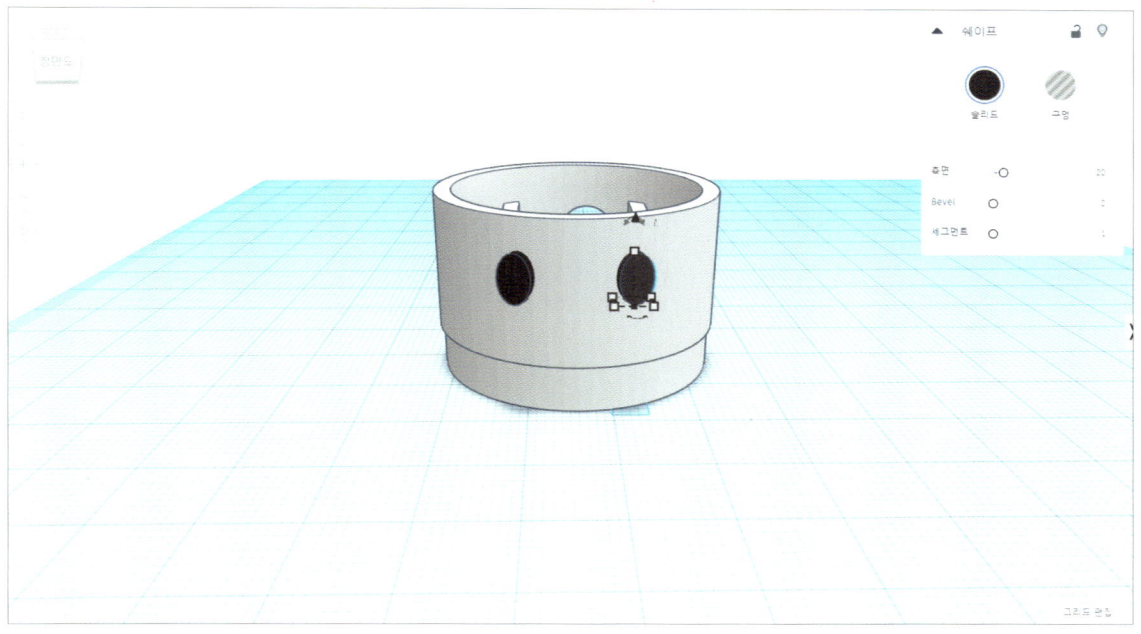

눈모양 도형을 마우스로 움직이거나 키보드 방향키 ⬅⬇➡⬆ 로 그림과 같이 배치합니다.

TINKERCAD DESIGN For 3D PRINTING _____ SECTION 04

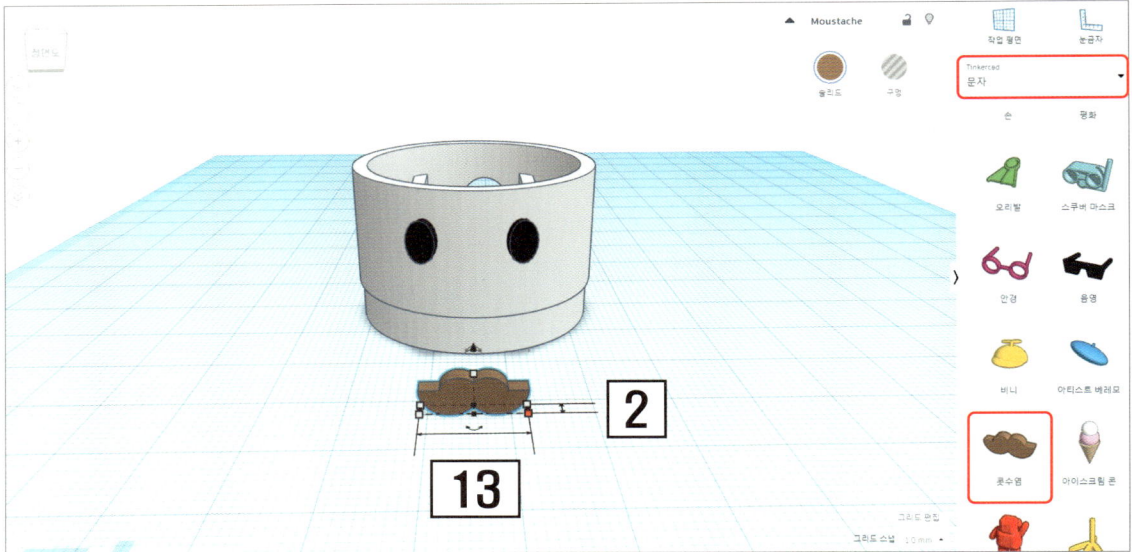

문자 쉐이프에서 콧수염을 선택하여 작업 평면에 놓은 후 치수를 조절합니다.
예 가로 13, 세로 2, 높이 5

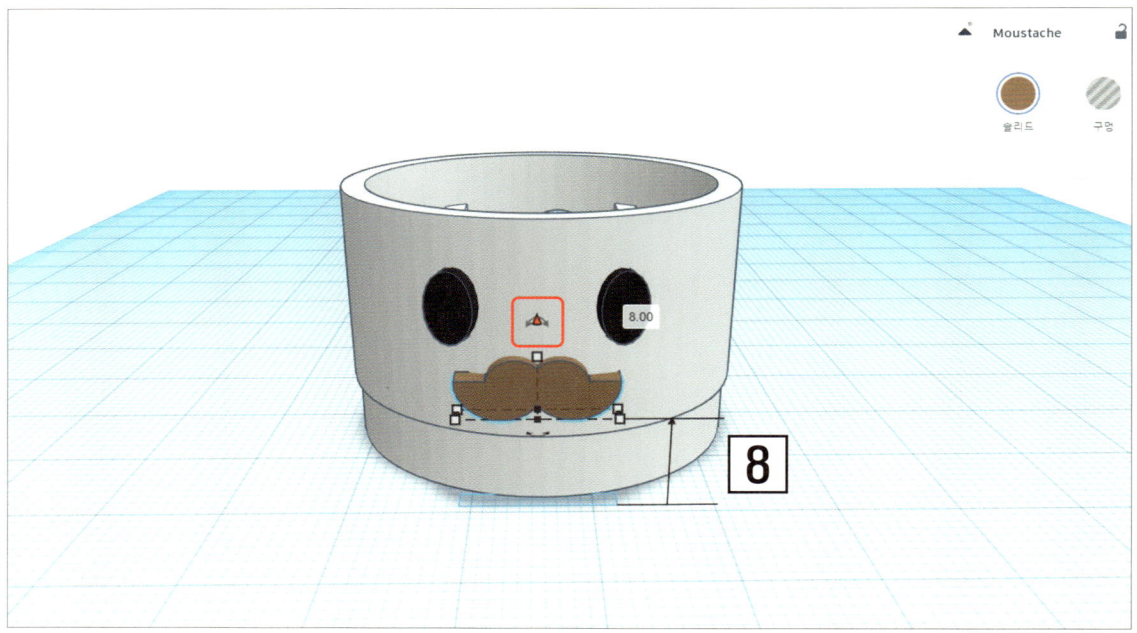

콧수염 도형을 위로 "8"만큼 올려준 후 키보드 방향키 로 튜브 도형과 겹치도록 배치합니다.

TINKERCAD DESIGN For 3D PRINTING

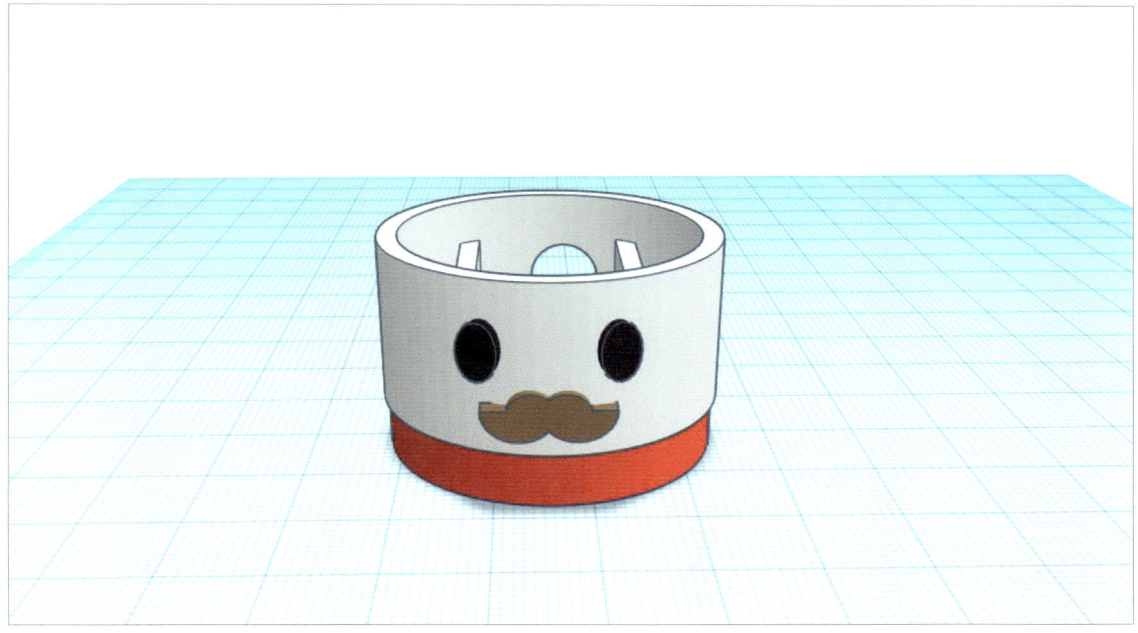

연필깎이 통 완성!

 연필깎이 뚜껑 만들기

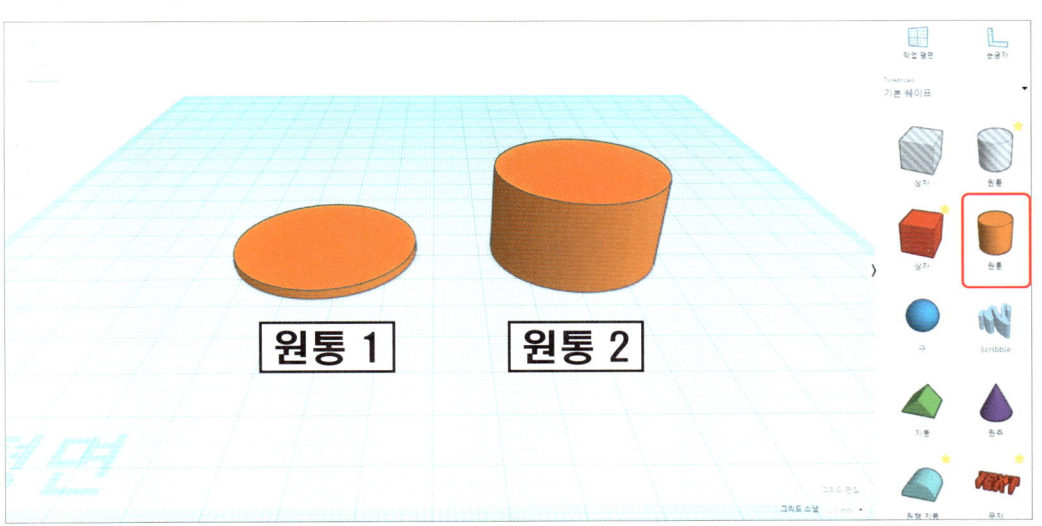

기본 쉐이프에서 원통을 선택하여 작업 평면에 놓은 후 치수를 조절합니다.
- 원통 1 : 가로 40, 세로 40, 높이 2
  원통 2 : 가로 36, 세로 36, 높이 20

TINKERCAD DESIGN For 3D PRINTING

SECTION 04

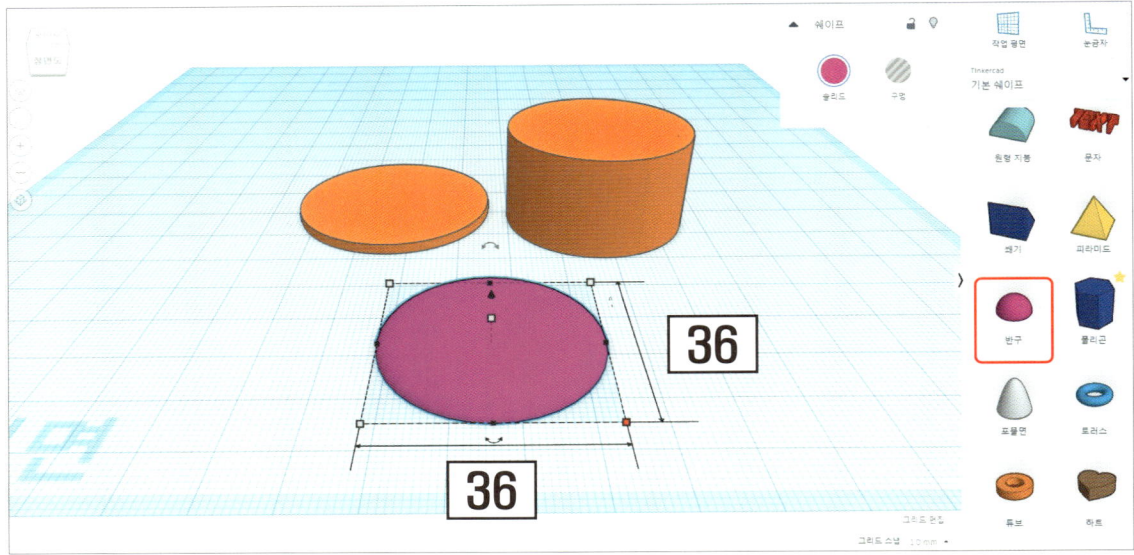

기본 쉐이프에서 반구를 선택하여 작업 평면에 놓은 후 치수를 조절합니다.
예 가로 36, 세로 36, 높이 5

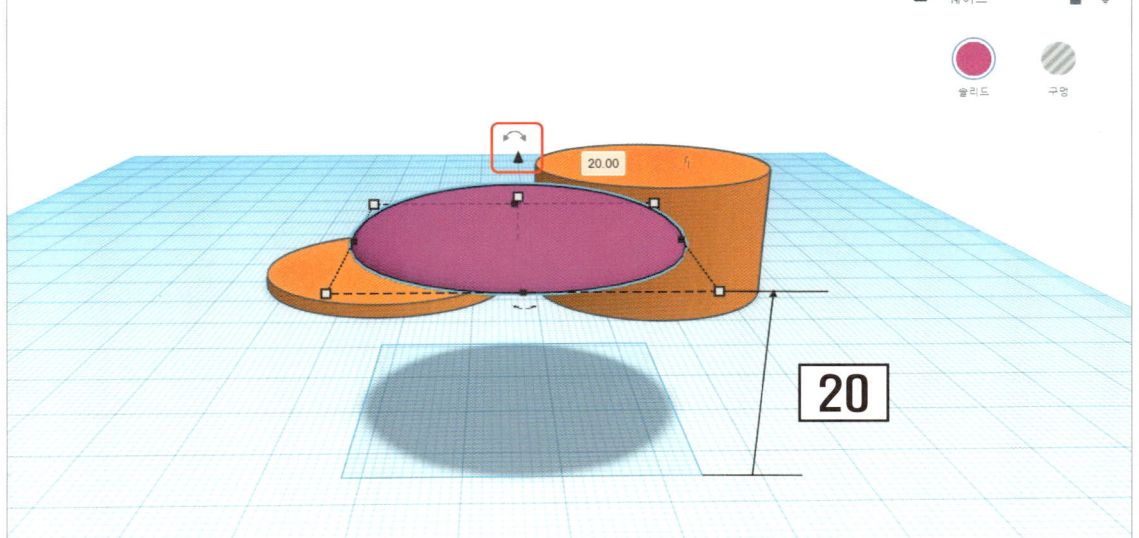

반구를 위로 "20"만큼 올려줍니다.

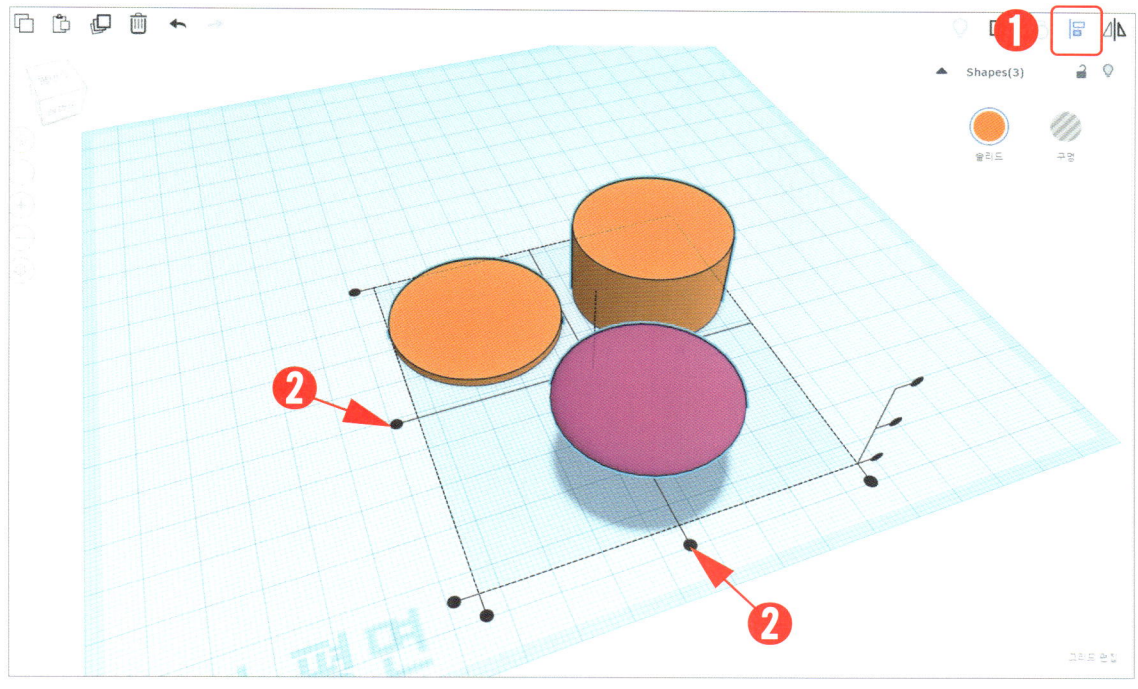

도형을 모두 선택하여 ❶ 정렬 버튼을 클릭한 후 ❷를 클릭하여 가운데 정렬합니다.

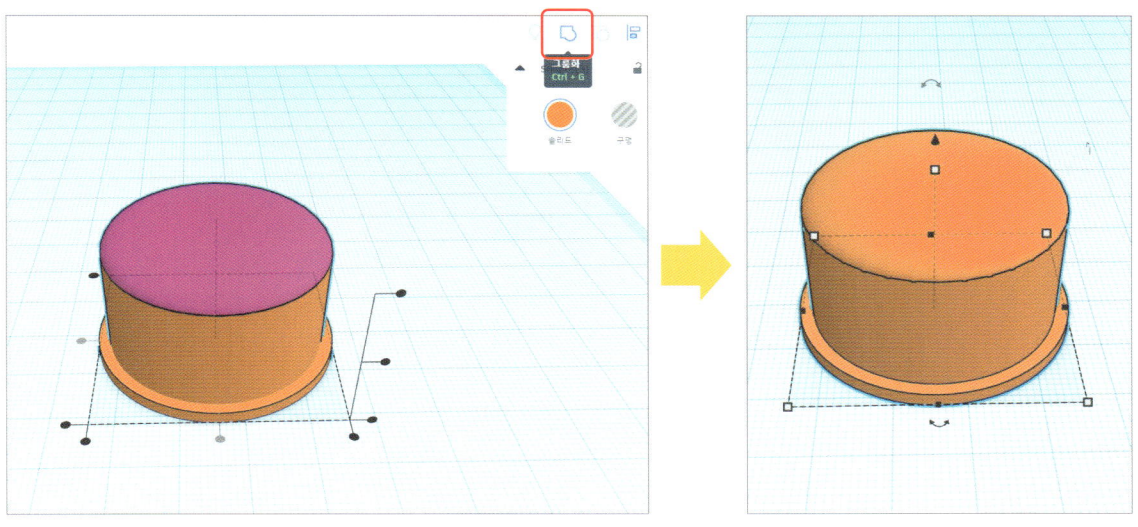

정렬된 도형을 그룹화합니다.

TINKERCAD DESIGN For 3D PRINTING _____

SECTION 04

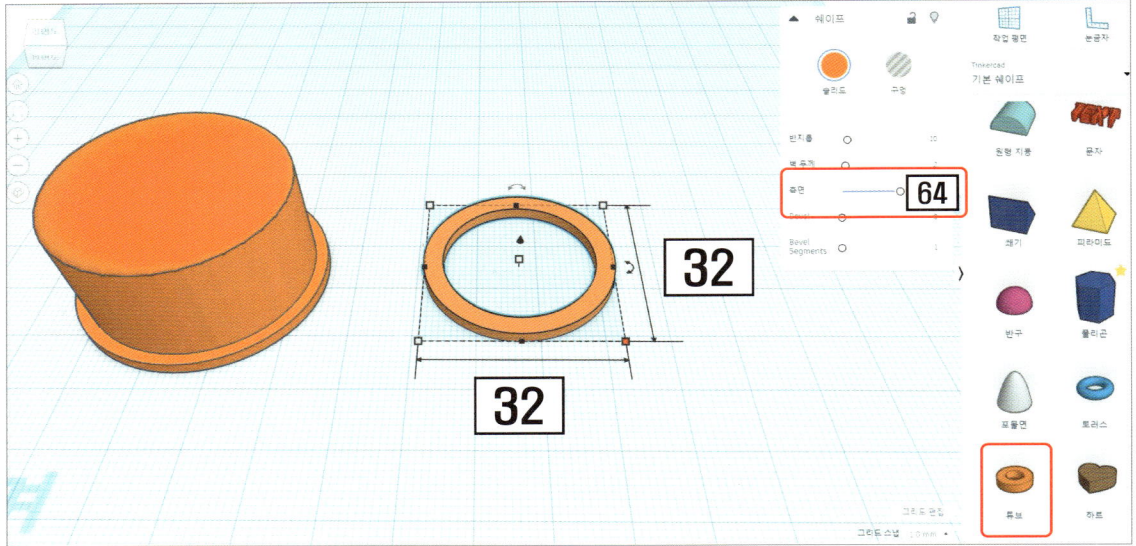

기본 쉐이프에 튜브를 선택하여 작업 평면에 놓은 후 치수를 조절합니다.
예 가로 32, 세로 32, 높이 2, 측면 64

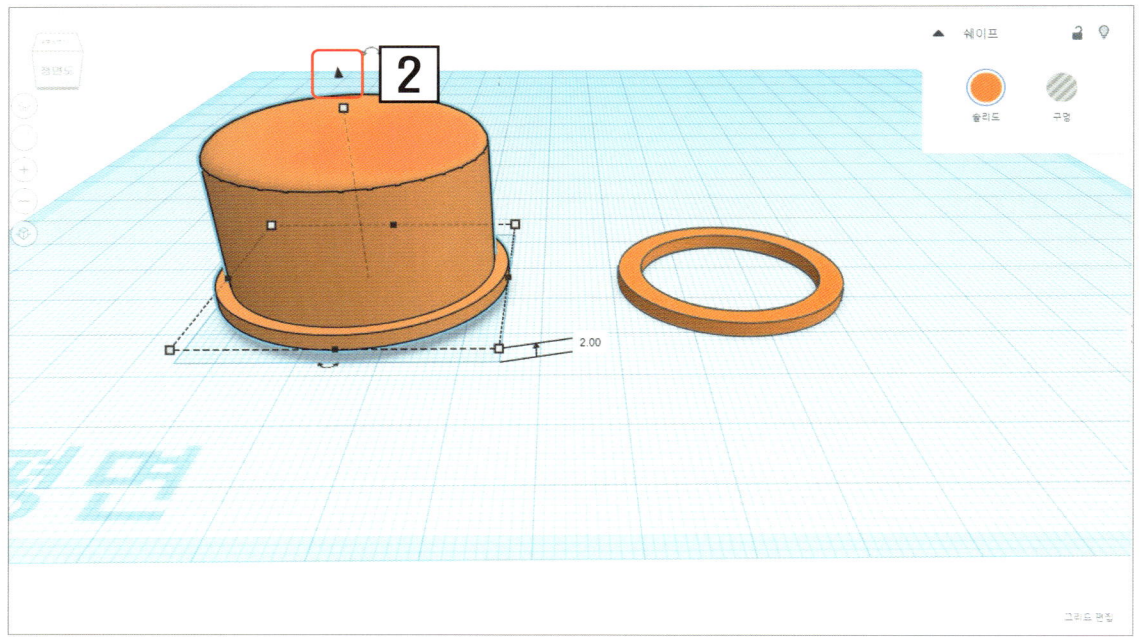

그룹화된 모자 모양을 위로 "2"만큼 올려줍니다.

TINKERCAD DESIGN For 3D PRINTING   SECTION 04

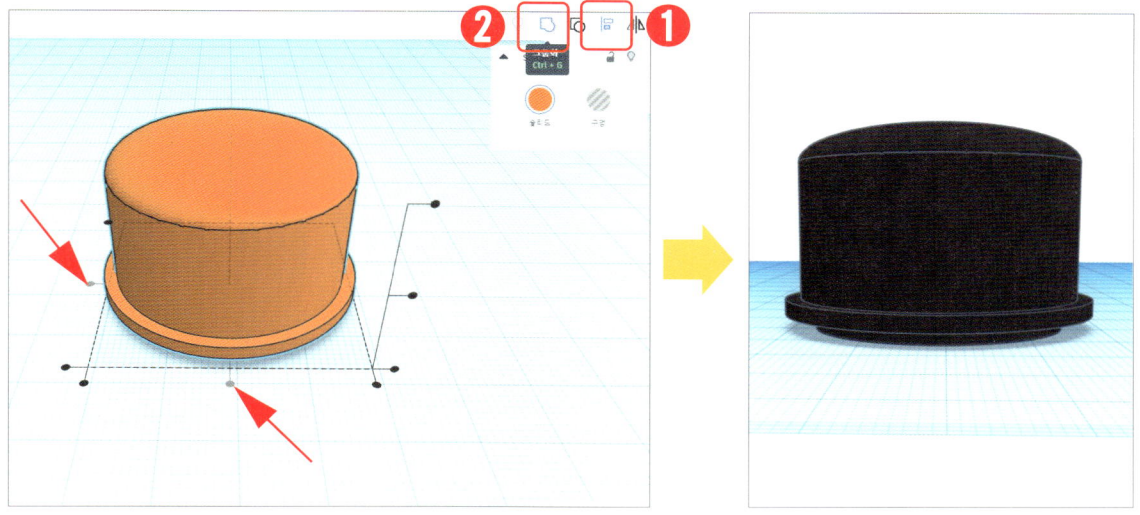

도형을 모두 선택하여 ❶ 가운데 정렬 후 ❷ 그룹화합니다.

병정 모양을 조금 더 디테일하게 꾸며 보세요.
연필깎이 완성!

※ 투명 미니 연필깎이를 구매하여 연필깎이 통에 결합하여 활용해 봅시다.

TINKERCAD DESIGN For 3D PRINTING SECTION 04

도|전|과|제

- 다양한 디자인의 연필깎이를 모델링해 봅시다.

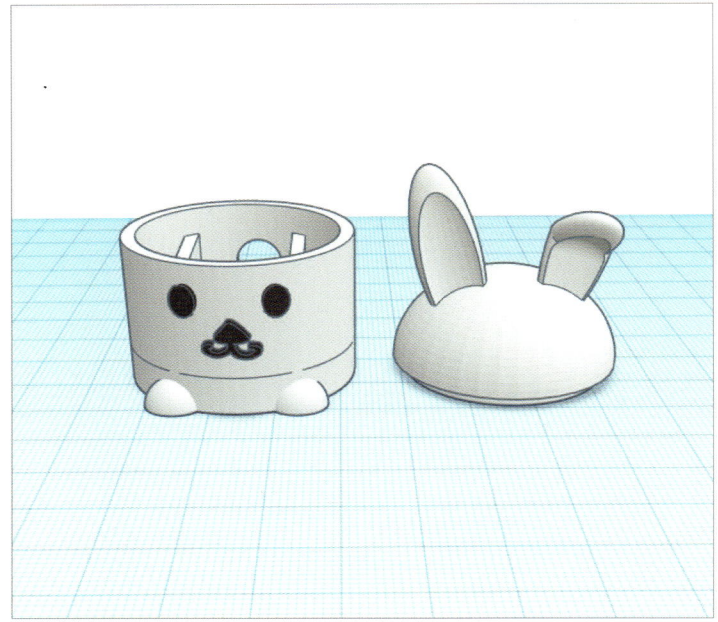

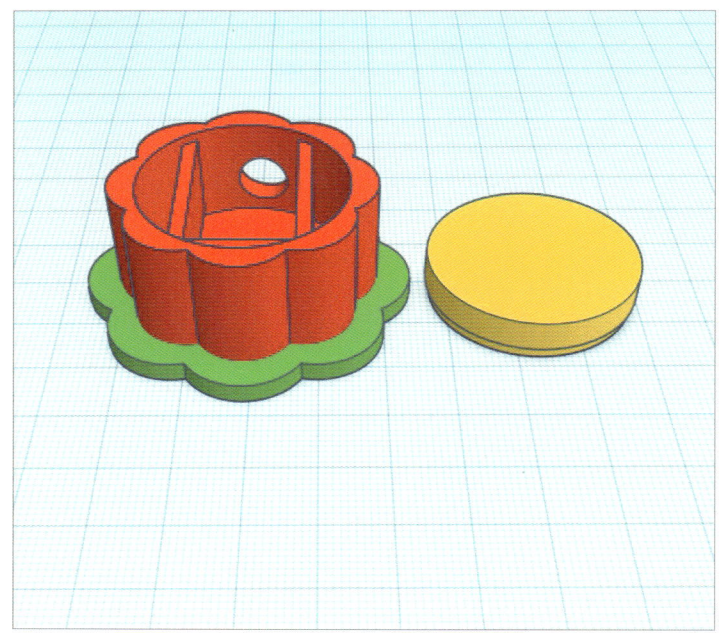

SECTION 05
공기놀이 만들기

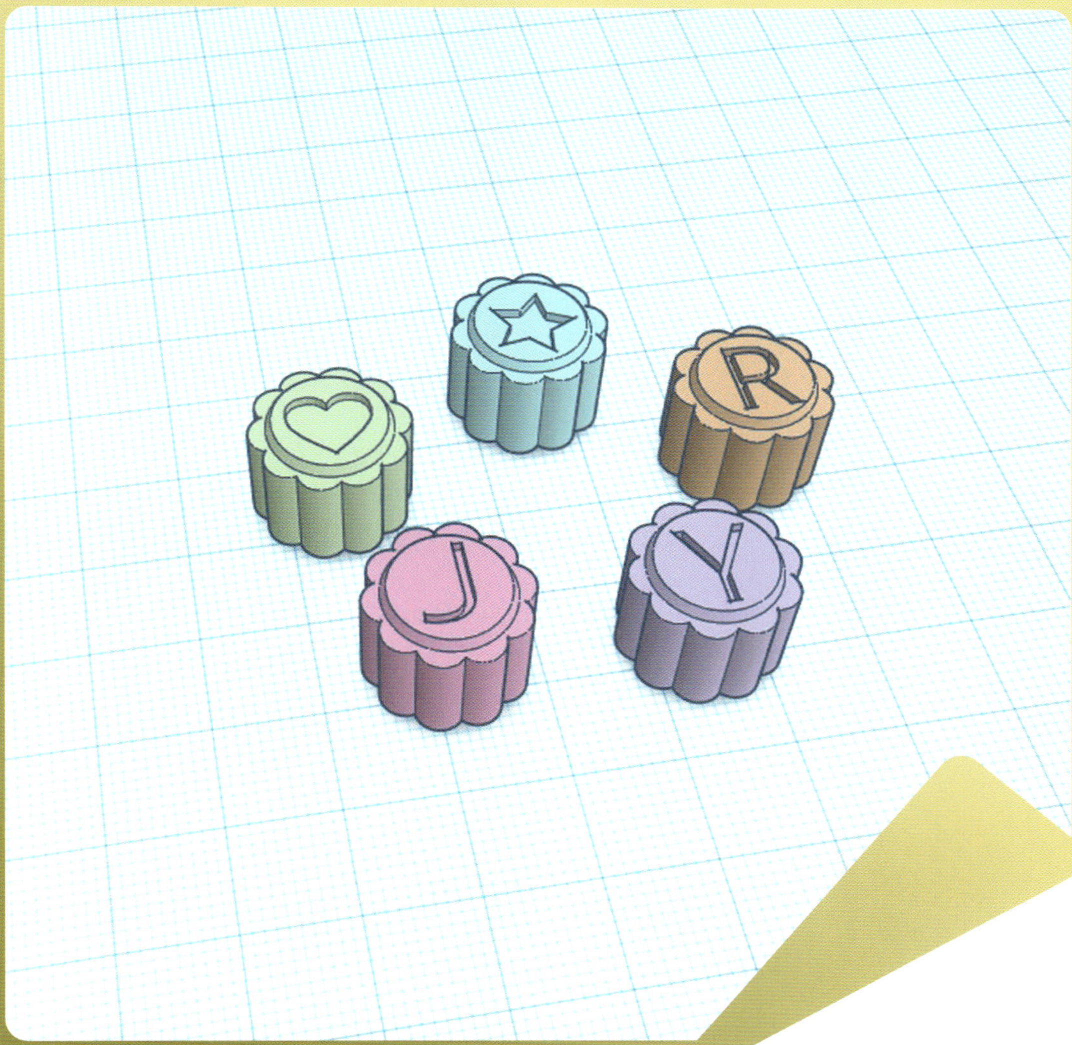

TINKERCAD DESIGN For 3D PRINTING

● 공기놀이 만들기

다섯 개의 조그맣고 동그란 돌처럼 생긴 공기놀이를 모델링해 봅시다.
직접 만든 공기놀이를 활용하여 친구들과 함께 놀이해 봅시다.

TINKERCAD DESIGN For 3D PRINTING   SECTION 05

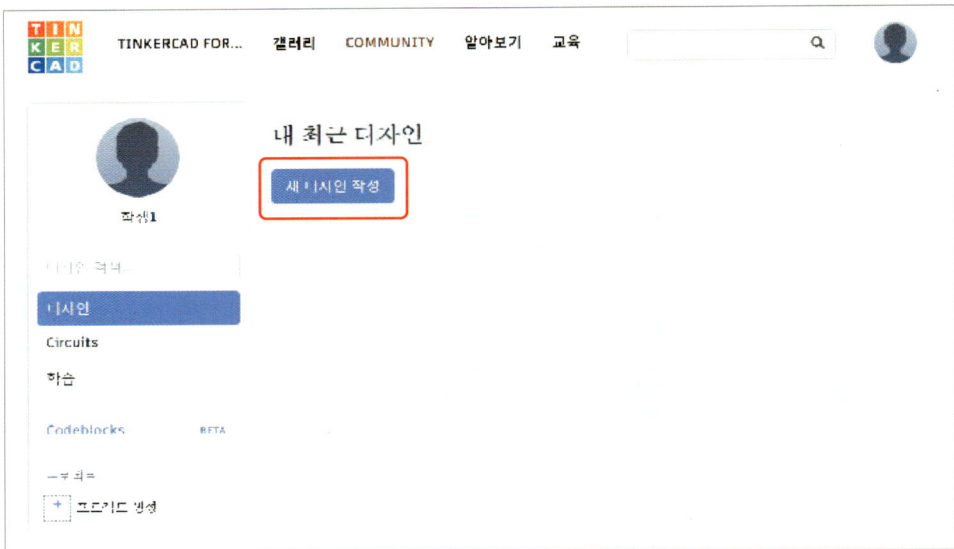

구글크롬 에서 틴커캐드 웹사이트(www.tinkercad.com)에 접속합니다.
로그인 후 대시보드의 [새 디자인 작성] 을 클릭합니다.

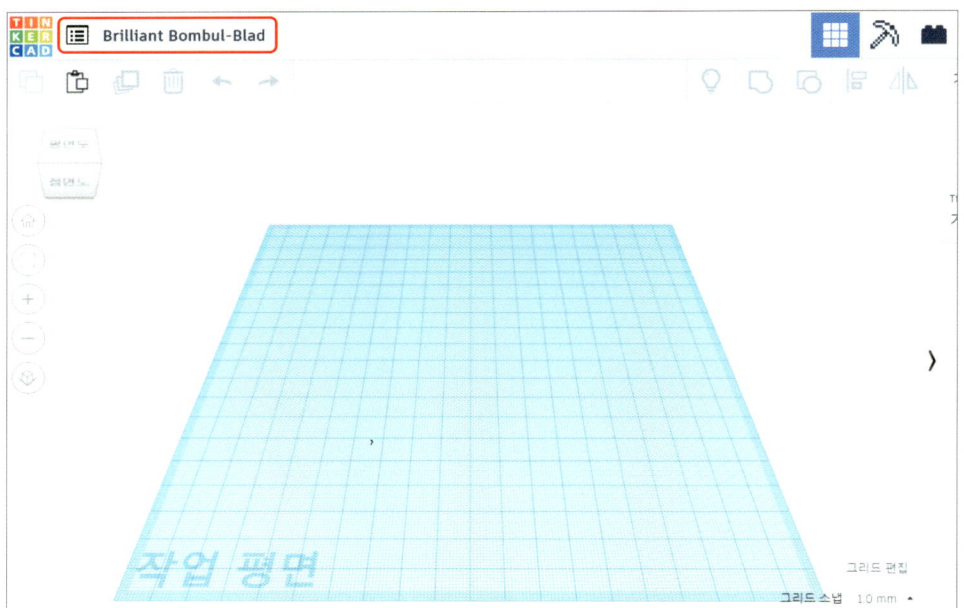

틴커캐드는 저장 버튼이 따로 없으며 웹에서 작업하고 모델링 작업파일 역시 인터넷 저장 공간에 자동으로 저장됩니다. 임의로 주어진 영어이름을 클릭하면 파일명을 수정할 수 있습니다.

TINKERCAD DESIGN For 3D PRINTING _____ SECTION 05

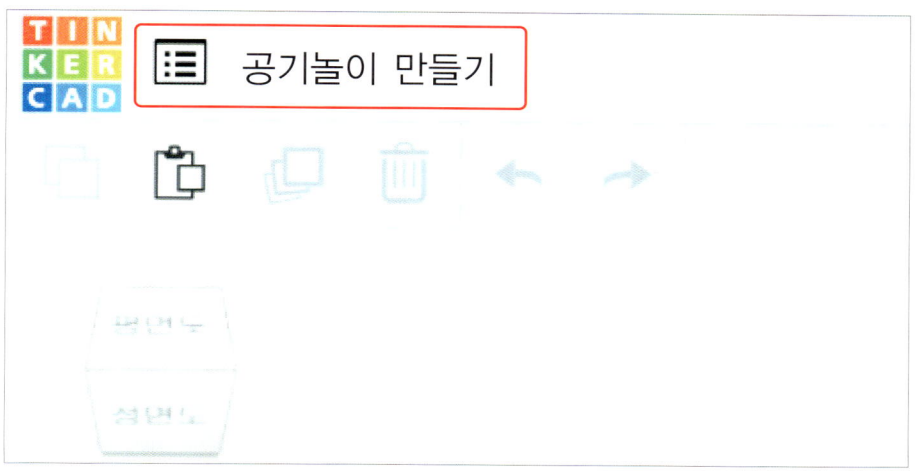

파일명을 "**공기놀이 만들기**"로 수정하고 엔터키 또는 화면의 빈 공간 아무 곳이나 클릭합니다.

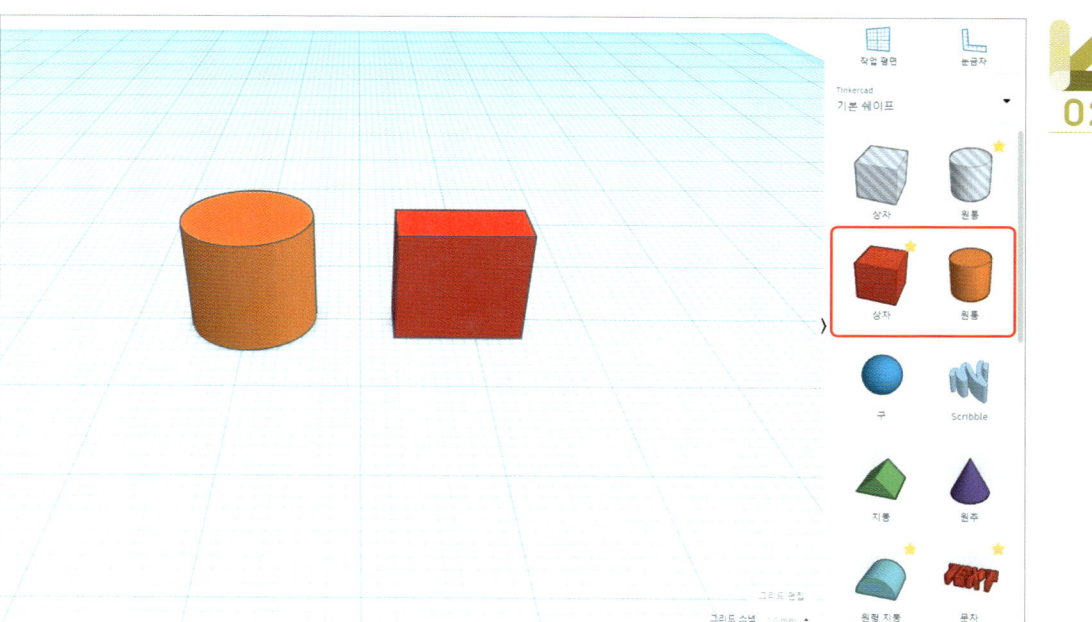

기본 쉐이프에서 상자와 원통을 선택하여 작업 평면에 놓은 후 각각 치수를 조절합니다.
- 예 원통 : 가로 11, 세로 11, 높이 10, 측면 64
  상자 : 가로 11, 세로 4.5, 높이 10

TINKERCAD DESIGN For 3D PRINTING

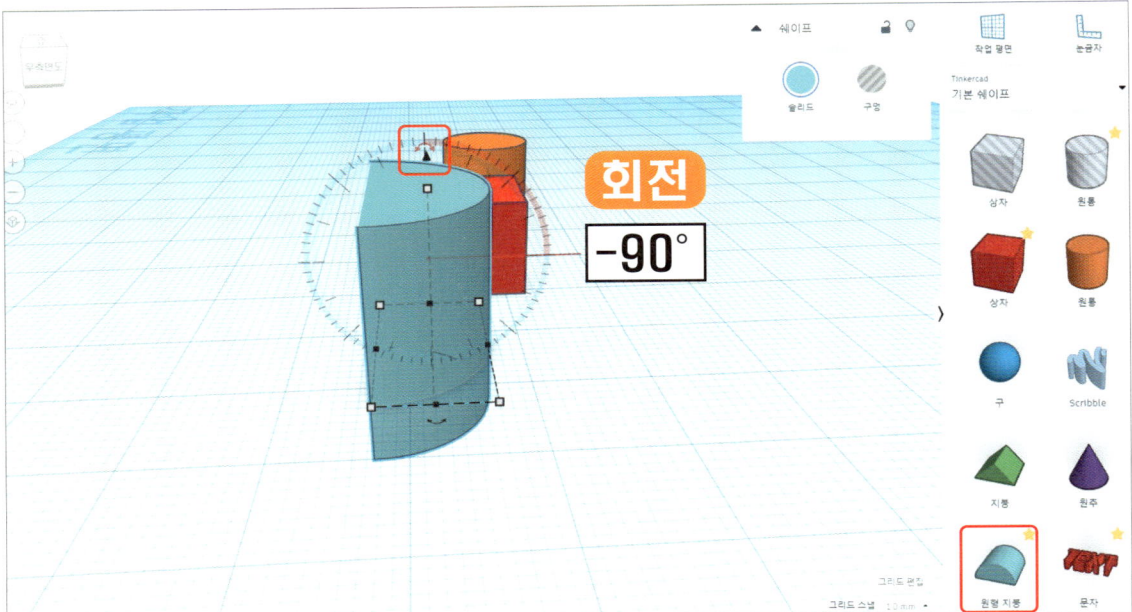

기본 쉐이프에서 원형 지붕을 선택하여 작업 평면에 놓은 후 -90° 회전합니다.

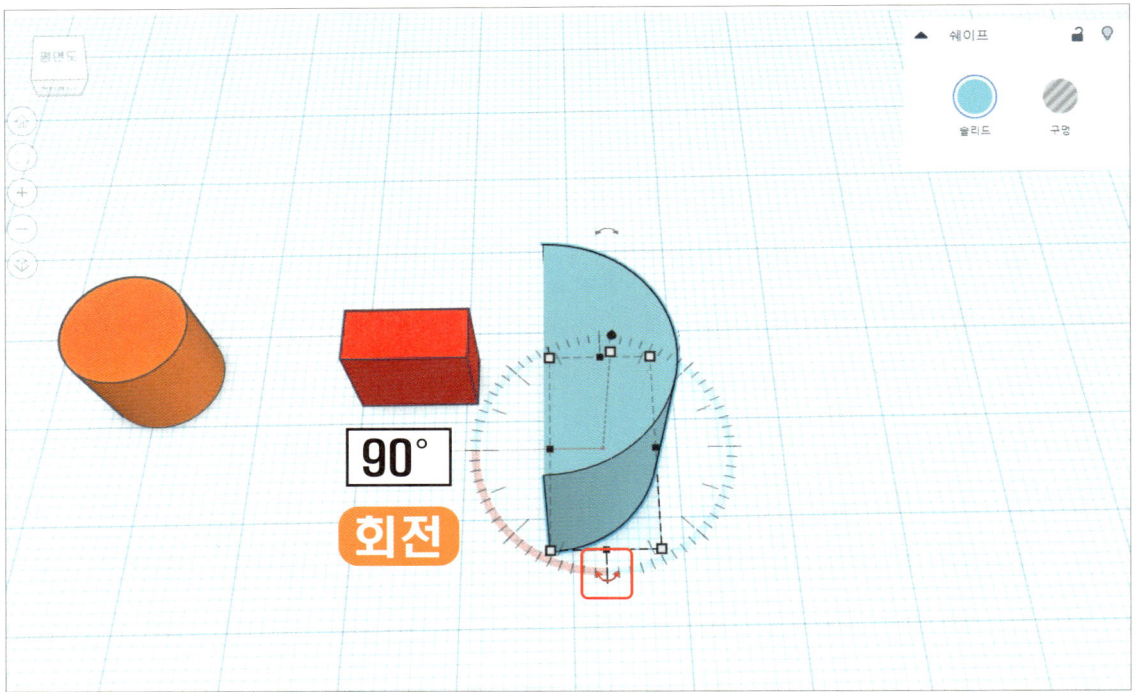

평면도 상에서 원형 지붕을 90° 회전한 후 키보드의 영문 "D" 키를 눌러 바닥면에 붙입니다.

TINKERCAD DESIGN For 3D PRINTING

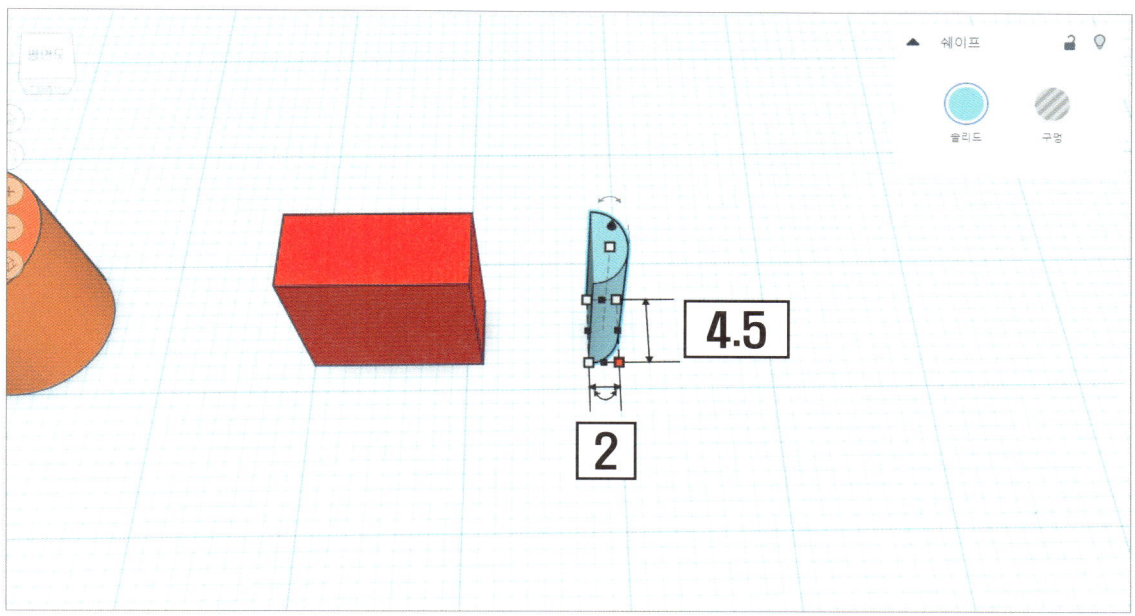

원형 지붕의 치수를 조절합니다.
예 가로 2, 세로 4.5, 높이 10

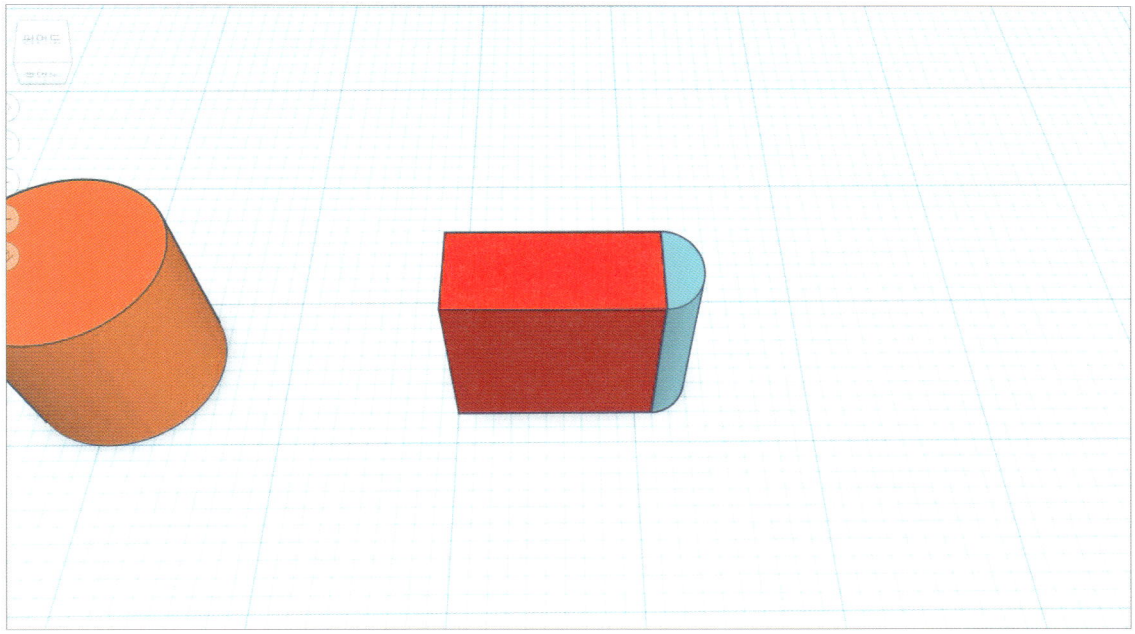

원형 지붕을 마우스로 움직이거나 키보드 방향키로 그림과 같이 배치합니다.

TINKERCAD DESIGN For 3D PRINTING

SECTION 05

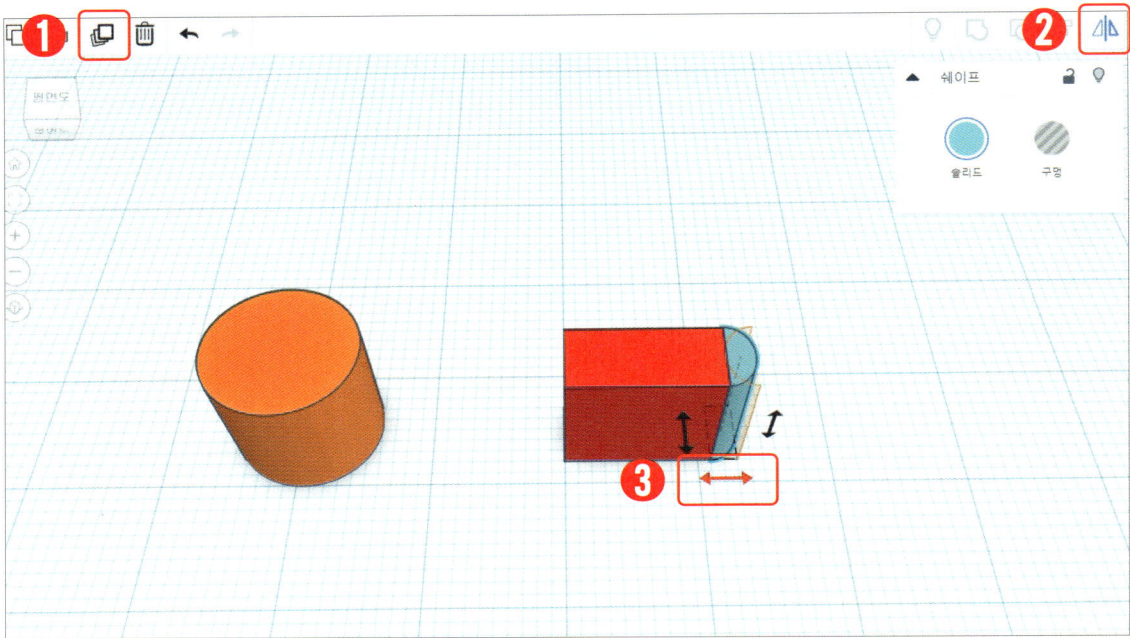

도형을 ❶ 복제한 후 ❷ 대칭 버튼으로 ❸ 좌우 대칭합니다.

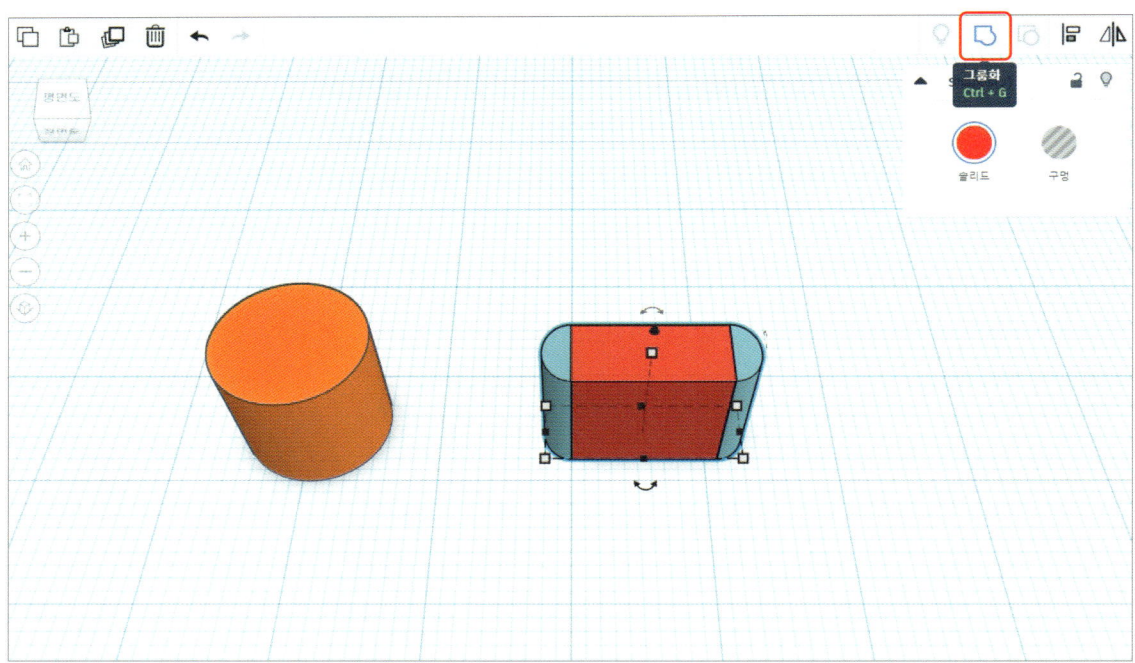

복제된 도형을 마우스로 움직이거나 키보드 방향키 로 그림과 같이 배치한 후 그룹화합니다.

TINKERCAD DESIGN For 3D PRINTING

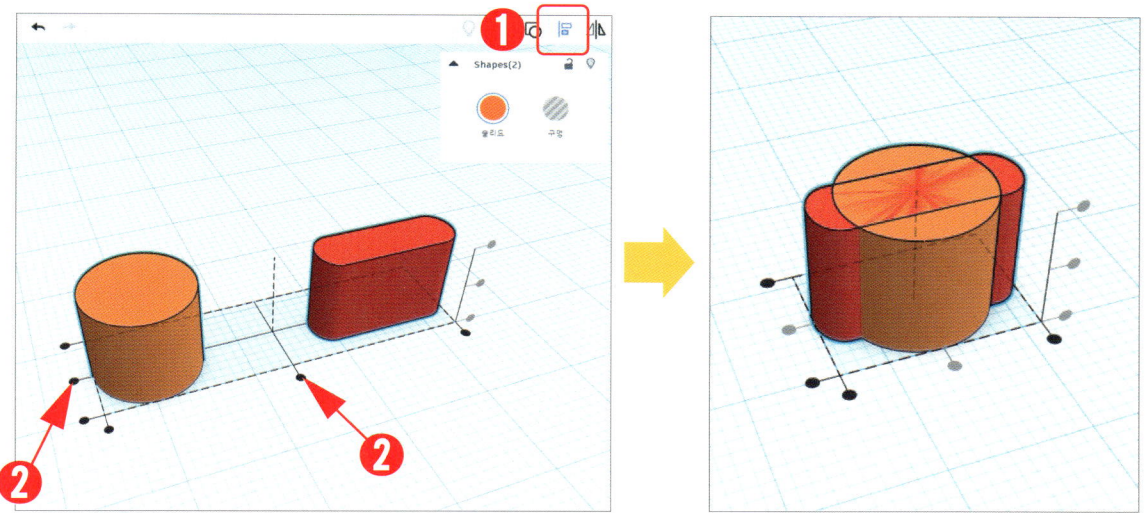

도형을 모두 선택하여 ❶ 정렬 버튼을 클릭한 후 ❷를 클릭하여 가운데 정렬합니다.

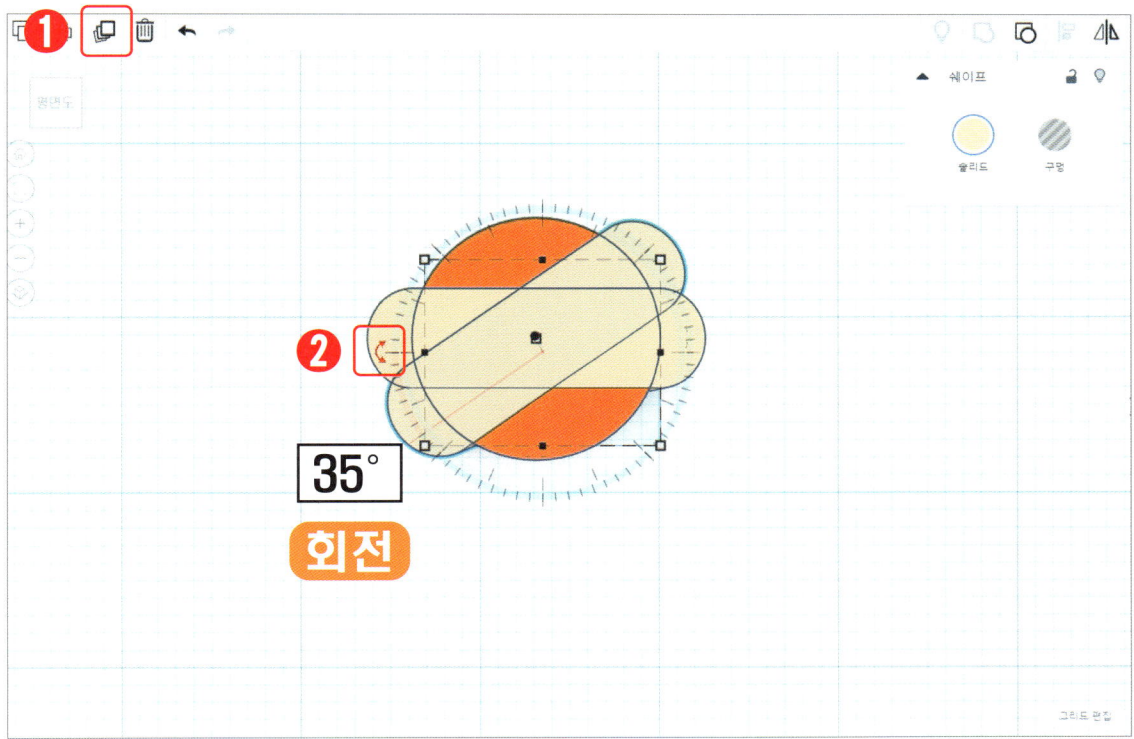

그룹화된 상자를 ❶ 복제한 후 ❷ 35° 회전합니다.

TINKERCAD DESIGN For 3D PRINTING SECTION 05

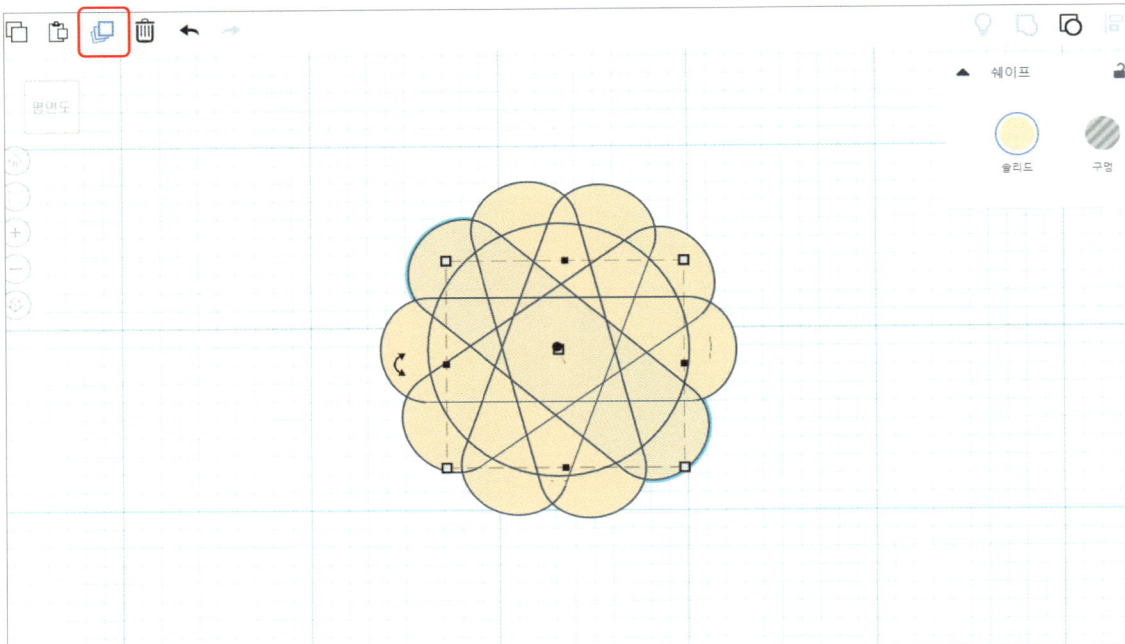

회전 복제된 상태에서 복제 버튼을 세번 더 클릭하여 줍니다.
35° 만큼 반복하여 그림과 같이 복제합니다.

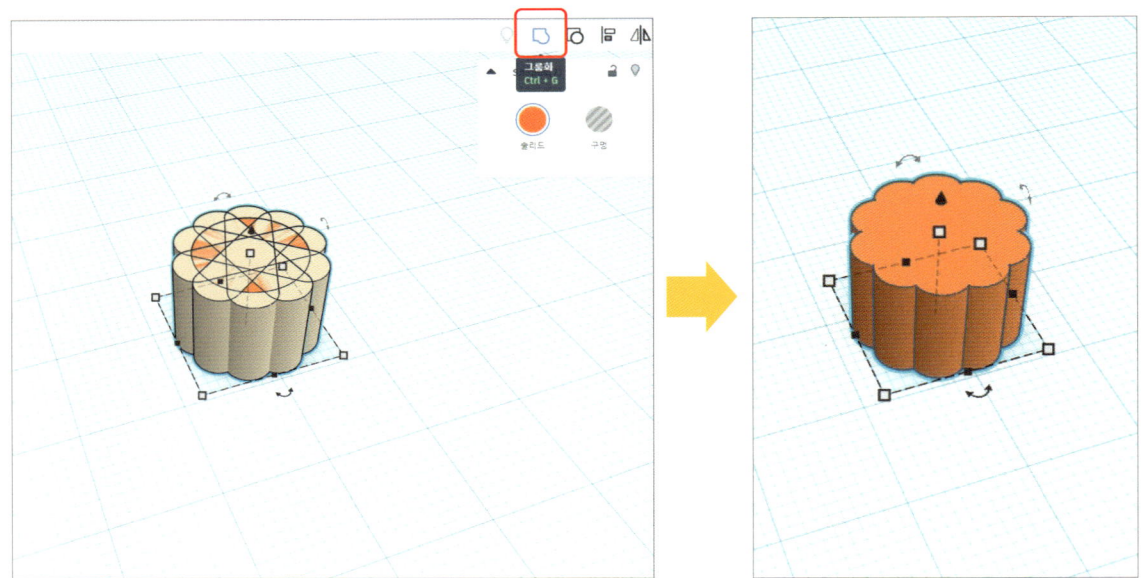

도형을 모두 선택한 후 그룹화합니다.

TINKERCAD DESIGN For 3D PRINTING

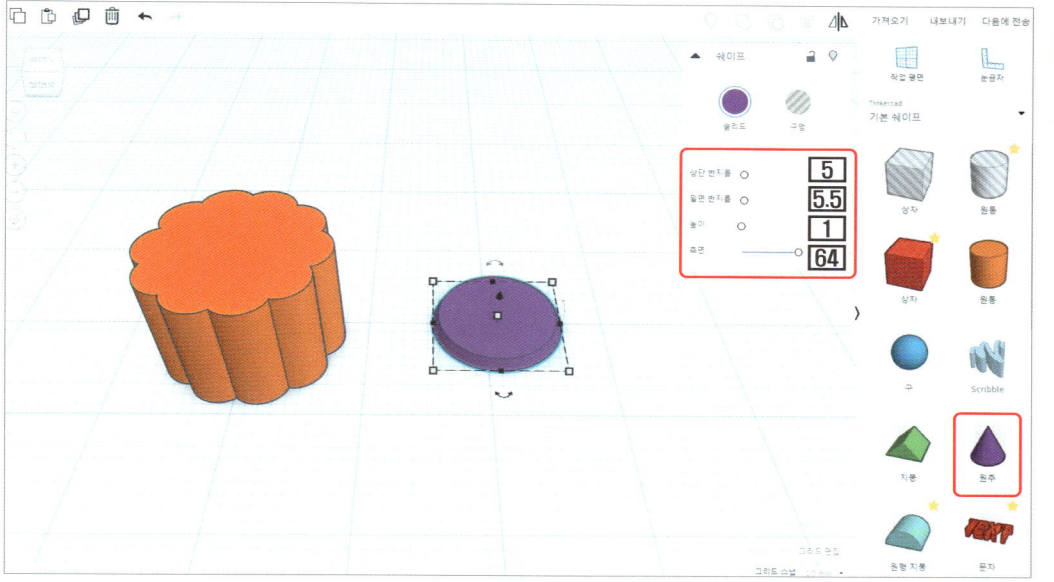

기본 쉐이프에서 원추를 선택하여 작업 평면에 놓은 후 치수를 조절합니다.
예 상단 반지름 5, 밑면 반지름 5.5, 높이 1, 측면 64

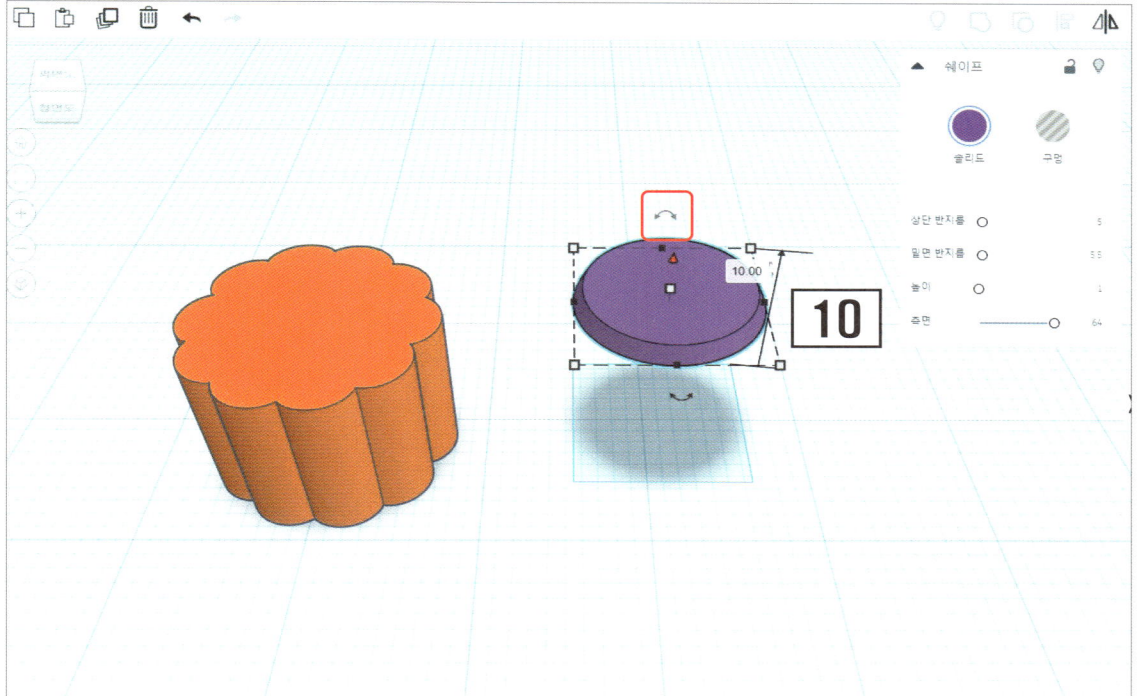

원추 도형을 위로 "10"만큼 올려줍니다.

TINKERCAD DESIGN For 3D PRINTING

SECTION 05

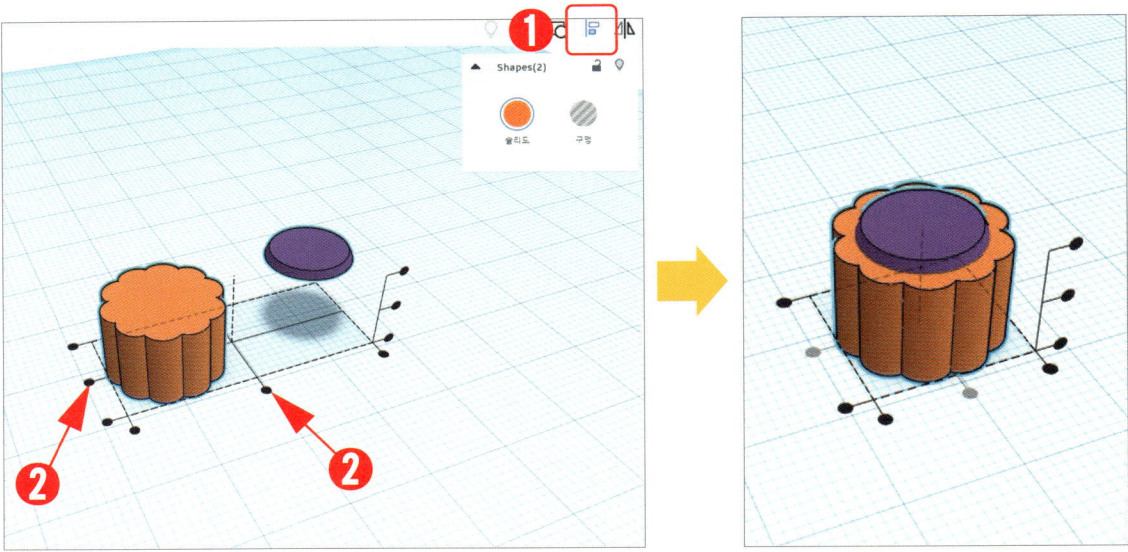

도형을 모두 선택하여 ❶ 정렬 버튼을 클릭한 후 ❷를 클릭하여 가운데 정렬합니다.

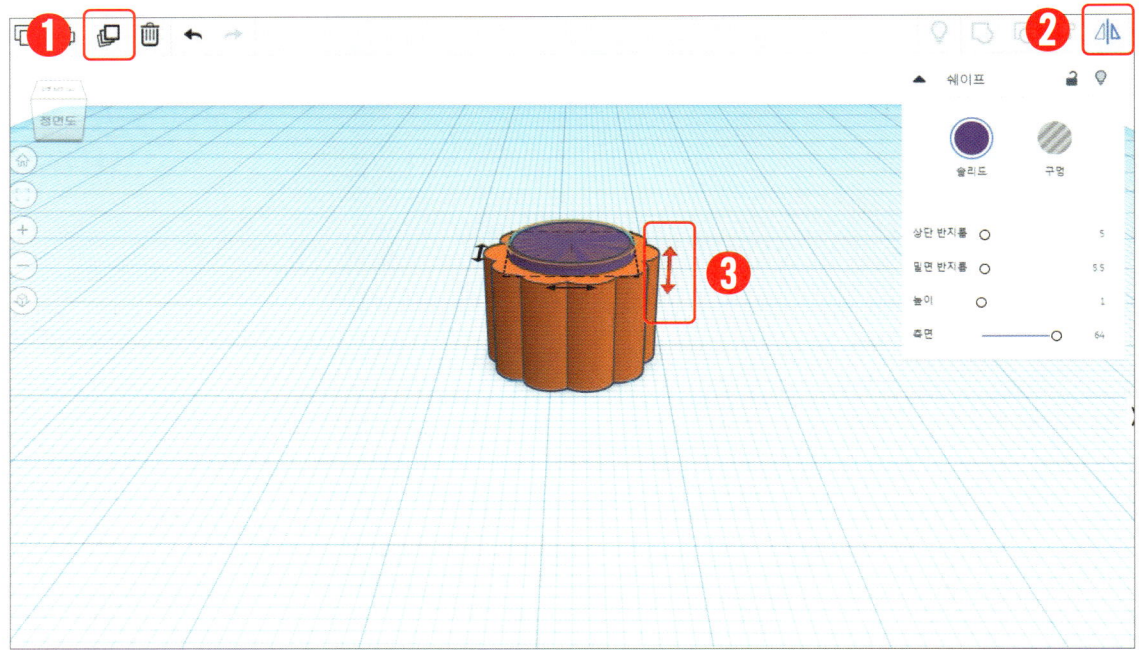

도형을 ❶ 복제한 후 ❷ 대칭 버튼으로 ❷ 상하 대칭합니다.

TINKERCAD DESIGN For 3D PRINTING

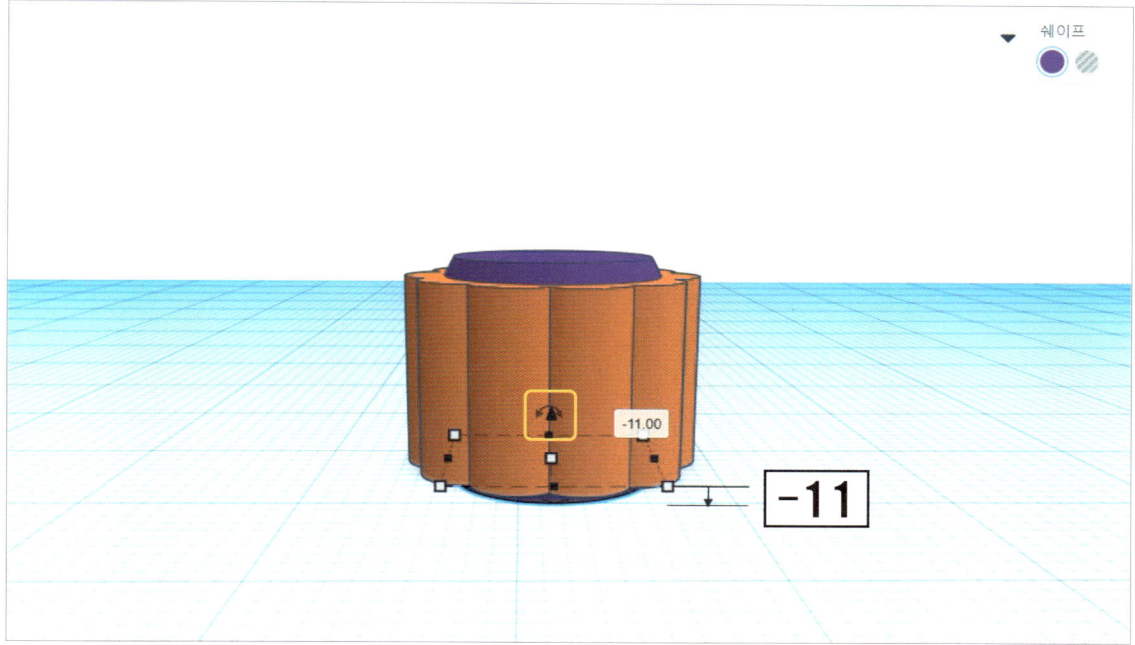

원추 도형을 아래로 "-11"만큼 내립니다.

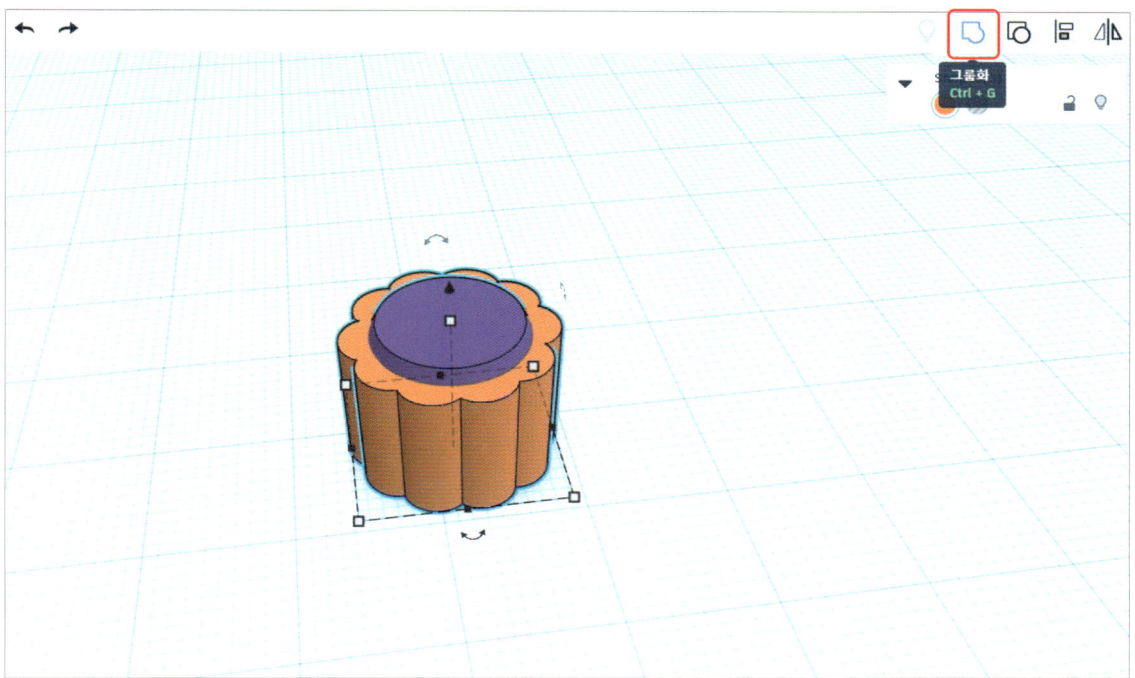

도형을 모두 선택한 후 그룹화합니다.

TINKERCAD DESIGN For 3D PRINTING   SECTION 05

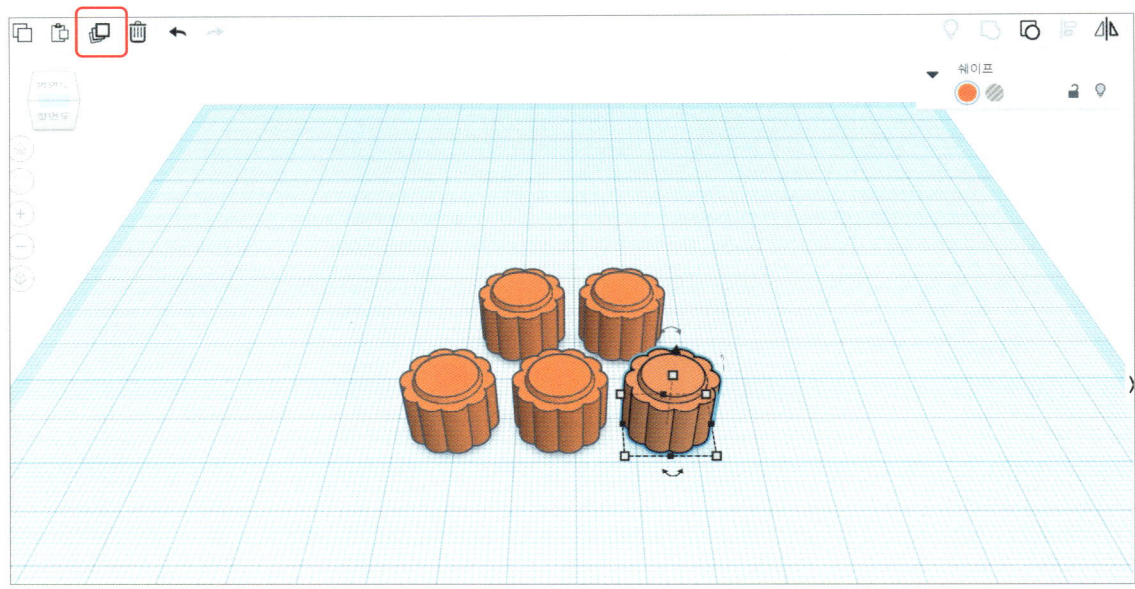

완성된 공깃돌 도형을 복제하여 5개의 공깃돌을 만들어 줍니다. 기본모양 완성!

 공깃돌 꾸미기

 04

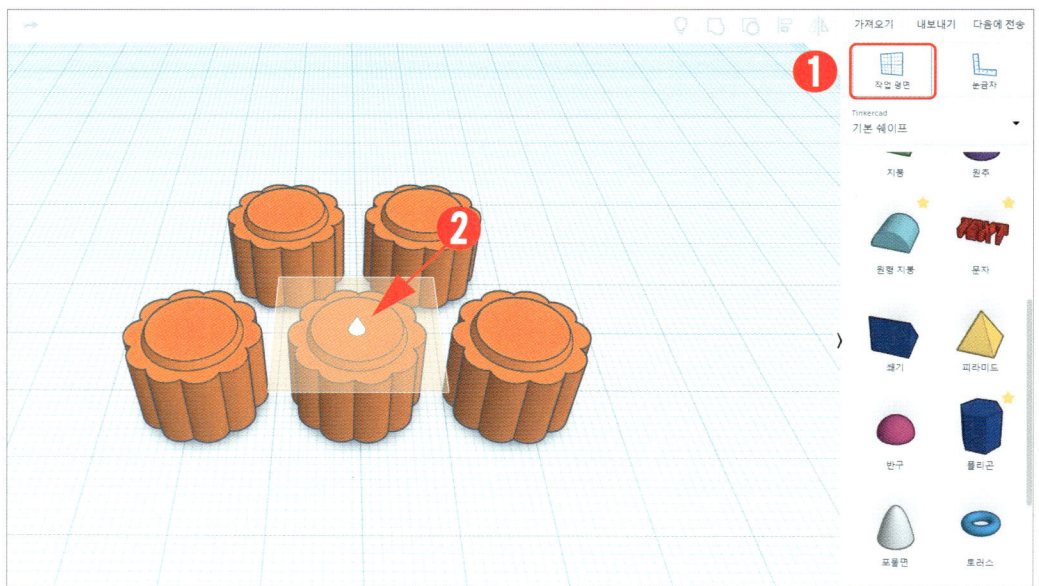

꾸미기를 위해 임시 작업 평면을 만들어 봅시다.
❶ 작업 평면 버튼을 클릭한 뒤 ❷ 위치를 클릭합니다.

TINKERCAD DESIGN For 3D PRINTING

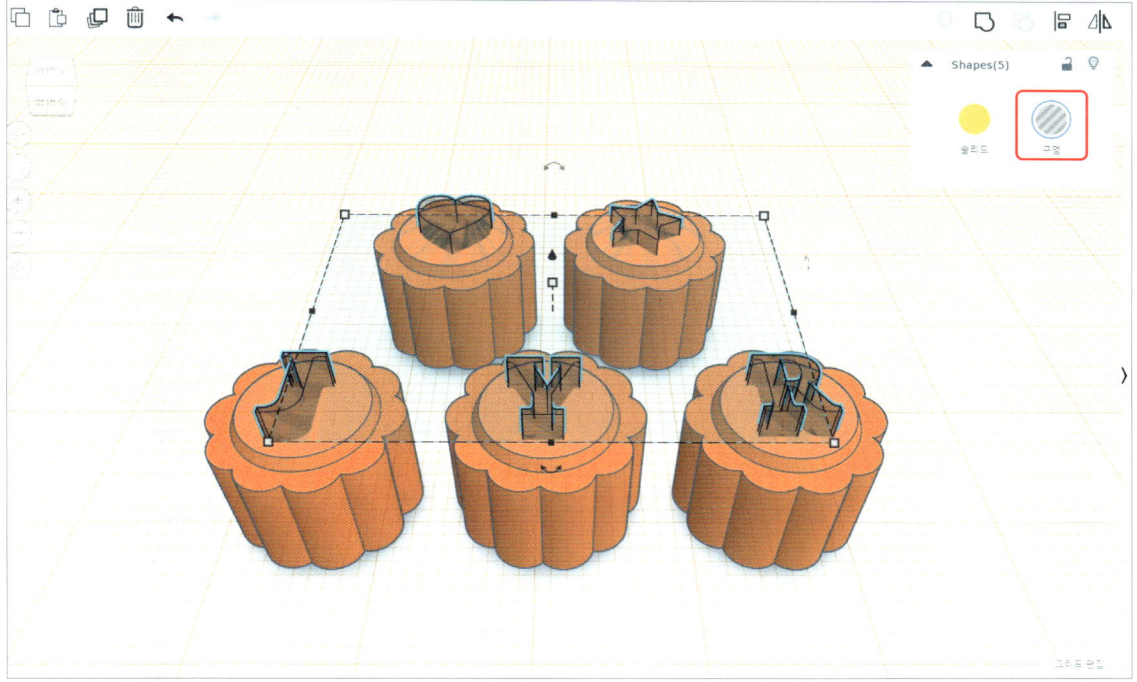

문자와 다양한 도형을 활용하여 꾸민 후 모두 구멍 도형으로 바꿔줍니다.

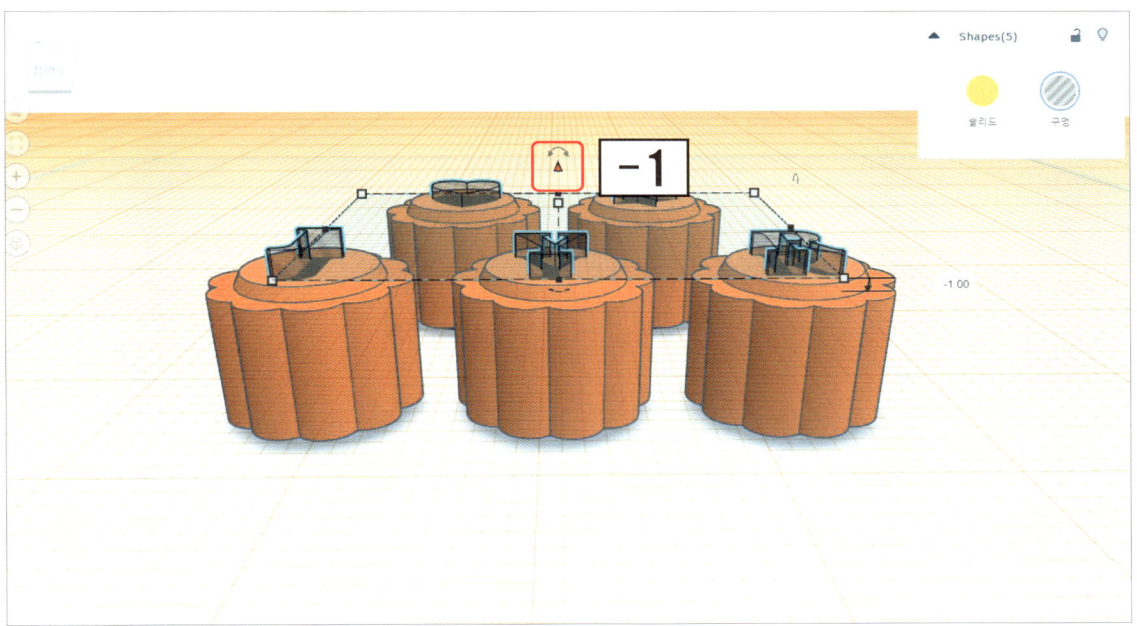

구멍 도형을 아래로 "-1"만큼 내려줍니다.

TINKERCAD DESIGN For 3D PRINTING SECTION 05

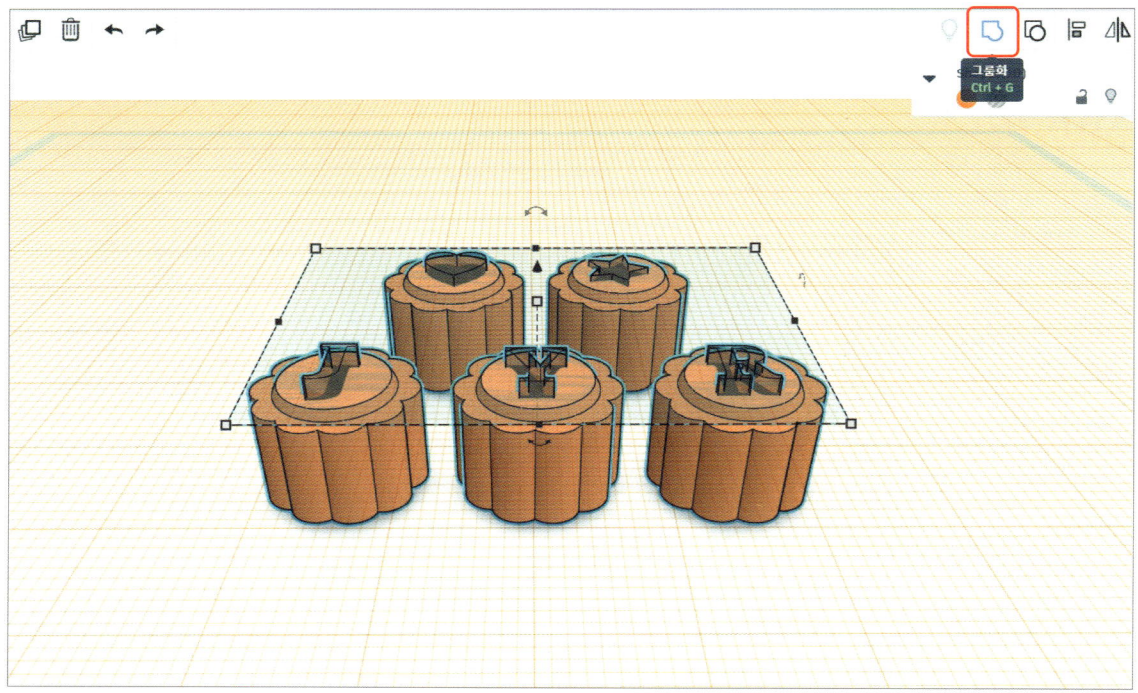

도형을 모두 선택한 후 그룹화합니다.

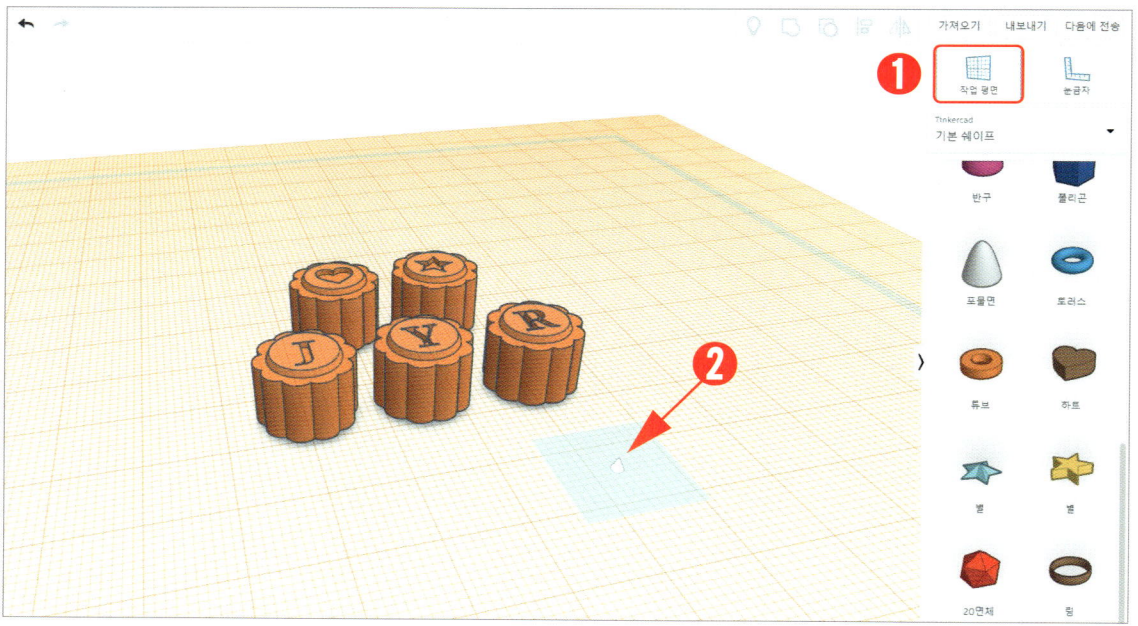

기존 작업 평면으로 돌아가기 위해 ❶ 작업 평면 버튼을 클릭한 후 ❷ 빈 공간을 클릭합니다.

TINKERCAD DESIGN For 3D PRINTING

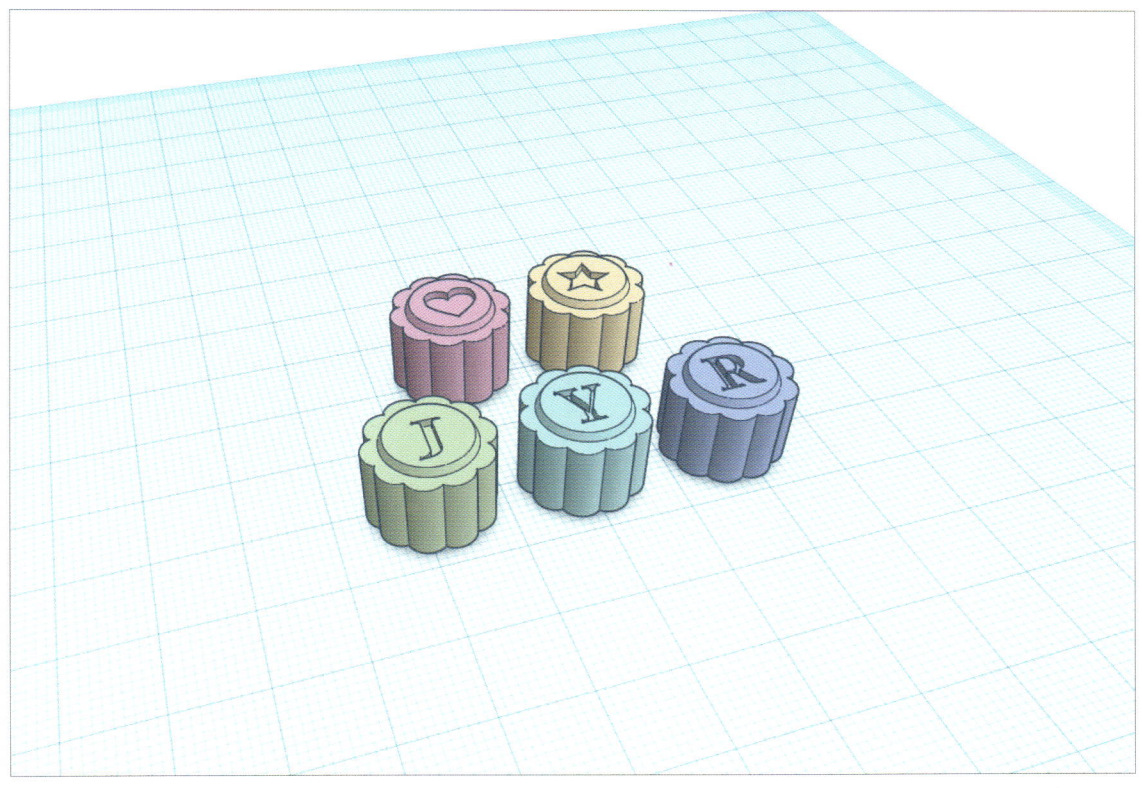

공깃돌 꾸미기 완성!

TINKERCAD DESIGN For 3D PRINTING

도|전|과|제

- 다양한 도형을 활용하여 공깃돌을 모델링해 봅시다.

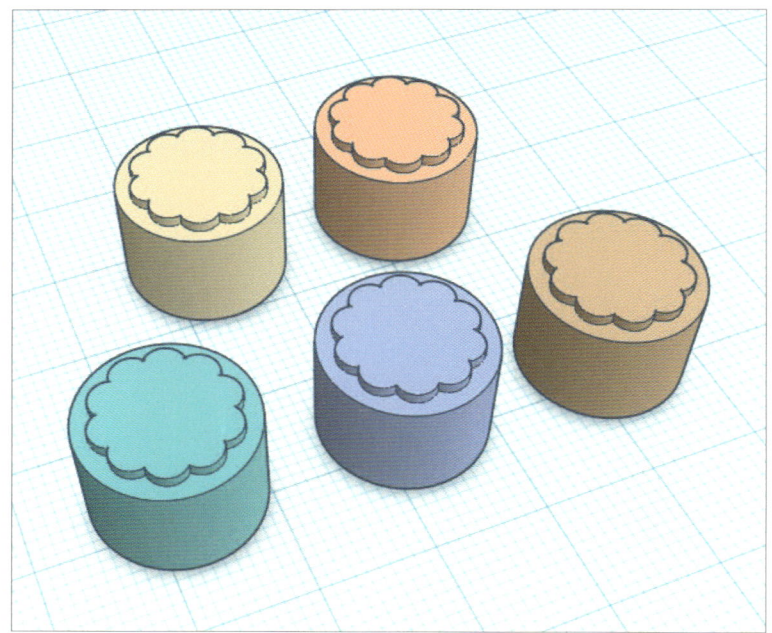

SECTION 06
해시계

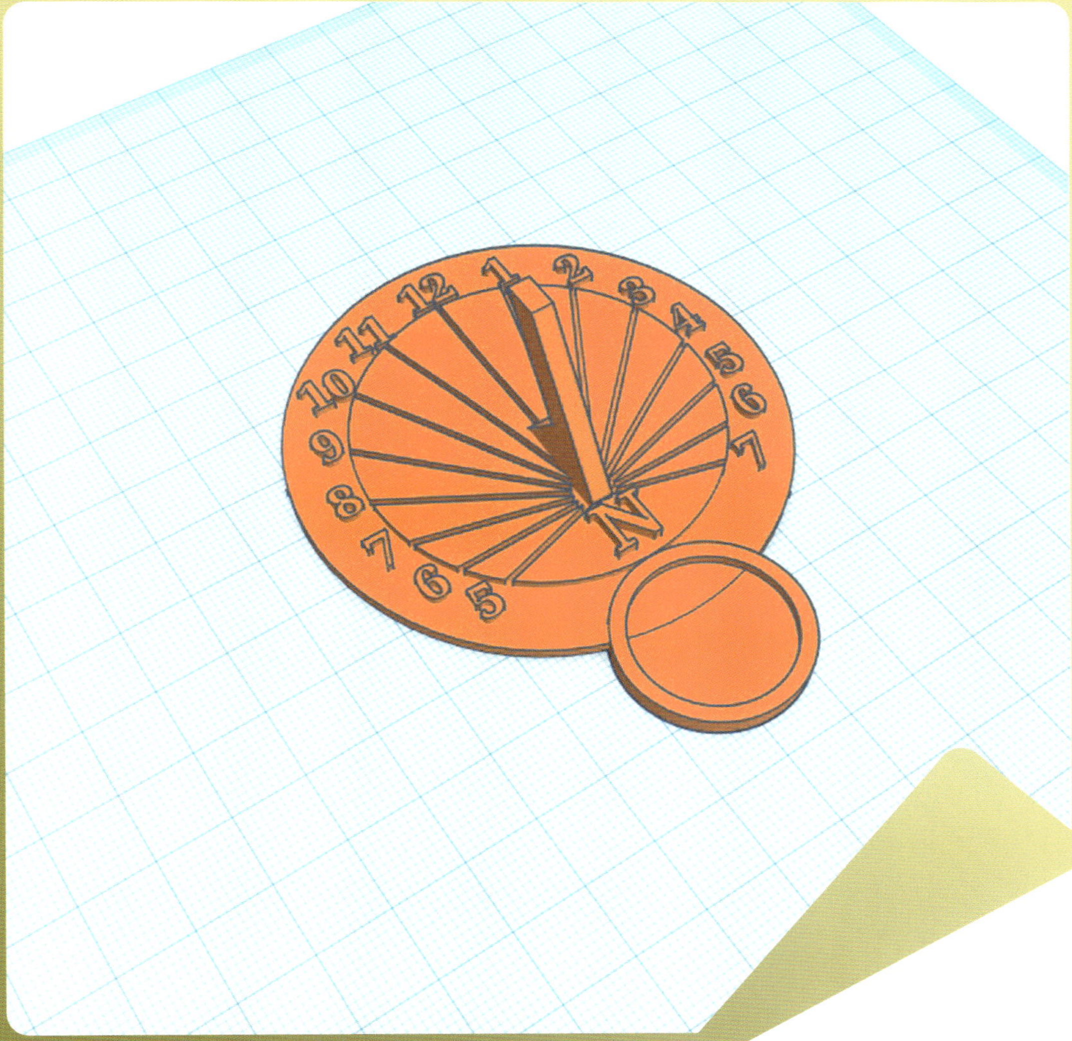

해시계 만들기

해시계의 원리와 역사에 대해 알아보고 다양한 종류의 해시계를 검색해 봅시다.
해시계를 직접 모델링하여 체험해 봅시다.

TINKERCAD DESIGN For 3D PRINTING

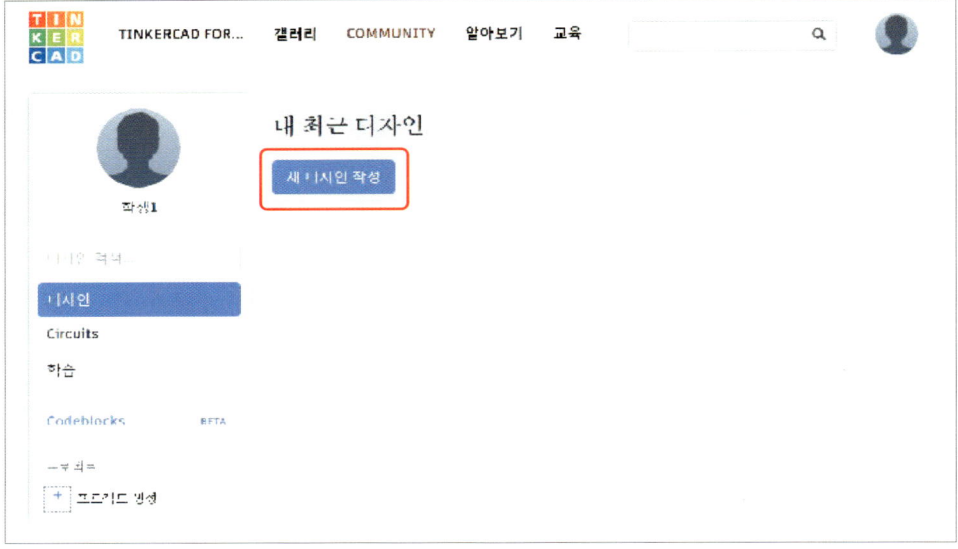

구글크롬 에서 틴커캐드 웹사이트(www.tinkercad.com)에 접속합니다.
로그인 후 대시보드의  을 클릭합니다.

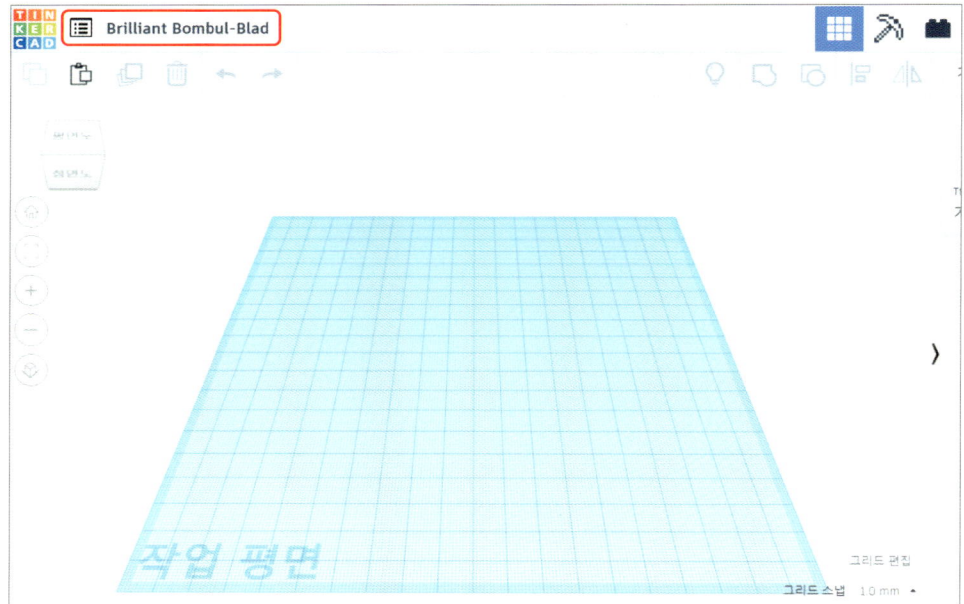

틴커캐드는 저장 버튼이 따로 없으며 웹에서 작업하고 모델링 작업파일 역시 인터넷 저장 공간에 자동으로 저장됩니다. 임의로 주어진 영어이름을 클릭하면 파일명을 수정할 수 있습니다.

TINKERCAD DESIGN For 3D PRINTING

파일명을 "**해시계**"로 수정하고 엔터키 또는 화면의 빈 공간 아무 곳이나 클릭합니다.

 해시계 판 만들기

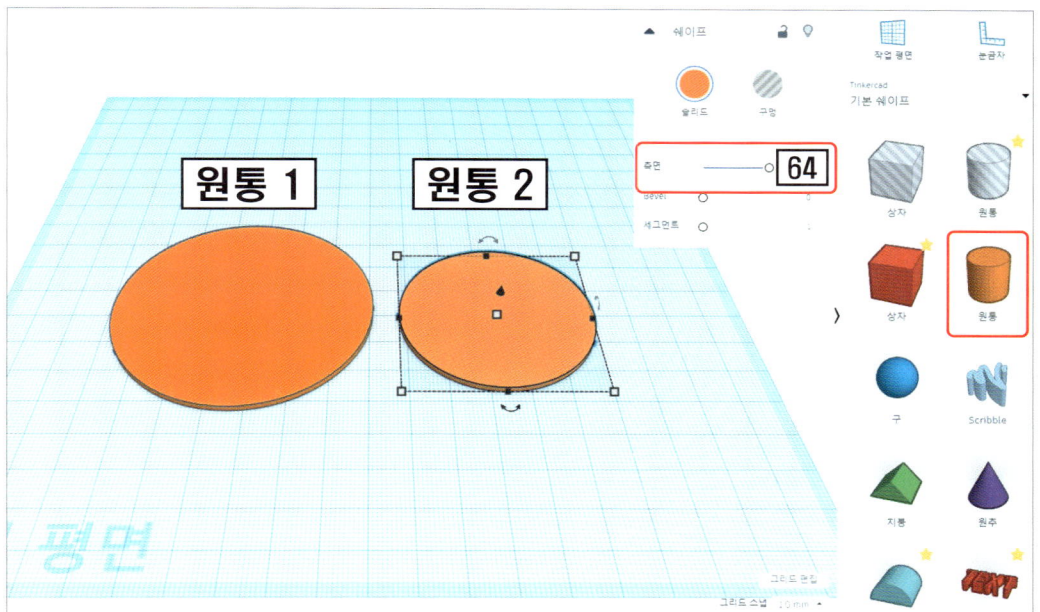

기본 쉐이프에서 원통을 선택하여 작업 평면에 놓은 후 치수를 조절합니다.

예) 원통 1 : 가로 70, 세로 70, 높이 1.5, 측면 64
   원통 2 : 가로 52, 세로 52, 높이 1.5, 측면 64

TINKERCAD DESIGN For 3D PRINTING　　　　　　　　　　　　　　　　SECTION 06

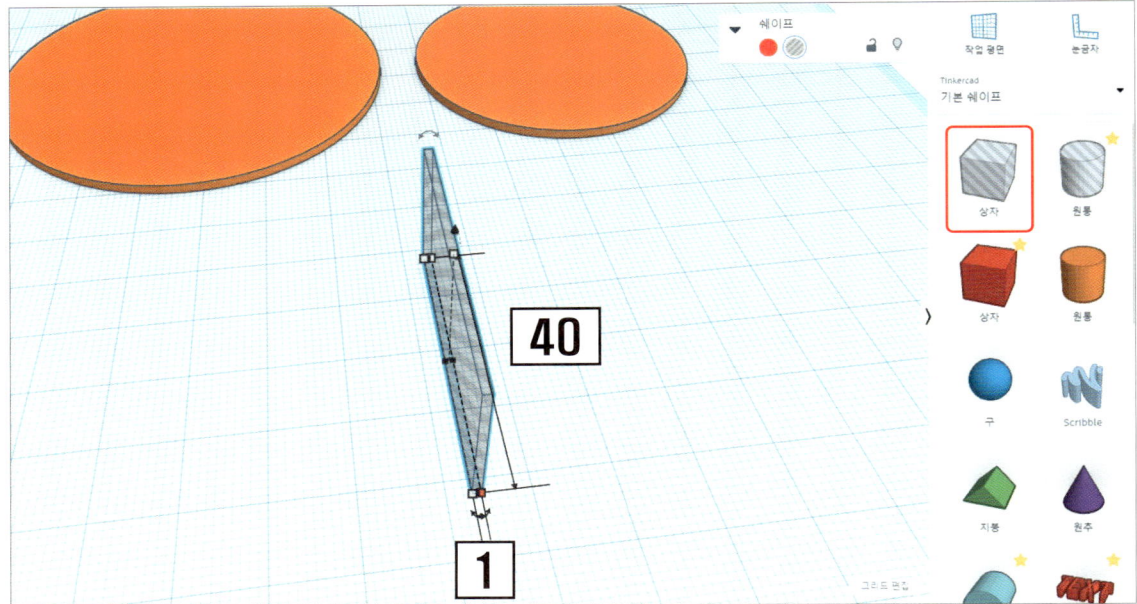

기본 쉐이프에서 구멍 상자를 선택하여 작업 평면에 놓은 후 치수를 조절합니다.
예 가로 1, 세로 40, 높이 20

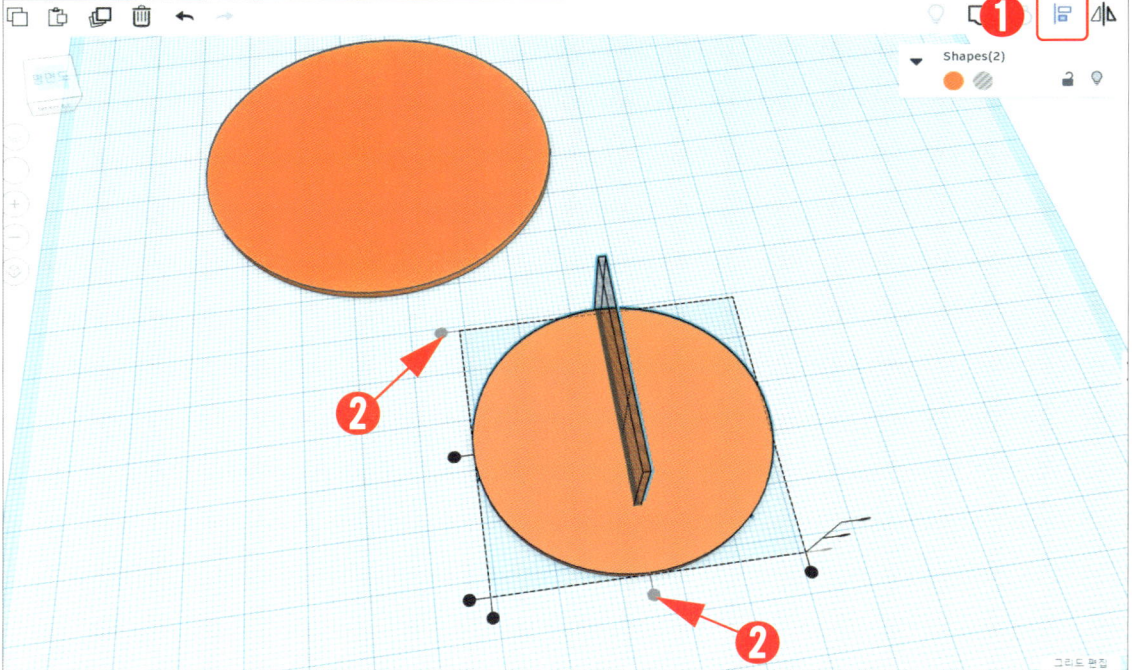

원통 2와 구멍 상자를 선택한 ❶ 정렬 버튼을 클릭한 후 ❷를 클릭하여 그림과 같이 정렬합니다.

TINKERCAD DESIGN For 3D PRINTING

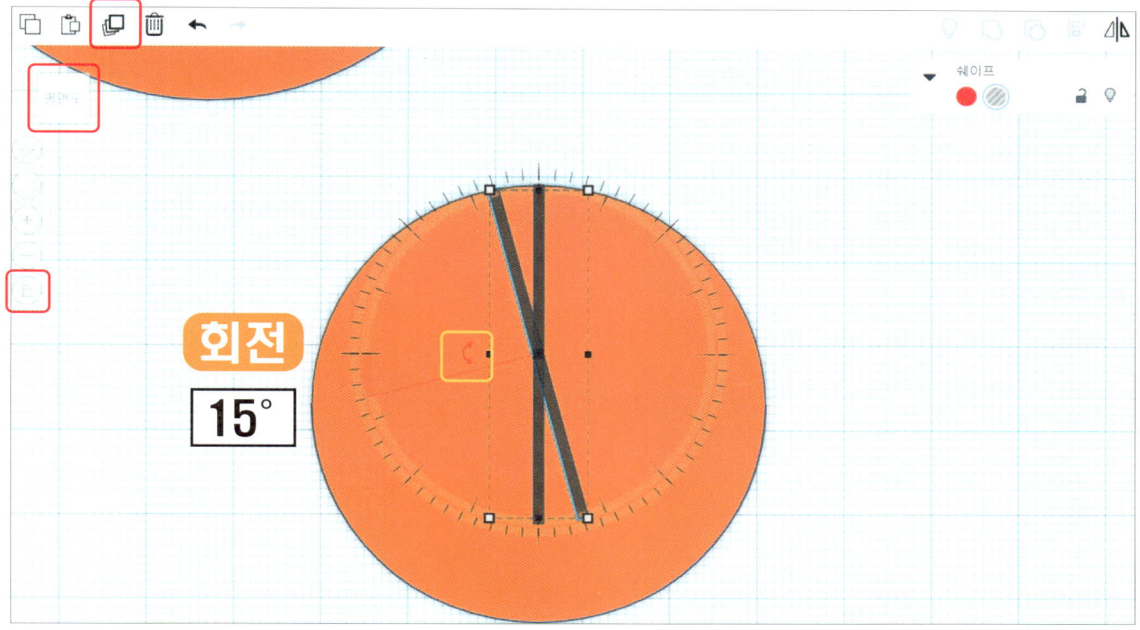

뷰박스를 평면도 · 직교뷰로 선택합니다. 구멍 상자를 복제한 후 15° 회전합니다.
(엔터를 쳐서 종료하지 말고 다음 순서를 바로 이어서 합니다.)

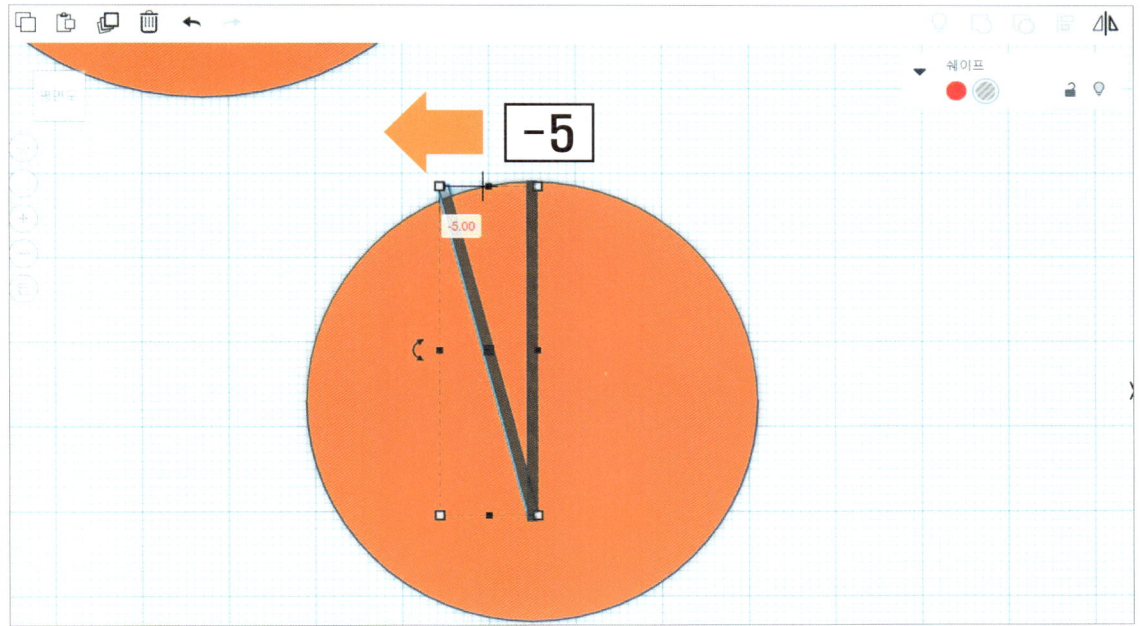

회전된 상태에서 구멍 상자를 Shift 키를 누른 채로 옆으로 "−5"만큼 이동합니다.
(Shift 키를 누른 채로 이동하면 일정한 방향으로 이동됩니다.)

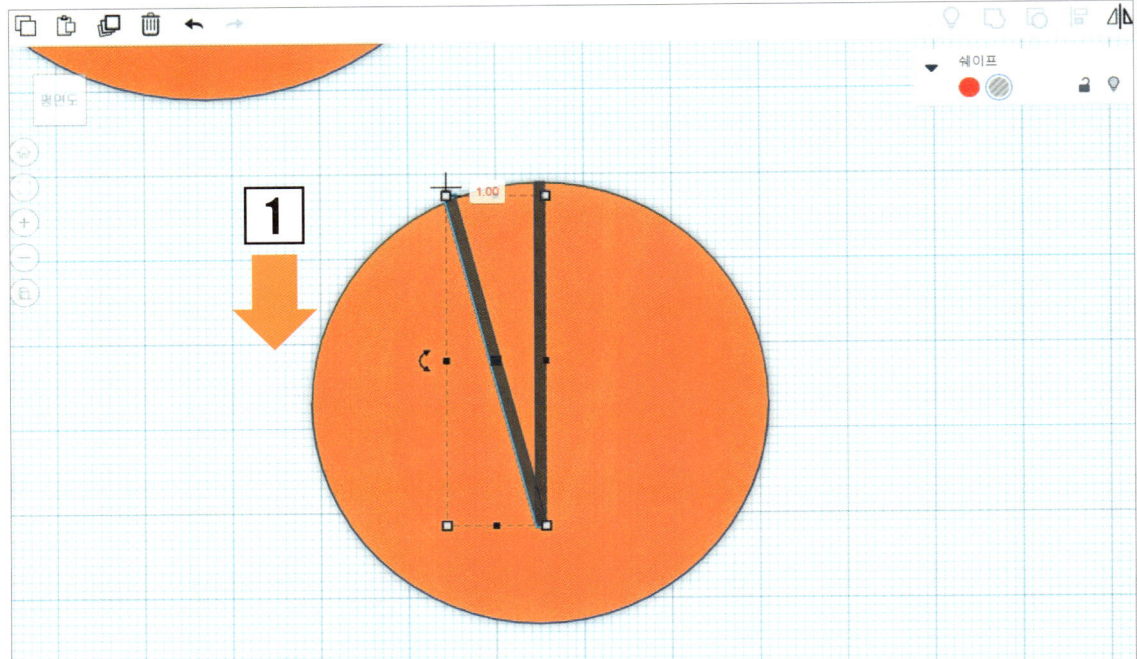

옆으로 이동한 구멍 상자를 다시 Shift 키를 누른 채로 아래로 "1"만큼 이동합니다.
(Shift 키를 누른 채로 이동하면 일정한 방향으로 이동됩니다.)

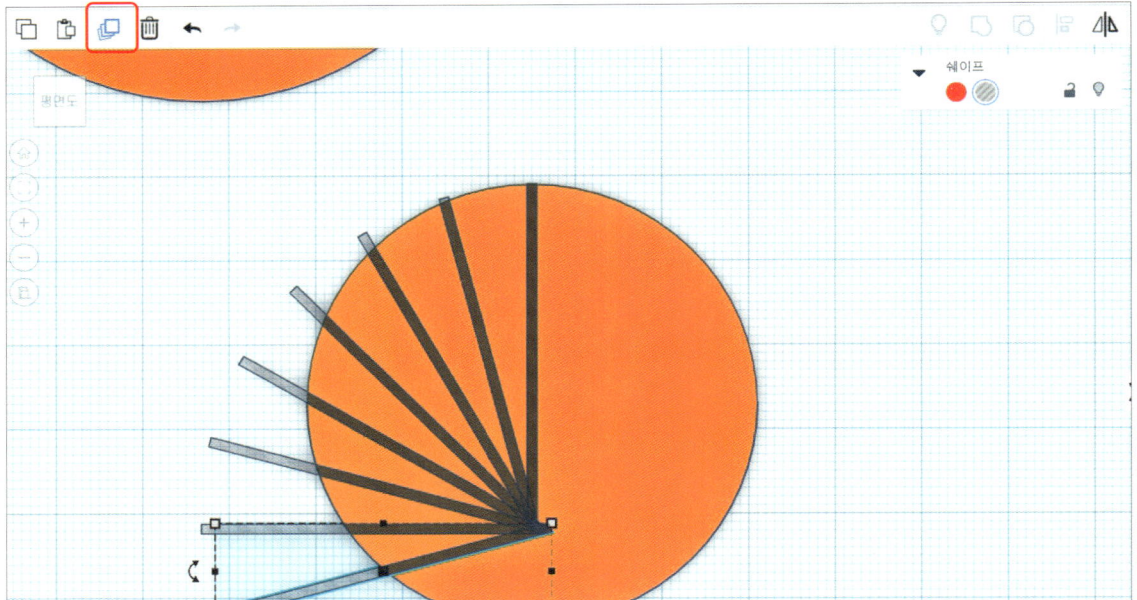

복제 버튼을 여섯 번 더 클릭하여 줍니다. 동일한 간격으로 반복하여 그림과 같이 복제됩니다.

TINKERCAD DESIGN For 3D PRINTING   SECTION **06**

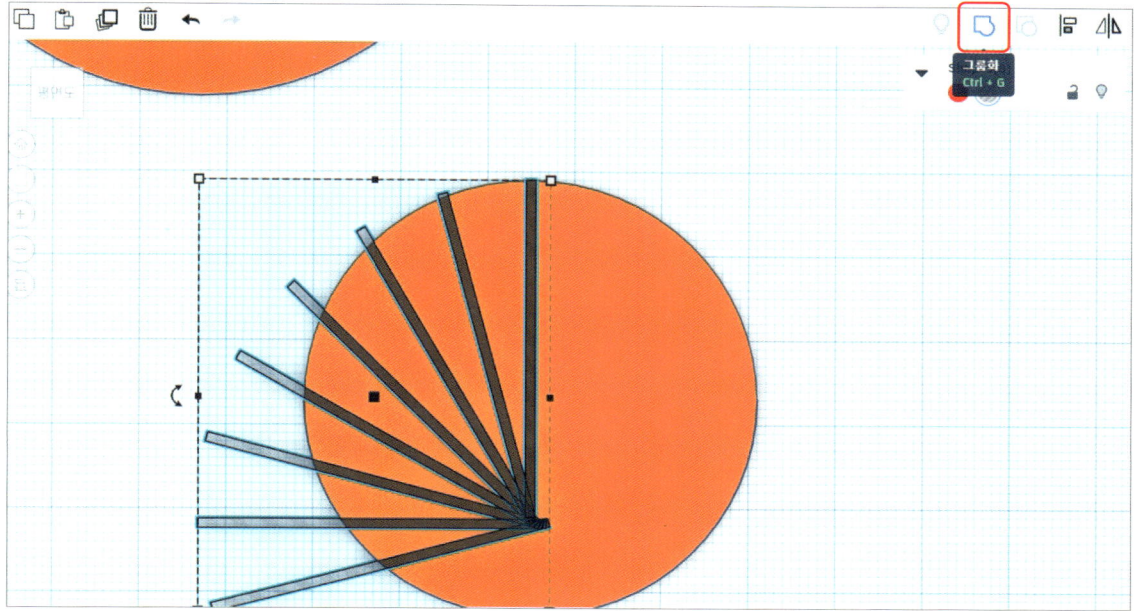

Shift 키를 누른 채로 구멍 도형을 모두 클릭하여 그룹화합니다.

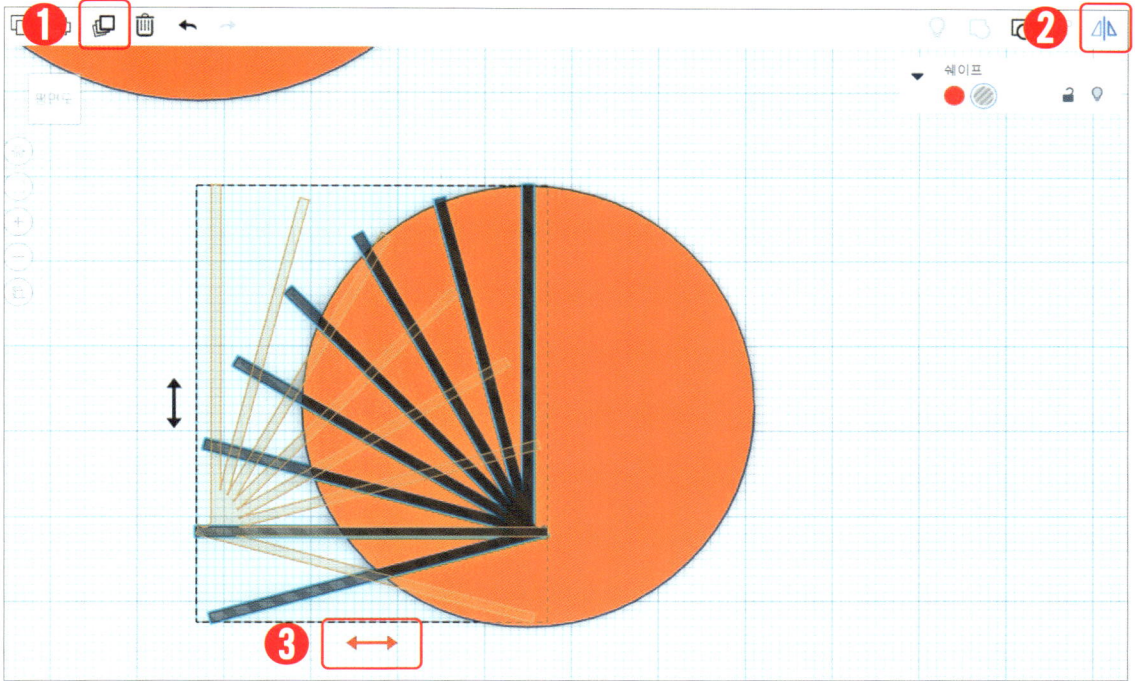

그룹화된 도형을 ❶ 복제한 후 ❷ 대칭 버튼으로 ❸ 좌우 대칭합니다.

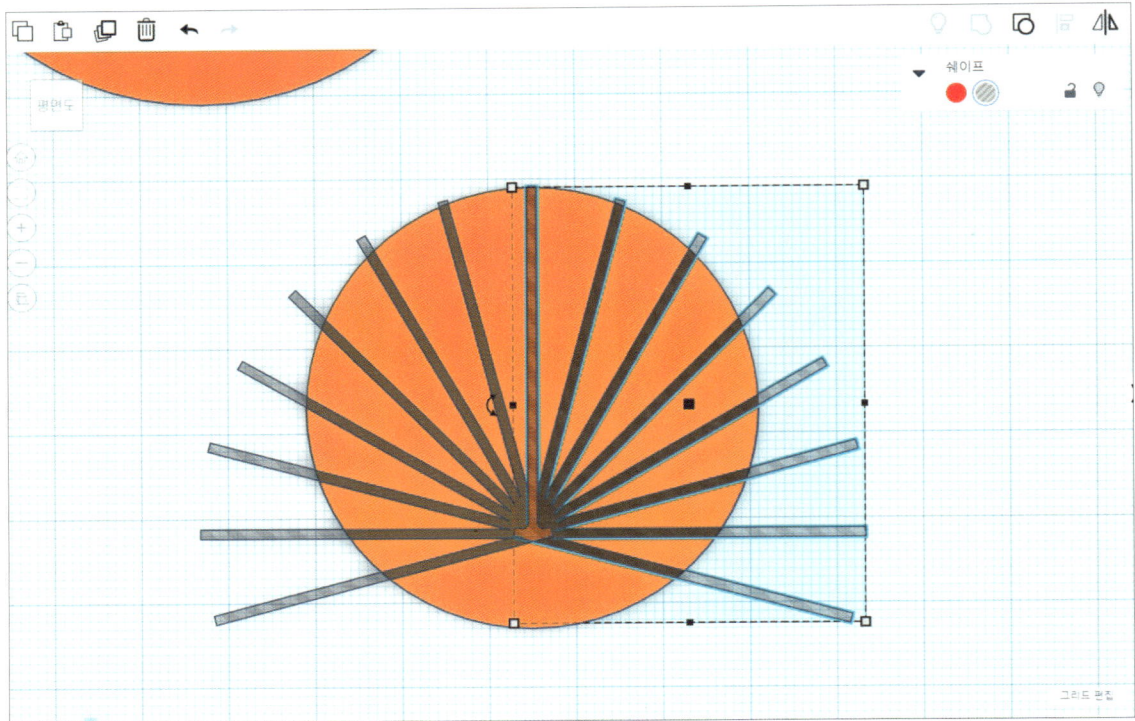

복제된 도형을 마우스로 움직이거나 키보드 방향키 로 그림과 같이 배치합니다.
(중심의 구멍 상자가 겹치도록 배치합니다.)

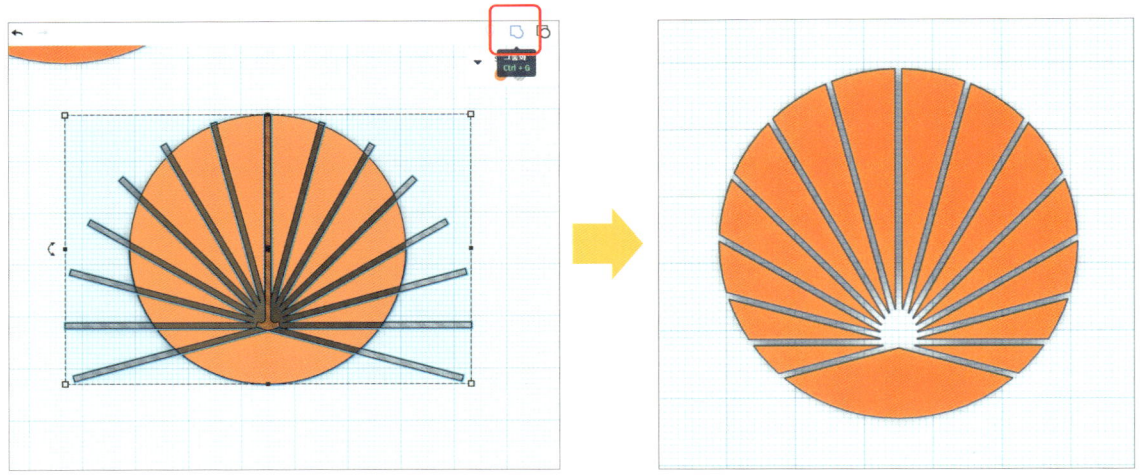

도형을 모두 선택한 후 그룹화합니다.

TINKERCAD DESIGN For 3D PRINTING

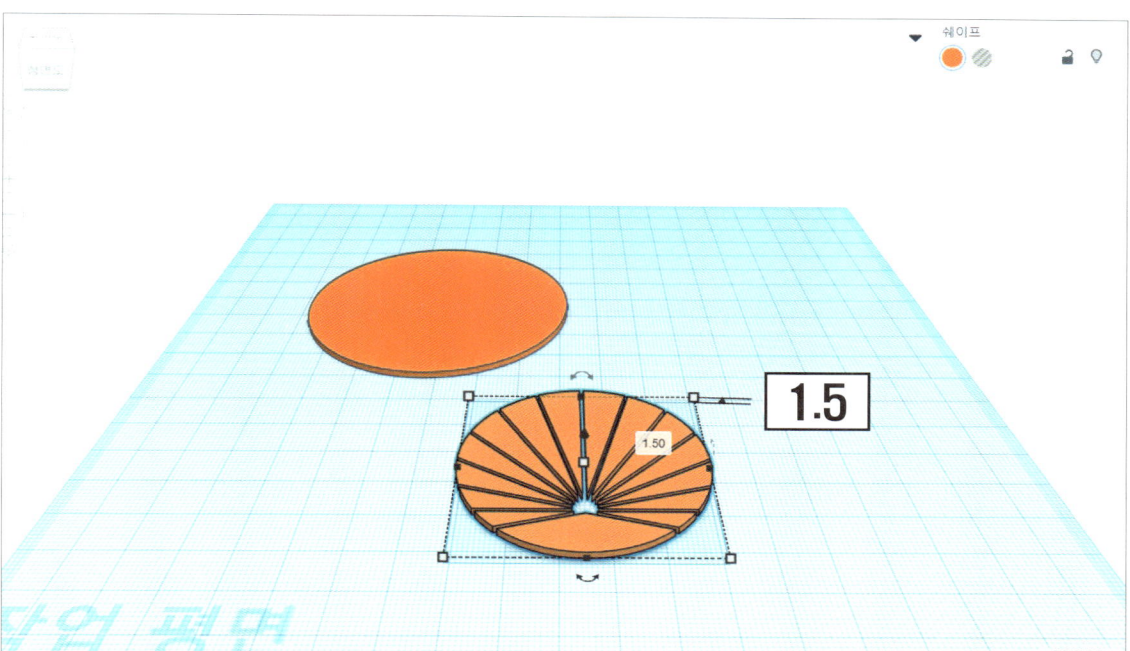

그룹화된 원통 2 도형을 위로 "1.5"만큼 올려줍니다.

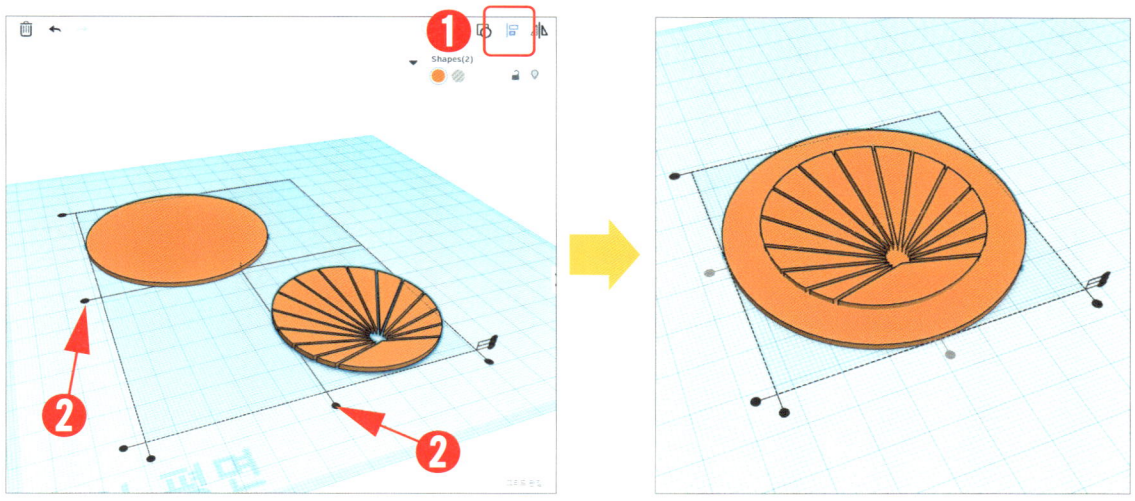

도형을 모두 선택하여 ❶ 정렬 버튼을 클릭한 후 ❷를 클릭하여 가운데 정렬합니다.

나침반 판 만들기

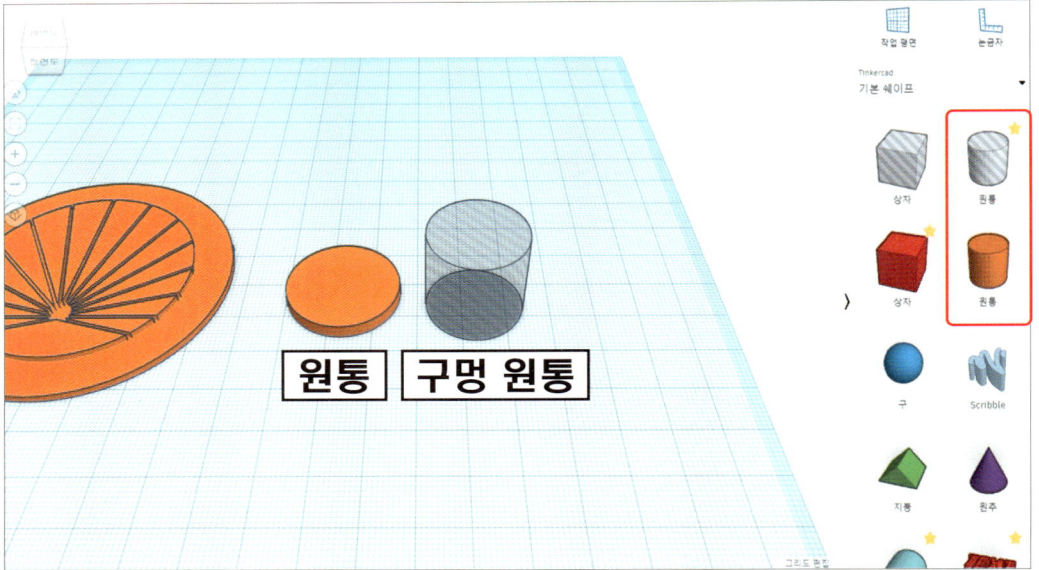

기본 쉐이프에서 원통과 구멍 원통을 선택하여 작업 평면에 놓은 후 치수를 조절합니다.
예 원통 : 가로 26, 세로 26, 높이 3, 측면 64
　구멍 원통 : 가로 22, 세로 22, 높이 20, 측면 64

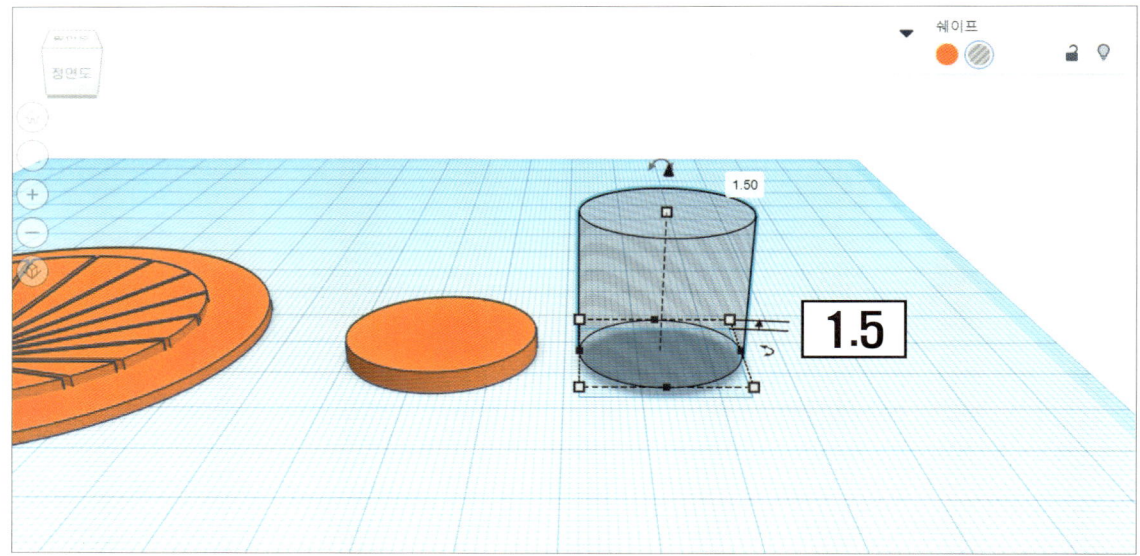

구멍 원통을 위로 "1.5"만큼 올려줍니다.

TINKERCAD DESIGN For 3D PRINTING _____ SECTION 06

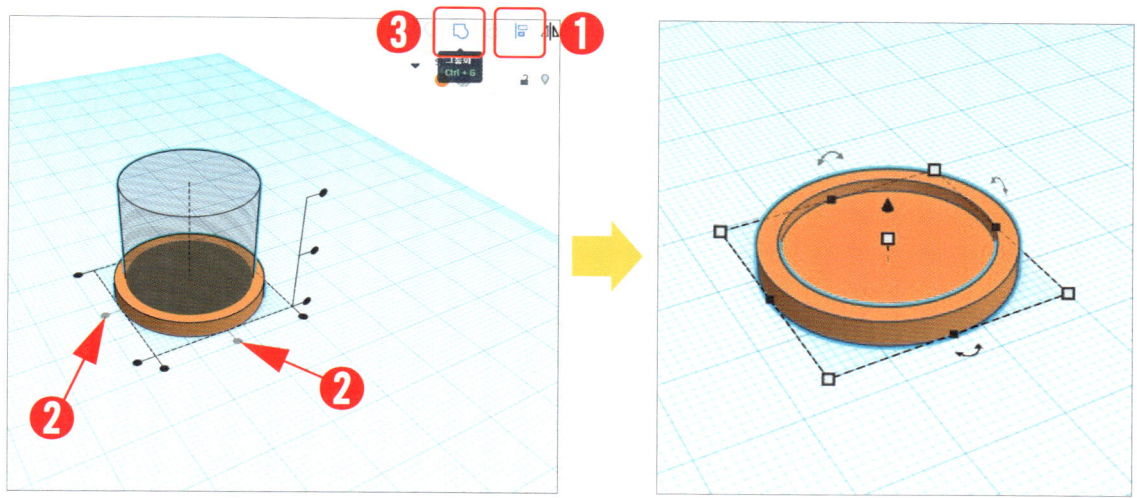

원통과 구멍 원통 도형을 선택하여 ❶ 정렬 버튼을 클릭한 후 ❷를 클릭하여 가운데 정렬한 후 ❸ 그룹화합니다.

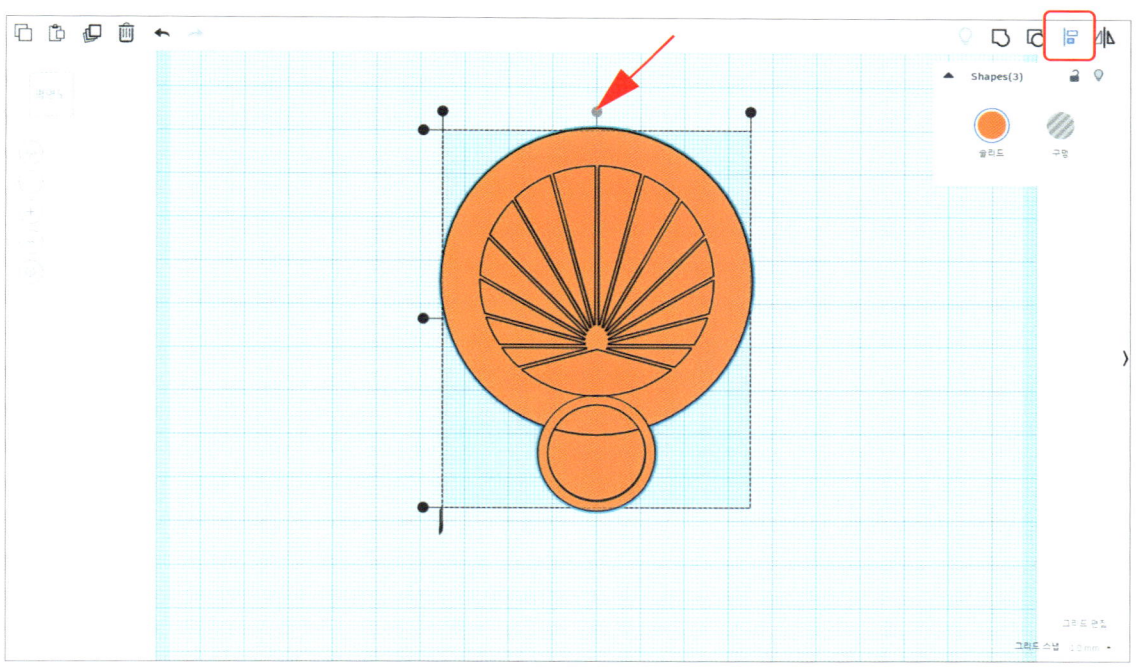

나침반 판 모양을 정렬 버튼으로 세로 정렬한 후 마우스로 움직이거나 키보드 방향키 ←↑↓→ 로 그림과 같이 배치합니다.

TINKERCAD DESIGN For 3D PRINTING _____ SECTION 06

 **숫자 넣기**

04

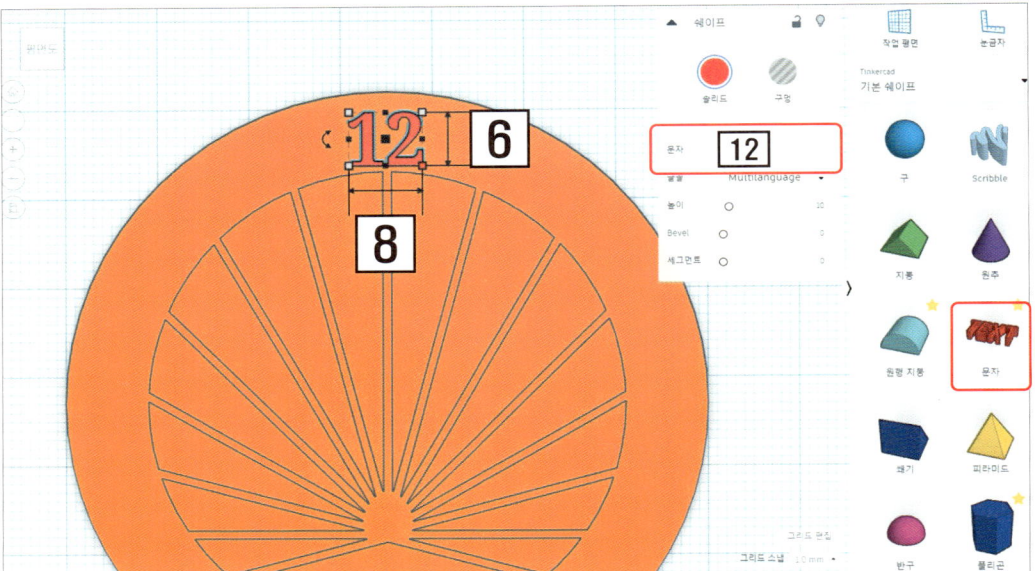

기본 쉐이프에서 문자를 선택하여 그림과 같이 중앙에 놓은 후 문자를 "12"로 바꾸고 치수를 조절합니다.

예 가로 8, 세로 6, 높이 3

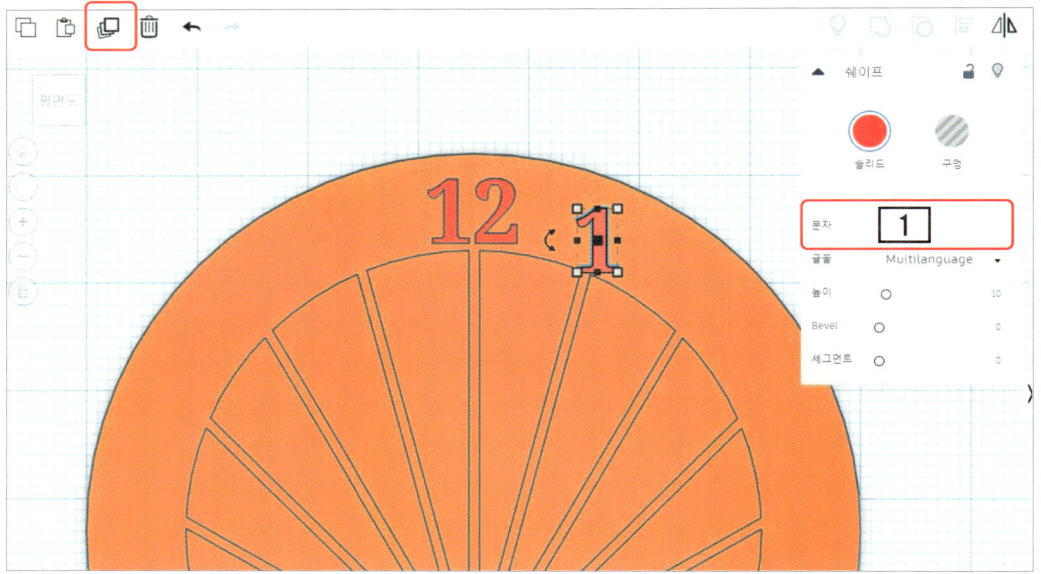

"12" 문자를 복제한 후 문자 창에 "1"로 바꿔줍니다.

TINKERCAD DESIGN For 3D PRINTING _____ SECTION 06

기존의 문자를 복제하여 문자를 바꾸어 그림과 같이 시계 숫자를 완성해 줍니다.

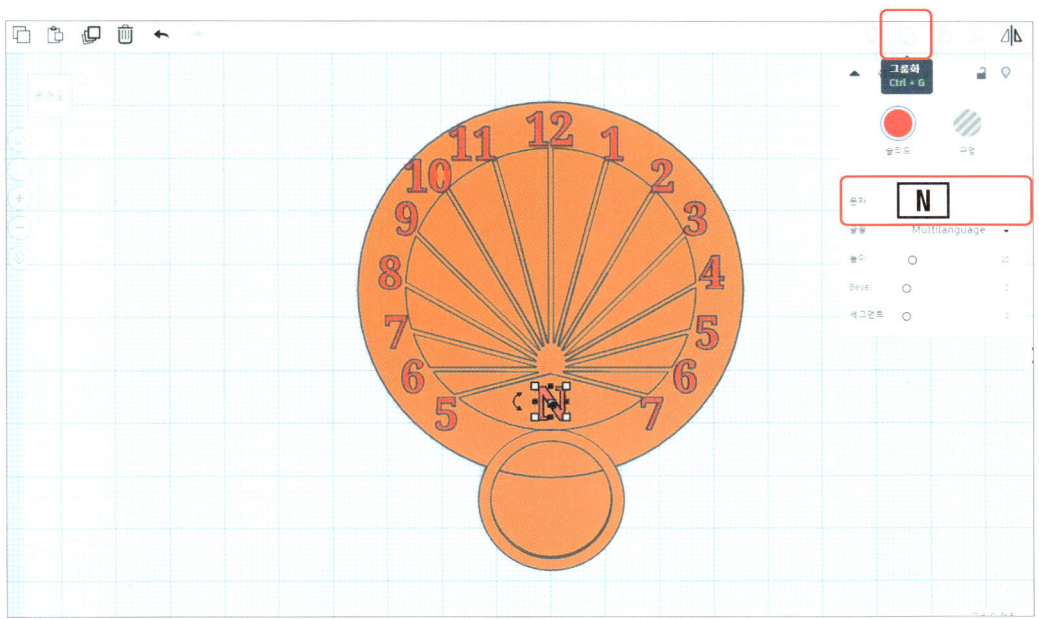

문자를 하나 더 복제하여 "N"으로 바꾸어 주고 높이를 "5"로 바꾼 후 그림과 같이 중앙에 배치합니다.
도형을 모두 선택한 후 그룹화합니다.

TINKERCAD DESIGN For 3D PRINTING — SECTION 06

 해시계 바늘 만들기

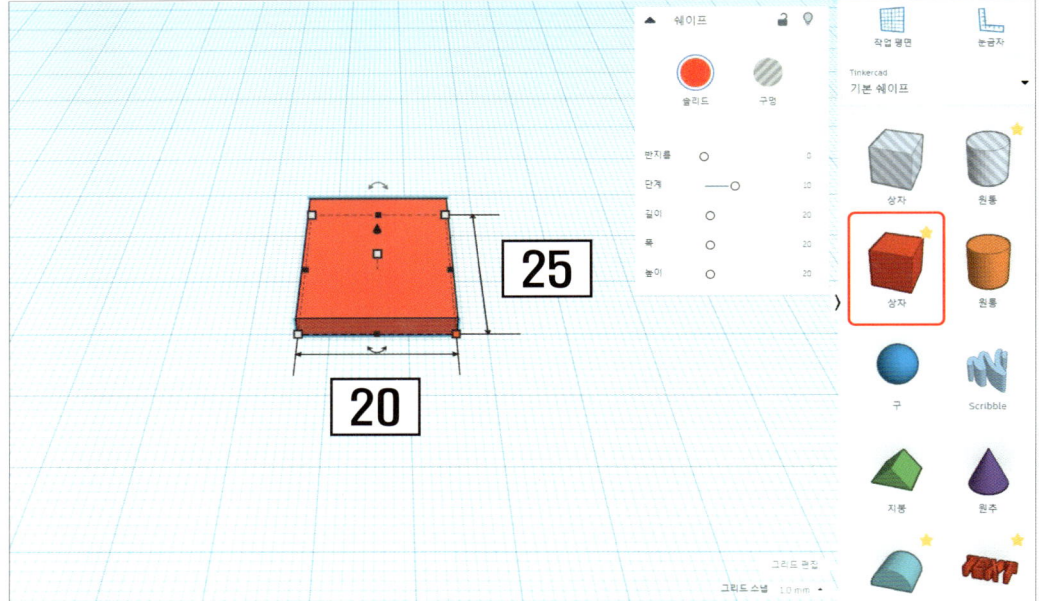

기본 쉐이프에서 상자를 선택하여 작업 평면에 놓은 후 치수를 조절합니다.
예) 가로 20, 세로 25, 높이 3

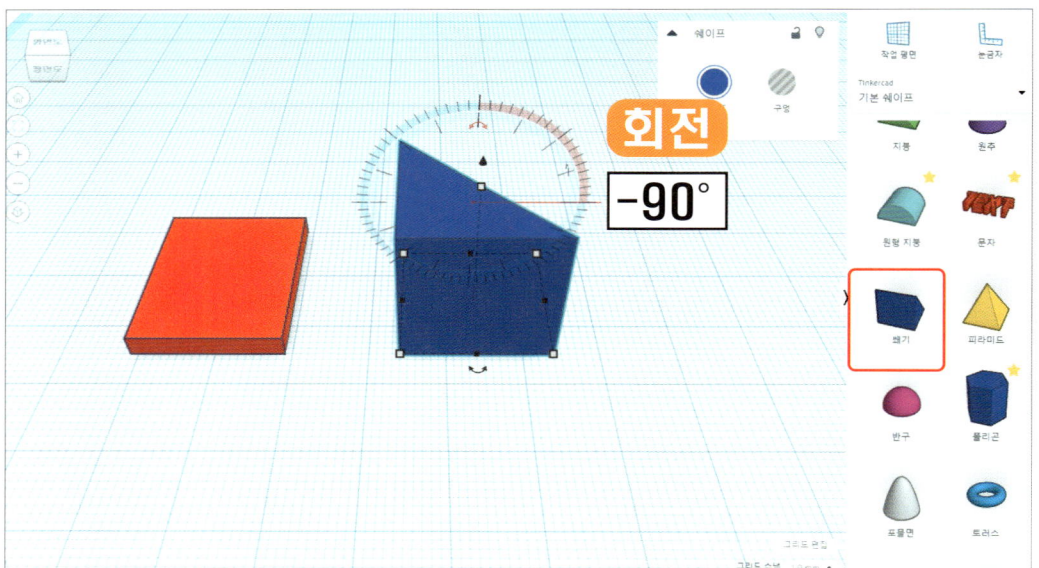

기본 쉐이프에서 쐐기를 선택하여 작업 평면에 놓은 후 -90° 회전합니다.

TINKERCAD DESIGN For 3D PRINTING　　　　　　　　　　　　　　SECTION 06

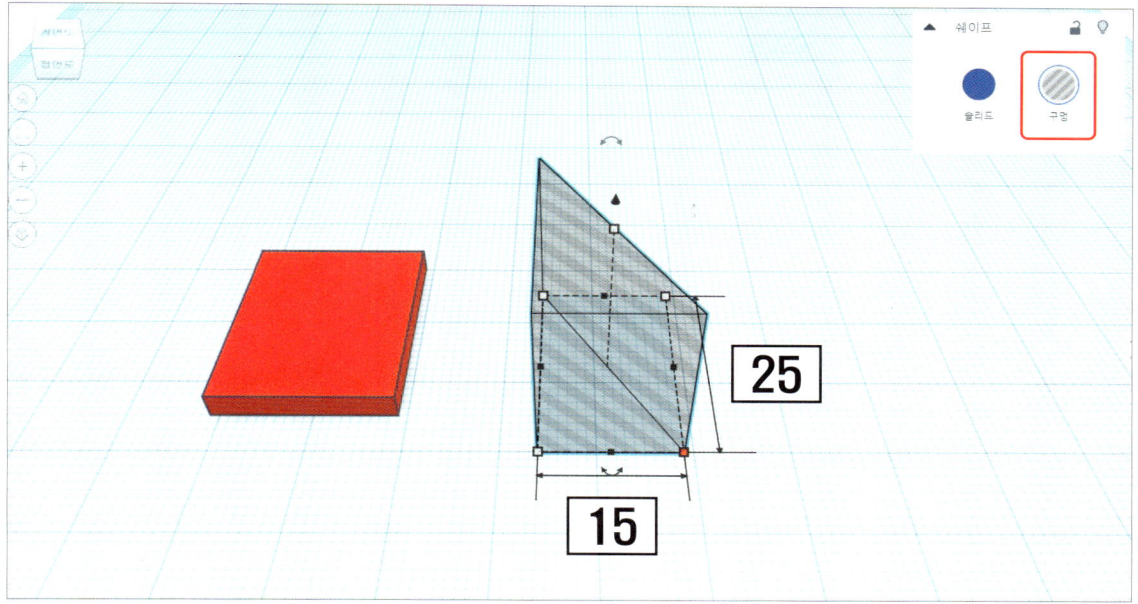

쐐기 도형을 구멍 도형으로 바꾼 후 치수를 조절합니다.
예 가로 15, 세로 25, 높이 20

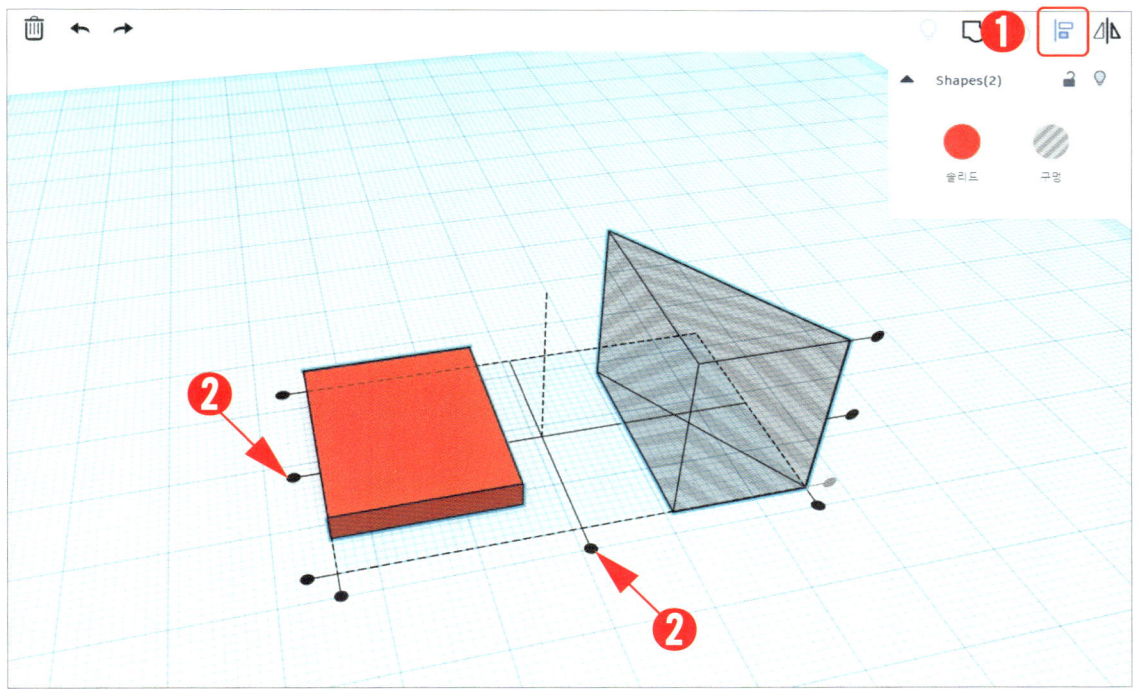

두 도형을 모두 선택하여 ❶ 정렬 버튼을 클릭한 후 ❷를 클릭하여 그림과 같이 정렬합니다.

TINKERCAD DESIGN For 3D PRINTING   SECTION 06

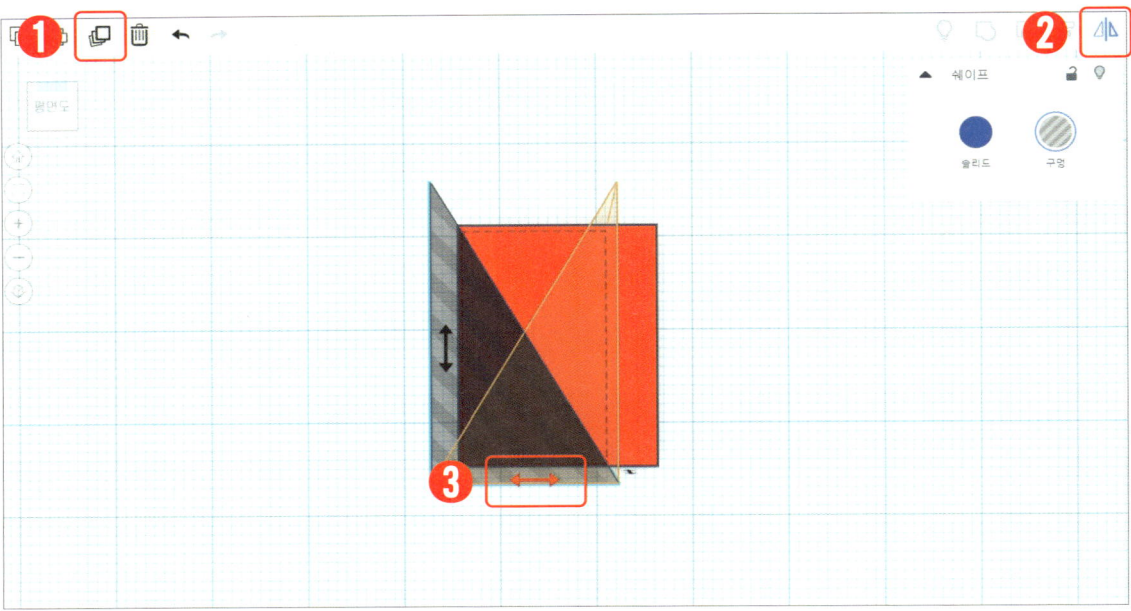

도형을 ❶ 복제한 후 ❷ 대칭 버튼으로 ❸ 좌우 대칭합니다.

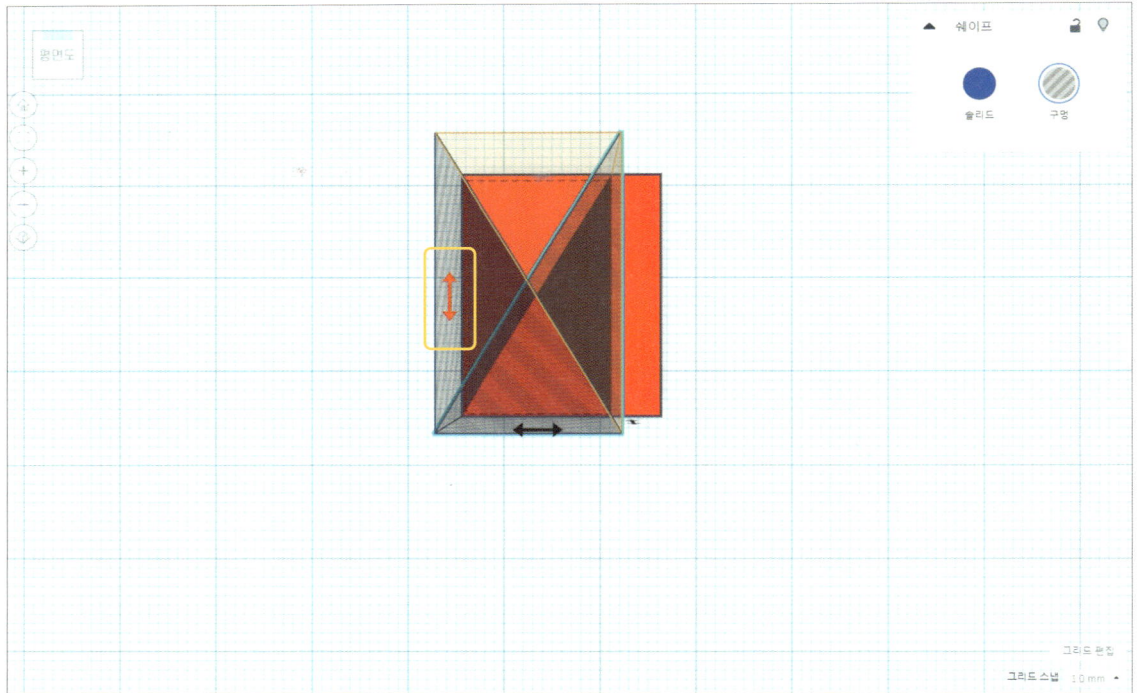

좌우 대칭된 쐐기 도형을 한번 더 상하 대칭합니다.

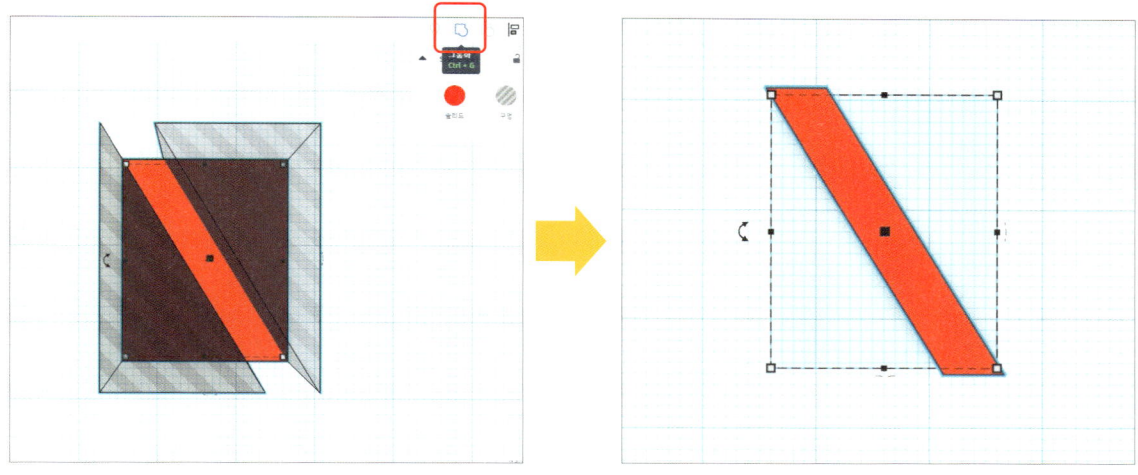

대칭된 도형을 마우스로 움직이거나 키보드 방향키 로 그림과 같이 모서리에 맞추어 배치한 후 그룹화합니다.

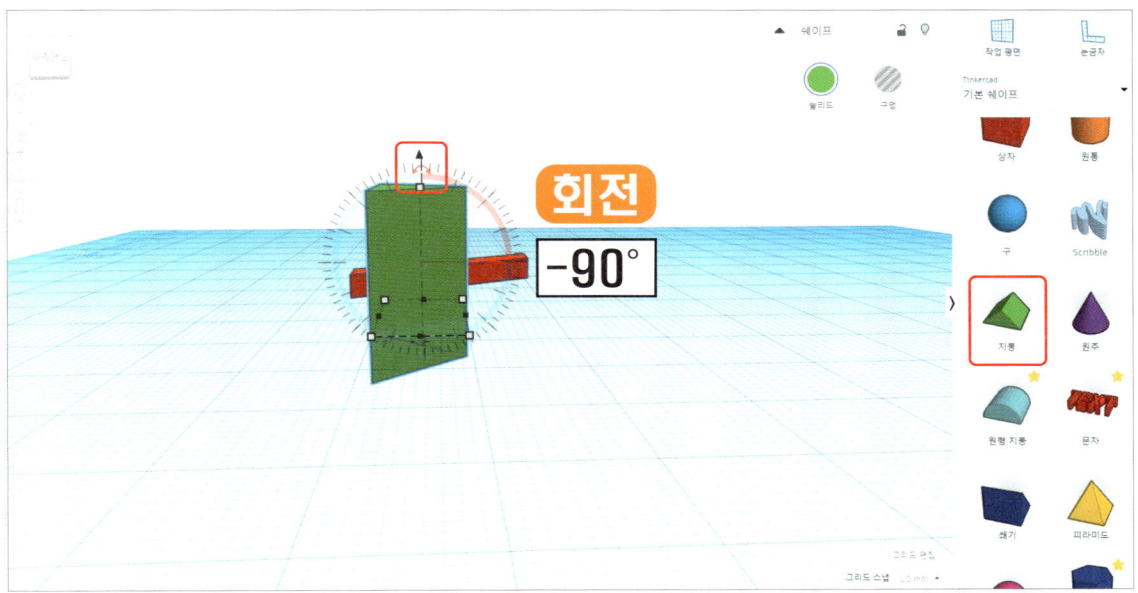

기본 쉐이프에서 지붕을 선택하여 작업 평면에 놓은 후 -90° 회전합니다.

TINKERCAD DESIGN For 3D PRINTING   SECTION 06

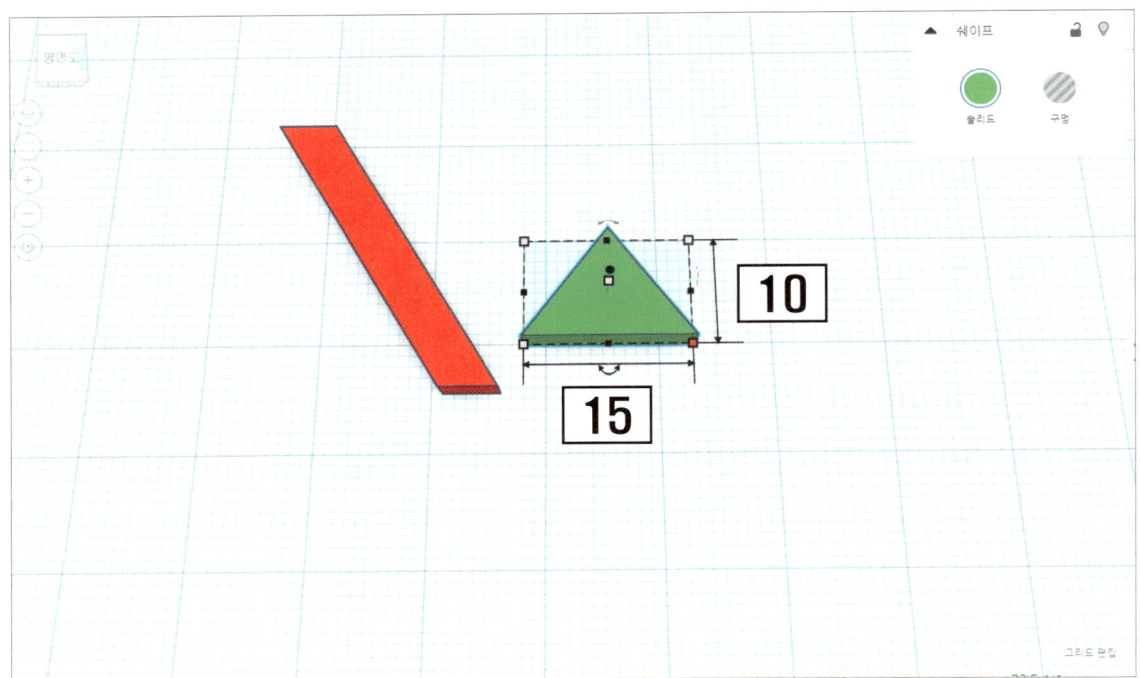

지붕 도형을 키보드의 " D "(Drop)를 눌러 바닥면에 붙인 후 치수를 조절합니다.
예 가로 15, 세로 10, 높이 3

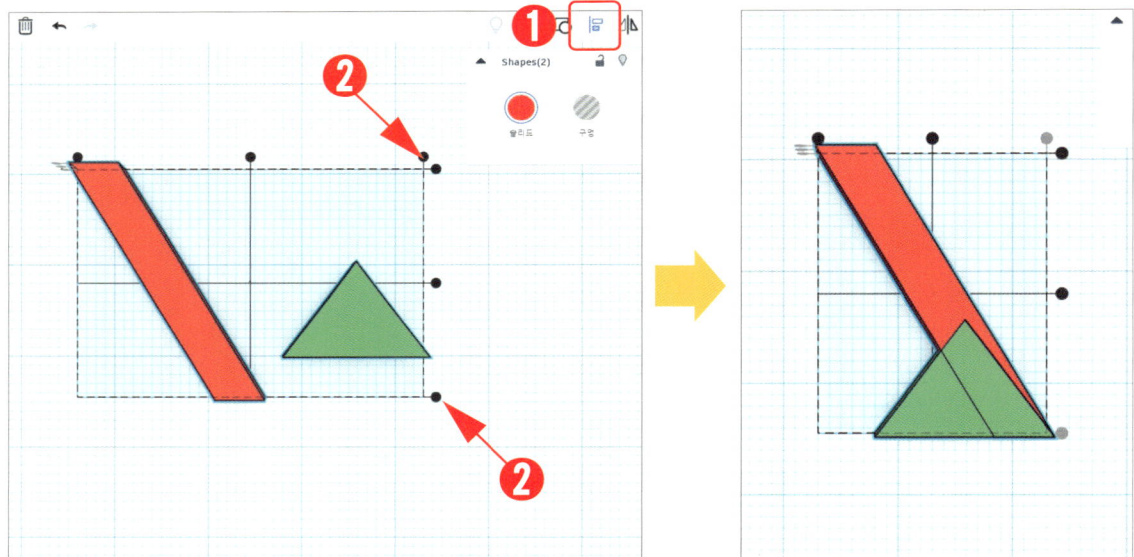

두 도형을 모두 선택하여 ❶ 정렬 버튼을 클릭한 후 ❷를 클릭하여 그림과 같이 정렬합니다.

TINKERCAD DESIGN For 3D PRINTING _____ SECTION 06

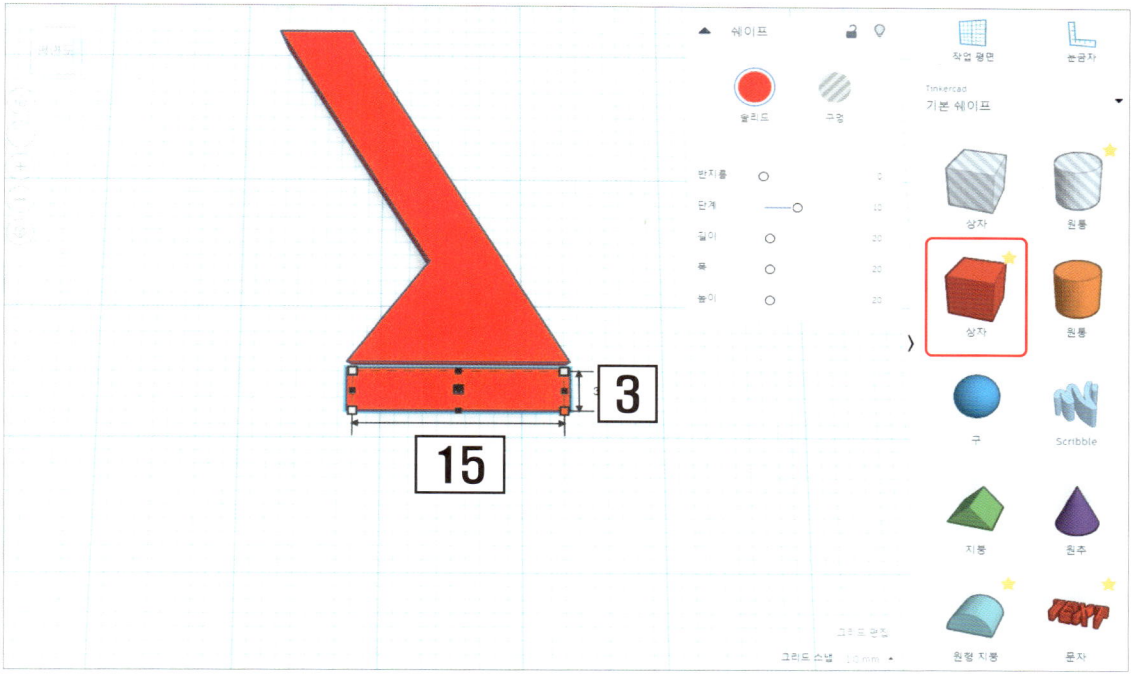

기본 쉐이프에서 상자를 선택하여 작업 평면에 놓은 후 치수를 조절합니다.
예 가로 15, 세로 3, 높이 3

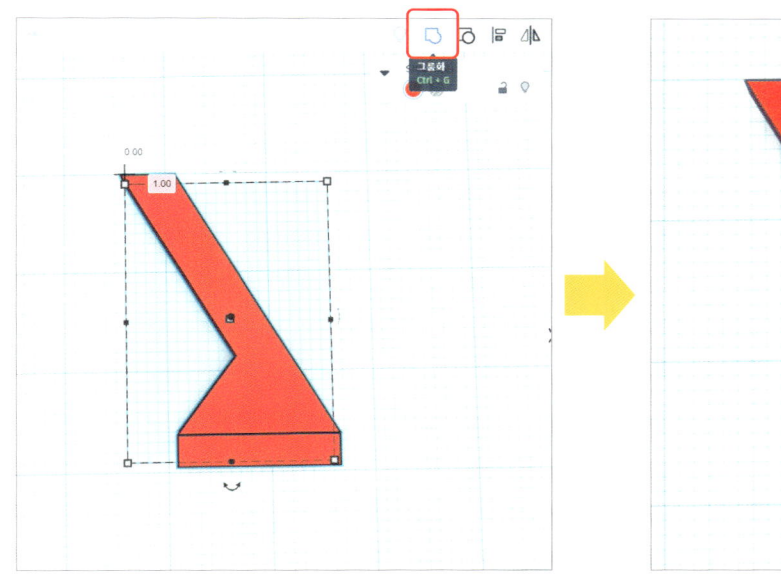 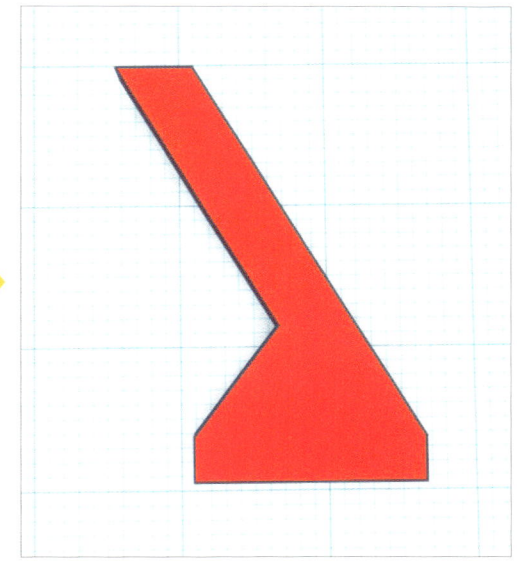

상자 도형을 그림과 같이 배치한 후 도형을 모두 선택하여 그룹화합니다.

바늘 모양 완성!

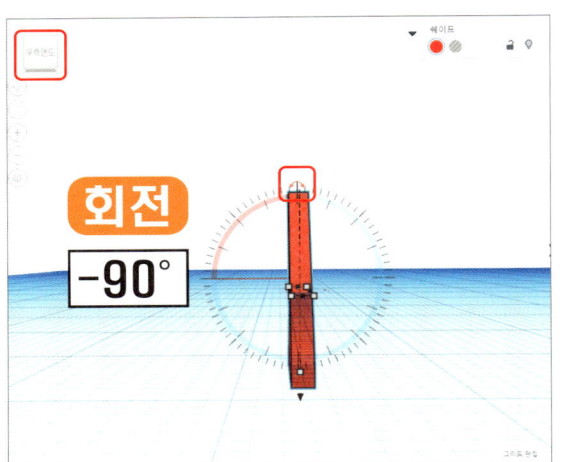
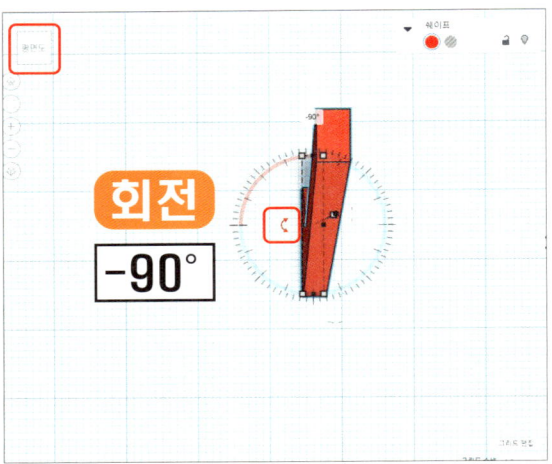

뷰박스를 측면도로 선택합니다.
바늘 모양을 -90° 회전합니다.
키보드 "D"키를 눌러 바닥면에 붙여줍니다.

뷰박스를 평면도로 선택합니다.
바늘 모양을 -90° 한번 더 회전합니다.

해시계 완성하기

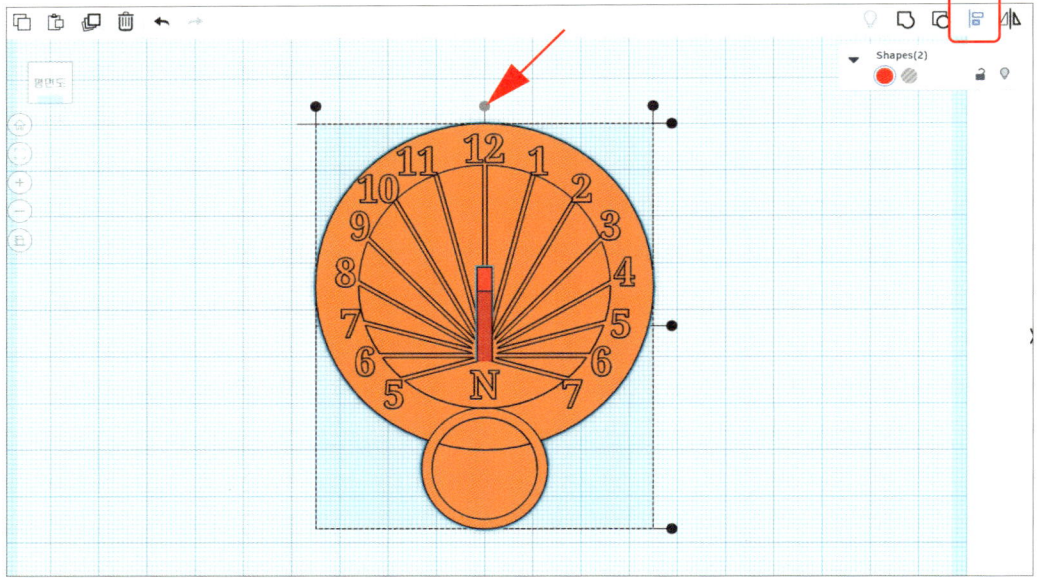

바늘 모양을 정렬 버튼으로 세로 정렬한 후 마우스로 움직이거나 키보드 방향키 ←↓→↑ 로 그림과 같이 배치합니다.

TINKERCAD DESIGN For 3D PRINTING

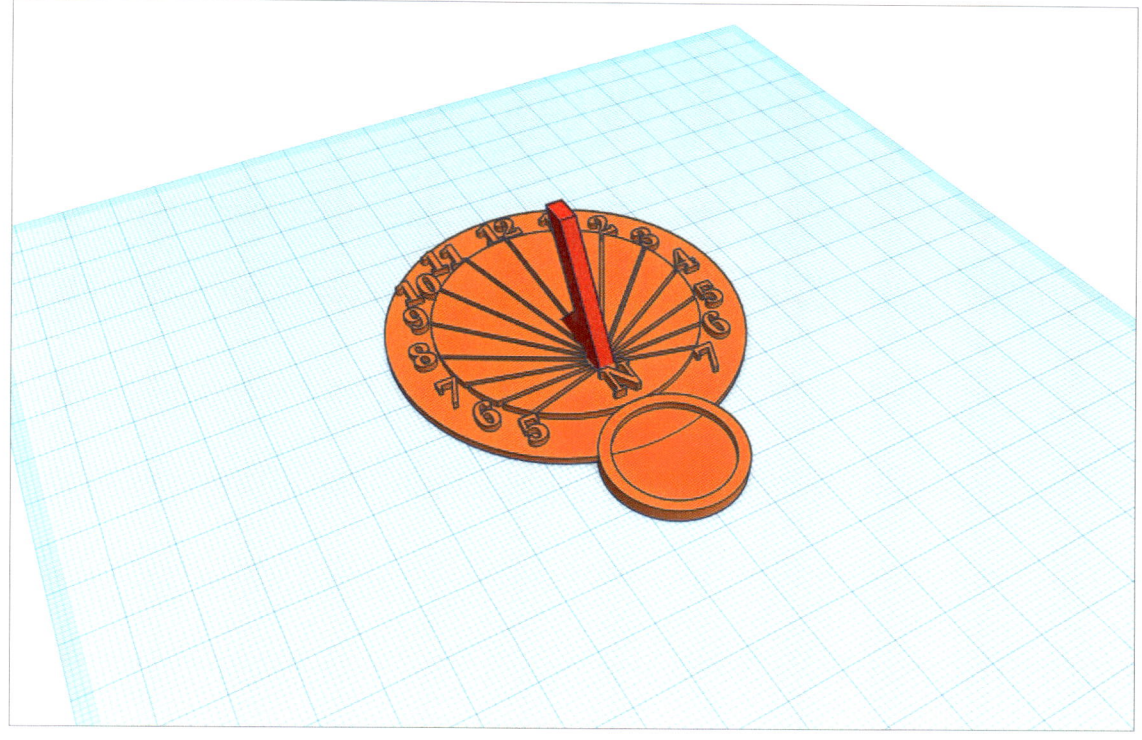

해시계 완성!

※ 미니 나침반(지름 2cm)을 구매하여 나침반 판에 부착하여 체험해 봅시다.

TINKERCAD DESIGN For 3D PRINTING

SECTION 06

도|전|과|제

- 자료를 참고하여 해시계에 대해 알아보고 다양한 종류의 해시계를 모델링해 봅시다.

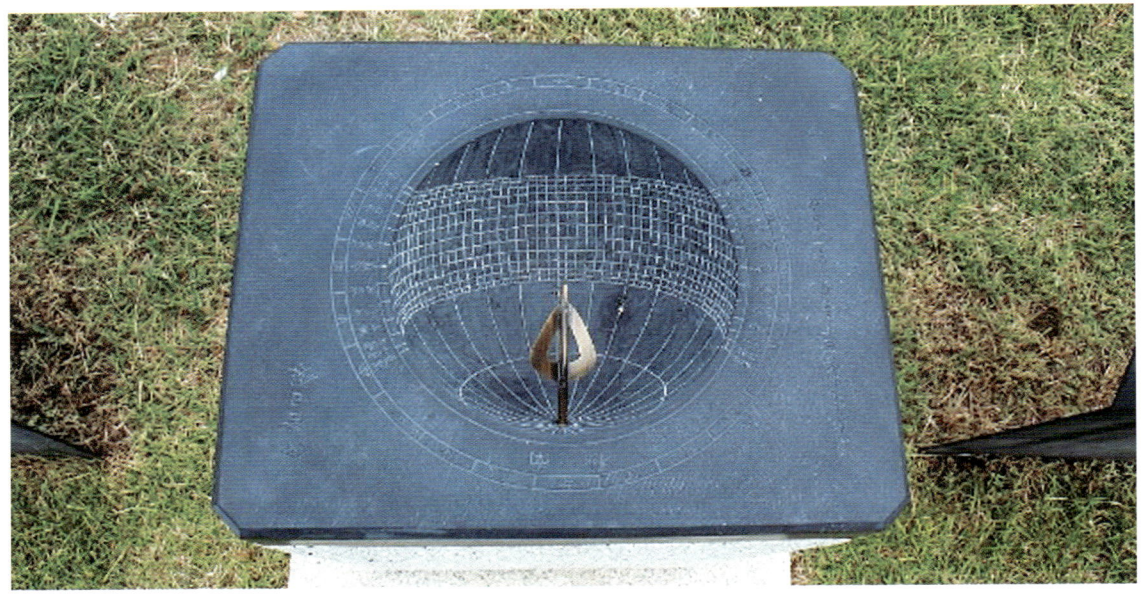

그림자를 어떻게 투영하는가에 따라 팽이형·반원통형·수평형·수직형 등으로 구별된다. 팽이형 해시계는 북극(北極)을 향한 막대의 중간에 원판을 꿰뚫어놓고 그 원판 상에 막대와의 교점을 중심으로 15°씩 눈금을 매겨 막대의 그림자가 원판의 1눈금을 경과할 때를 1시간으로 읽는 것이다. 반원통형 해시계는 원통을 반으로 자른 것을 북극을 향해서 놓아, 단면의 중심에 막대를 원통의 외벽과 평행으로 놓고, 그 막대의 그늘을 원통 내부에 새겨진 눈금으로 읽는 것이다.

수평형 해시계는 한 각을 그 지역의 위도와 같게 자른 삼각형의 상단을 북극을 향하게 하고, 수평의 원판 위에 고정하여 삼각판의 윗가장자리 그림자를 원판상에서 읽게 한 것으로 시각눈금도 계산 또는 작도(作圖)에 의하여 만든다. 이 형은 정원(庭園) 등에 놓는 장식을 겸하여 만든다. 수직형은 건물의 남쪽 벽에 만드는 일이 많고, 1변이 북극을 향한 삼각판의 그림자에 의해 건물의 벽면에 새겨진 눈금으로 시각을 읽는다.

출처 : [네이버 지식백과] 해시계 [sundial] (두산백과)

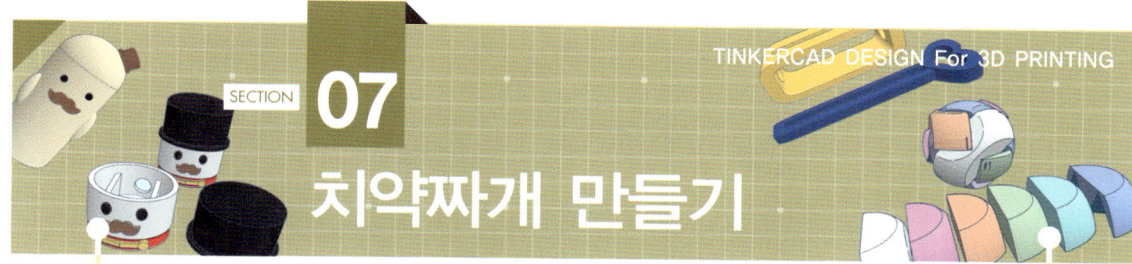

SECTION 07 치약짜개 만들기

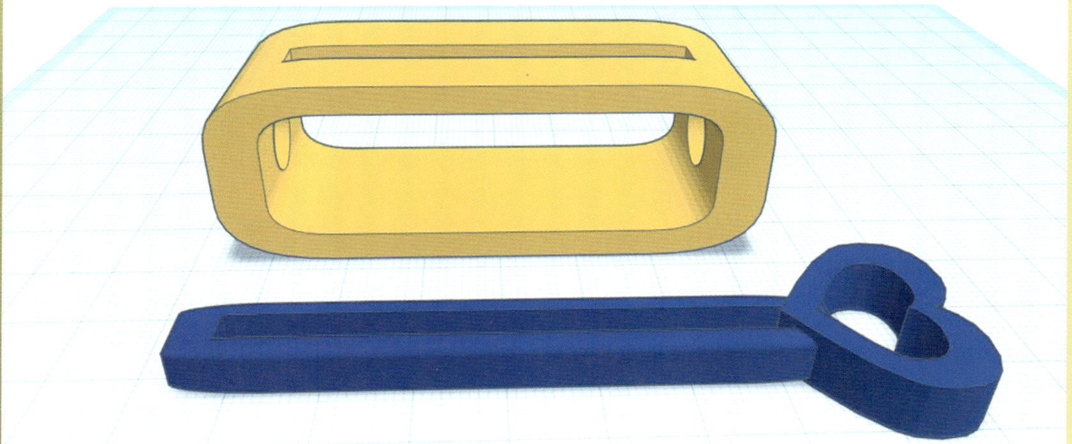

TINKERCAD DESIGN For 3D PRINTING

● **치약짜개 만들기**

치약짜개의 기능에 대해 알아봅시다.
치약짜개를 직접 모델링하여 완성된 치약짜개를 실생활에 활용해 봅시다.

TINKERCAD DESIGN For 3D PRINTING

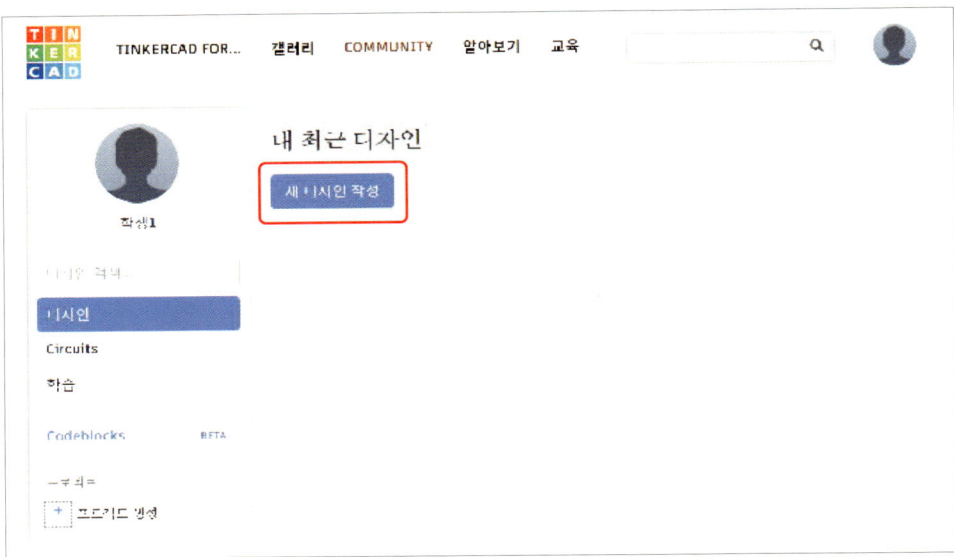

구글크롬  에서 틴커캐드 웹사이트(www.tinkercad.com)에 접속합니다.
로그인 후 대시보드의 `새 디자인 작성` 을 클릭합니다.

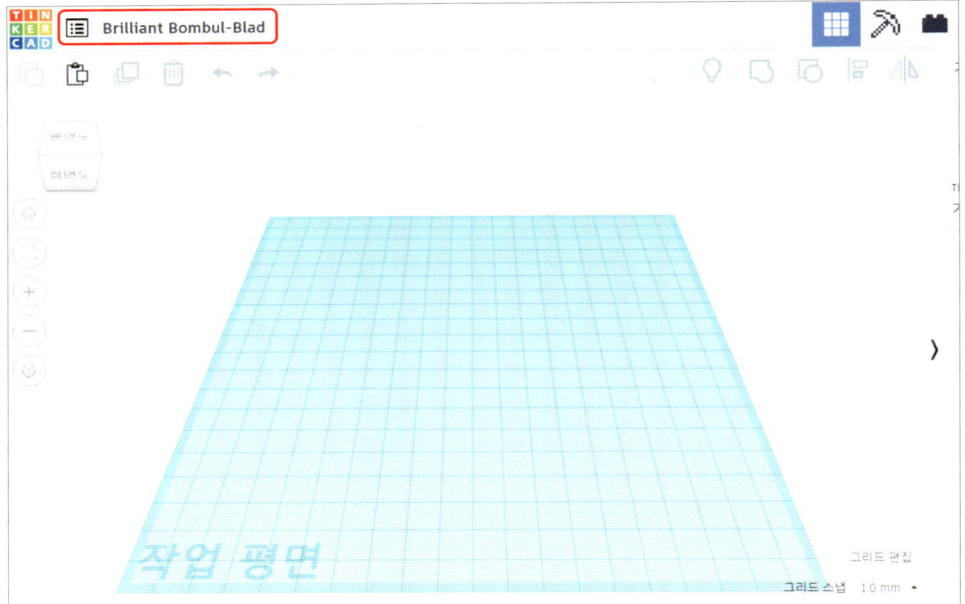

틴커캐드는 저장 버튼이 따로 없으며 웹에서 작업하고 모델링 작업파일 역시 인터넷 저장 공간에 자동으로 저장됩니다. 임의로 주어진 영어이름을 클릭하면 파일명을 수정할 수 있습니다.

TINKERCAD DESIGN For 3D PRINTING

파일명을 "**치약짜개 만들기**"로 수정하고 엔터키 또는 화면의 빈 공간 아무 곳이나 클릭합니다.

 치약짜개 몸통 만들기

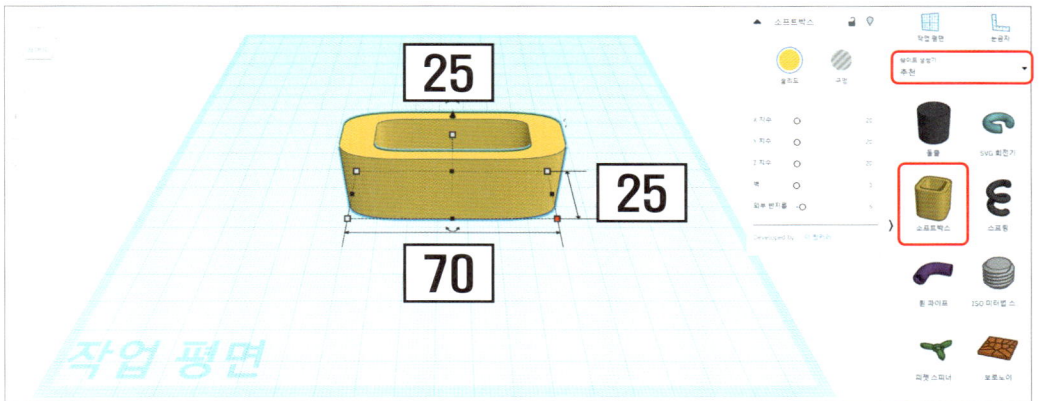

쉐이프 생성기 추천에서 소프트 박스를 선택하여 작업 평면에 놓은 후 치수를 조절합니다.
예 소프트 박스 : 가로 70, 세로 25, 높이 25, 벽 3, 외부 반지름 6

TINKERCAD DESIGN For 3D PRINTING

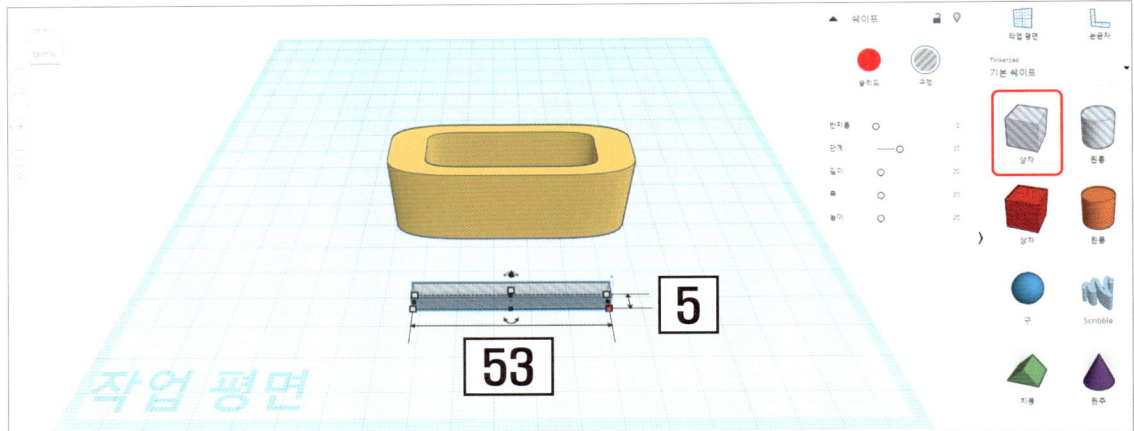

기본 쉐이프에서 구멍 상자를 선택하여 작업 평면에 놓은 후 치수를 조절합니다.
예 구멍 상자 : 가로 53, 세로 25, 높이 5

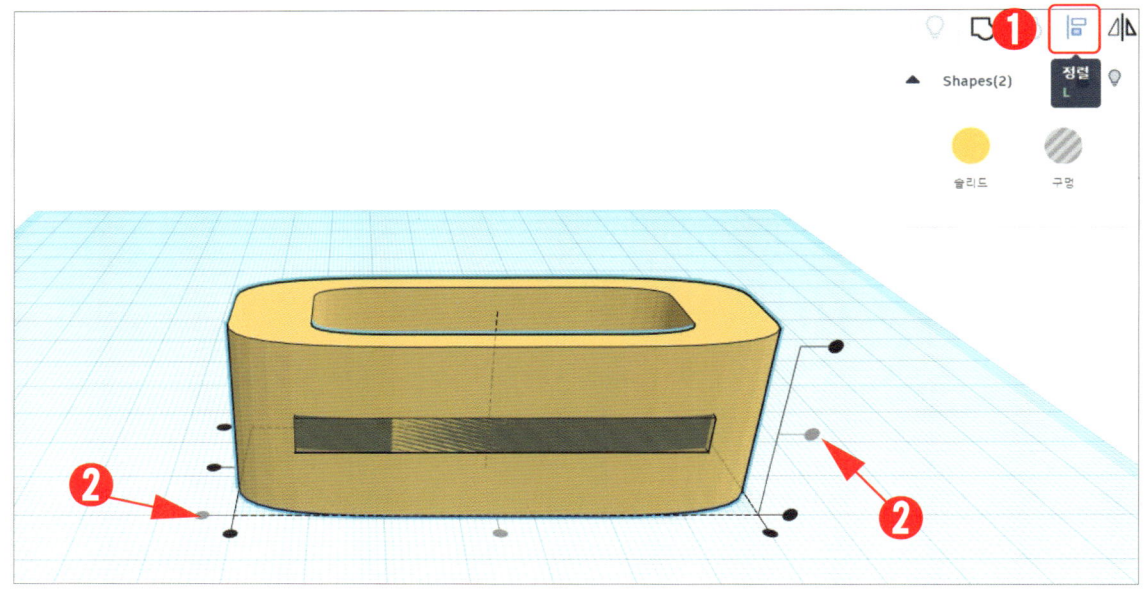

소프트 박스와 구멍 상자를 모두 선택하여 ❶ 정렬 버튼을 클릭한 후 ❷를 클릭하여 정렬합니다.

TINKERCAD DESIGN For 3D PRINTING

SECTION 07

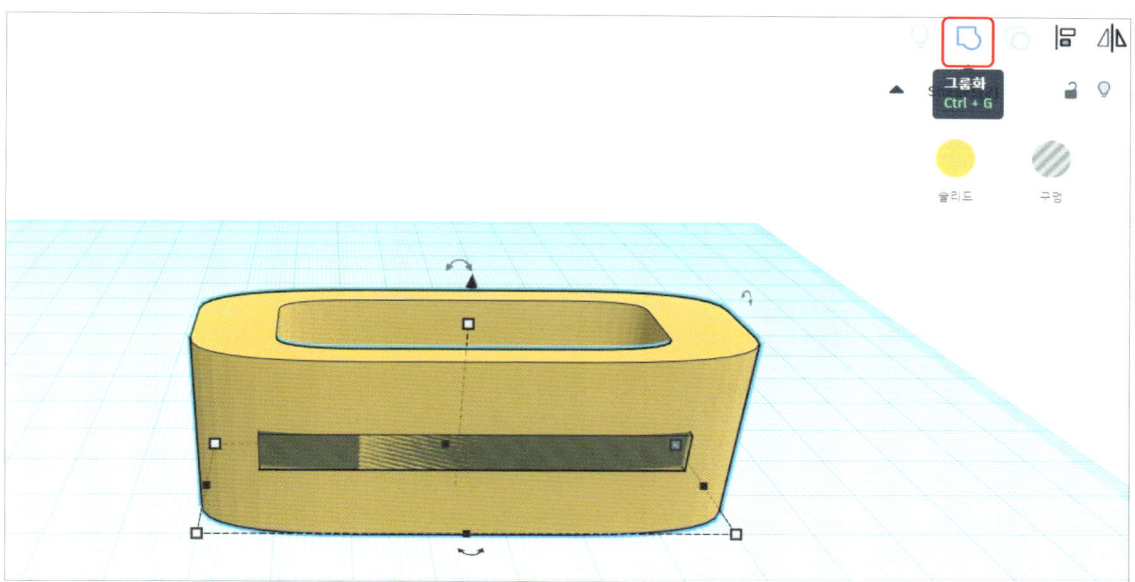

두 도형을 선택한 후 (Shift 키를 누른 상태로 두 도형을 클릭) 그룹화합니다.

화면을 우측면도로 돌리고 ❶ 작업 평면 버튼을 클릭한 뒤 ❷위치를 클릭하여 작업 평면을 바꿔줍니다.

SECTION 07_ 치약짜개 만들기

TINKERCAD DESIGN For 3D PRINTING

SECTION 07

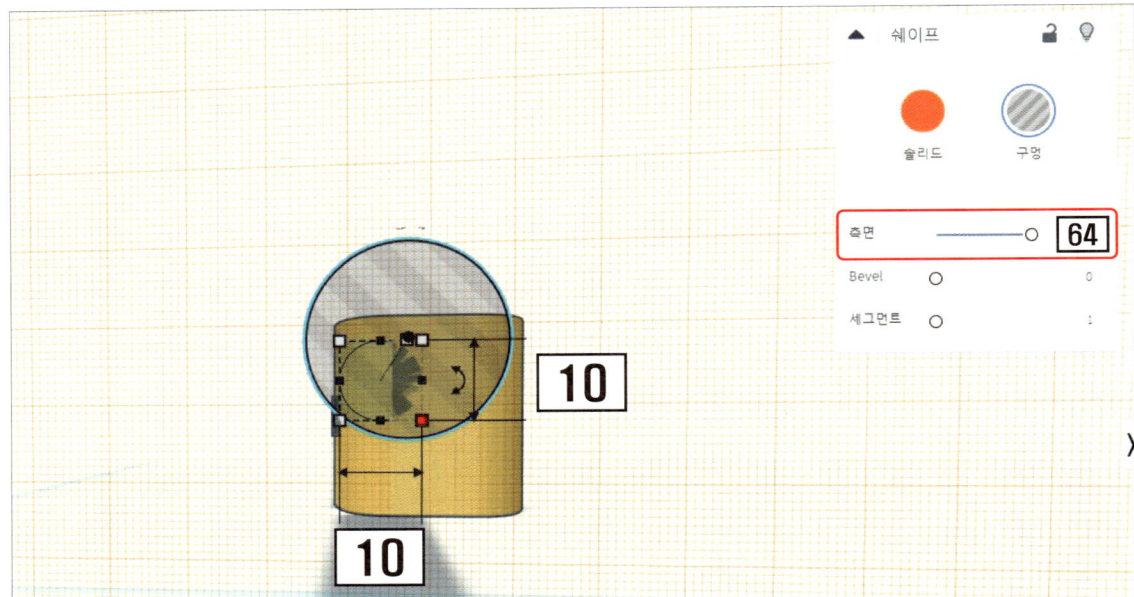

구멍 원통 도형을 선택하여 그림과 같이 작업 평면에 놓고 치수를 조절 합니다.
(모서리를 둥글게 만들기 위해 쉐이프에서 측면의 수치를 64로 조절합니다.)
예 구멍 원통 : 가로 10, 세로 10, 높이 80, 측면 64

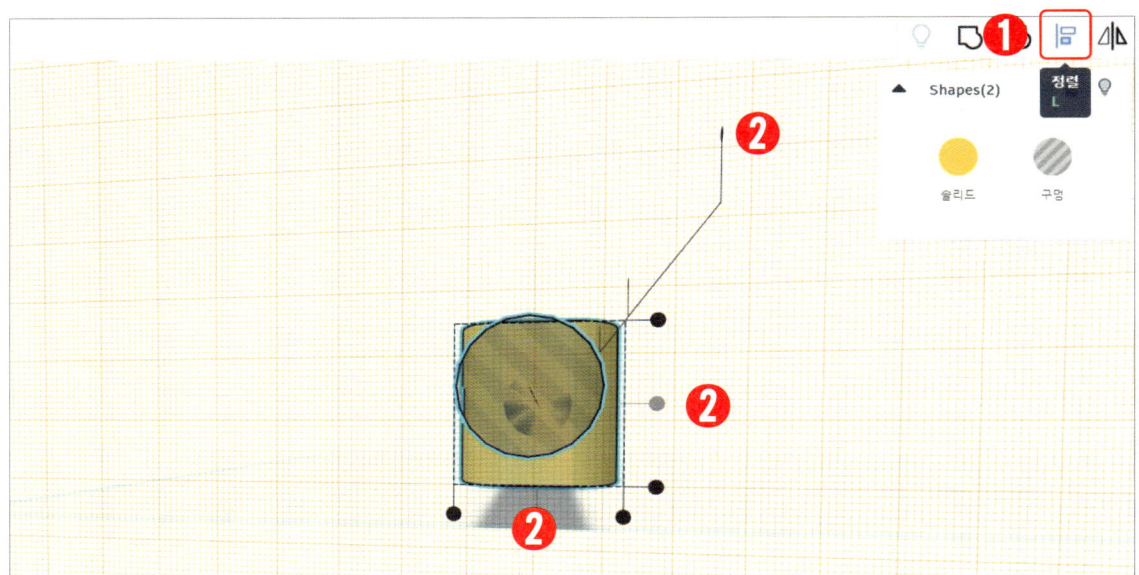

상자와 구멍 원통을 모두 선택하여 ❶ 정렬 버튼을 클릭한 후 ❷를 클릭하여 정렬합니다.

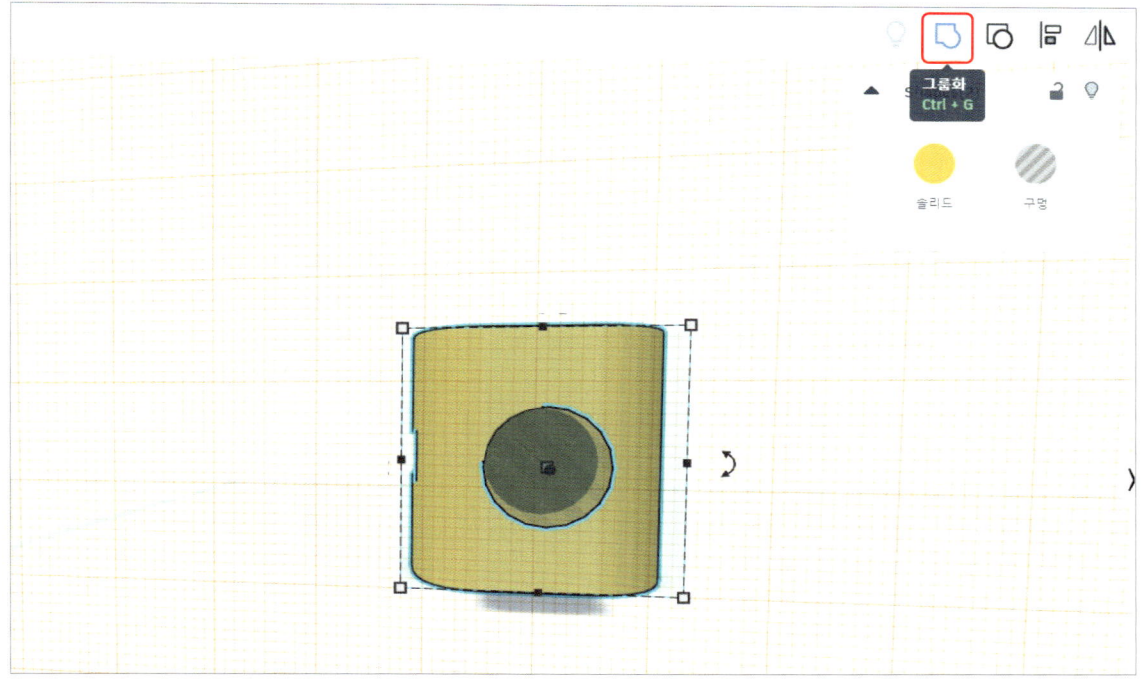

두 도형을 선택한 후(Shift 키를 누른 상태로 두 도형을 클릭) 그룹화합니다.

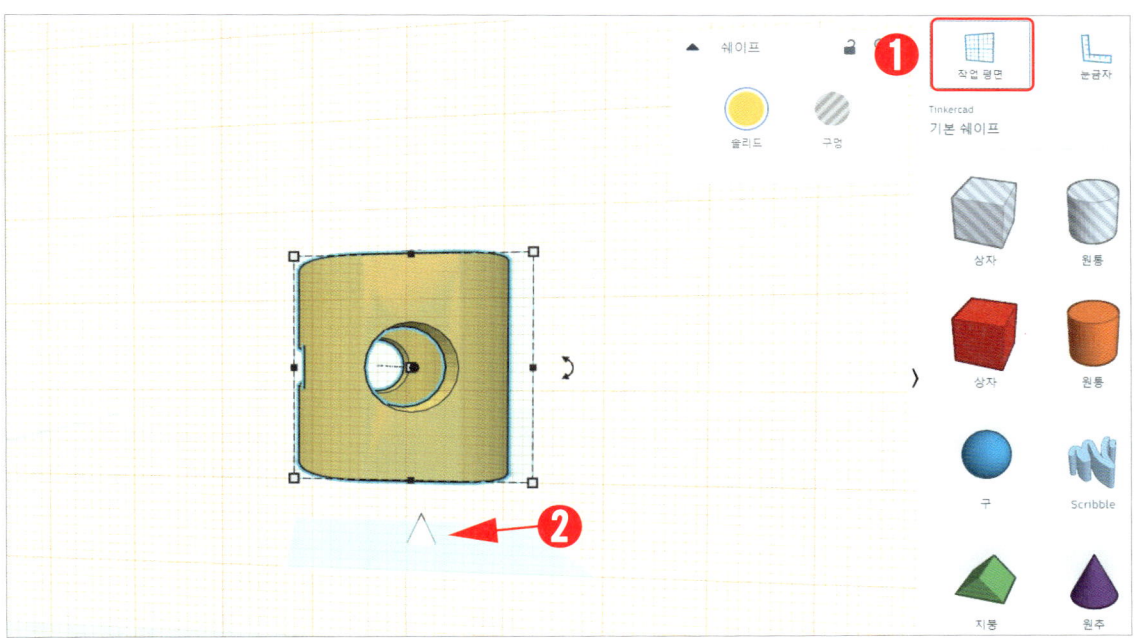

기존 작업 평면으로 돌아가기 위해 ❶ 작업 평면 버튼을 클릭한 후 ❷ 빈 공간을 클릭합니다.

TINKERCAD DESIGN For 3D PRINTING SECTION 07

치약짜개 손잡이 만들기

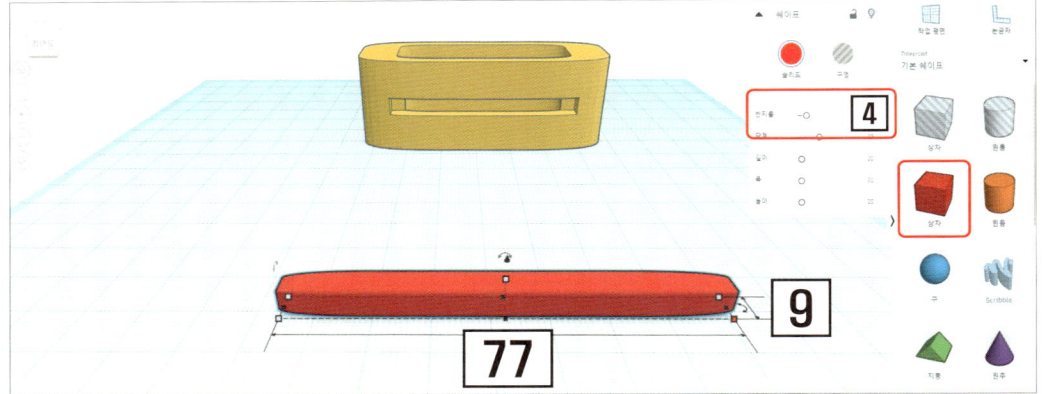

기본 쉐이프에서 상자를 선택하여 작업 평면에 놓은 후 치수를 조절합니다.
예 상자 : 가로 77, 세로 9, 높이 6, 반지름 4

손잡이 구멍 만들기

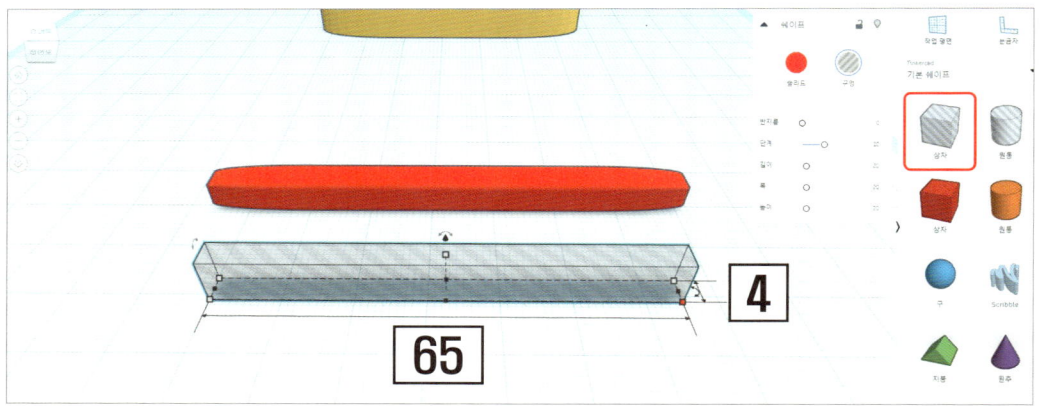

손잡이에 치약 들어갈 구멍을 만들기 위해서 기본 쉐이프에서 구멍 상자를 선택하여 작업 평면에 놓은 후 치수를 조절합니다.
예 상자 : 가로 65, 세로 4, 높이 7

TINKERCAD DESIGN For 3D PRINTING

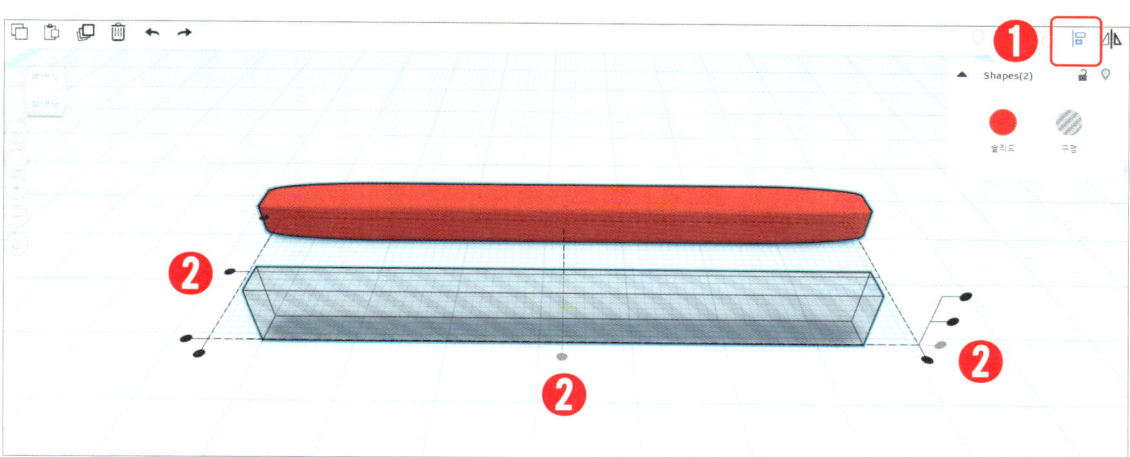

두 도형을 모두 선택하여 ❶ 정렬 버튼을 클릭한 후 ❷를 클릭하여 정렬합니다.

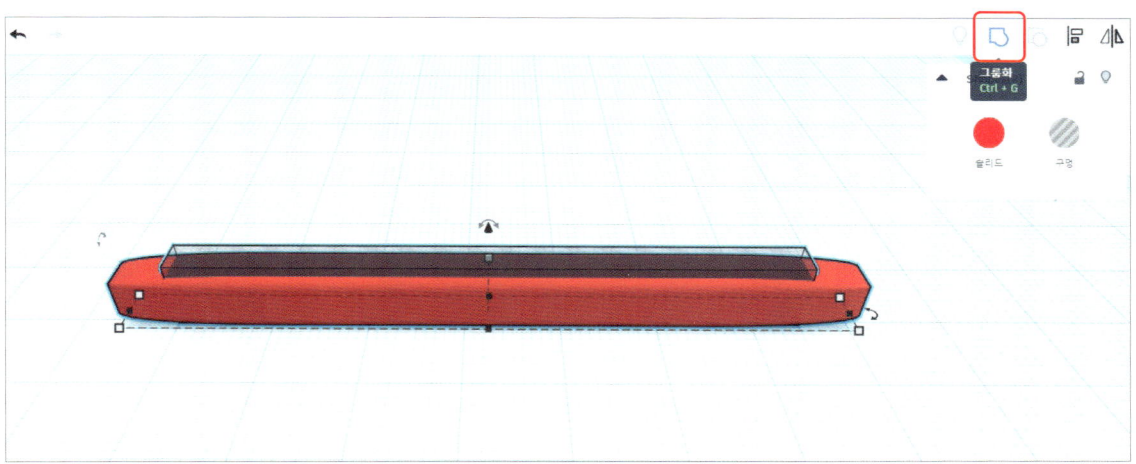

두 도형을 선택한 후(Shift 키를 누른 상태로 두 도형을 클릭) 그룹화합니다.

TINKERCAD DESIGN For 3D PRINTING

SECTION 07

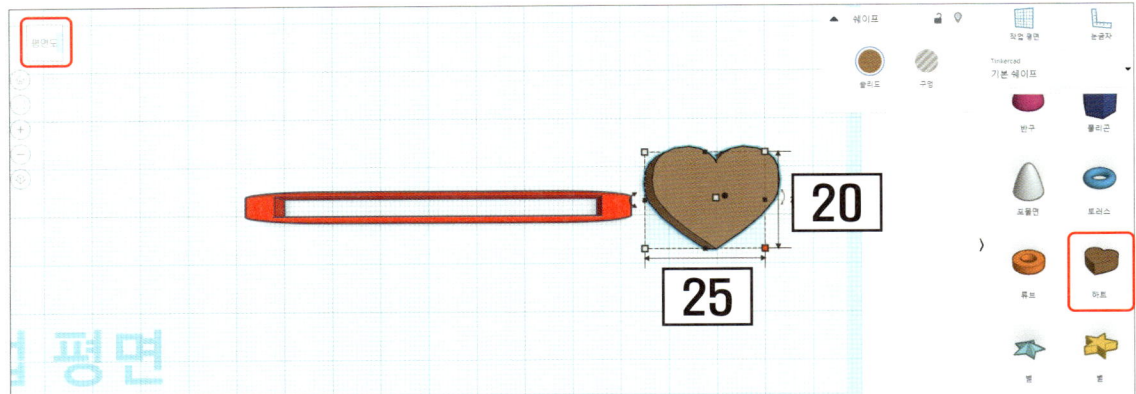

평면도로 화면을 바꾼 후, 하트 도형을 선택하여 작업 평면에 놓은 후 치수를 조절합니다.
예 하트 : 가로 25, 세로 20, 높이 6

치약짜개 손잡이 꾸미기

05

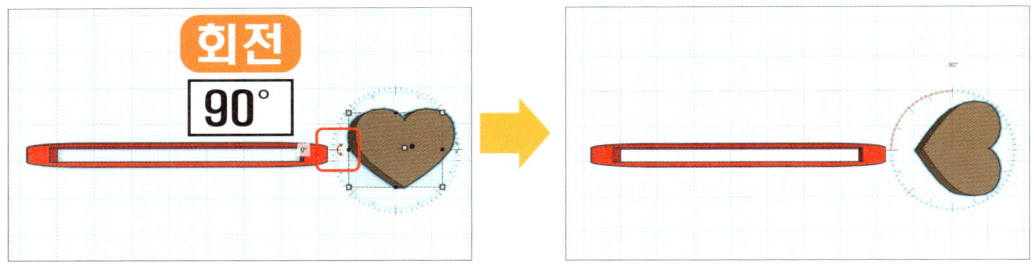

하트 도형을 그림과 같이 90°로 회전합니다.

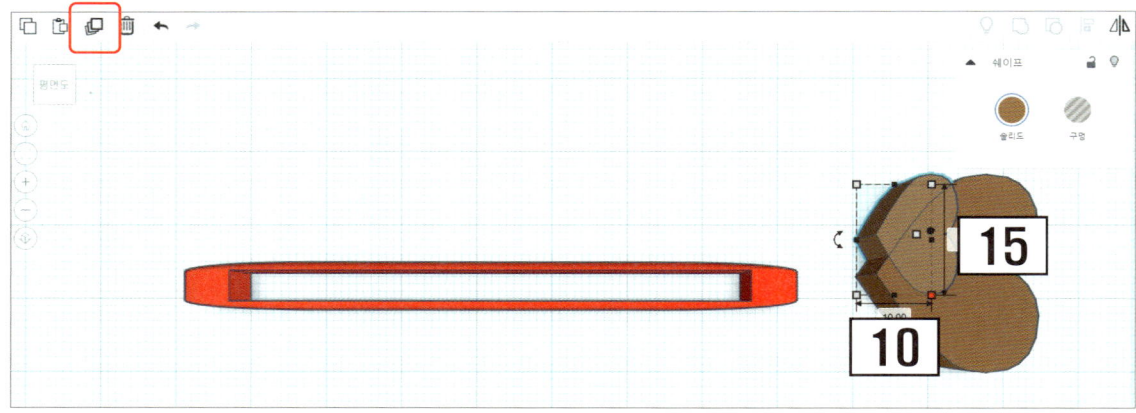

복제(**Crtl** + **D**)를 누르고, 하트를 선택한 후 복제된 하트의 치수를 조절합니다.
예 하트 : 가로 10, 세로 15, 높이 6

TINKERCAD DESIGN For 3D PRINTING

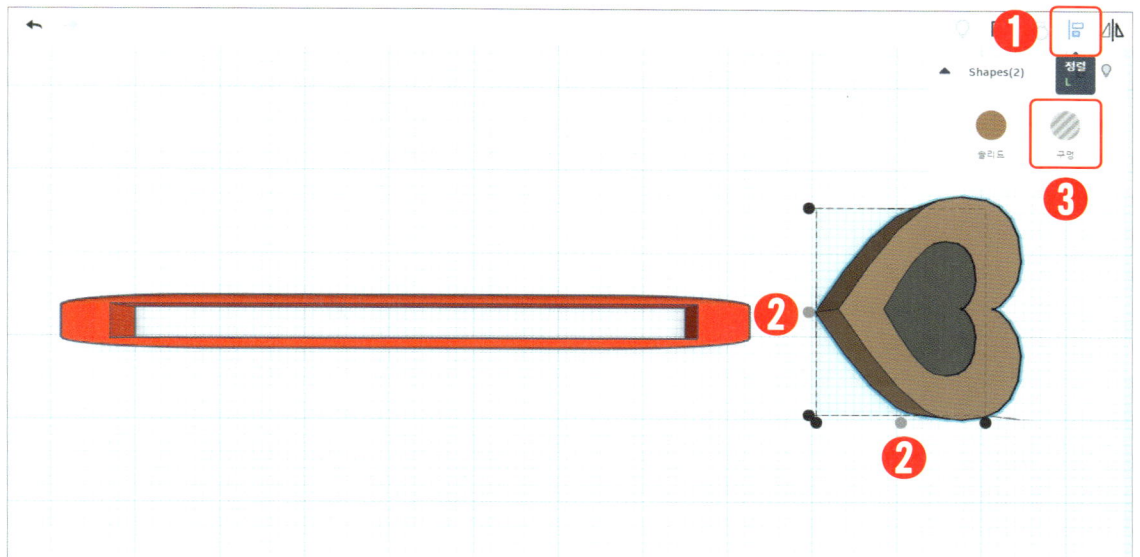

하트 도형을 두 개를 선택하여 ❶ 정렬 버튼을 클릭한 후 ❷를 클릭하여 정렬하고, 복제된 하트 도형을 클릭하여 ❸ 구멍 도형으로 바꾸어 줍니다.

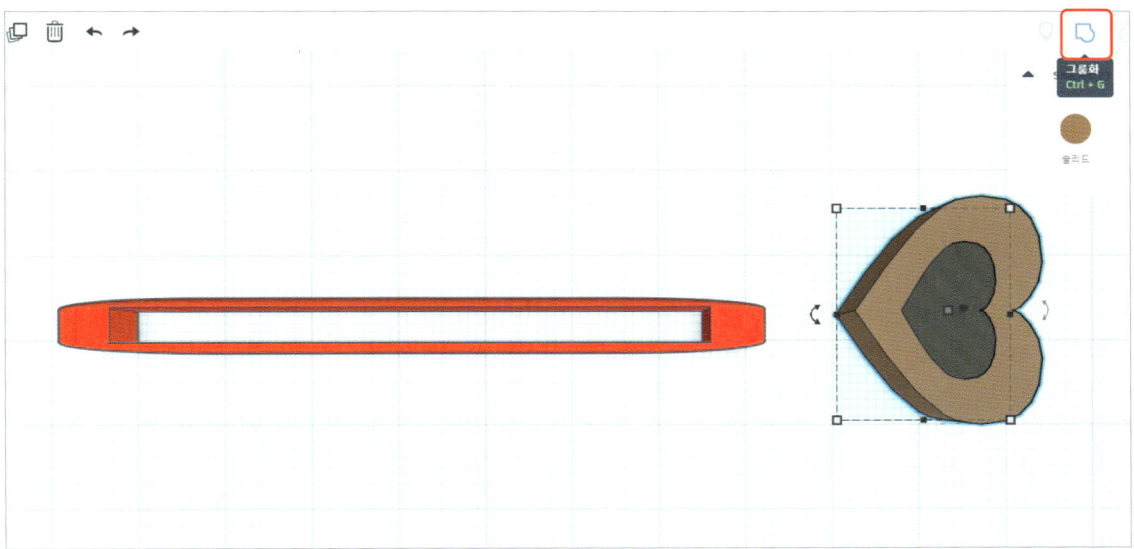

두 도형을 선택한 후([Shift] 키를 누른 상태로 두 도형을 클릭) 그룹화합니다.

TINKERCAD DESIGN For 3D PRINTING _____ SECTION 07

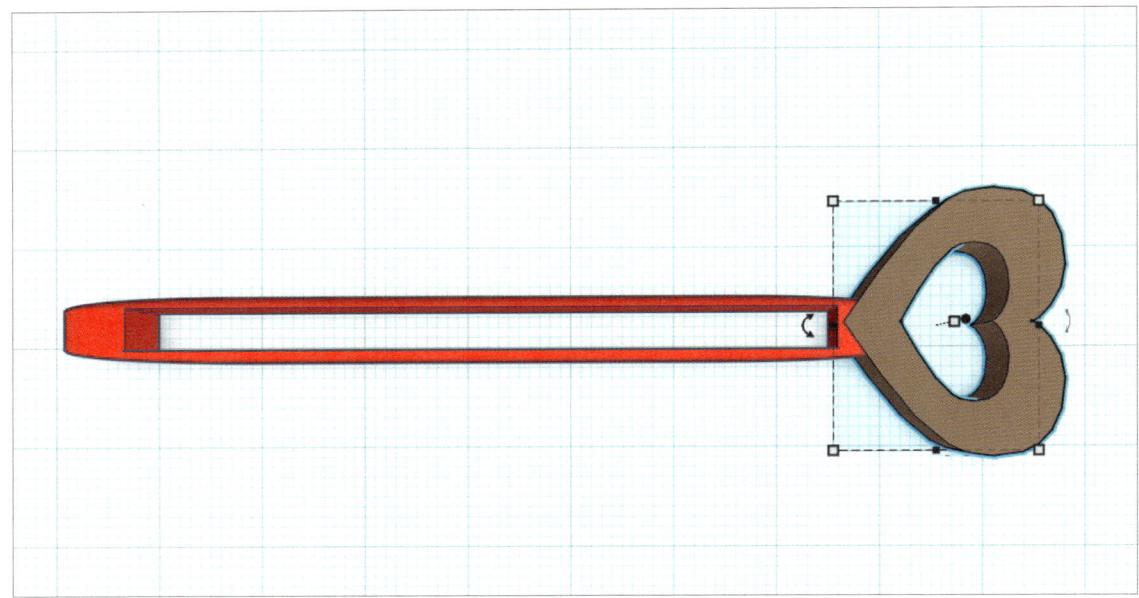

하트 도형을 키보드 방향키 ⬅️⬇️➡️⬆️ 와 높이 방향 화살표를 활용하여 그림과 같이 적절한 위치에 배치합니다.

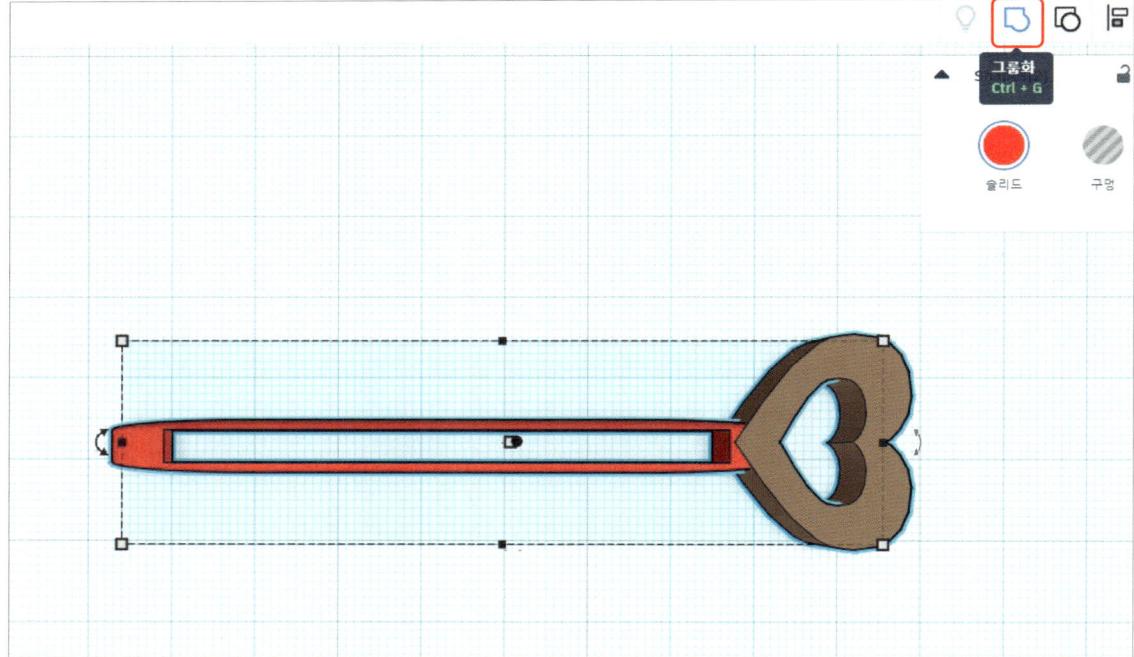

도형을 그림과 같이 선택한 후(Shift 키를 누른 상태로 두 도형을 클릭) 그룹화합니다.

TINKERCAD DESIGN For 3D PRINTING _____ SECTION 07

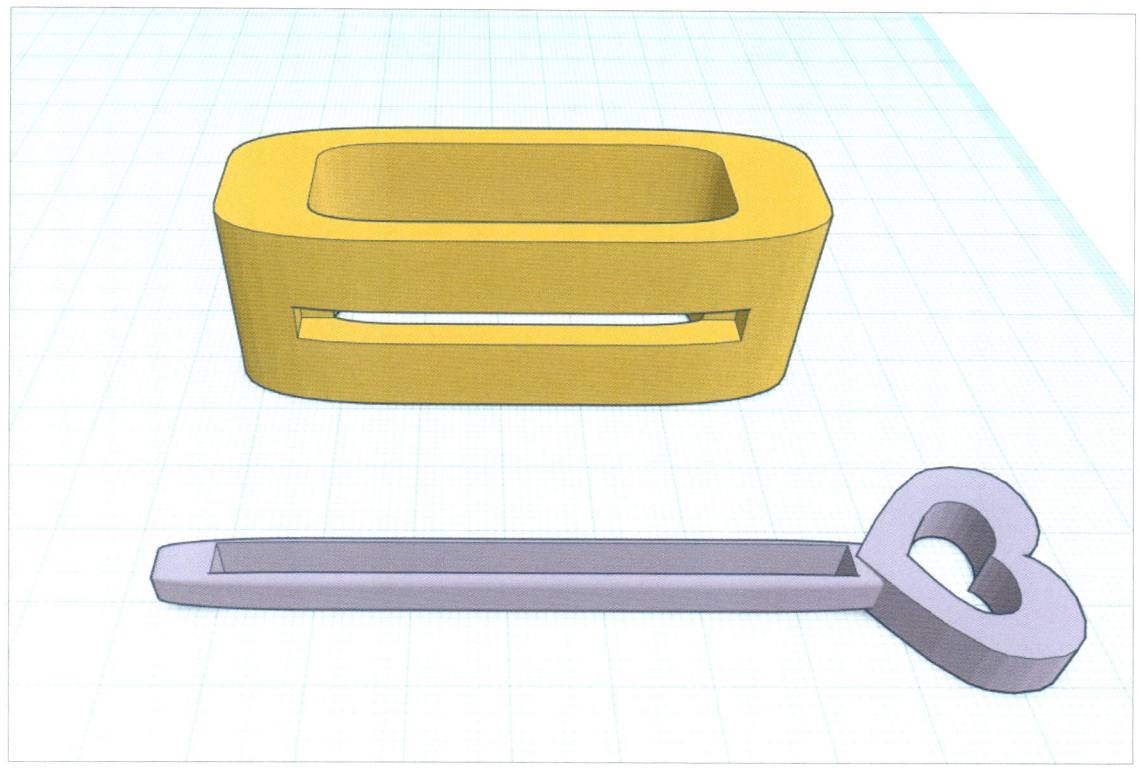

치약짜개 만들기 완성!

도|전|과|제

- 다양한 디자인의 치약짜개를 모델링해 봅시다.

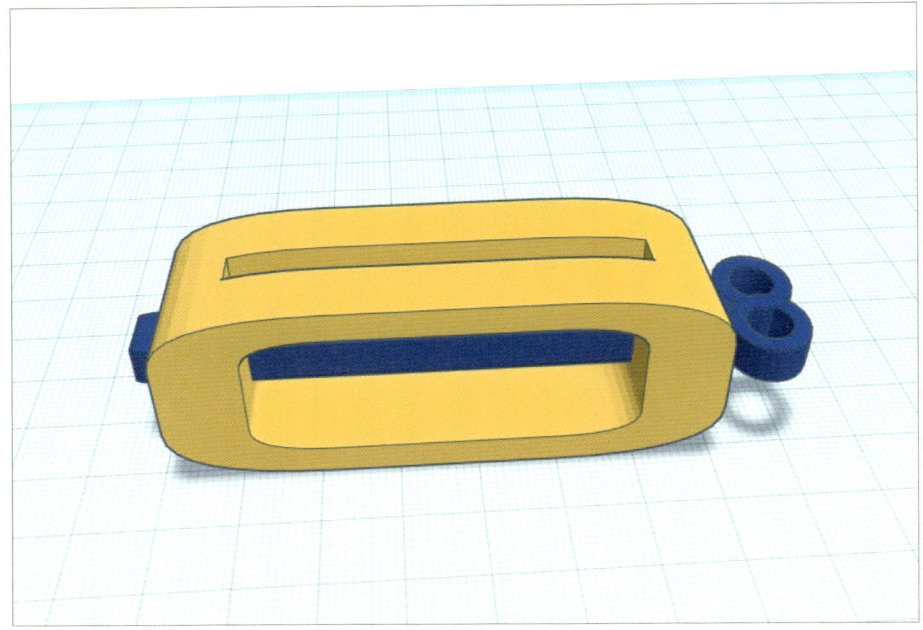

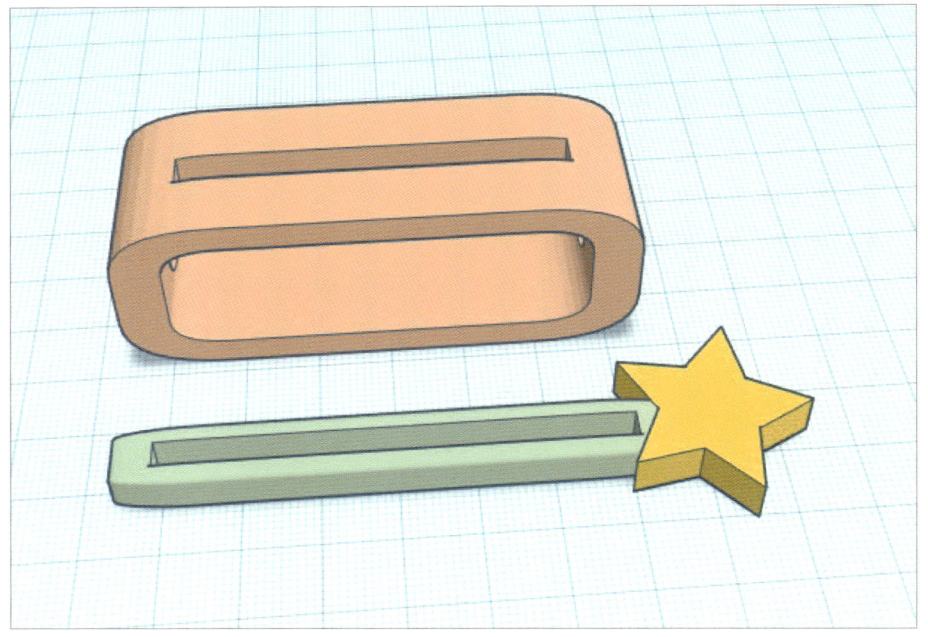

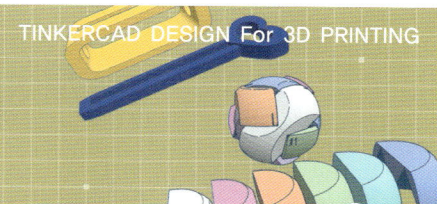

SECTION 08
휴대폰 거치대

● **휴대폰 거치대 만들기**

휴대폰 거치대를 모델링해보고, 실생활에 활용해 봅시다.

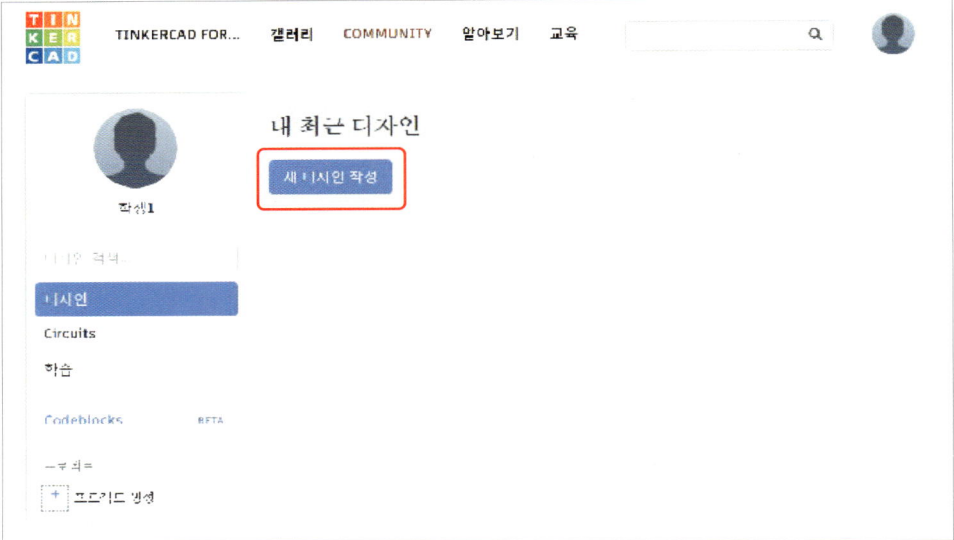

구글크롬 에서 틴커캐드 웹사이트(www.tinkercad.com)에 접속합니다.
로그인 후 대시보드의 새 디자인 작성 을 클릭합니다.

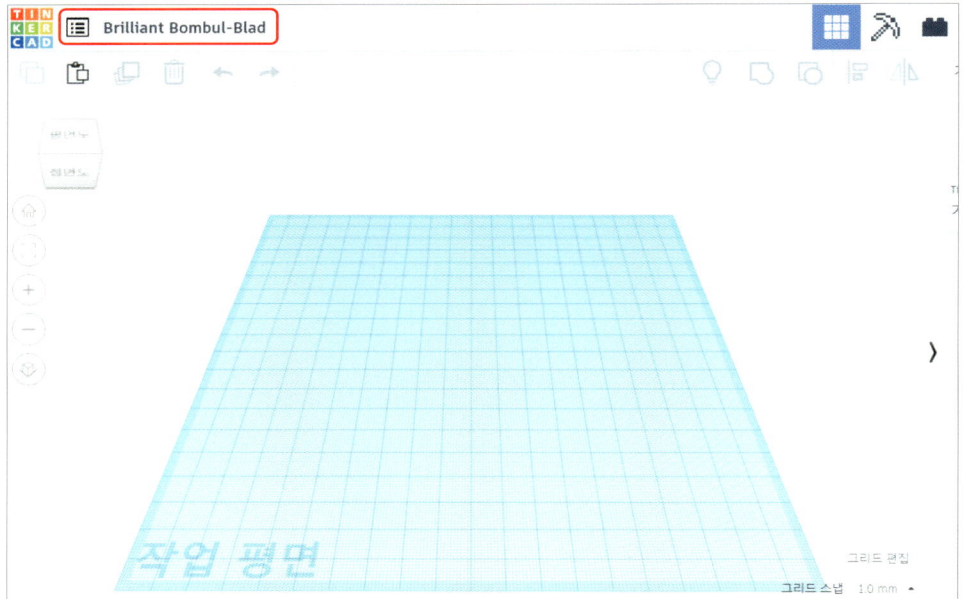

틴커캐드는 저장 버튼이 따로 없으며 웹에서 작업하고 모델링 작업파일 역시 인터넷 저장 공간에 자동으로 저장됩니다. 임의로 주어진 영어이름을 클릭하면 파일명을 수정할 수 있습니다.

TINKERCAD DESIGN For 3D PRINTING _____ SECTION 08

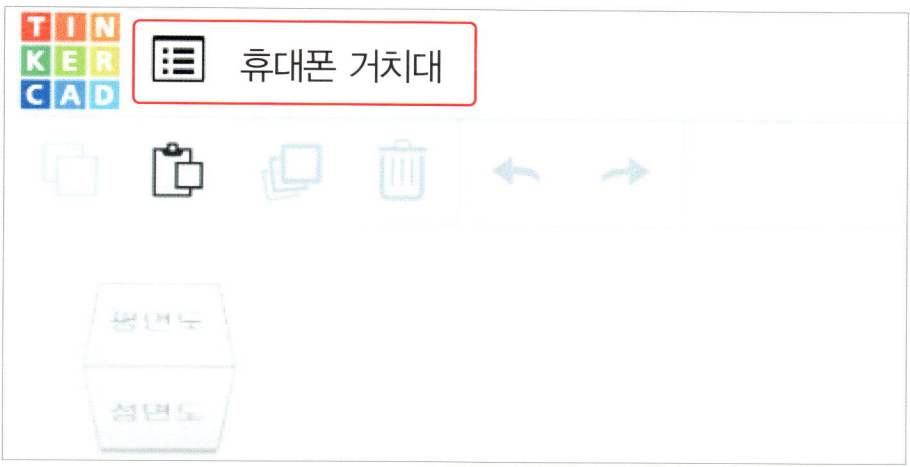

파일명을 "**휴대폰 거치대**"로 수정하고 엔터키 또는 화면의 빈 공간 아무 곳이나 클릭합니다.

 거치대 만들기

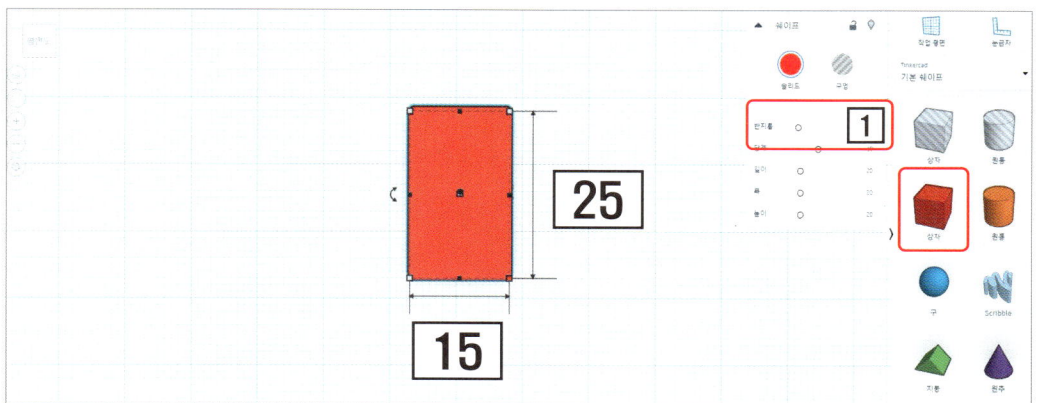

뷰박스를 평면도로 하고, 쉐이프 생성기에서 상자를 선택하여 작업 평면에 놓은 후 치수를 조절합니다.

예 상자 : 가로 15, 세로 25, 높이 3.5, 반지름 1

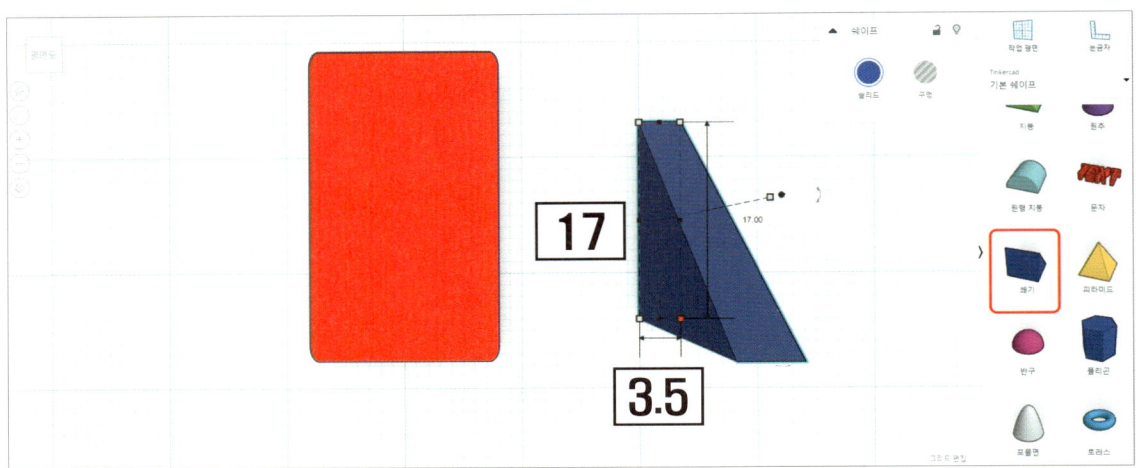

쉐이프 생성기에서 쐐기 도형을 선택하여 작업 평면에 놓은 후 치수를 조절합니다.
예 쐐기 도형 : 가로 3.5, 세로 17, 높이 20

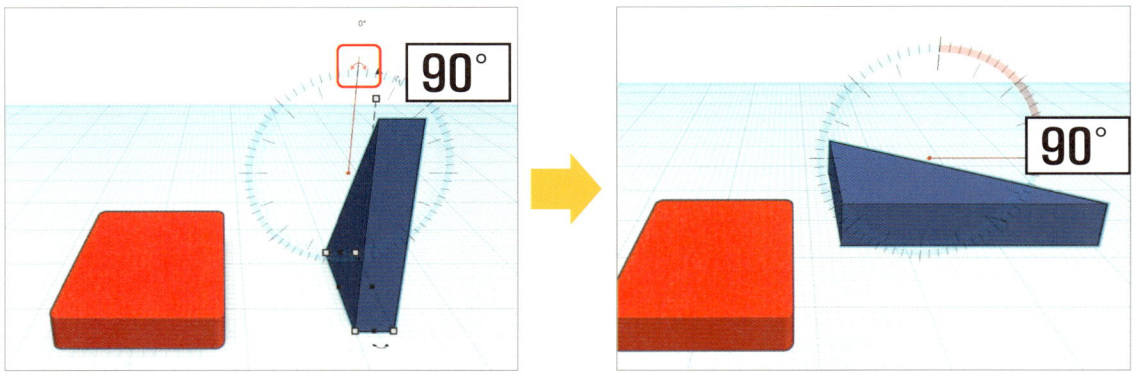

쐐기 도형을 그림과 같이 시계 방향으로 90° 회전합니다.

TINKERCAD DESIGN For 3D PRINTING

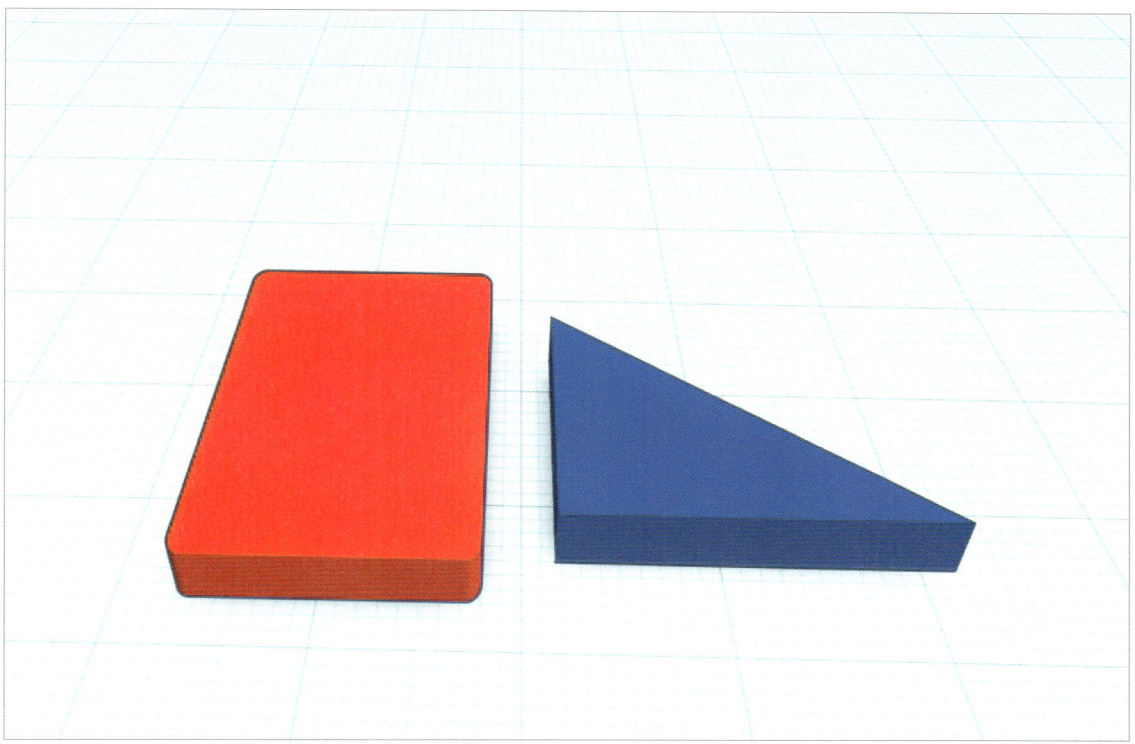

쐐기 도형을 선택한 후 키보드의 " D "(Drop)를 눌러 바닥면으로 내립니다.

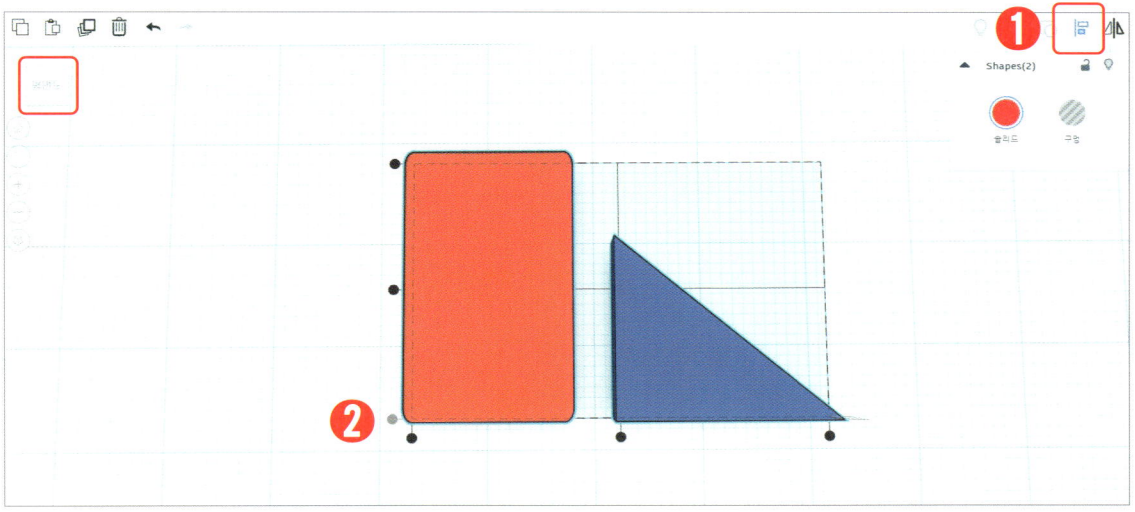

뷰박스를 평면도로 선택합니다. 도형을 모두 선택하여 ❶ 정렬 버튼을 클릭한 후 ❷를 클릭하여 세로 방향 아래쪽 정렬을 합니다.

TINKERCAD DESIGN For 3D PRINTING _____ SECTION 08

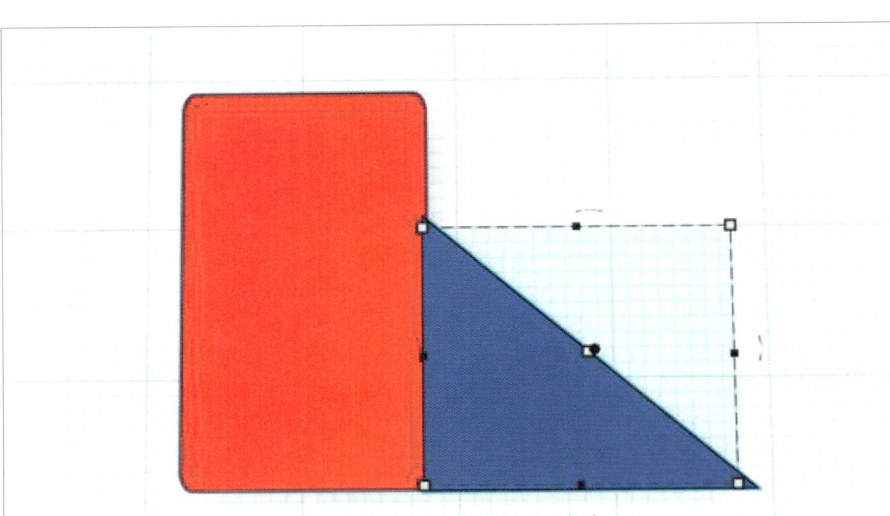

상자와 쐐기 도형이 약간 겹치도록 키보드 방향키 ←↑↓→ 를 이용하여 이동해 줍니다.

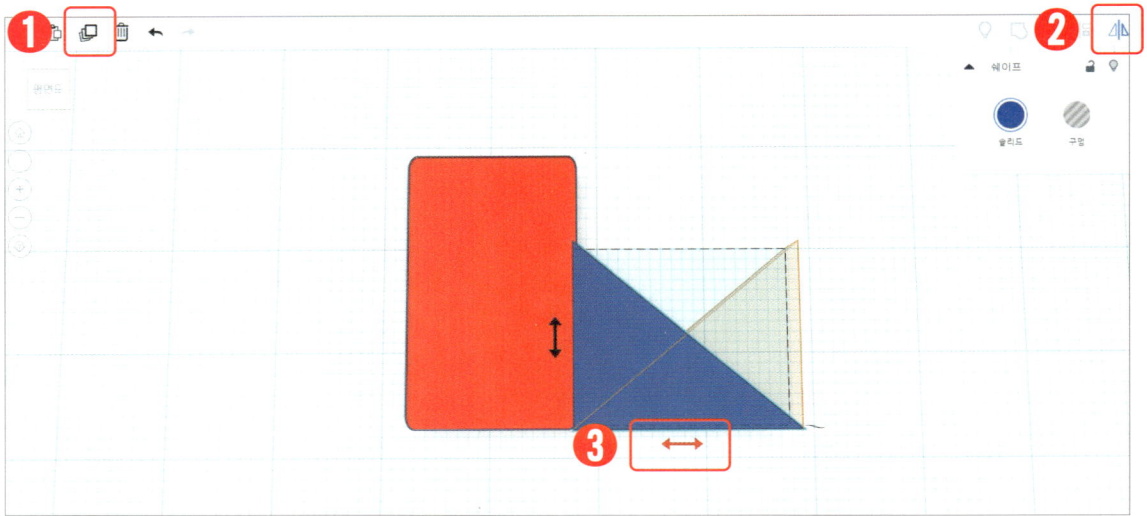

쐐기 도형을 선택하고, 도형을 ❶ 복제한 후 ❷ 대칭 버튼으로 ❸ 좌우 대칭합니다.

TINKERCAD DESIGN For 3D PRINTING

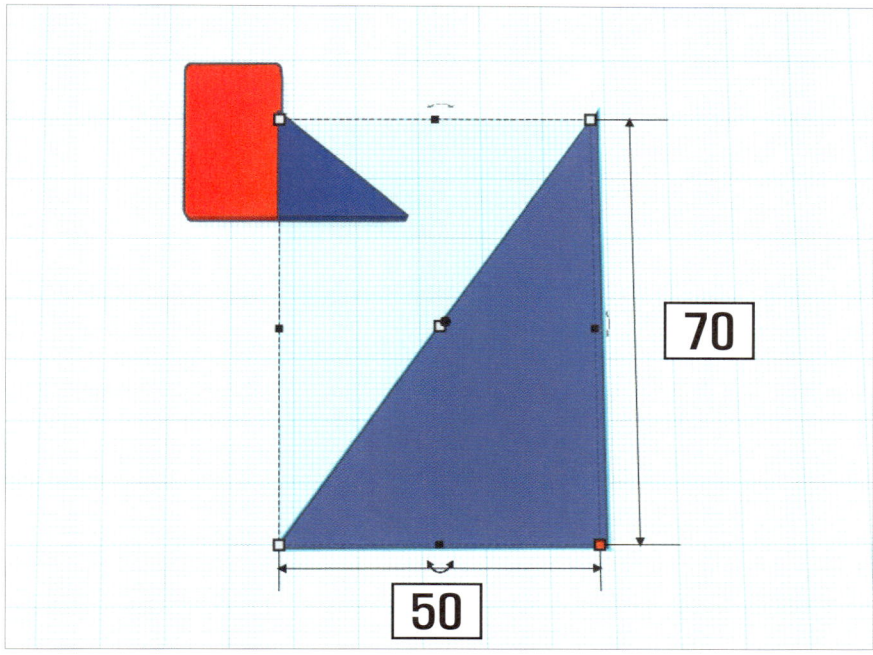

복제한 쐐기 도형의 치수를 조절합니다.
예 쐐기 도형 : 가로 50, 세로 70, 높이 3.5

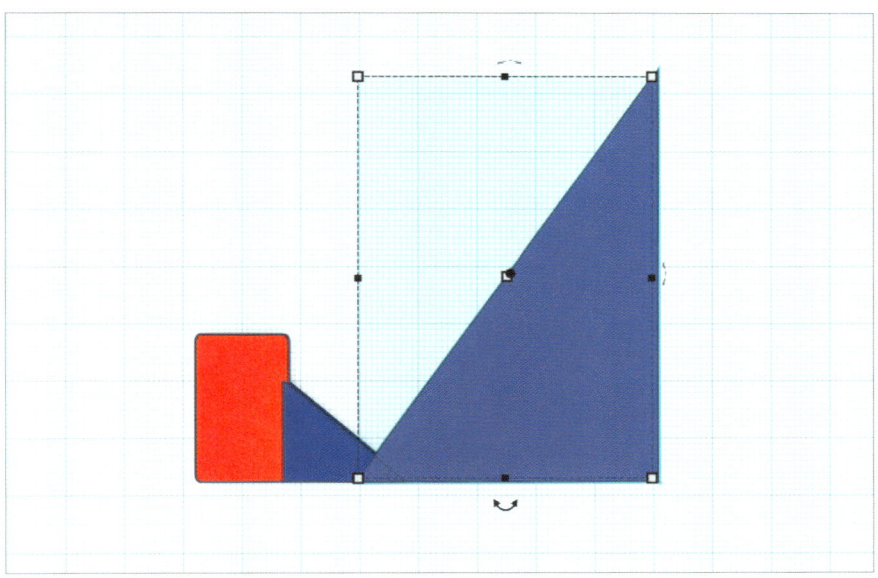

복제한 쐐기 도형을 키보드 방향키 ←↑↓→ 를 활용하여 그림과 같이 작은 쐐기 도형과 끝이 겹치도록 적절한 위치에 배치합니다.

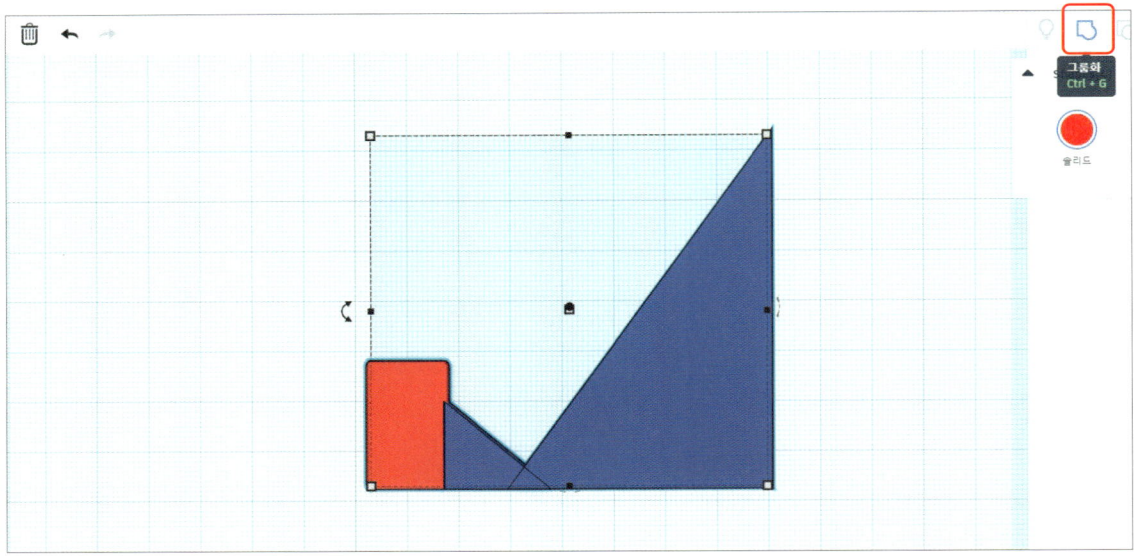

도형을 모두 선택한 후 (마우스로 전체 도형을 드래그) 그룹화합니다.

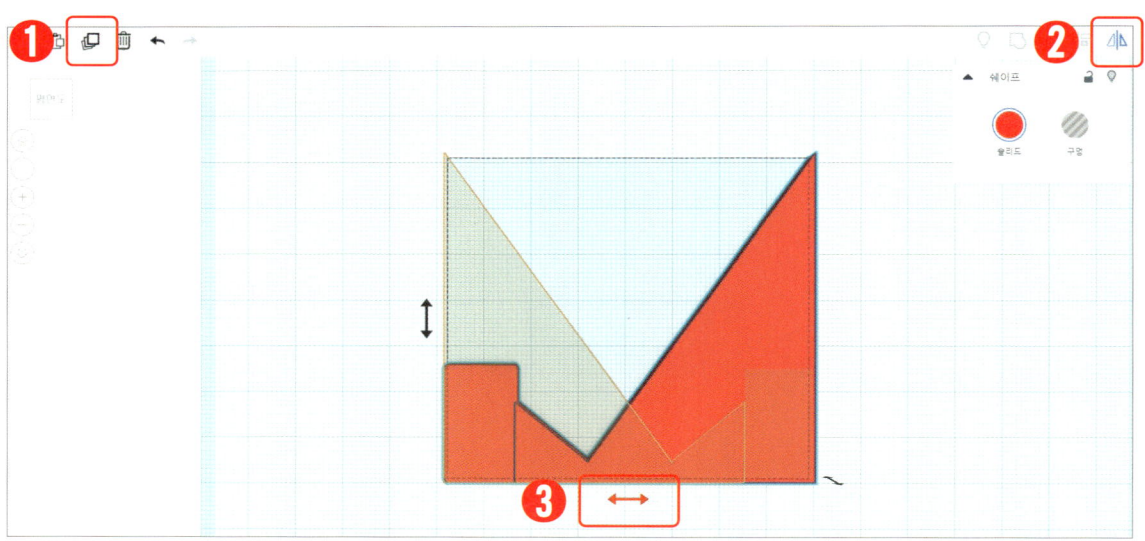

그룹화 한 도형을 ❶ 복제한 후 ❷ 대칭 버튼으로 ❸ 좌우 대칭합니다.

TINKERCAD DESIGN For 3D PRINTING _____ SECTION 08

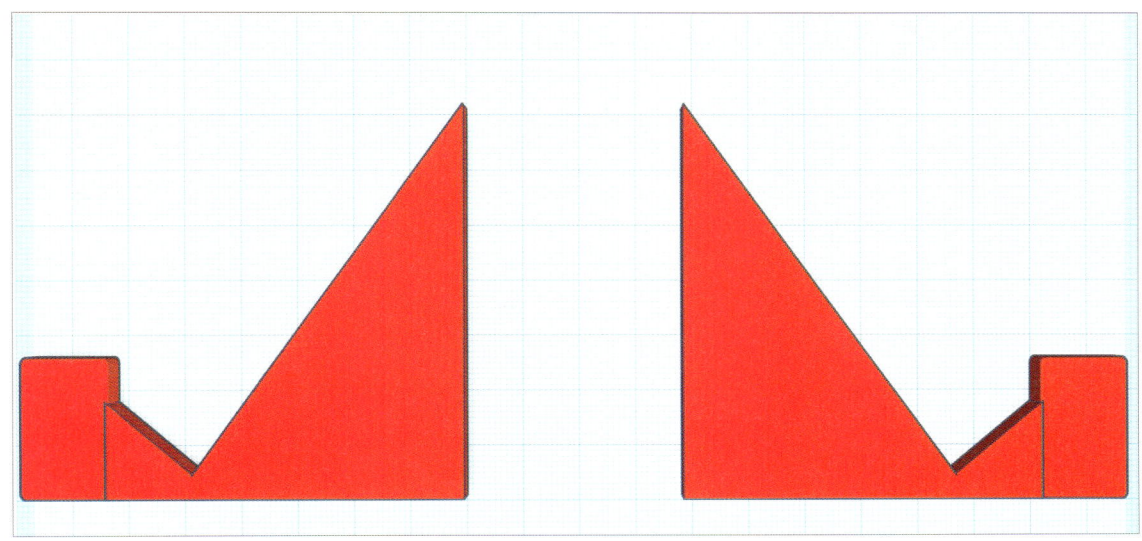

대칭한 도형을 키보드 오른쪽 방향키 → 로 그림과 같이 이동해 줍니다.

연결 경첩 만들기

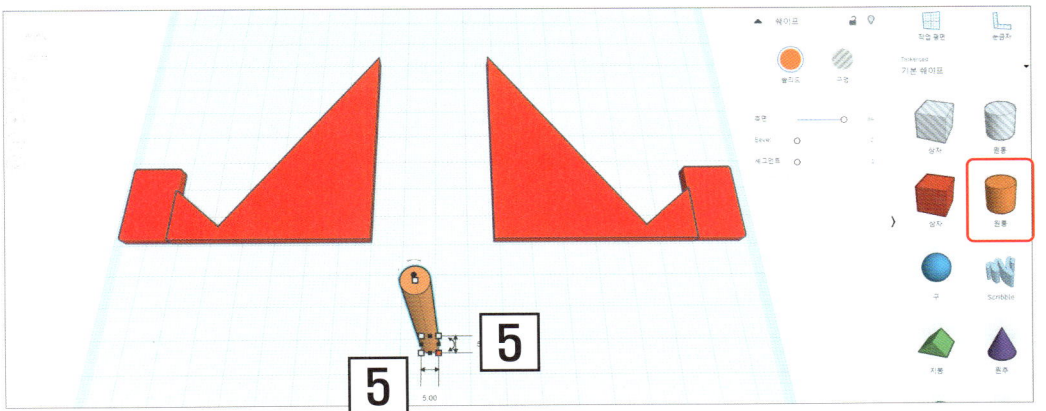

쉐이프 생성기에서 원통을 선택하여 작업 평면에 놓은 후 치수를 조절합니다.
예 원통 : 가로 5, 세로 5, 높이 70

141 SECTION 08_ 휴대폰 거치대

TINKERCAD DESIGN For 3D PRINTING

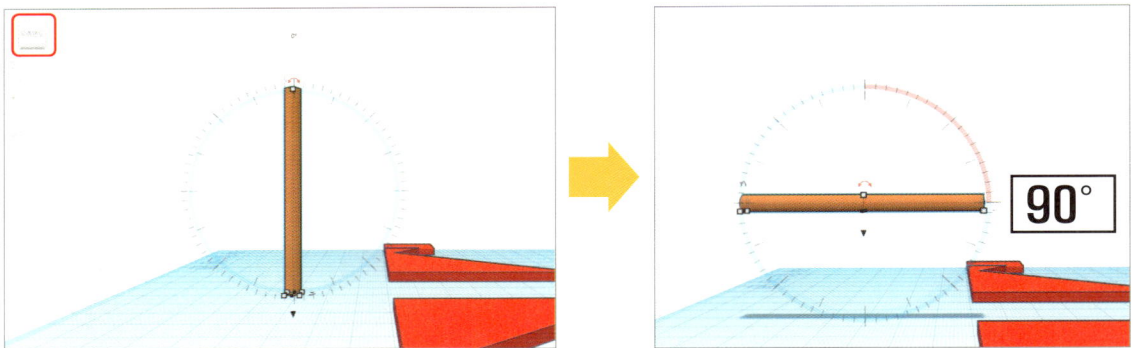

뷰박스를 우측면도로 선택합니다. 원통을 그림과 같이 시계 방향으로 90° 회전합니다.

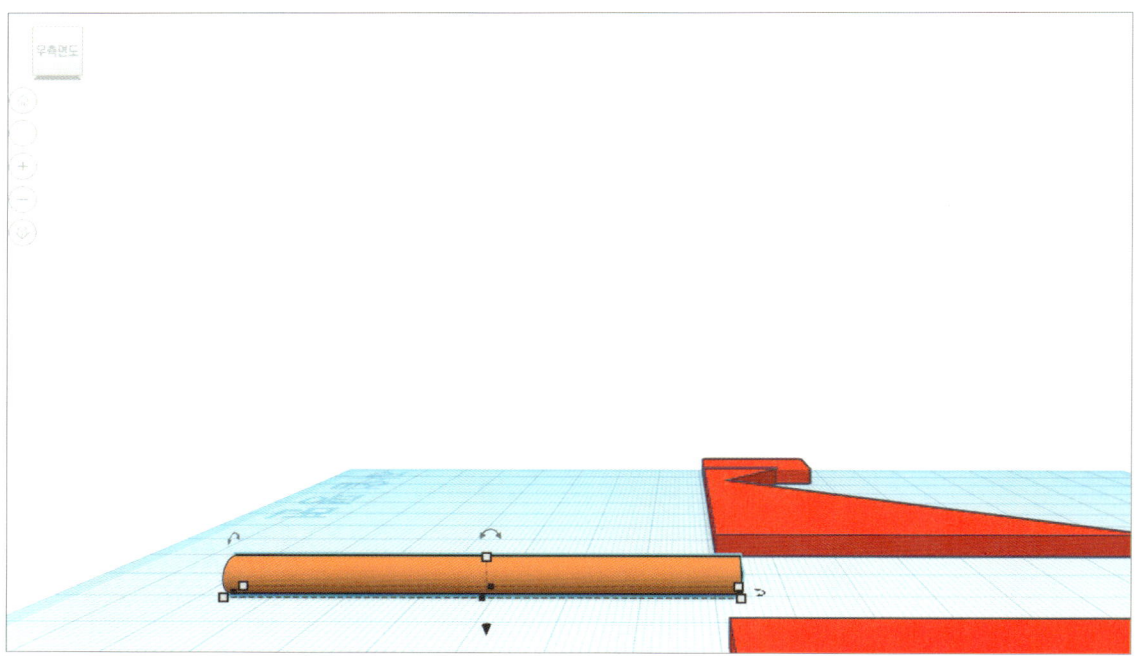

원통을 선택한 후 키보드의 " D "(Drop)를 눌러 바닥면으로 내립니다.

TINKERCAD DESIGN For 3D PRINTING _____ SECTION 08

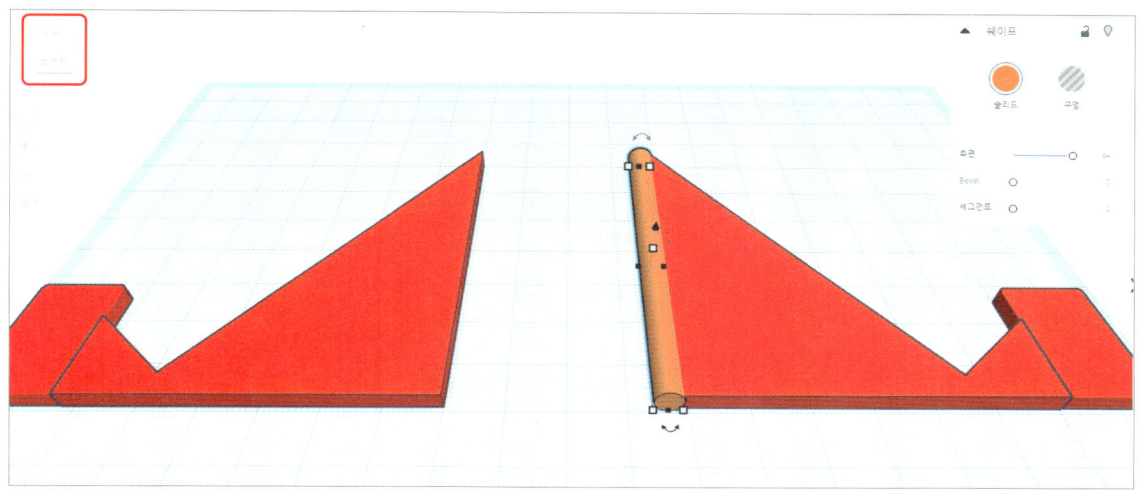

홈뷰를 선택합니다. 원통을 키보드 방향키 ←↓↑→ 로 그림과 같이 조금 겹치도록 배치합니다.

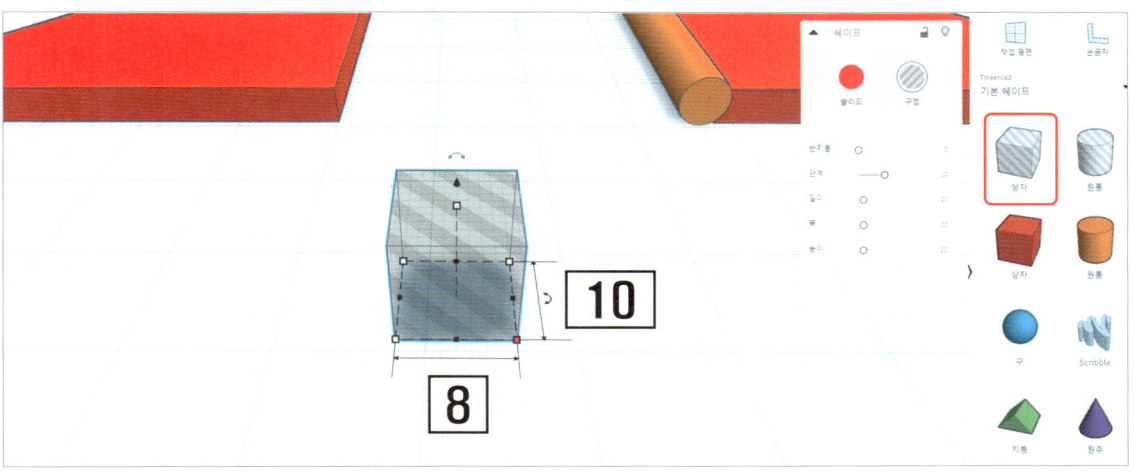

구멍 상자를 선택하여 작업 평면에 놓은 후 치수를 조절합니다.
예 구멍 상자 : 가로 8, 세로 10, 높이 8

TINKERCAD DESIGN For 3D PRINTING _____ SECTION 08

구멍 상자를 선택한 후 복제하여 그림과 같이 3개를 배치합니다.

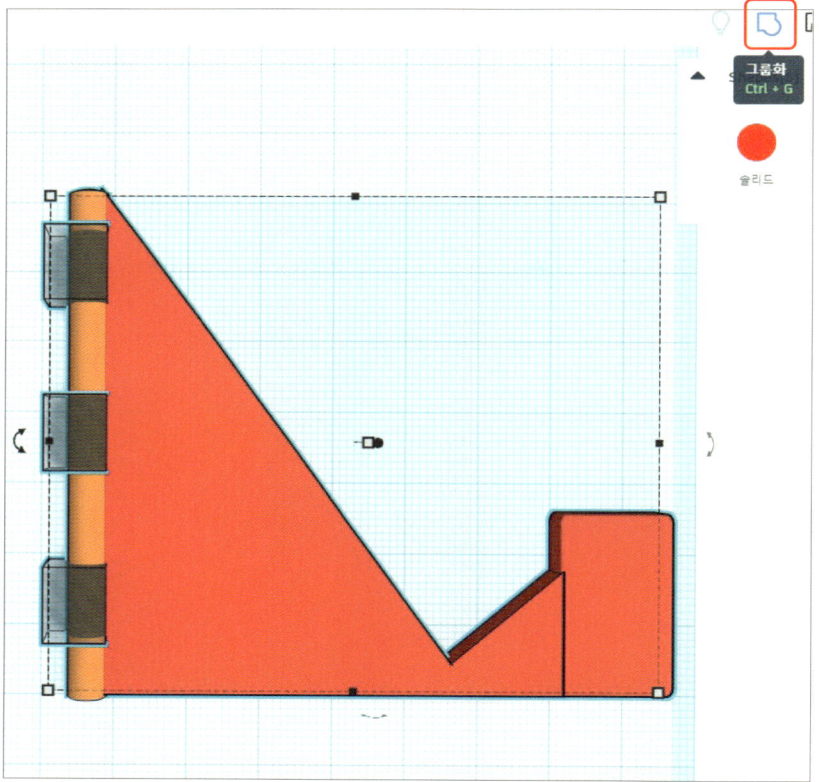

그림과 같이 거치대 한 쪽을 원기둥과 구멍 상자와 함께 선택한 후, 그룹화합니다.

TINKERCAD DESIGN For 3D PRINTING

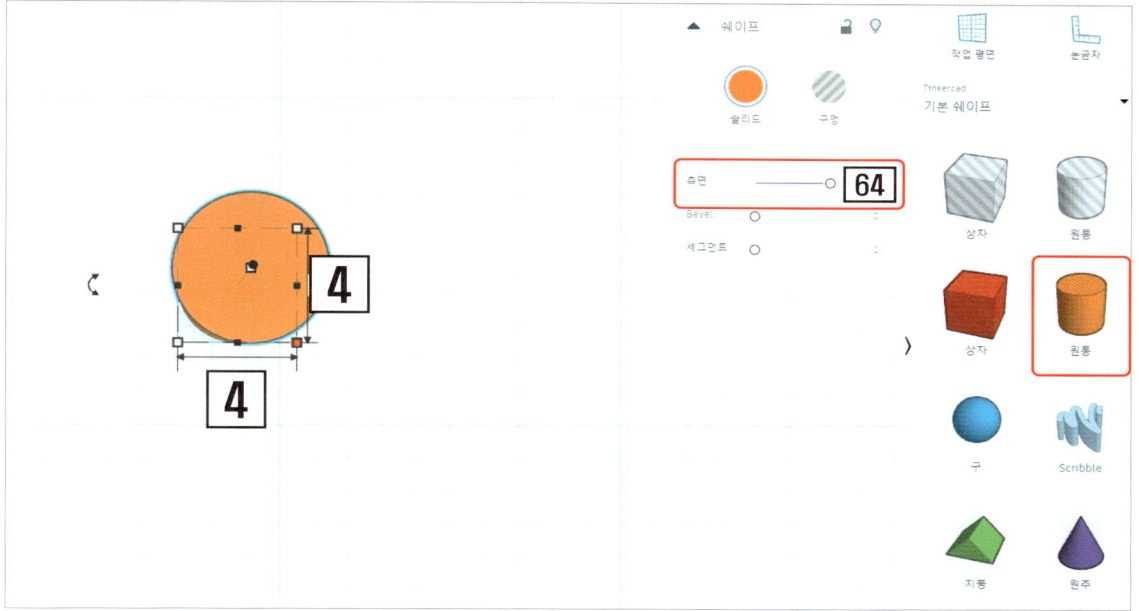

기본 쉐이프에서 원통을 선택하여 작업 평면에 놓은 후 치수를 조절합니다.
예 원통 : 가로 4, 세로 4, 높이 6, 측면 64

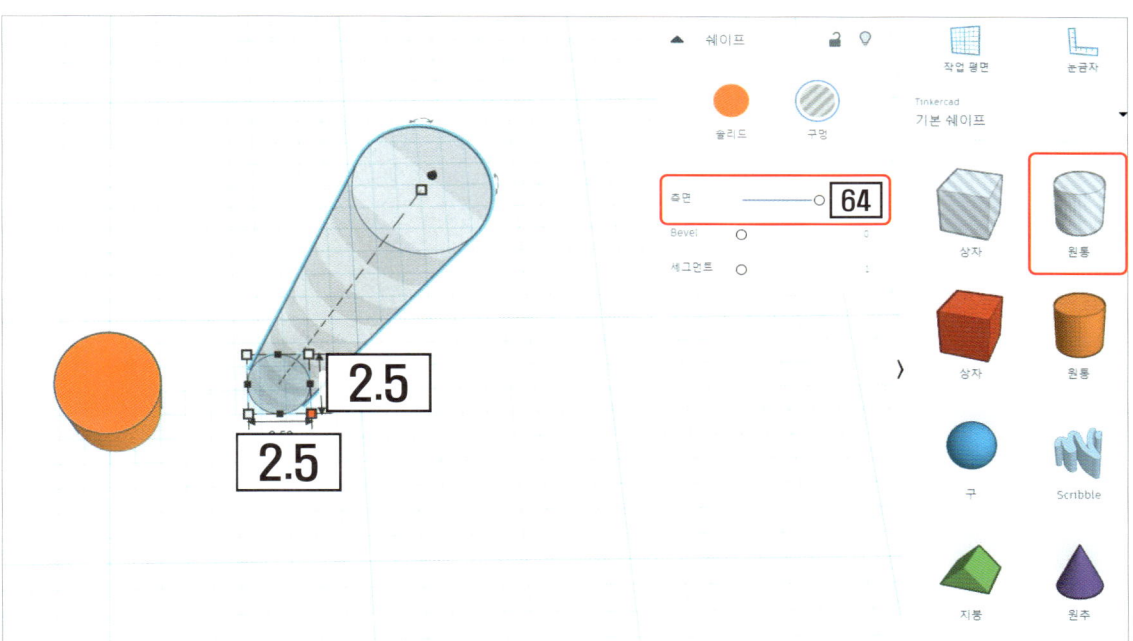

구멍 원통을 선택하여 작업 평면에 놓은 후 치수를 조절합니다.
예 구멍 원통 : 가로 2.5, 세로 2.5, 높이 20, 측면 64

TINKERCAD DESIGN For 3D PRINTING _____ SECTION 08

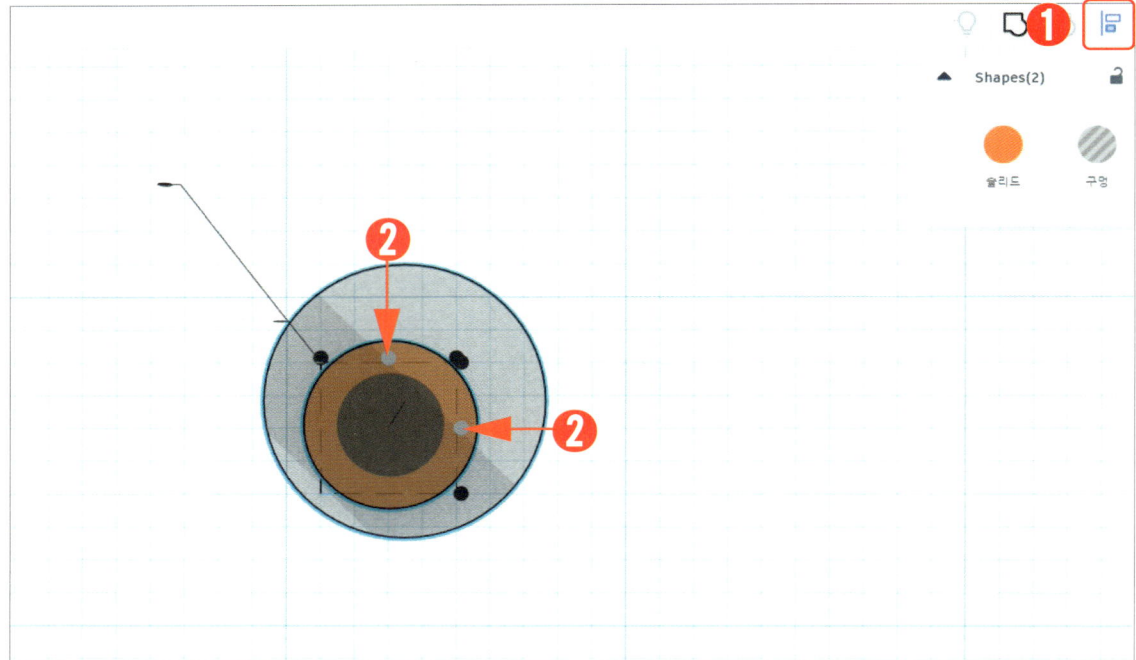

원통과 구멍 원통 도형을 선택하여 ❶ 정렬 버튼을 클릭한 후 ❷를 클릭하여 가운데 정렬을 합니다.

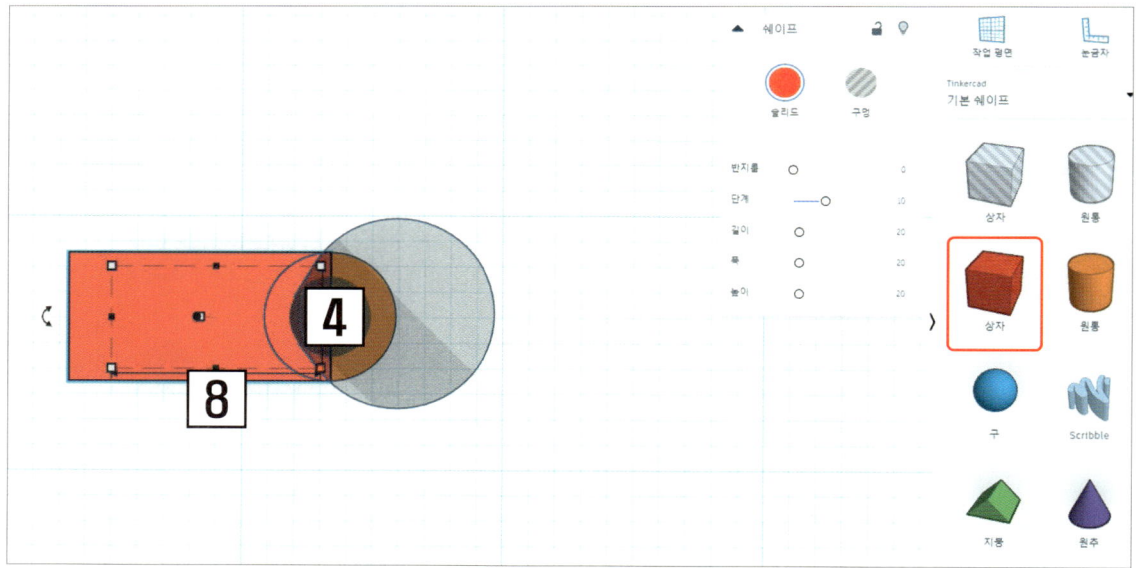

기본 쉐이프에서 상자를 선택하여 작업 평면에 놓은 후 치수를 조절합니다.
예 상자 : 가로 8, 세로 4, 높이 6

TINKERCAD DESIGN For 3D PRINTING

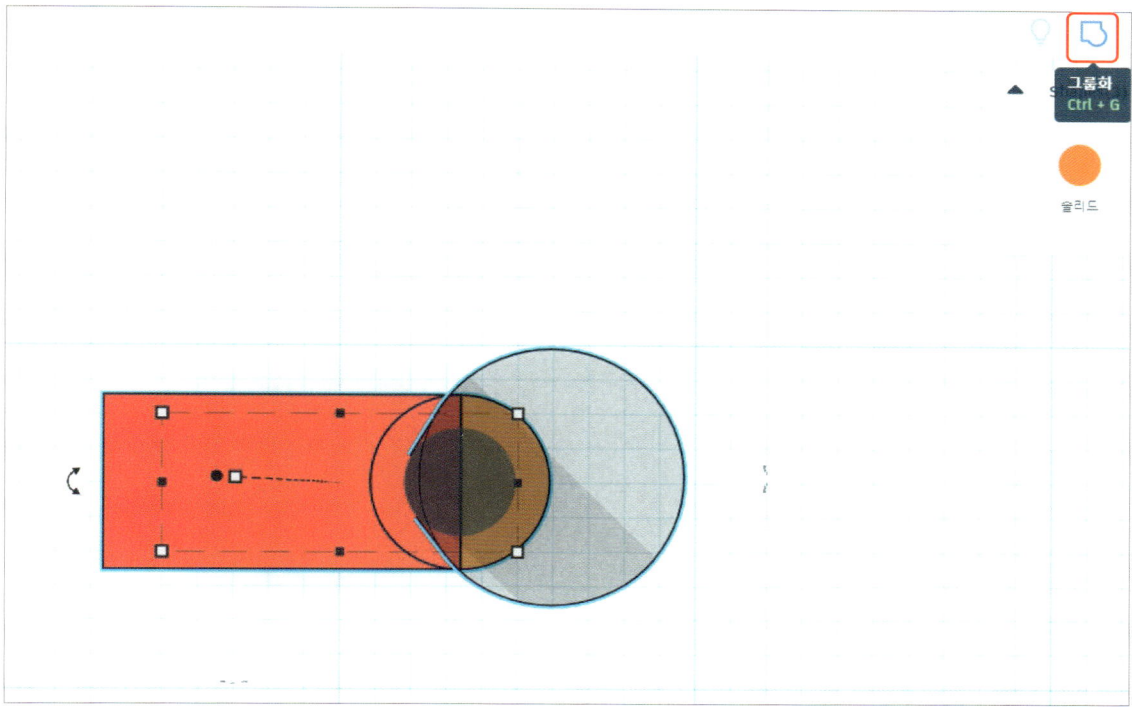

모든 도형을 선택한 후 그룹화합니다.

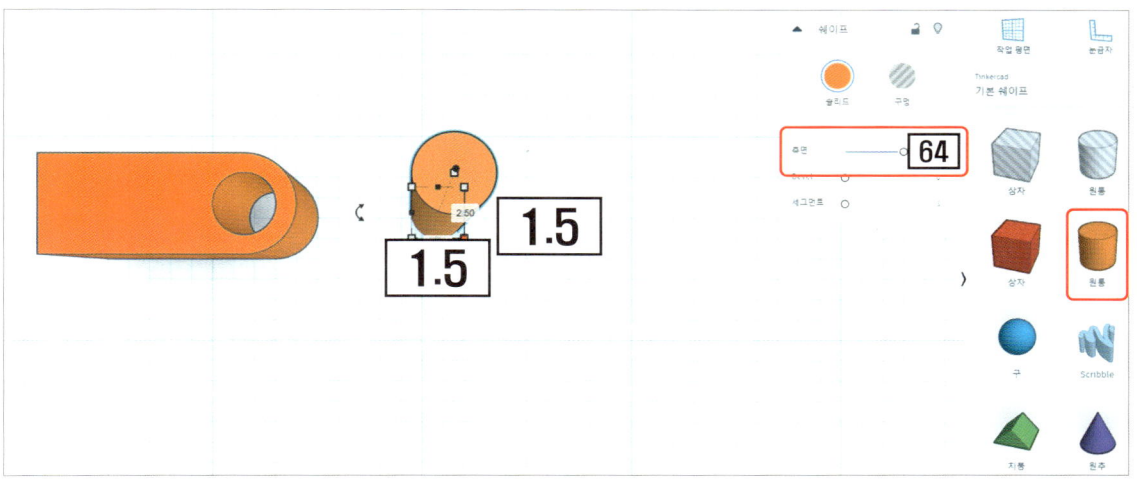

기본 쉐이프에서 원통을 선택하여 작업 평면에 놓은 후 치수를 조절합니다.
예 상자 : 가로 1.5, 세로 1.5, 높이 12

TINKERCAD DESIGN For 3D PRINTING _____ SECTION 08

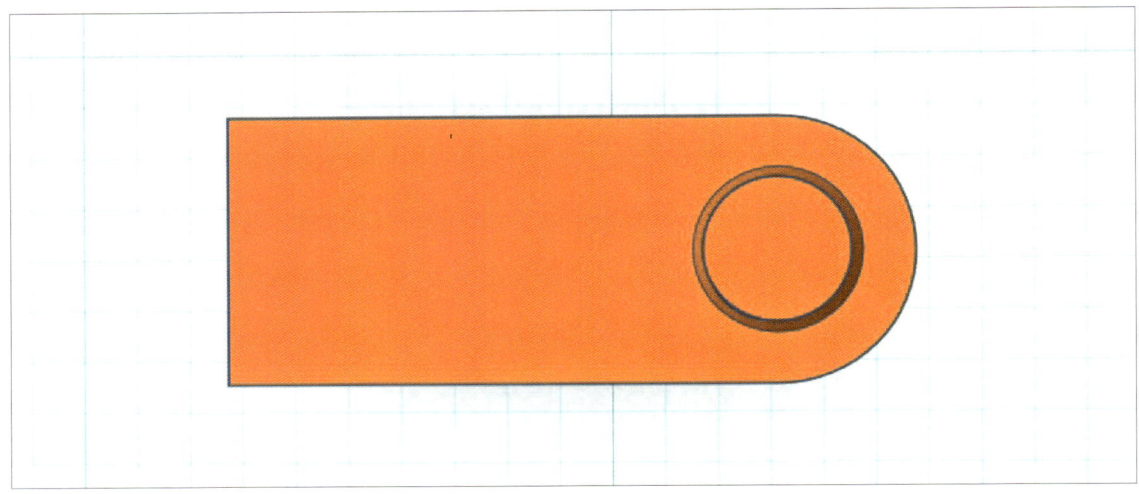

원통을 키보드 방향키 ↑←↓→ 로 그림과 같이 구멍 가운데에 배치합니다.

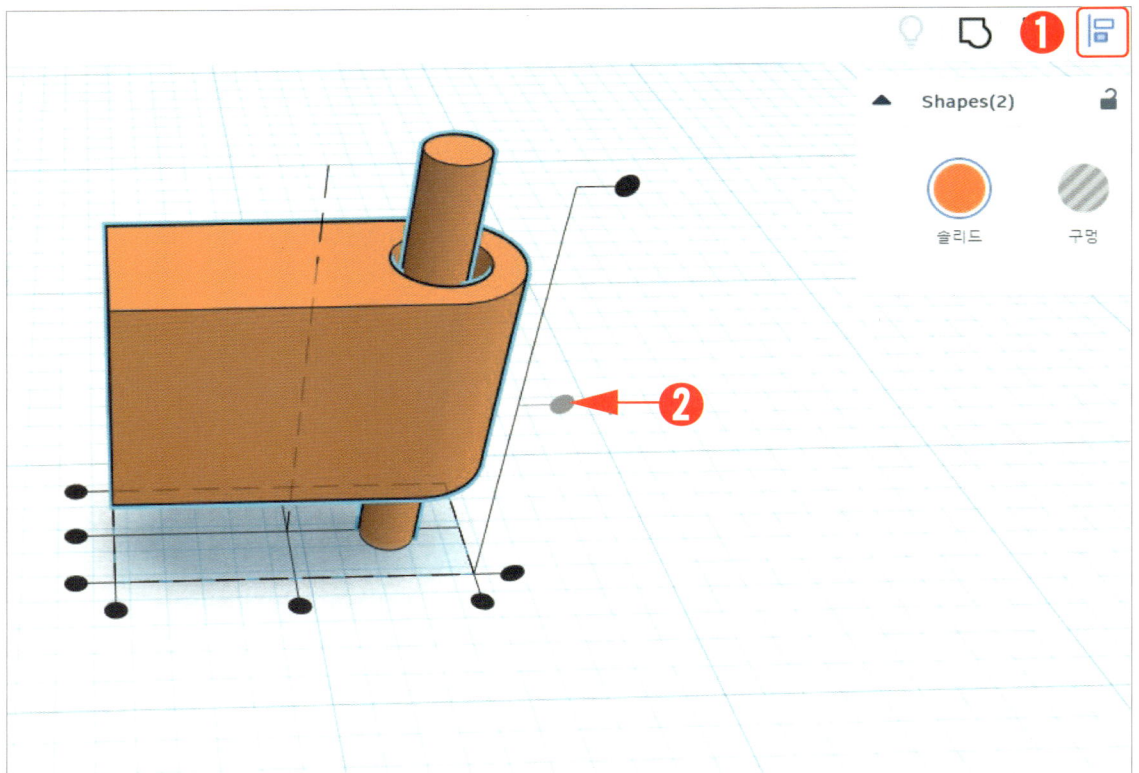

도형을 모두 선택하여 ❶ 정렬 버튼을 클릭한 후 ❷를 클릭하여 가운데 정렬합니다.

TINKERCAD DESIGN For 3D PRINTING ───────────────── SECTION 08

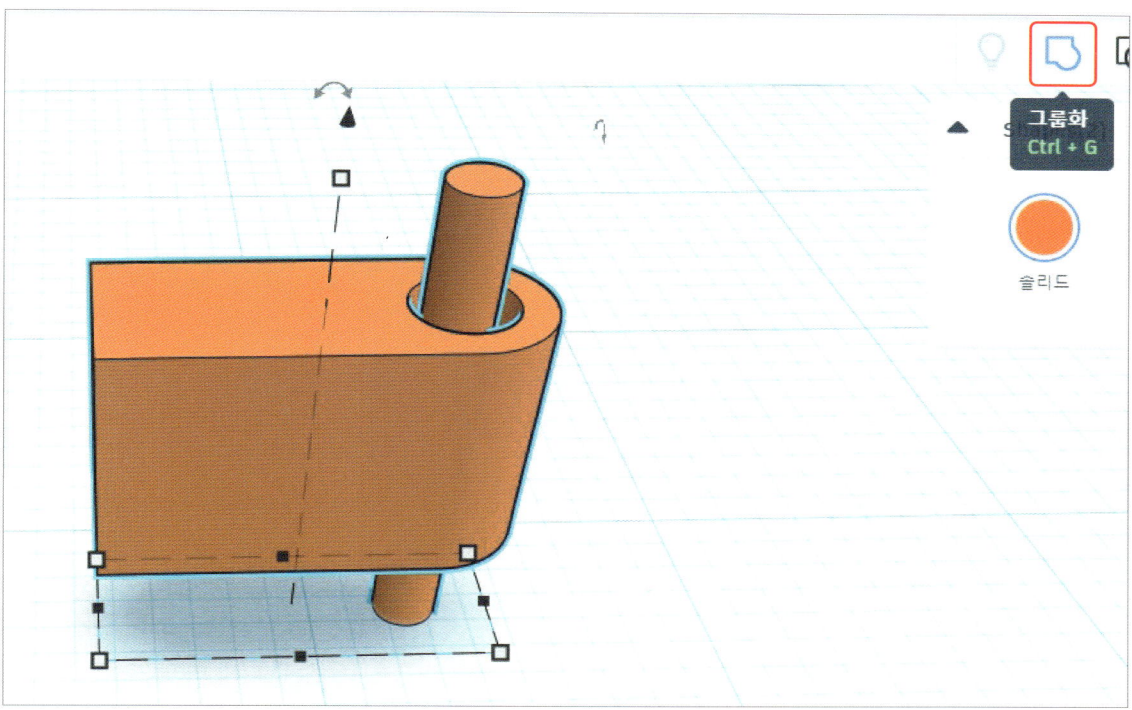

두 도형을 그룹화합니다.

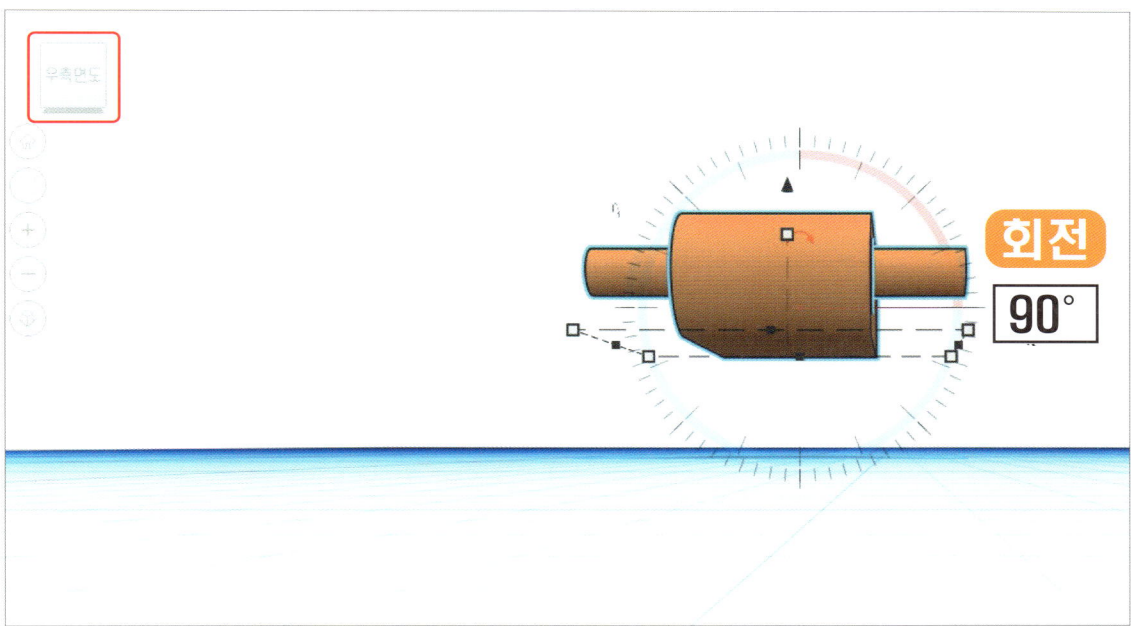

작업 평면을 우측면도로 바꿔줍니다. 회전 화살표를 이용하여 경첩 모양을 90° 회전합니다.

TINKERCAD DESIGN For 3D PRINTING   SECTION 08

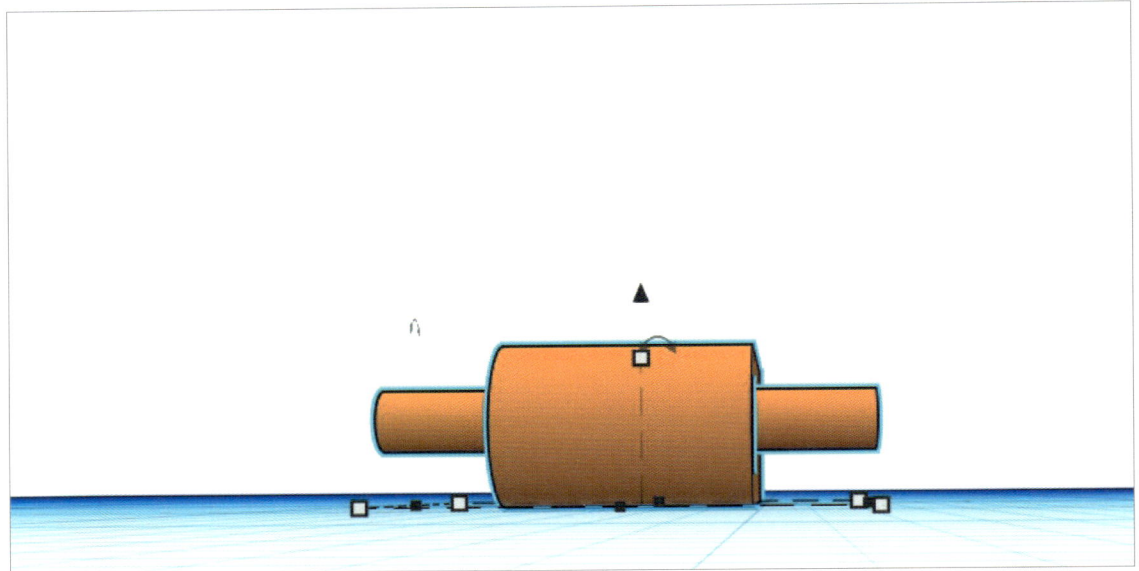

키보드의 D 키를 눌러 도형을 바닥에 붙여줍니다.

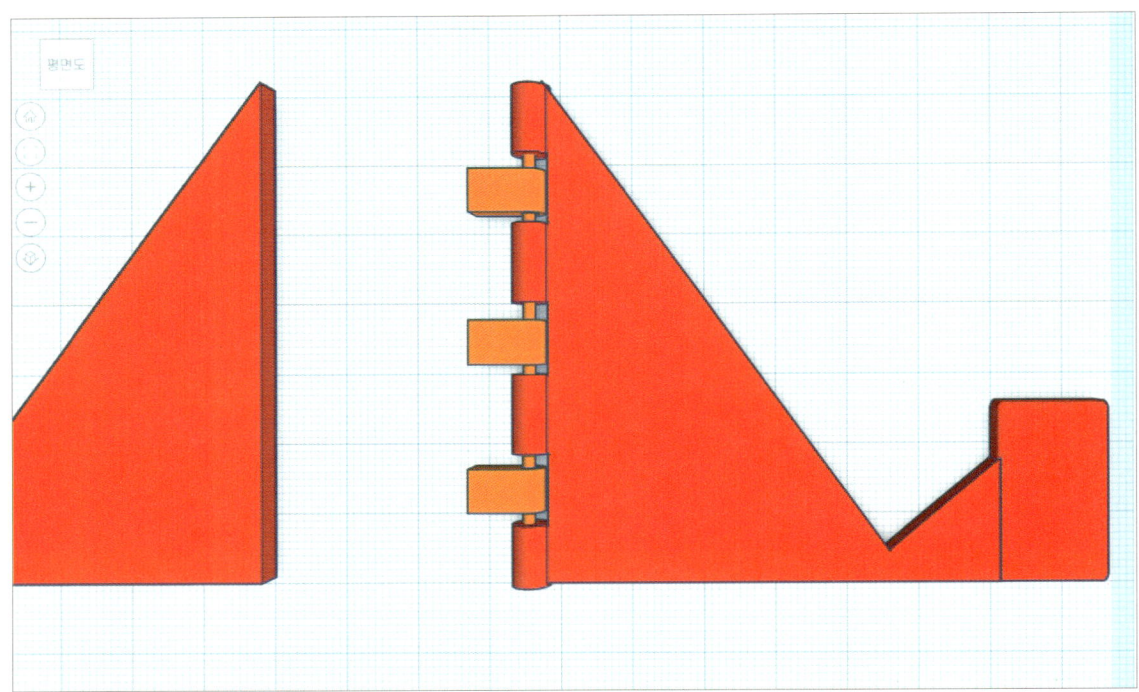

경첩 부분을 복제하여 세 개를 그림과 같이 마우스 방향키 ←↓→↑ 를 이용하여 배치합니다.

TINKERCAD DESIGN For 3D PRINTING

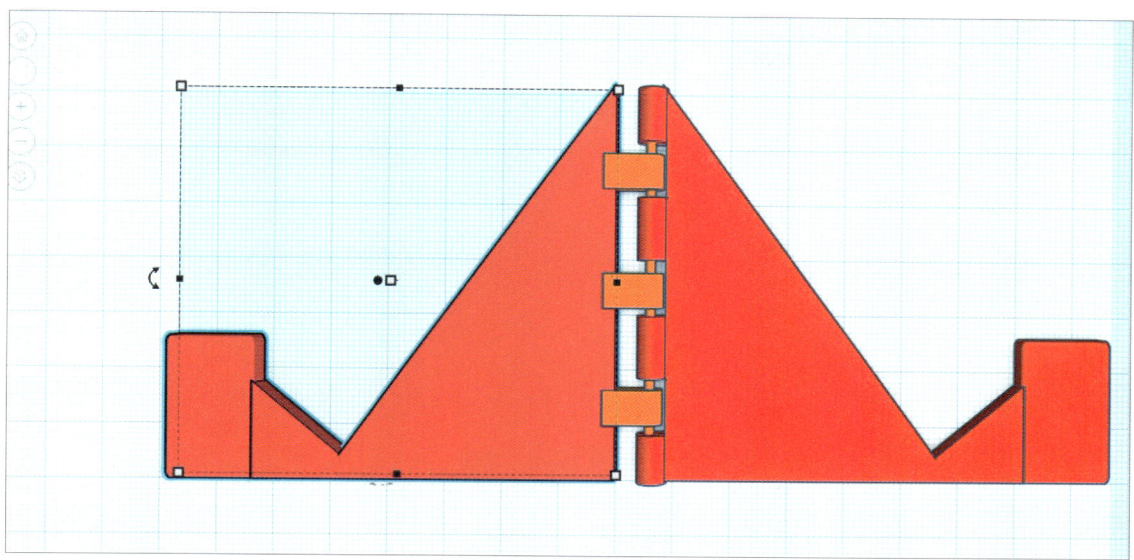

그림과 같이 나머지 한쪽 거치대 부분을 마우스 방향키를 이용하여 배치합니다.

휴대폰 거치대 완성!

도|전|과|제

- 다양한 디자인의 휴대폰 거치대를 모델링해 봅시다.

SECTION 09 책갈피

● 책갈피 만들기

책갈피를 다양한 디자인과 사이즈로 모델링해보고 실생활에 활용해 보도록 합시다.

TINKERCAD DESIGN For 3D PRINTING _____ SECTION 09

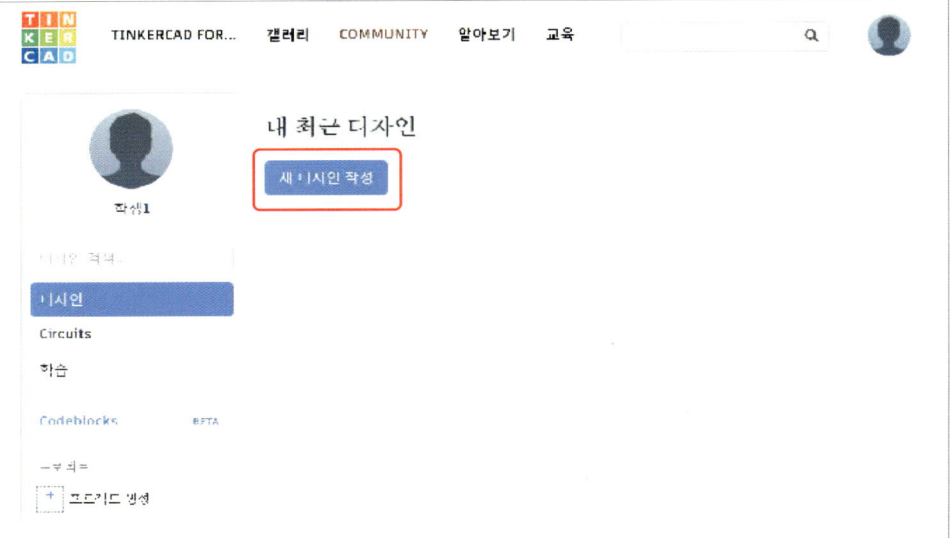

구글크롬 에서 틴커캐드 웹사이트(www.tinkercad.com)에 접속합니다.
로그인 후 대시보드의 [새 디자인 작성] 을 클릭합니다.

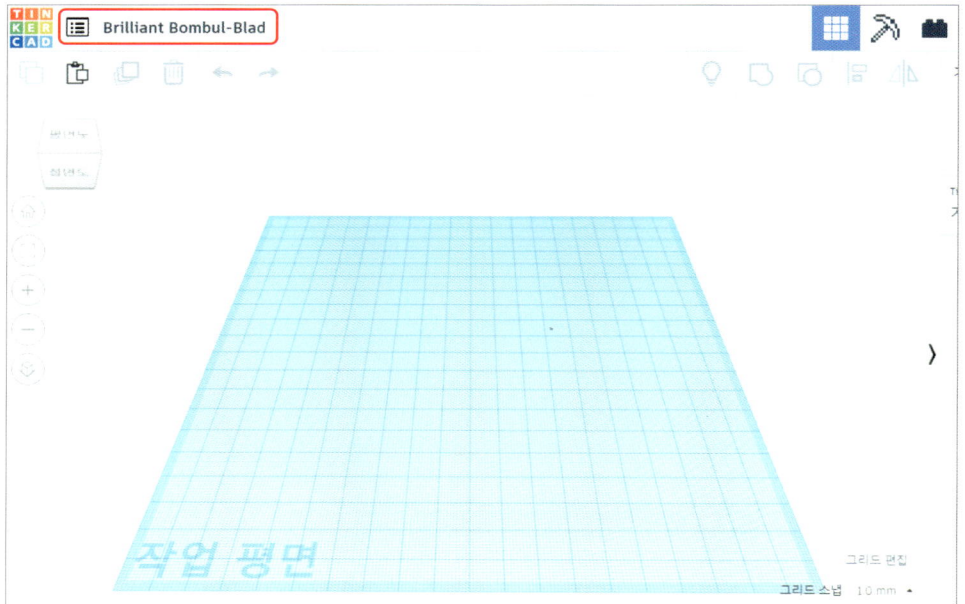

틴커캐드는 저장 버튼이 따로 없으며 웹에서 작업하고 모델링 작업파일 역시 인터넷 저장 공간에
자동으로 저장됩니다. 임의로 주어진 영어이름을 클릭하면 파일명을 수정할 수 있습니다.

TINKERCAD DESIGN For 3D PRINTING

파일명을 "**책갈피**"로 수정하고 엔터키 또는 화면의 빈 공간 아무 곳이나 클릭합니다.

 모깎기 구멍 도형 만들기

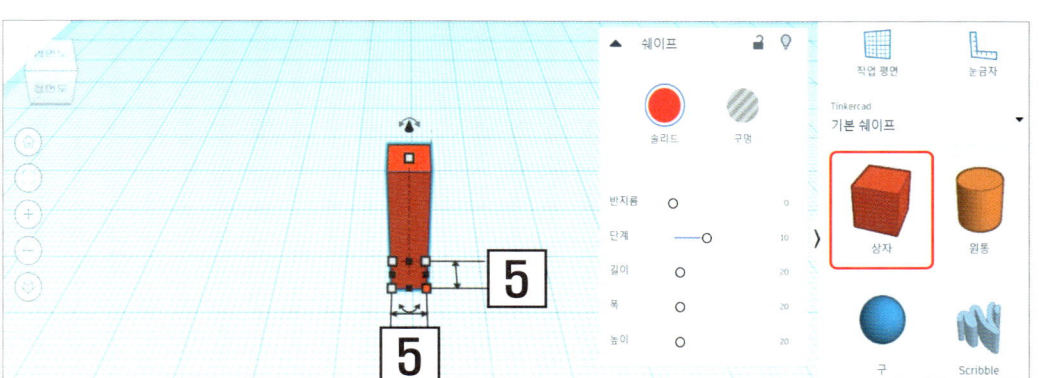

기본 쉐이프에서 상자를 선택하여 작업 평면에 놓은 후 치수를 조절합니다.
예 가로 5, 세로 5, 높이 20

TINKERCAD DESIGN For 3D PRINTING　　　　　　　　　　　SECTION 09

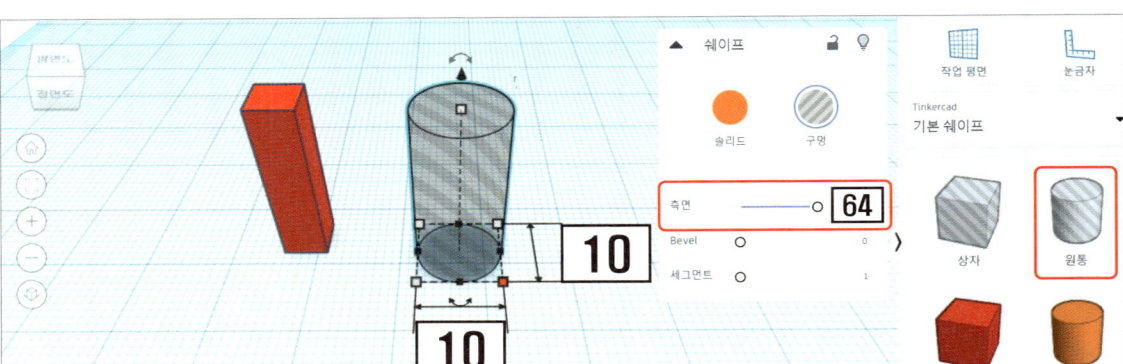

기본 쉐이프에서 구멍 원통을 선택하여 작업 평면에 놓은 후 치수를 조절합니다.
예 가로 10, 세로 10, 높이 20, 측면 64
(모서리를 둥글게 만들기 위해 쉐이프에서 측면의 수치를 64로 조절합니다.)

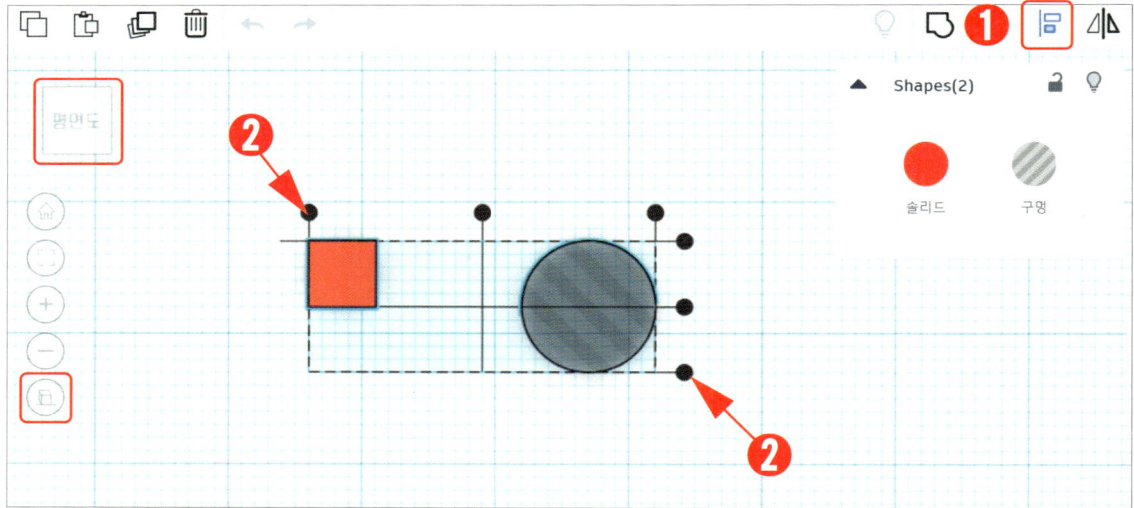

평면도 직교뷰로 선택해 줍니다. 두 도형을 선택하고 ❶ 정렬 버튼을 클릭한 후 ❷를 클릭하여 정렬합니다.

TINKERCAD DESIGN For 3D PRINTING　　　　　　　　　　　SECTION 09

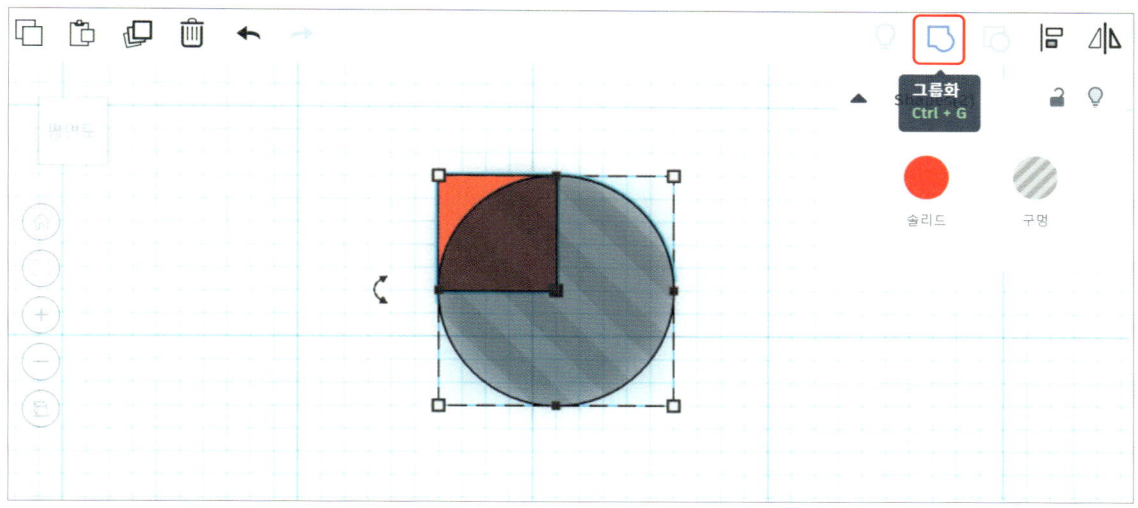

상자와 구멍 원통을 선택하고 그룹화합니다.

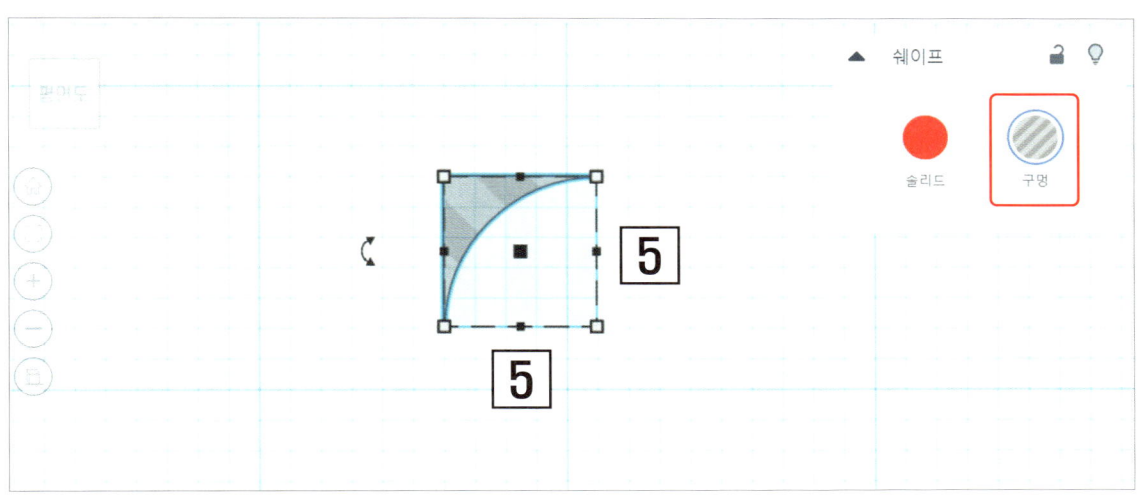

도형을 선택한 후 구멍 도형으로 바꾼 후 치수를 조절합니다.
예 가로 5, 세로 5, 높이 20

TINKERCAD DESIGN For 3D PRINTING _____ SECTION 09

 클립 부분 만들기

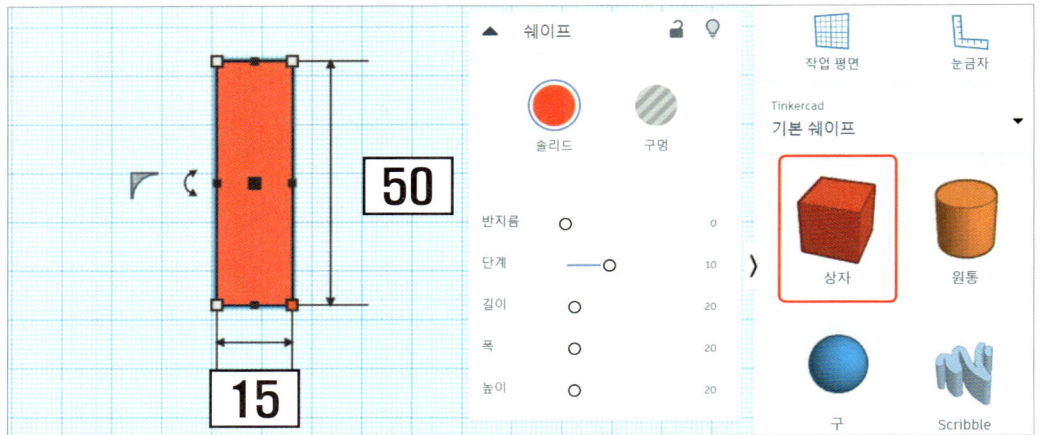

기본 쉐이프에서 상자를 선택하고 작업 평면에 놓은 후 치수를 조절합니다.
예 가로 15, 세로 50, 높이 2

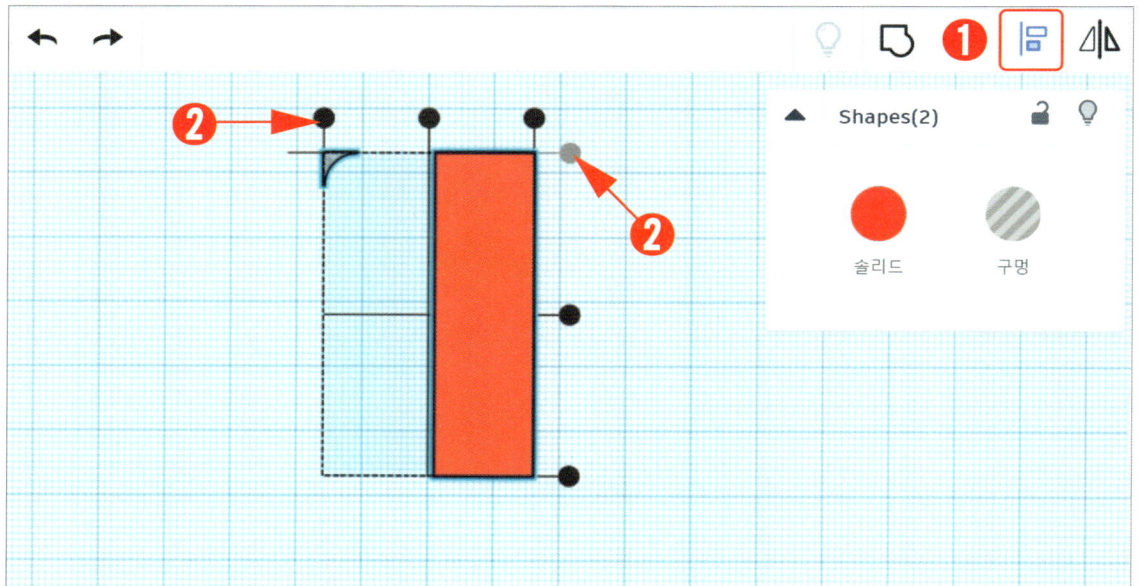

구멍 도형과 상자를 모두 선택하여 ❶ 정렬 버튼을 클릭한 후 ❷를 클릭하여 정렬합니다.

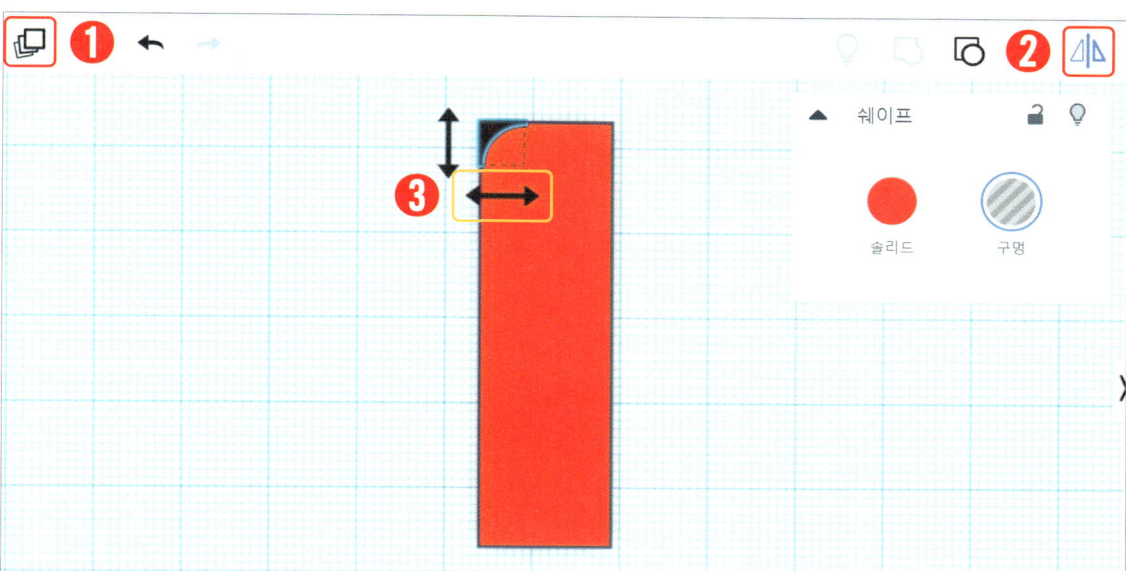

모깎기 구멍 도형을 ❶ 복제한 후 ❷ 대칭 버튼으로 ❸ 좌우 대칭합니다.

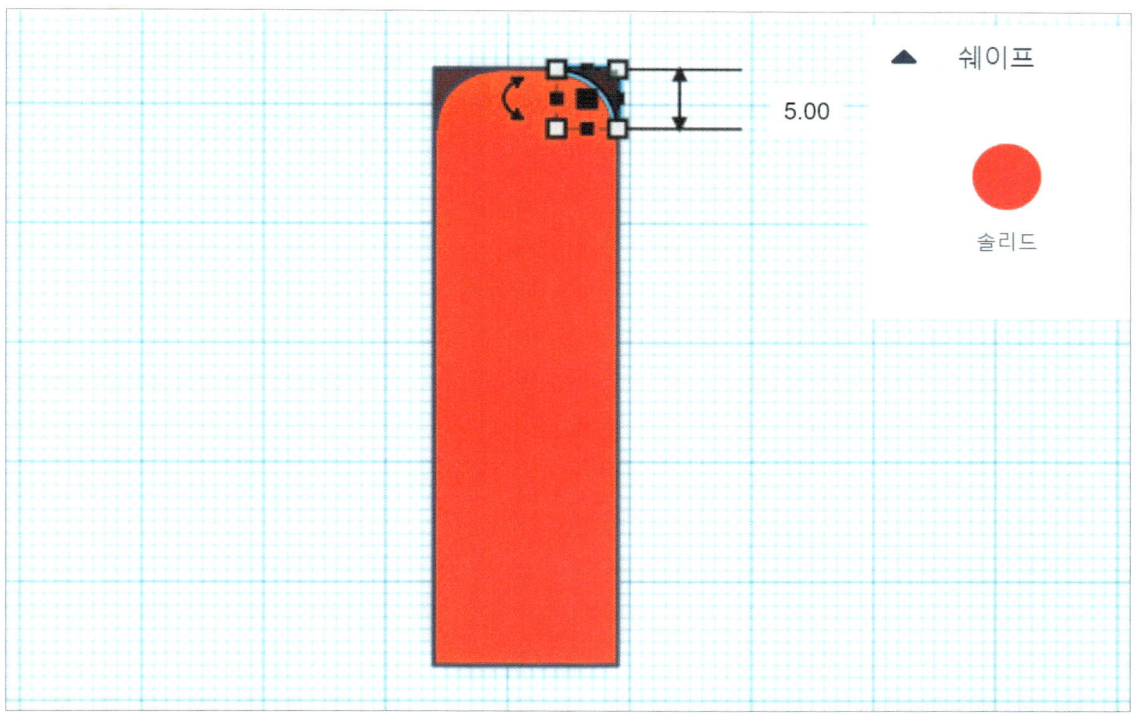

복제된 모깎기 구멍 도형을 키보드 방향키 로 그림과 같이 배치합니다.

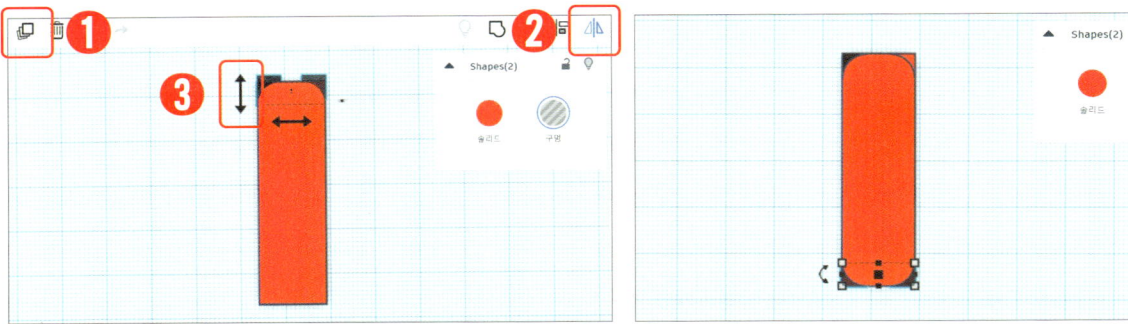

모깎기 구멍 도형 두 개를 선택하여([Shift] 버튼을 누른 상태에서 구멍 도형 두 개를 클릭) ❶ 복제한 후 ❷ 대칭 버튼으로 ❸ 상하 대칭합니다.

키보드 방향키 를 이용하여 아래쪽 모서리를 맞추어줍니다.

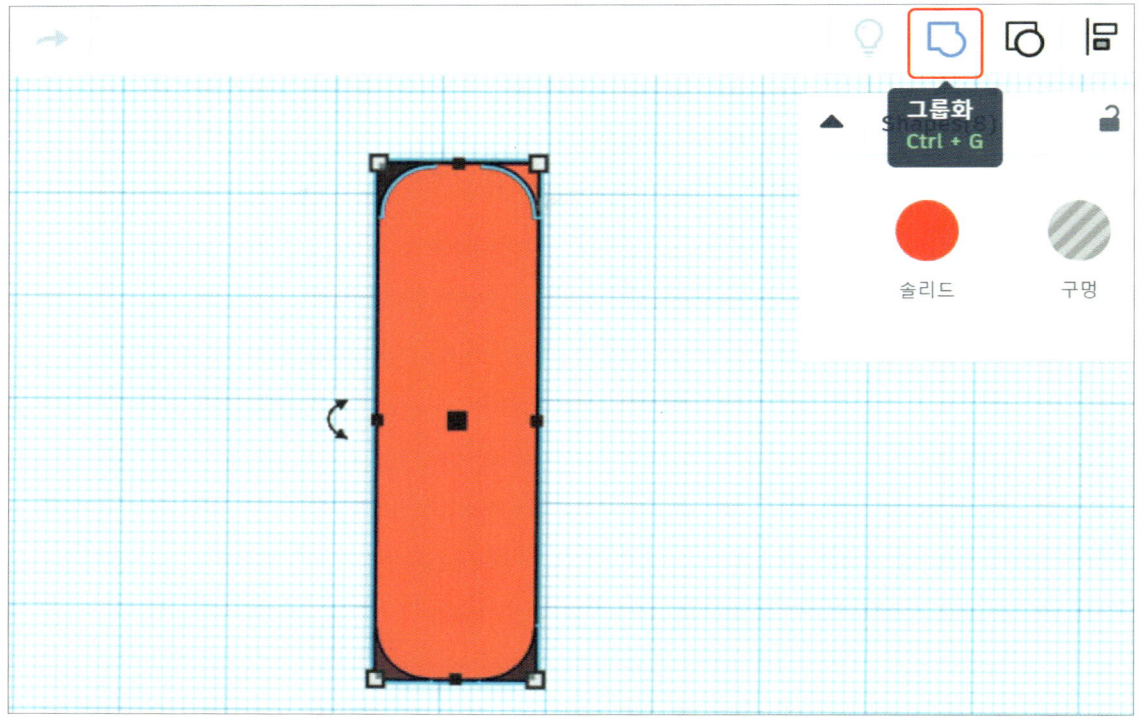

도형을 모두 선택한 후 그룹화합니다.

TINKERCAD DESIGN For 3D PRINTING

클립 부분 구멍 도형 만들기

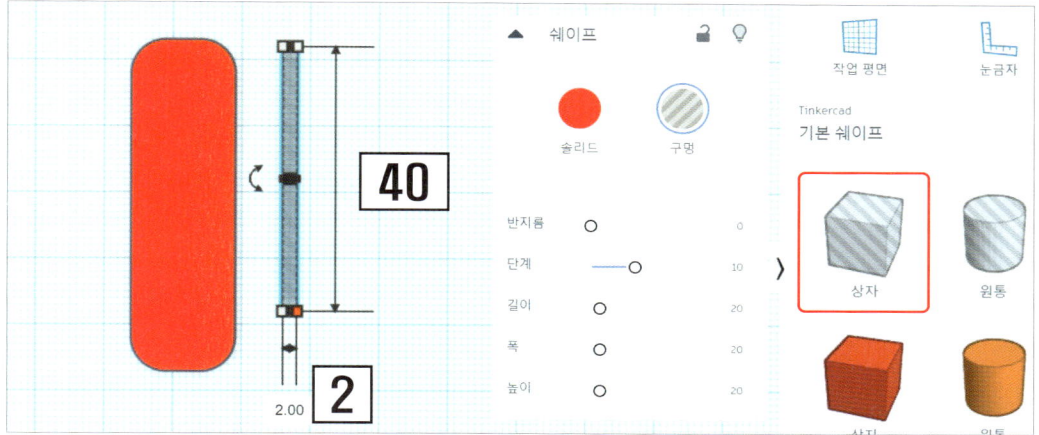

기본 쉐이프에서 구멍 상자를 선택하고 작업 평면에 놓은 후 치수를 조절합니다.
예 가로 2, 세로 40, 높이 20

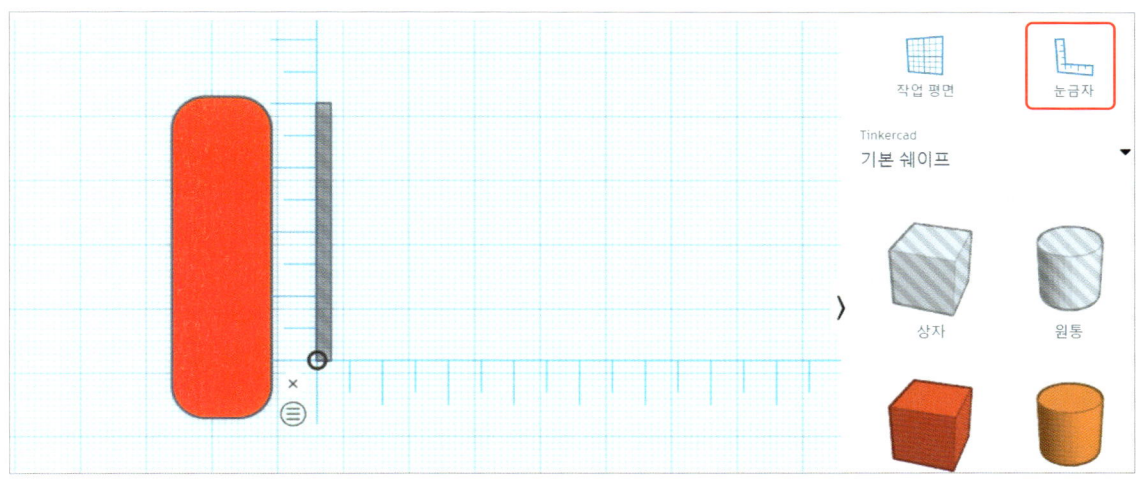

눈금자를 클릭해서 구멍 상자의 아래쪽 모서리의 좌측점을 선택합니다.

TINKERCAD DESIGN For 3D PRINTING

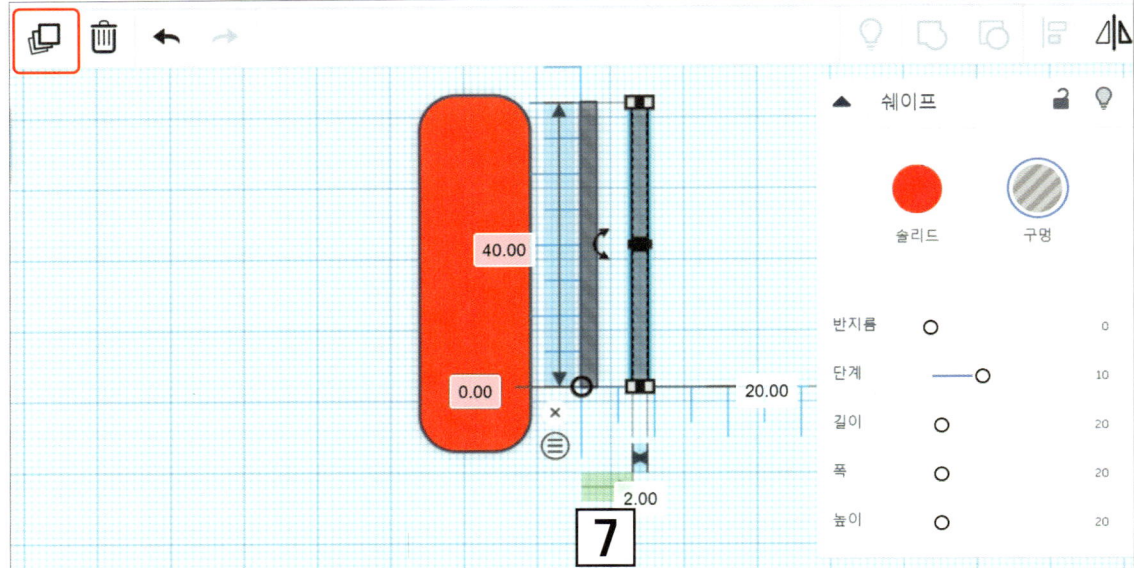

구멍 상자를 선택하여 복제하고 키보드 우측 방향키로 구멍 상자들 간의 간격을 7mm를 띄우도록 위치를 잡습니다.

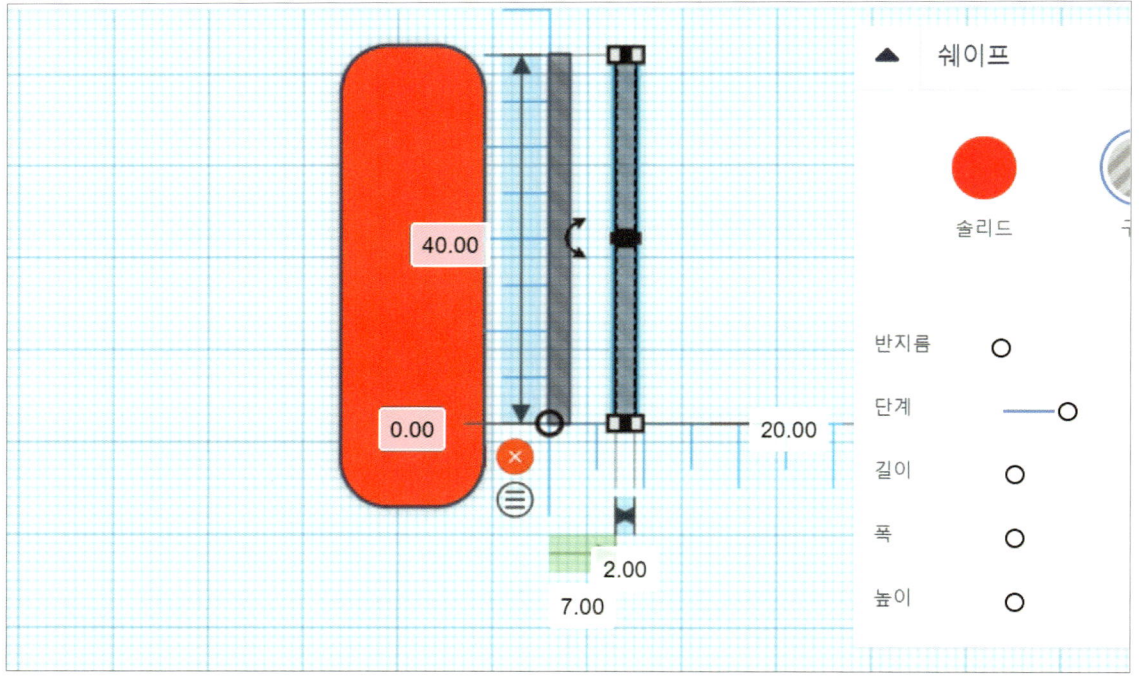

눈금자의 ×를 선택하여 기능을 해제합니다.

TINKERCAD DESIGN For 3D PRINTING

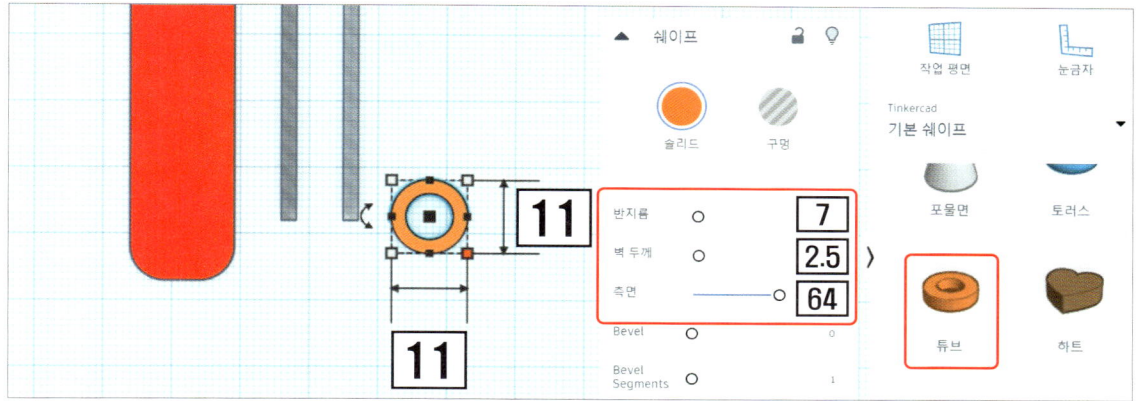

기본 쉐이프에서 튜브를 선택하고 작업 평면에 놓은 후 치수를 조절합니다.
예 가로 11, 세로 11, 높이 20, 반지름 7, 벽두께 2.5, 측면 64

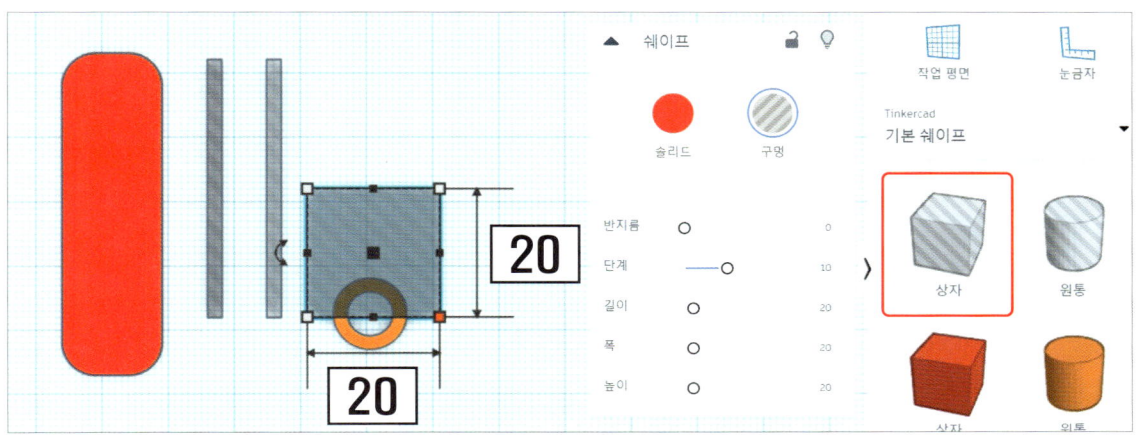

기본 쉐이프에서 구멍 상자를 선택하고 튜브의 절반을 겹치게 놓은 후 치수를 조절합니다.
예 가로 20, 세로 20, 높이 20

TINKERCAD DESIGN For 3D PRINTING

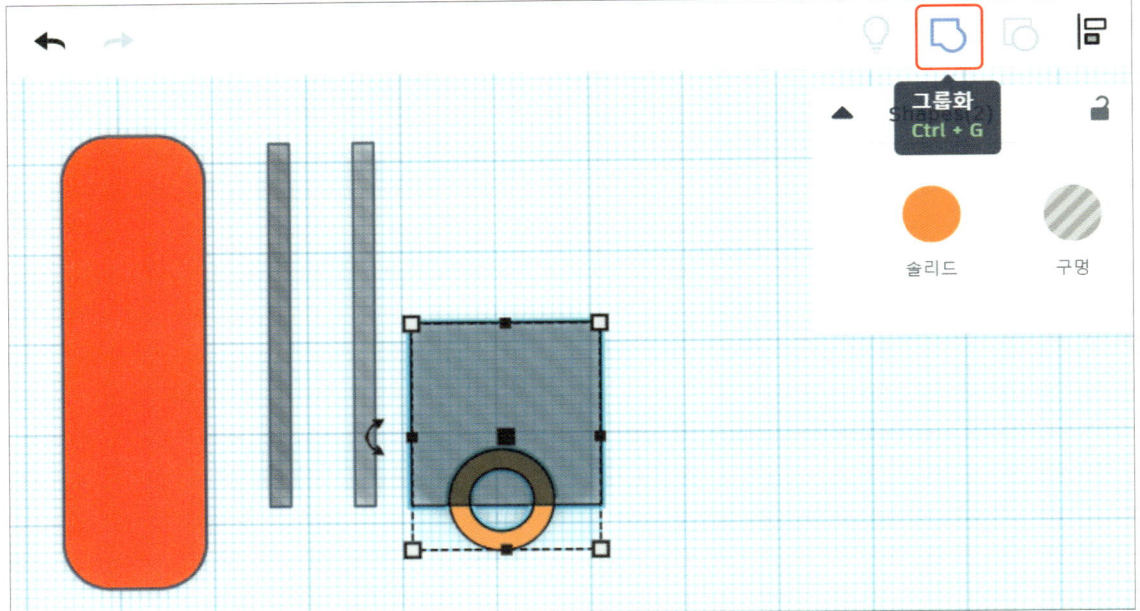

겹쳐놓은 구멍 상자와 튜브를 선택하고 그룹화합니다.

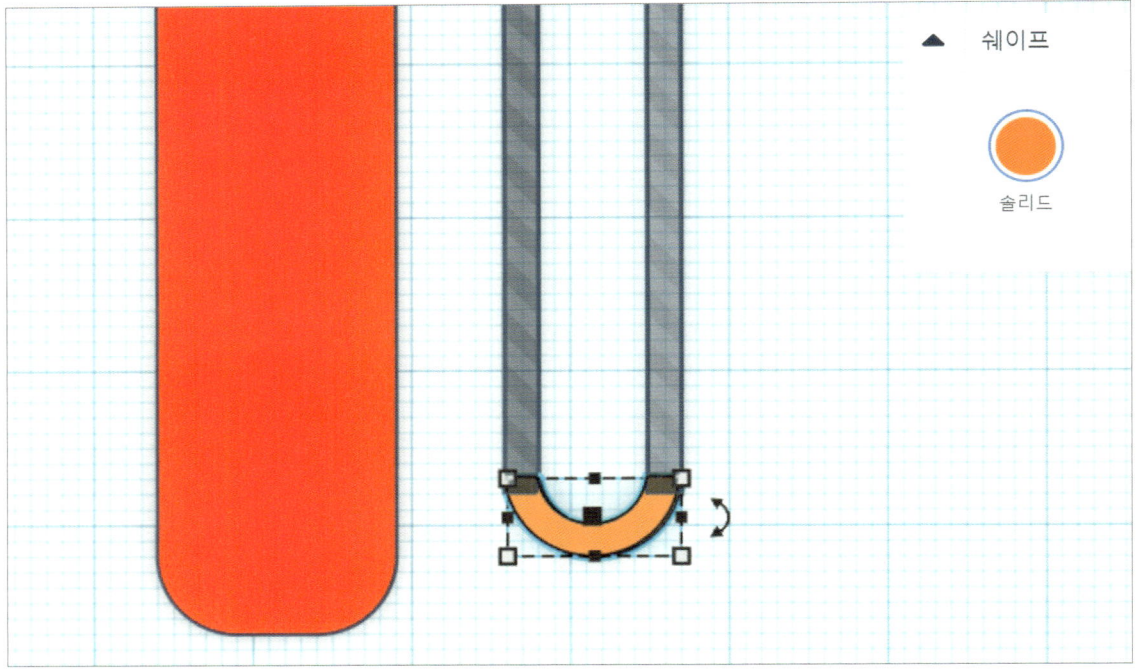

튜브를 키보드 방향키 ⬆⬇⬅➡를 이용해 긴 구멍 상자 두 개 사이에 놓습니다.

TINKERCAD DESIGN For 3D PRINTING　　　　　　　　　　　　　　　SECTION 09

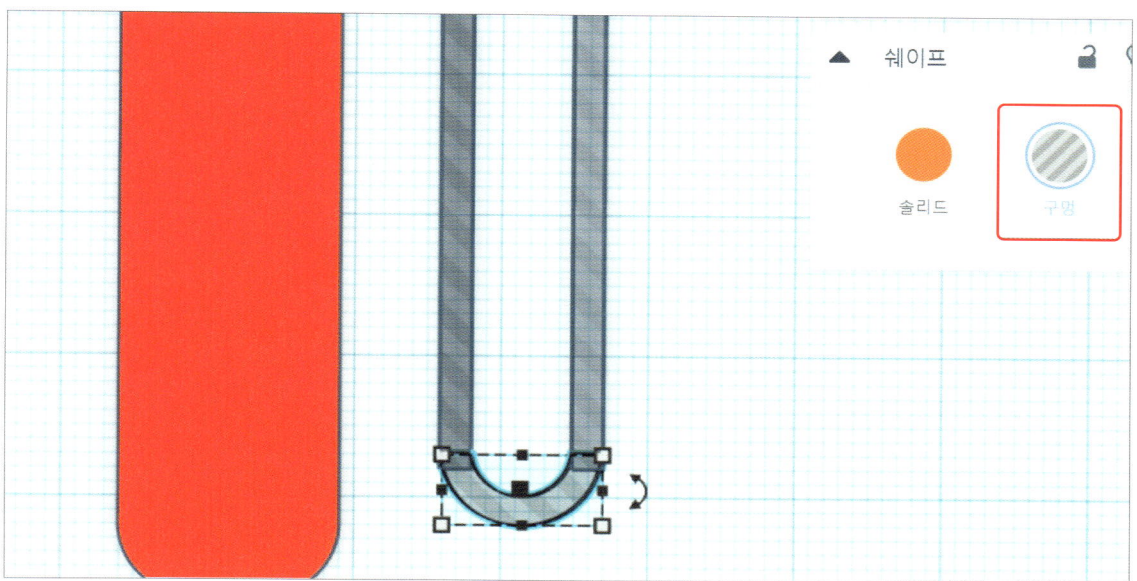

가져온 튜브를 선택하고 구멍 도형으로 만들어 줍니다.

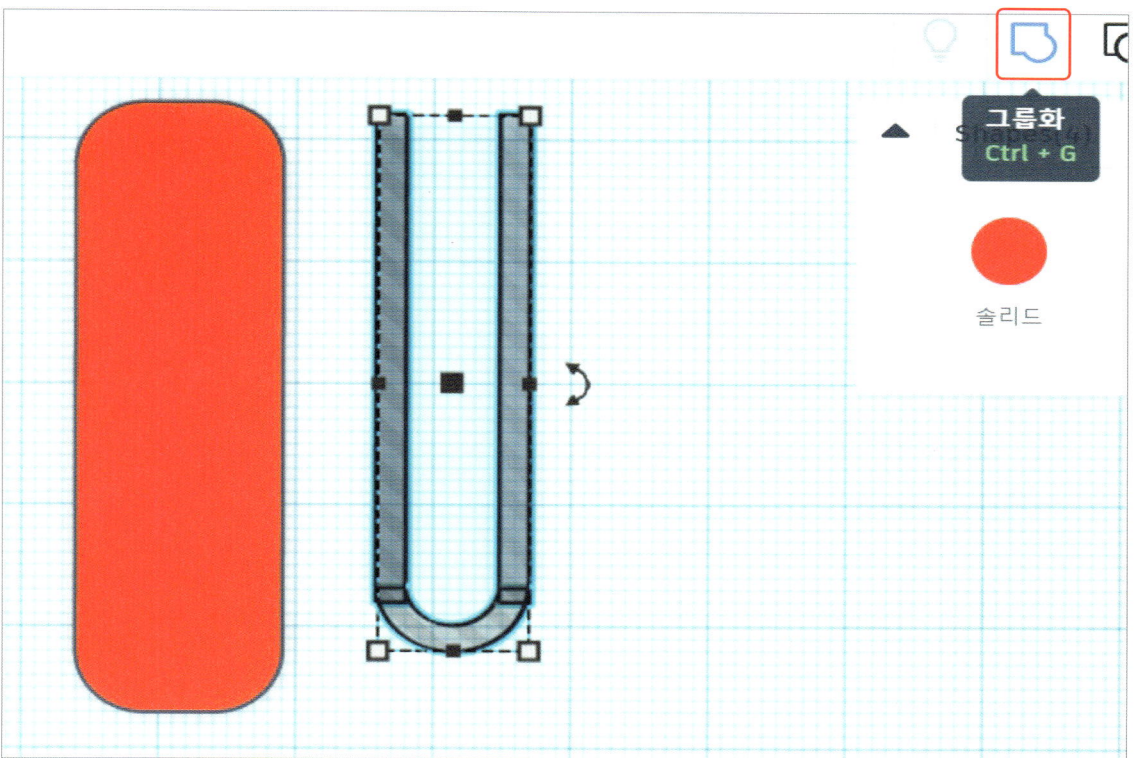

구멍 도형들(3개)을 그룹화합니다.

TINKERCAD DESIGN For 3D PRINTING

그룹화된 구멍 도형을 키보드 방향키 로 이동하여 그림과 같이 적절히 배치합니다.

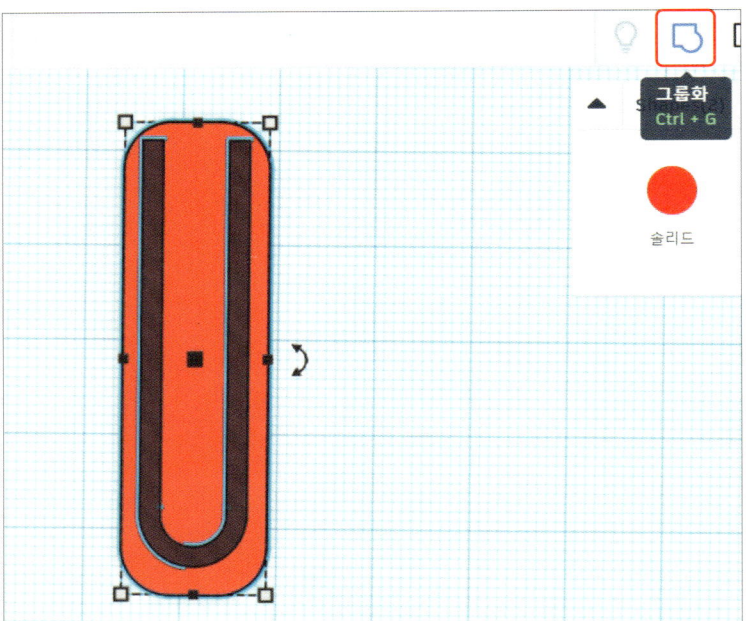

도형 전체를 선택하여 그룹화합니다.

TINKERCAD DESIGN For 3D PRINTING

 꾸미기

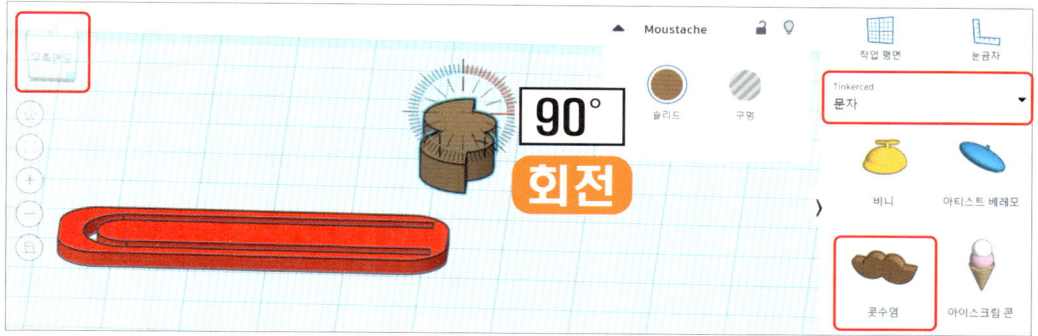

쉐이프 생성기 문자에서 콧수염을 선택합니다.
뷰박스를 우측면도로 선택하고 콧수염을 시계 방향으로 90° 회전합니다.

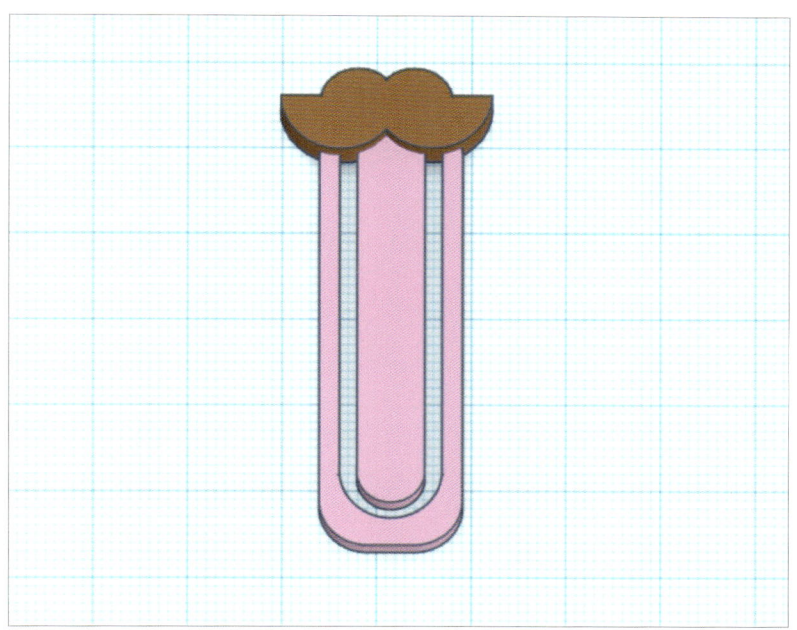

콧수염 도형을 선택한 후 키보드의 " D "(Drop)를 눌러 바닥면으로 내리고
키보드 방향키 ← ↑ ↓ → 로 이동하여 클립 부분과 잘 맞추어 줍니다.

책갈피 완성!

TINKERCAD DESIGN For 3D PRINTING

도|전|과|제

- 다양한 디자인의 책갈피를 모델링해 봅시다.

SECTION 10
축구공 퍼즐 만들기

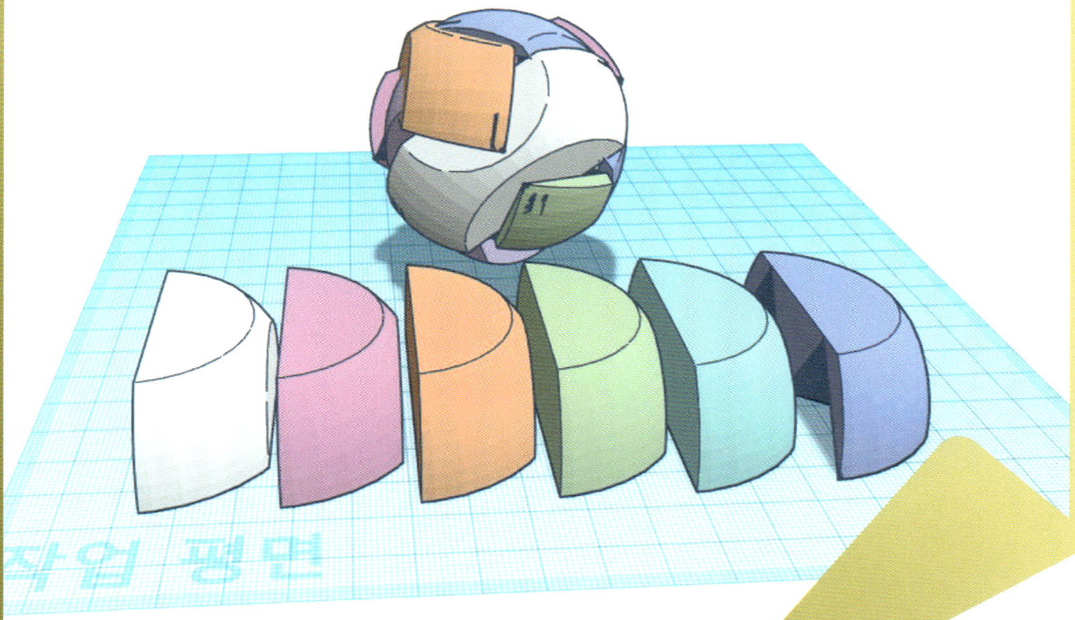

TINKERCAD DESIGN For 3D PRINTING

축구공 퍼즐 만들기

일정한 간격으로 반복되어 복제되는 회전 복제에 대해 알아보고 활용해 봅시다.
축구공 퍼즐을 모델링하여 퍼즐을 직접 결합해 봅시다.

TINKERCAD DESIGN For 3D PRINTING

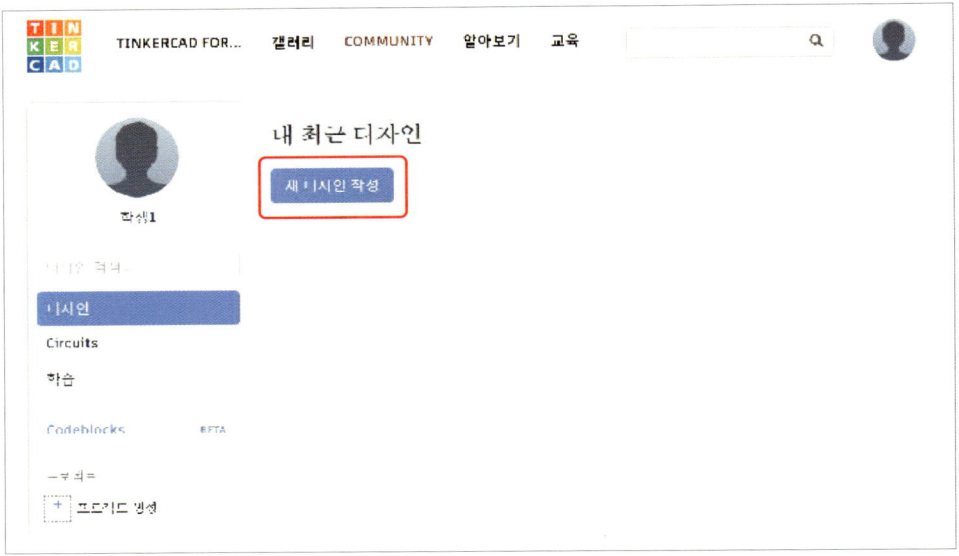

구글크롬 에서 틴커캐드 웹사이트(www.tinkercad.com)에 접속합니다.
로그인 후 대시보드의 [새 디자인 작성] 을 클릭합니다.

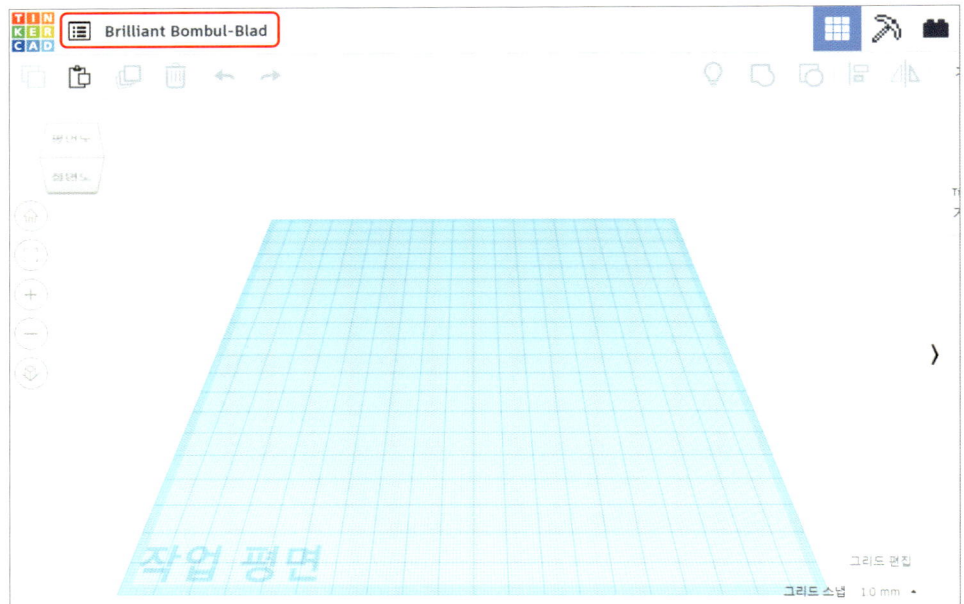

틴커캐드는 저장 버튼이 따로 없으며 웹에서 작업하고 모델링 작업파일 역시 인터넷 저장 공간에 자동으로 저장됩니다. 임의로 주어진 영어이름을 클릭하면 파일명을 수정할 수 있습니다.

TINKERCAD DESIGN For 3D PRINTING

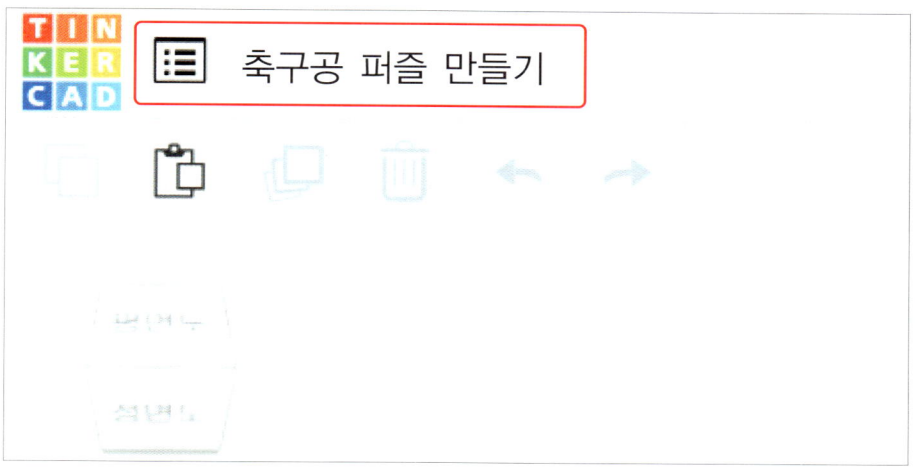

파일명을 **"축구공 퍼즐 만들기"**로 수정하고 엔터키 또는 화면의 빈 공간 아무 곳이나 클릭합니다.

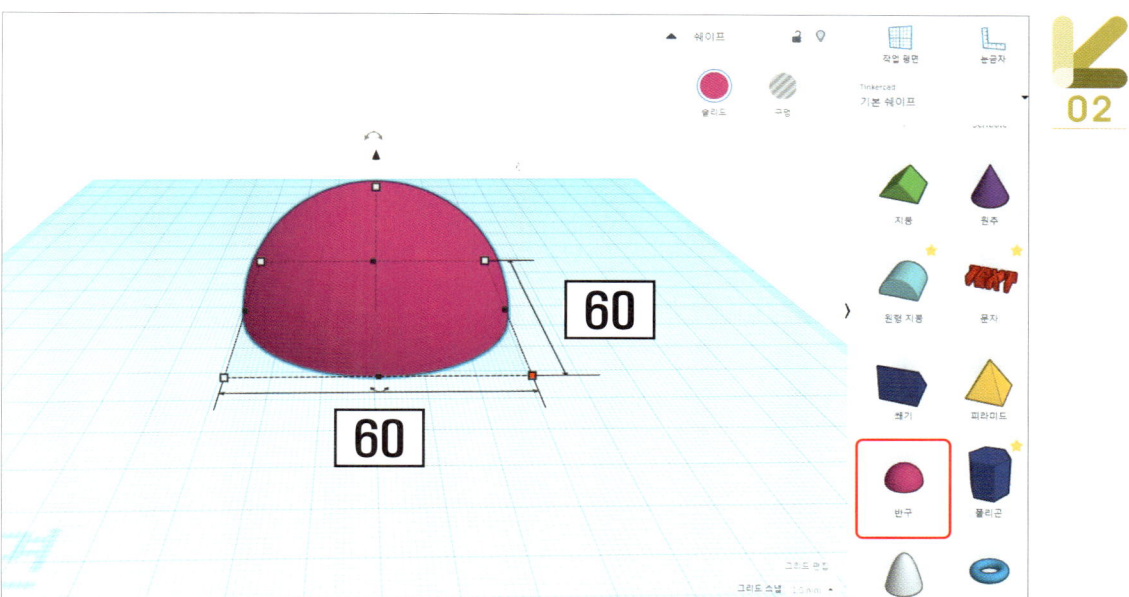

기본 쉐이프에서 반구를 선택하여 작업 평면에 놓은 후 치수를 조절합니다.
예 가로 60, 세로 60, 높이 30

TINKERCAD DESIGN For 3D PRINTING SECTION 10

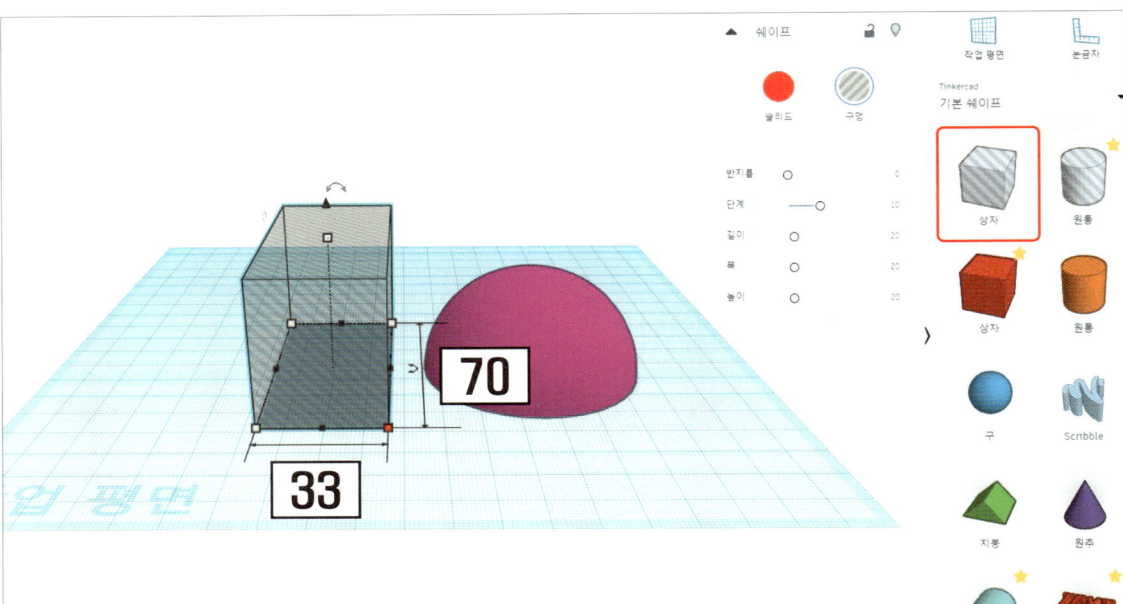

기본 쉐이프에서 구멍 상자를 선택하여 작업 평면에 놓은 후 치수를 조절합니다.
예 가로 33, 세로 70, 높이 40

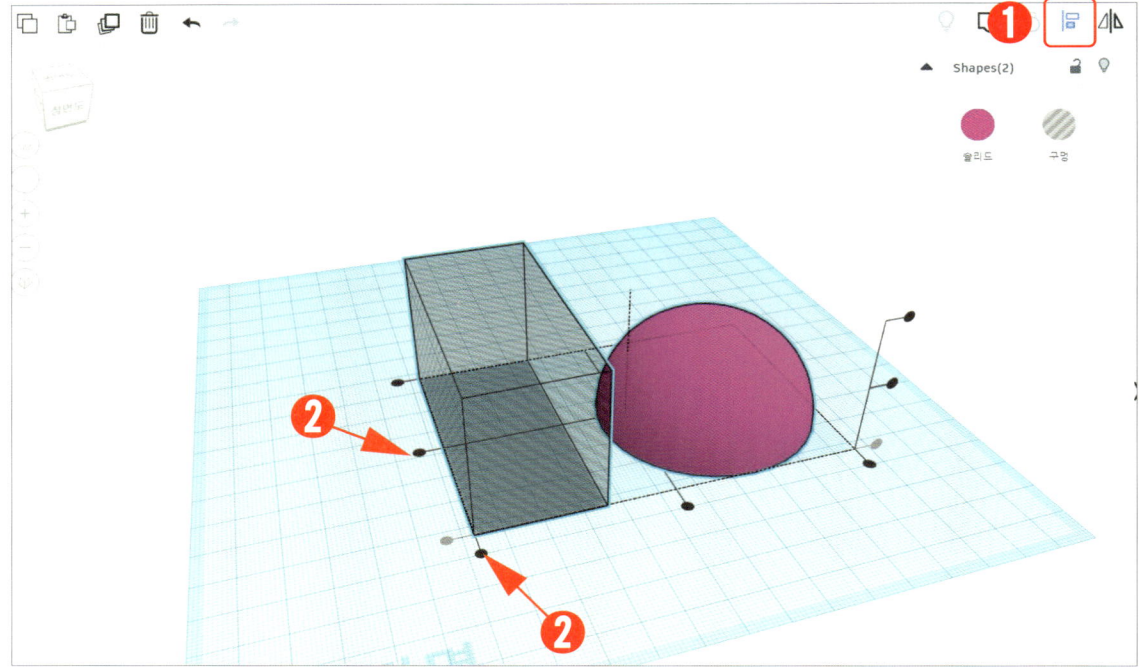

도형을 모두 선택하여 ❶ 정렬 버튼을 클릭한 후 ❷를 클릭하여 그림과 같이 정렬합니다.

TINKERCAD DESIGN For 3D PRINTING

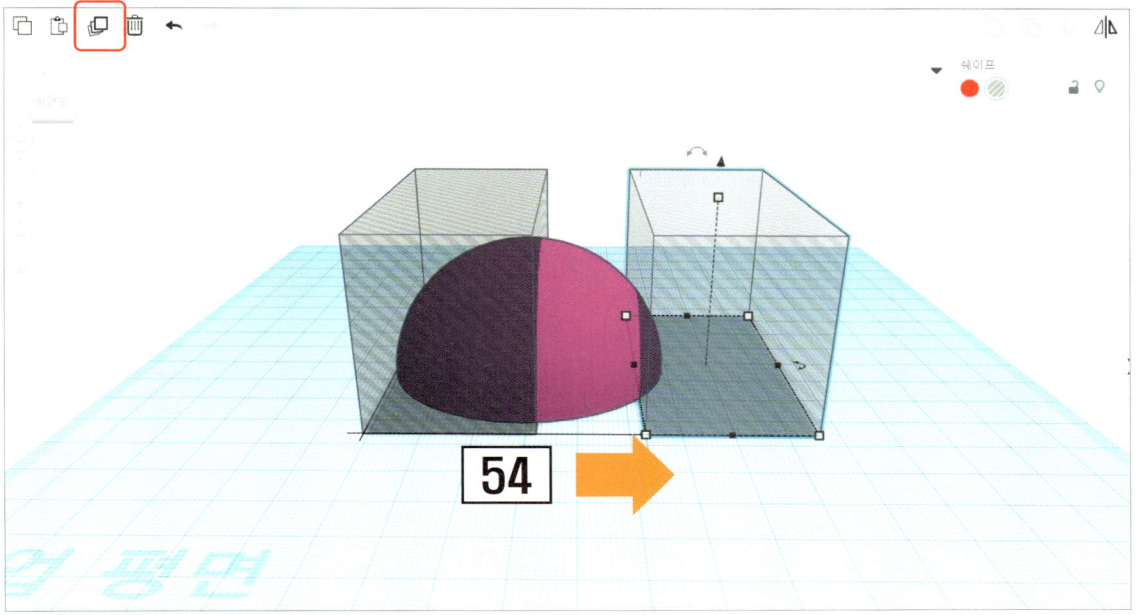

구멍 상자를 복제한 뒤 **Shift** 키를 누른 채로 옆으로 "54"만큼 이동합니다.
(**Shift** 키를 누른 채로 이동하면 일정한 방향으로 이동됩니다.)

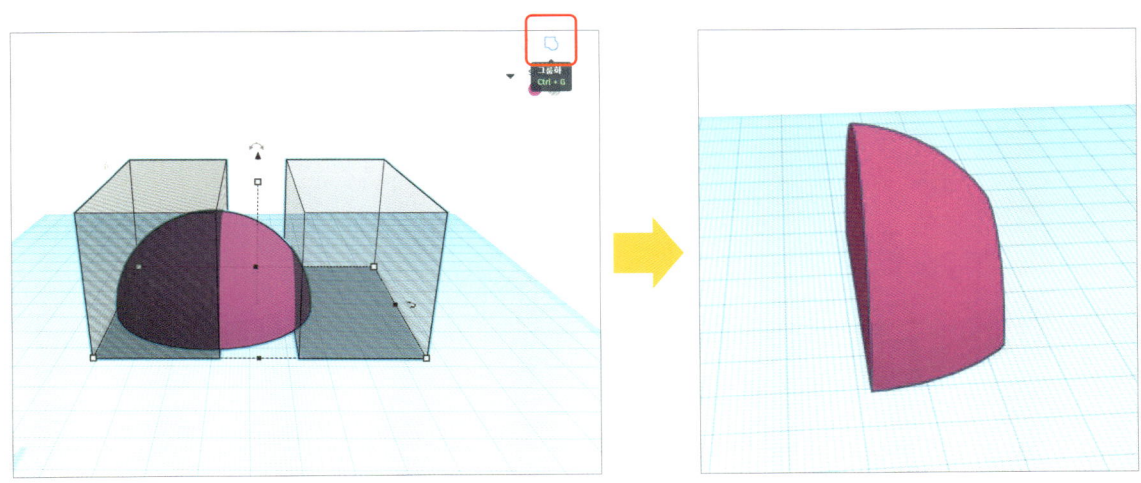

도형을 모두 선택한 후 그룹화합니다.

SECTION 10_ 축구공 퍼즐 만들기

TINKERCAD DESIGN For 3D PRINTING　　　　　　　　　　　　　　　　　SECTION 10

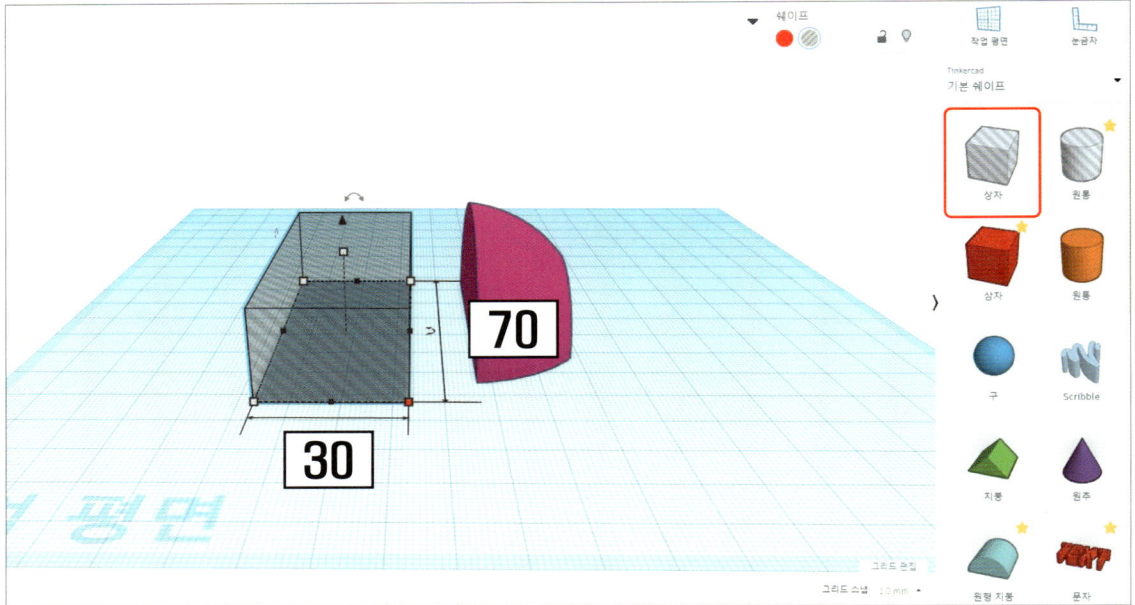

기본 쉐이프에서 구멍 상자를 선택하여 작업 평면에 놓은 후 치수를 조절합니다.
예 가로 30, 세로 70, 높이 20

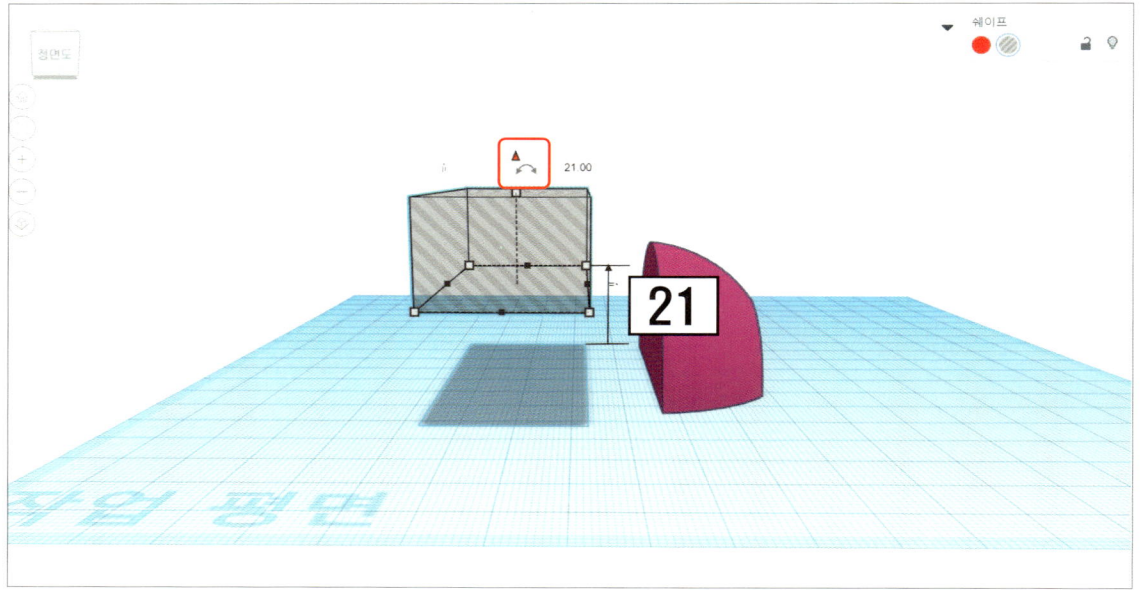

구멍 상자를 위로 "21"만큼 올려줍니다.

TINKERCAD DESIGN For 3D PRINTING _____ SECTION 10

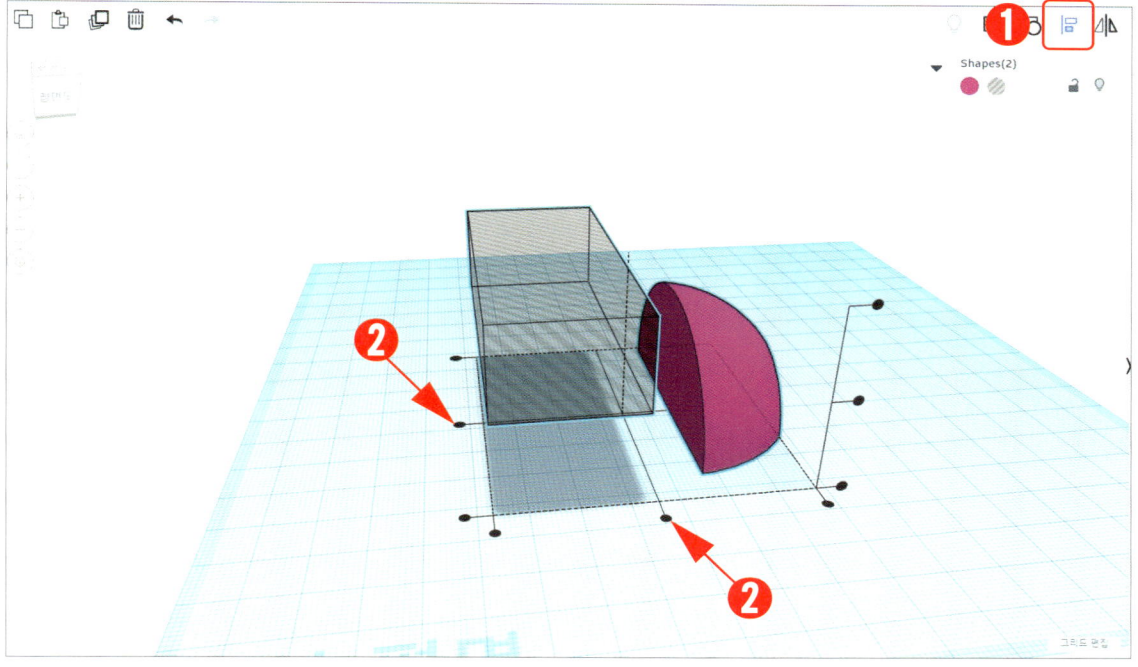

도형을 모두 선택하여 ❶ 정렬 버튼을 클릭한 후 ❷를 클릭하여 그림과 같이 정렬합니다.

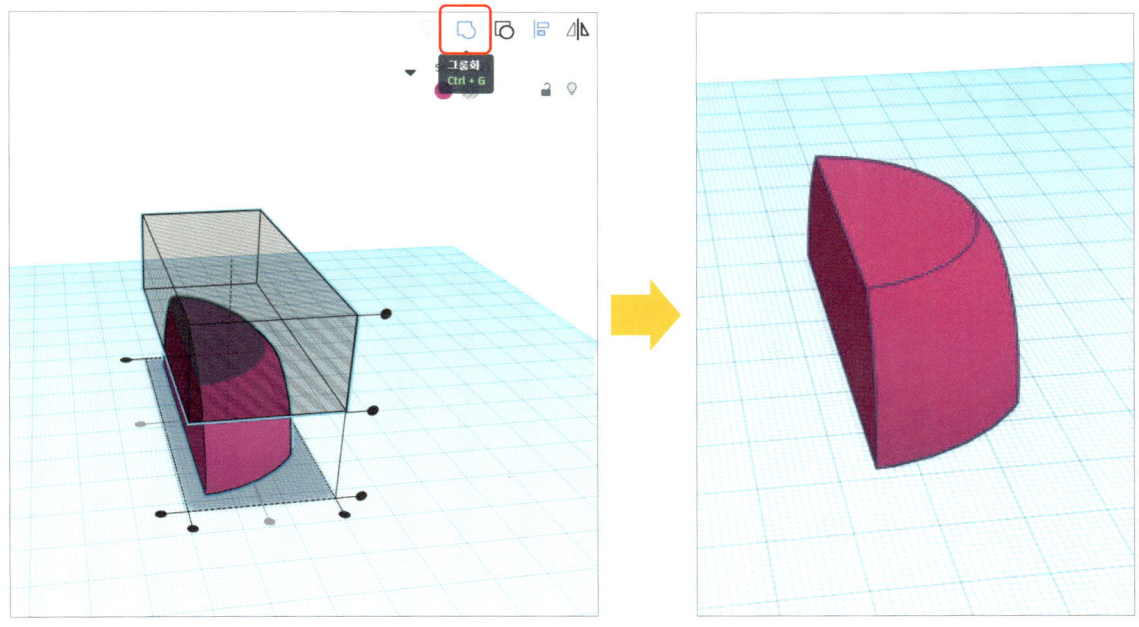

정렬된 도형을 모두 선택한 후 그룹화합니다.

TINKERCAD DESIGN For 3D PRINTING _____ SECTION 10

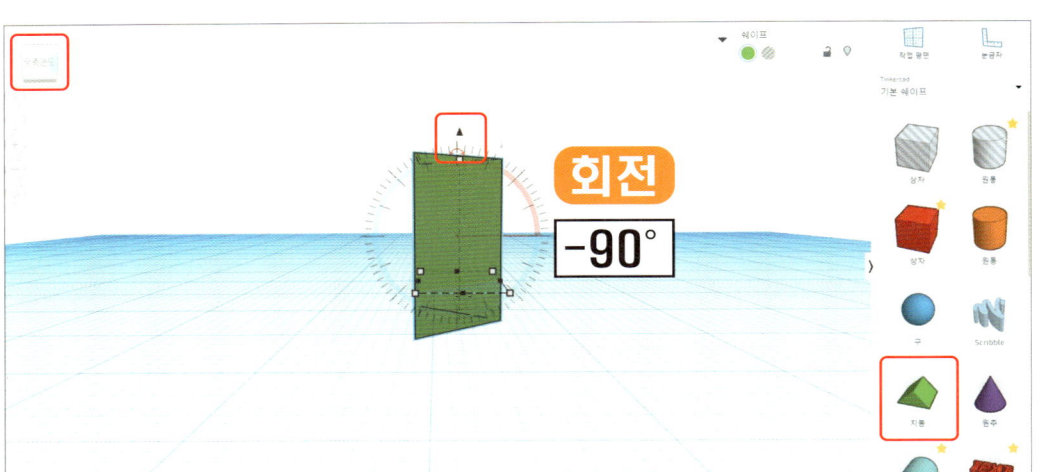

뷰박스를 측면도로 선택합니다.
기본 쉐이프에서 지붕을 선택하여 작업 평면에 놓은 후 –90˚ 회전합니다.

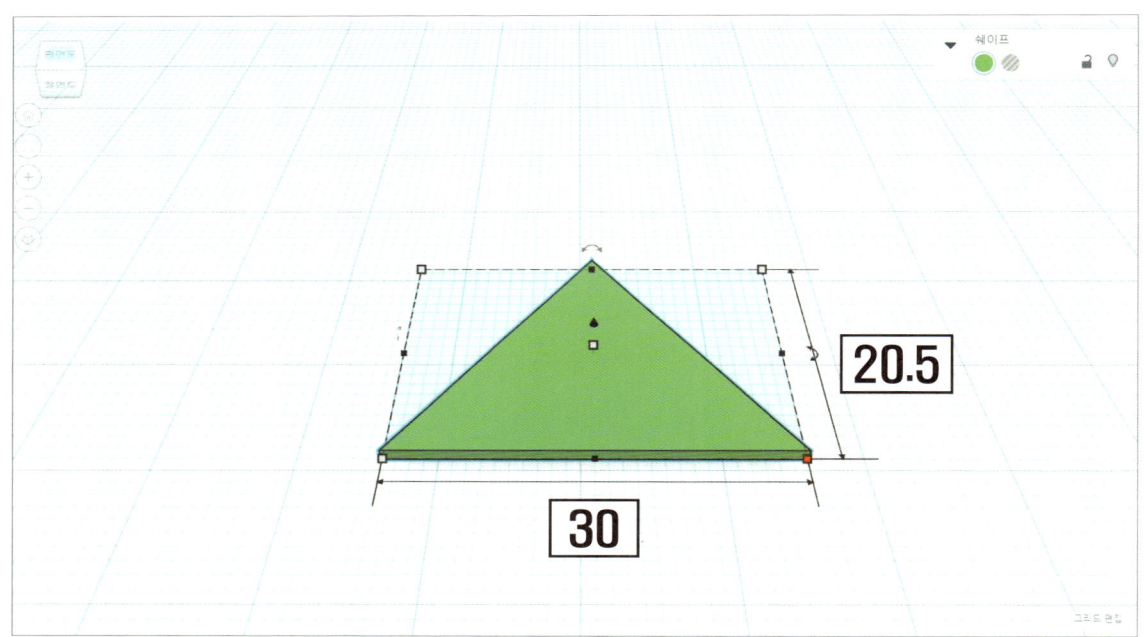

회전된 도형을 선택한 후 키보드의 "D"(Drop)를 눌러 바닥면에 붙여준 후 치수를 조절합니다.
예 가로 30, 세로 20.5, 높이 1

TINKERCAD DESIGN For 3D PRINTING

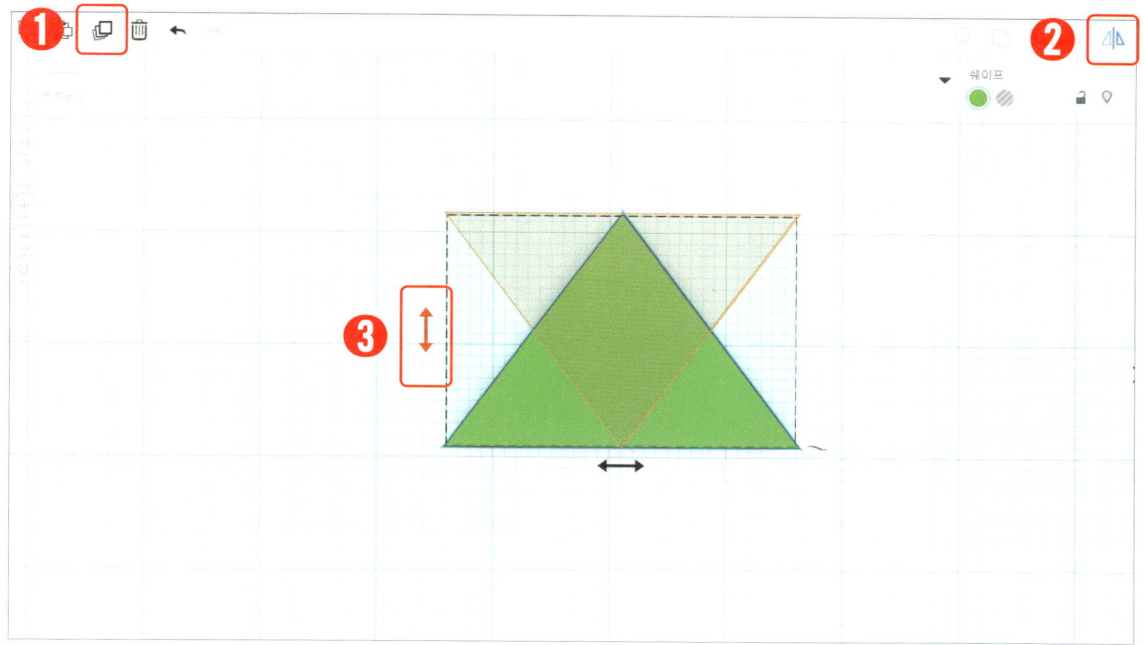

지붕 도형을 ❶ 복제한 후 ❷ 대칭 버튼으로 ❸ 상하 대칭합니다.

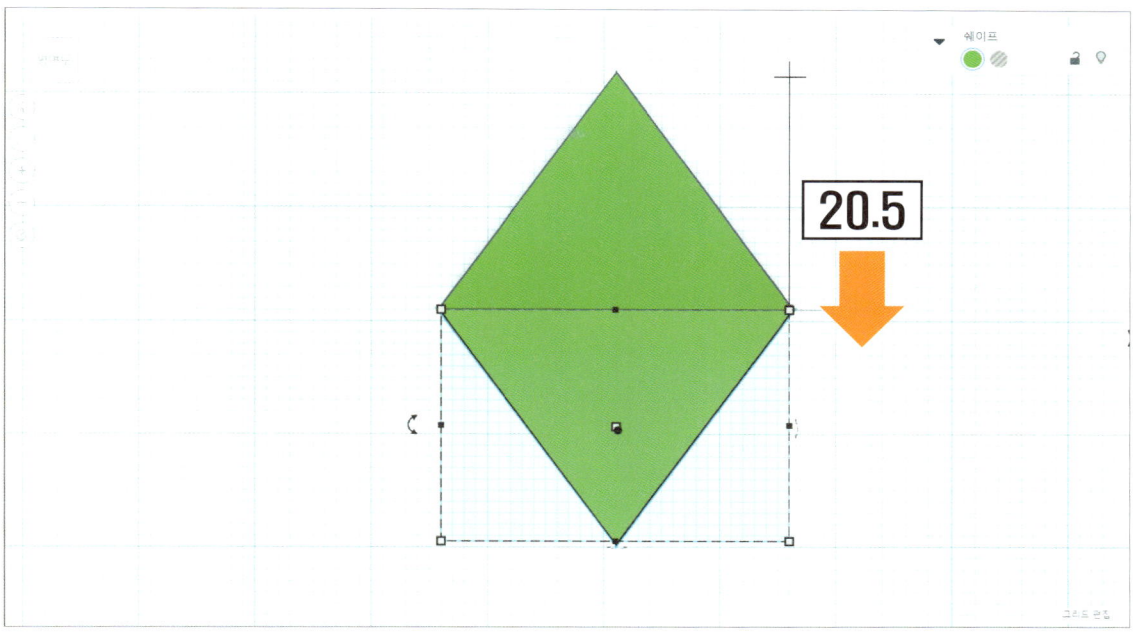

복제된 지붕 도형을 [Shift] 키를 누른 채로 아래로 "20.5"만큼 이동합니다.

TINKERCAD DESIGN For 3D PRINTING _____ SECTION 10

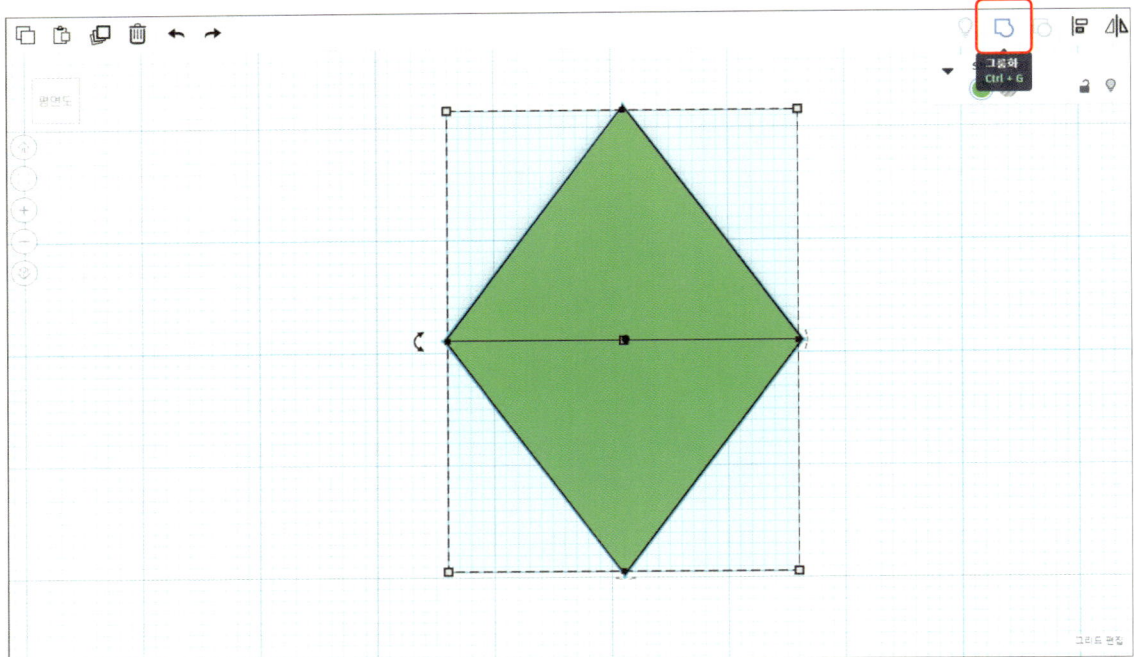

도형을 모두 선택한 뒤 그룹화합니다.

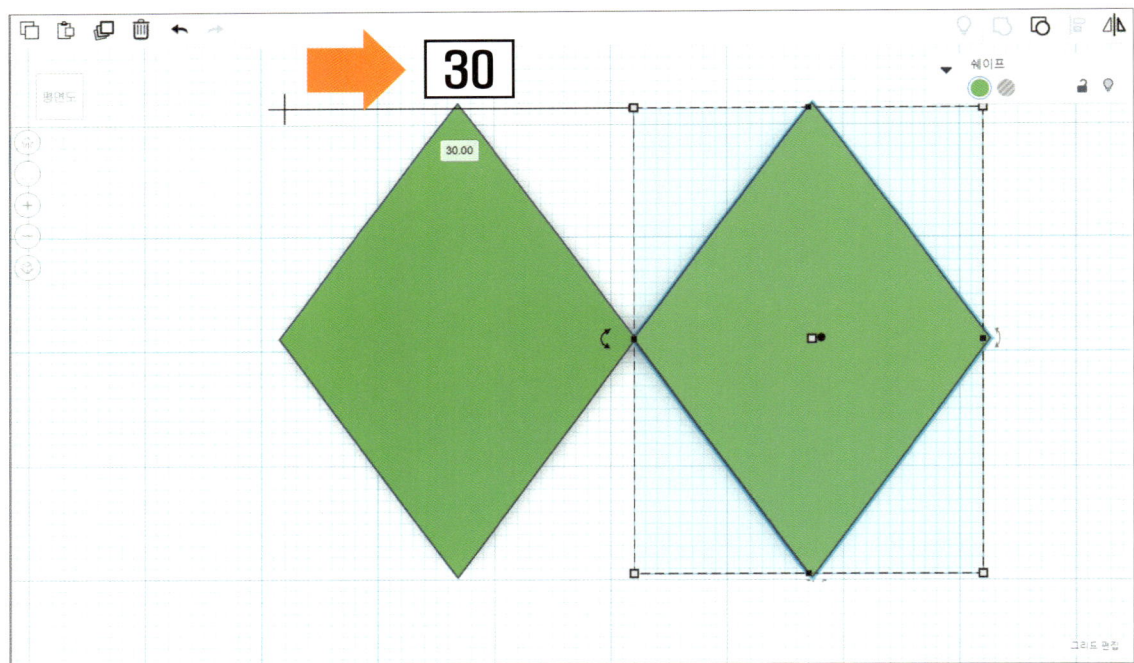

그룹화된 도형을 복제한 뒤 [Shift] 키를 누른 채로 옆으로 "30"만큼 이동합니다.

TINKERCAD DESIGN For 3D PRINTING _____ SECTION 10

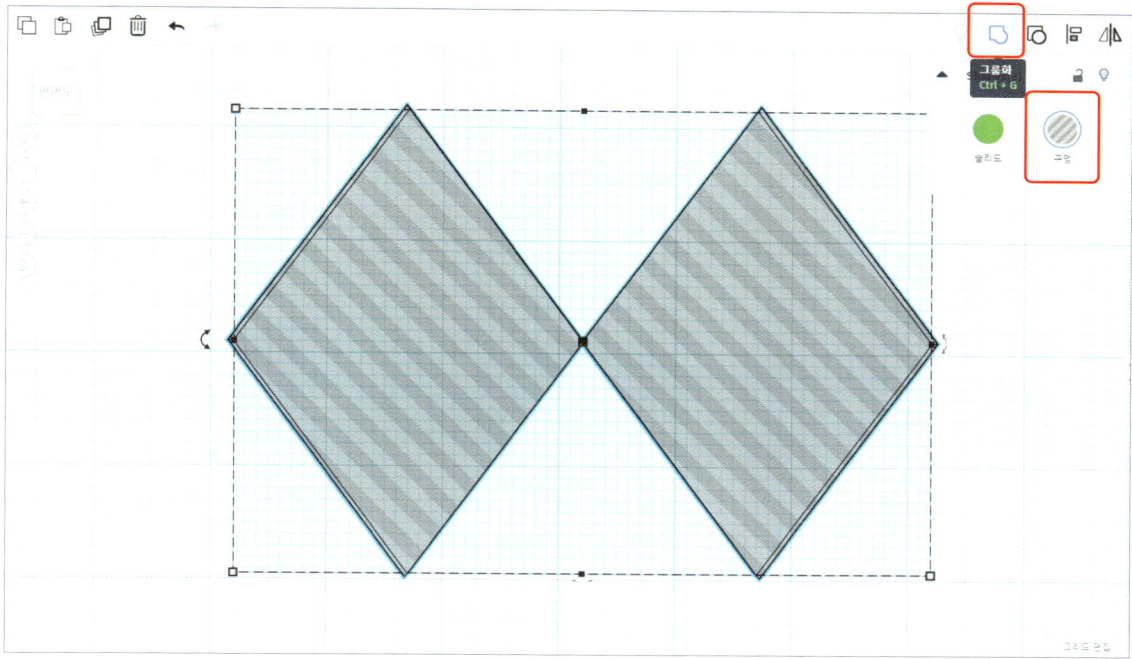

도형을 모두 선택한 후 구멍 도형으로 바꾸고 그룹화합니다.

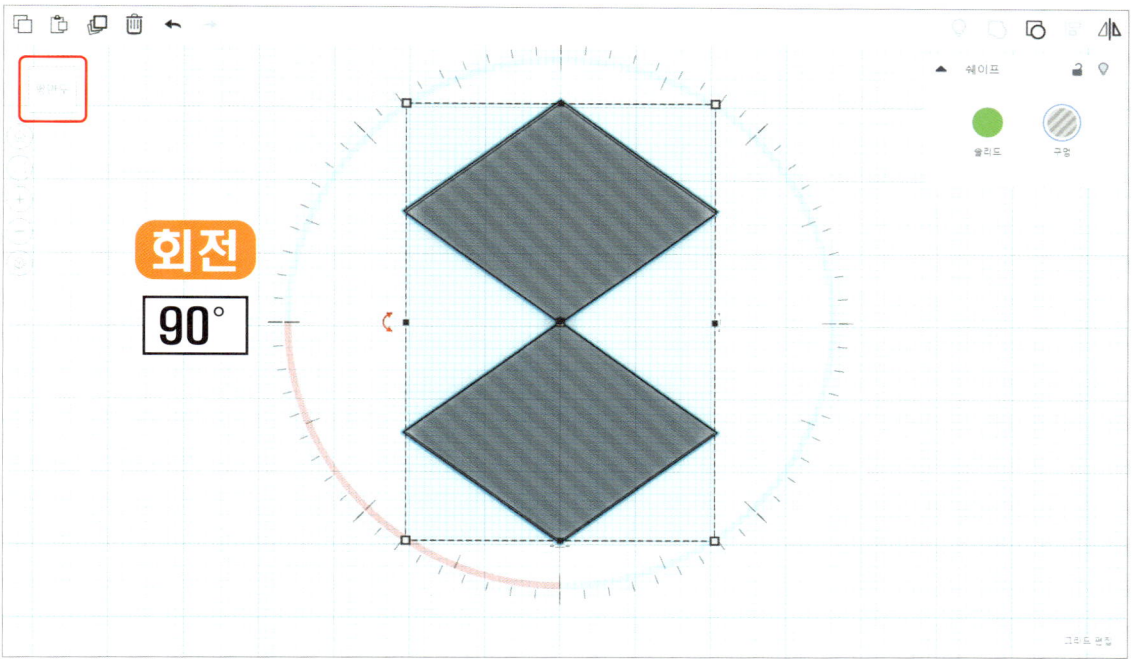

뷰박스를 평면도로 선택합니다. 그룹화된 도형을 90° 회전합니다.

TINKERCAD DESIGN For 3D PRINTING

SECTION 10

04

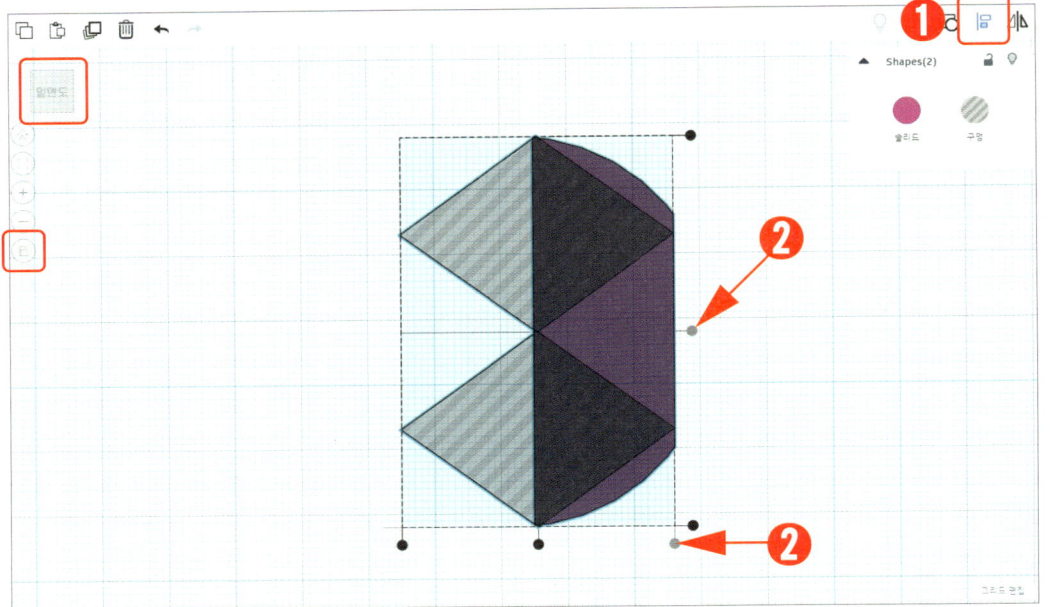

뷰박스를 밑면도 · 직교뷰로 선택합니다.
도형을 모두 선택하여 ❶ 정렬 버튼을 클릭한 후 ❷를 클릭하여 정렬합니다.

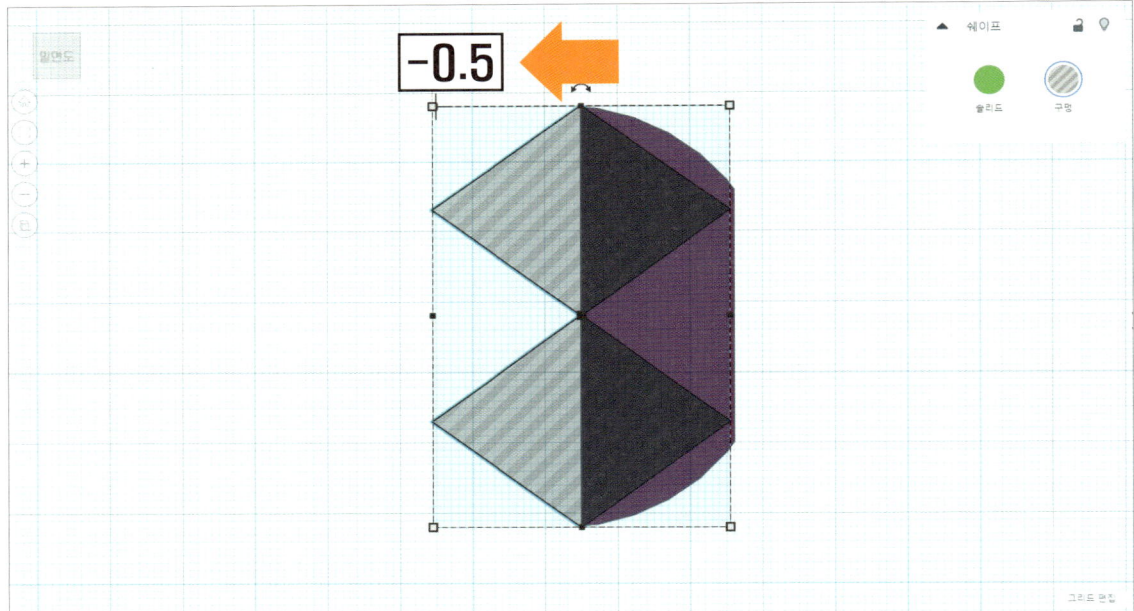

그룹화된 도형을 Shift 키를 누른 채로 옆으로 "-0.5"만큼 이동합니다.
(Shift 키를 누른 채로 이동하면 일정한 방향으로 이동됩니다.)

TINKERCAD DESIGN For 3D PRINTING

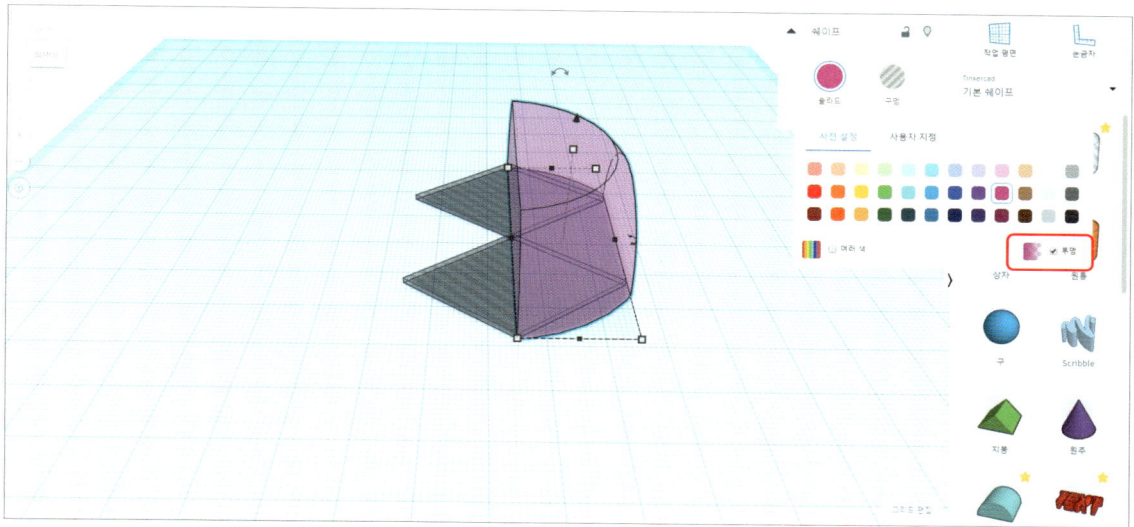

반구의 내부를 확인할 수 있도록 색상을 투명으로 바꿔줍니다.

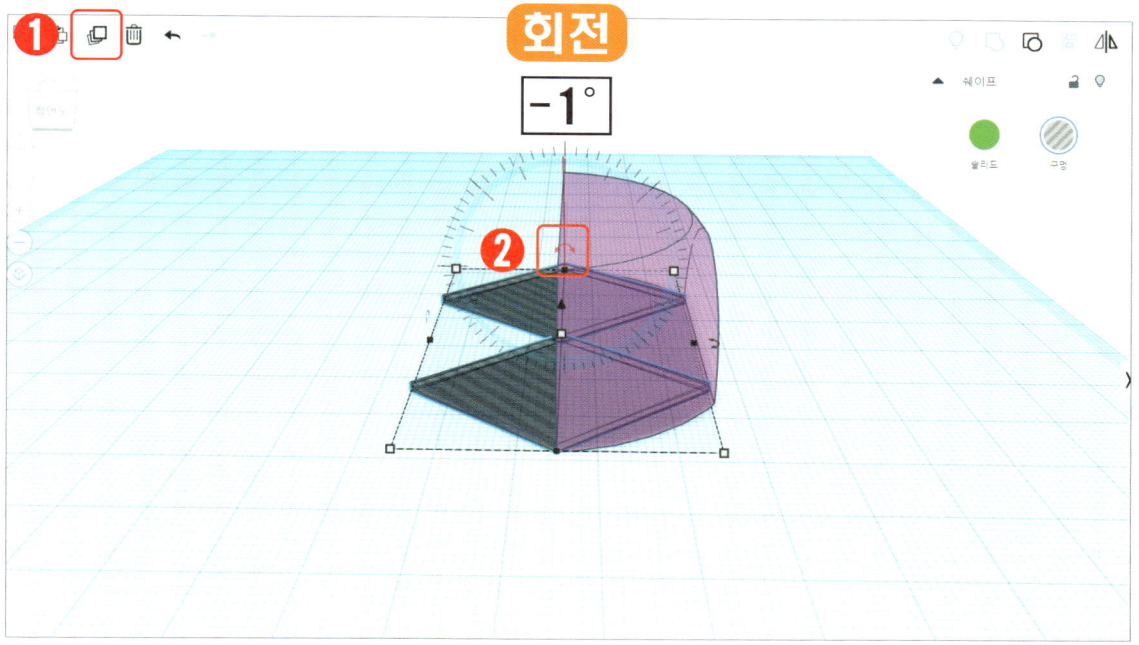

그룹화된 지붕 도형을 ❶ 복제한 후 ❷ -1° 회전합니다.

TINKERCAD DESIGN For 3D PRINTING   SECTION 10

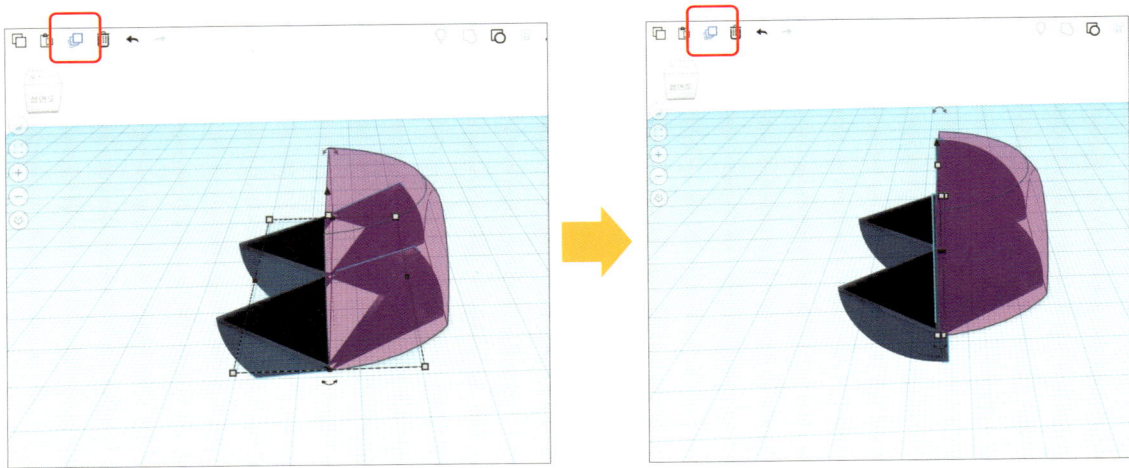

복제 버튼을 계속 클릭하여 지붕 도형이 90° 세워질 때까지 복제합니다.
-1° 만큼 그림과 같이 반복 복제됩니다.

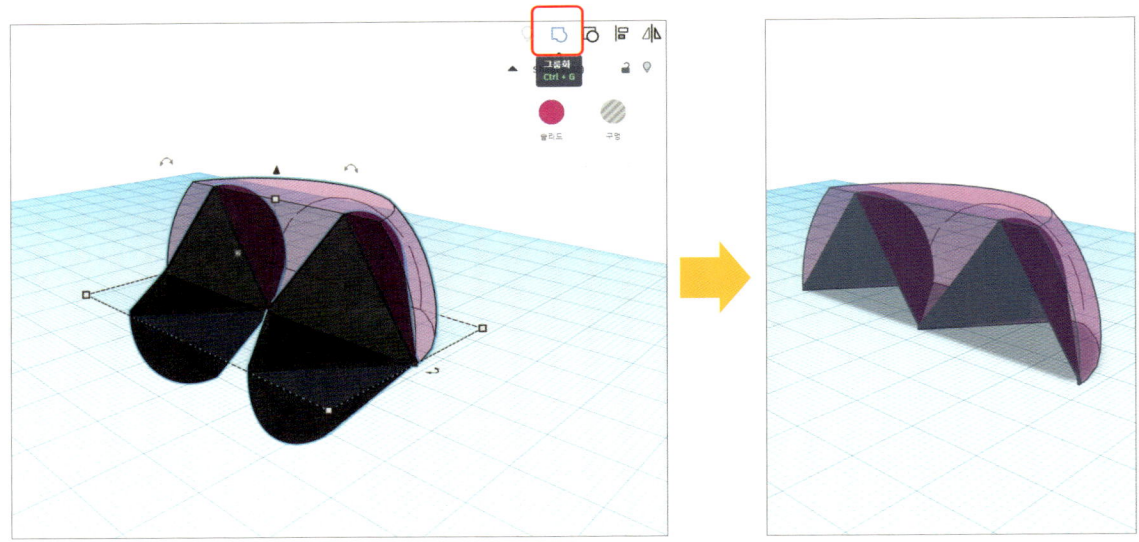

도형을 모두 선택한 후 그룹화합니다.   축구공 퍼즐 완성!

TINKERCAD DESIGN For 3D PRINTING　　　　　　　　　　　　　SECTION 10

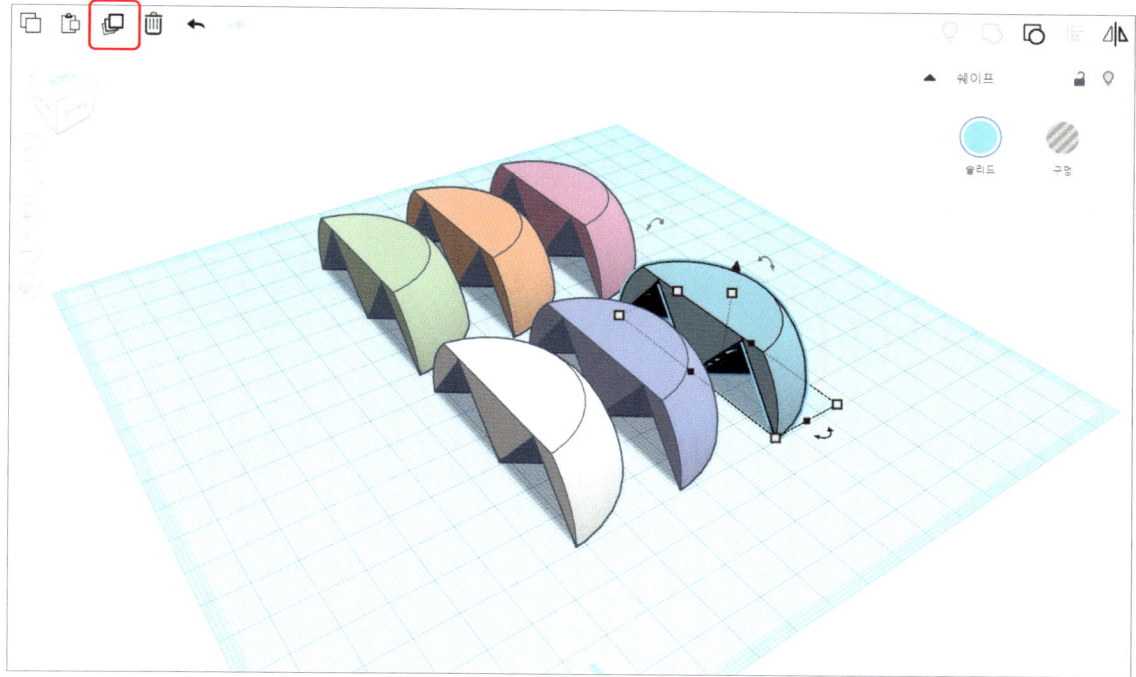

퍼즐을 복제 버튼으로 6개 만들어 줍니다.
축구공 퍼즐 완성!

※ 축구공 퍼즐 출력 시 스케일을 70%로 하여 출력해 줍니다.

도|전|과|제

• 축구공 퍼즐 결합하기

아래 그림을 잘 관찰하여 축구공 퍼즐을 결합해 봅시다.

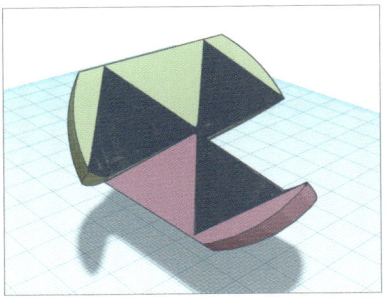
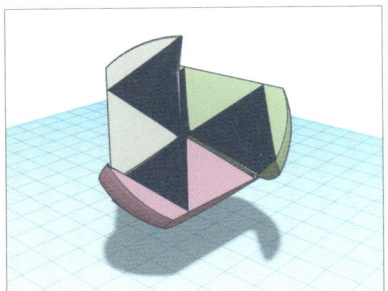
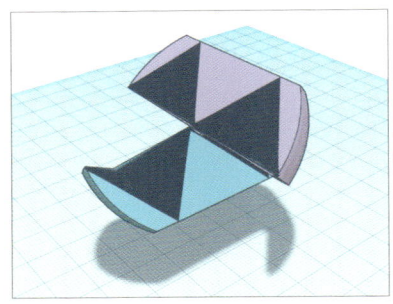
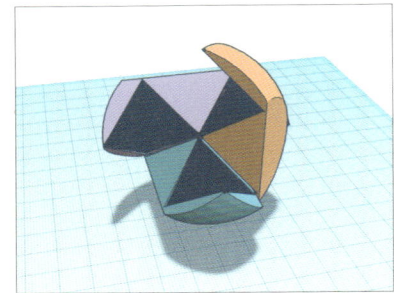

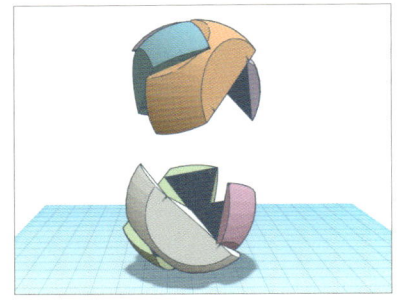
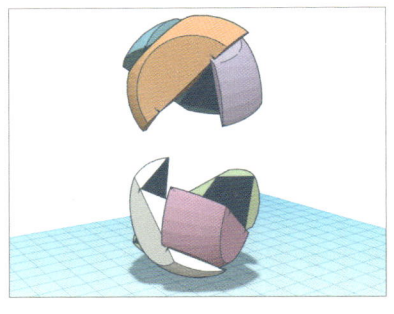
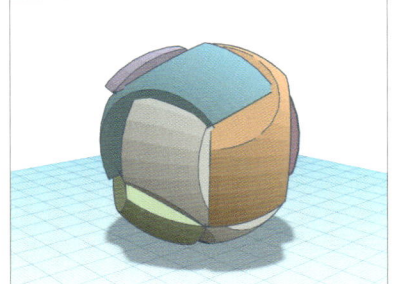

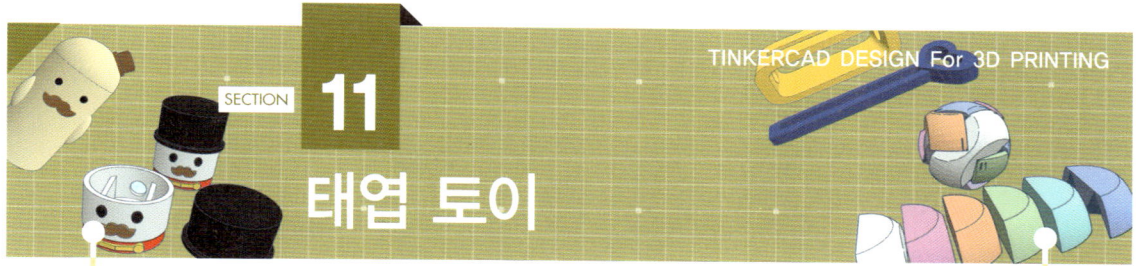

SECTION 11
태엽 토이

● **태엽 토이 만들기**
태엽을 장착해서 움직이는 토이가 되도록 모델링해 봅시다.

TINKERCAD DESIGN For 3D PRINTING

SECTION 11

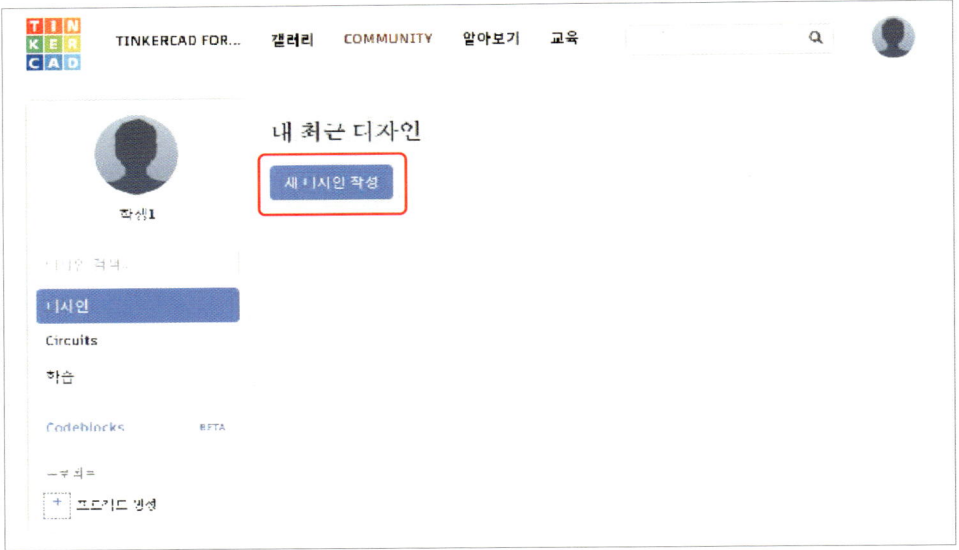

구글크롬  에서 틴커캐드 웹사이트(www.tinkercad.com)에 접속합니다.
로그인 후 대시보드의  을 클릭합니다.

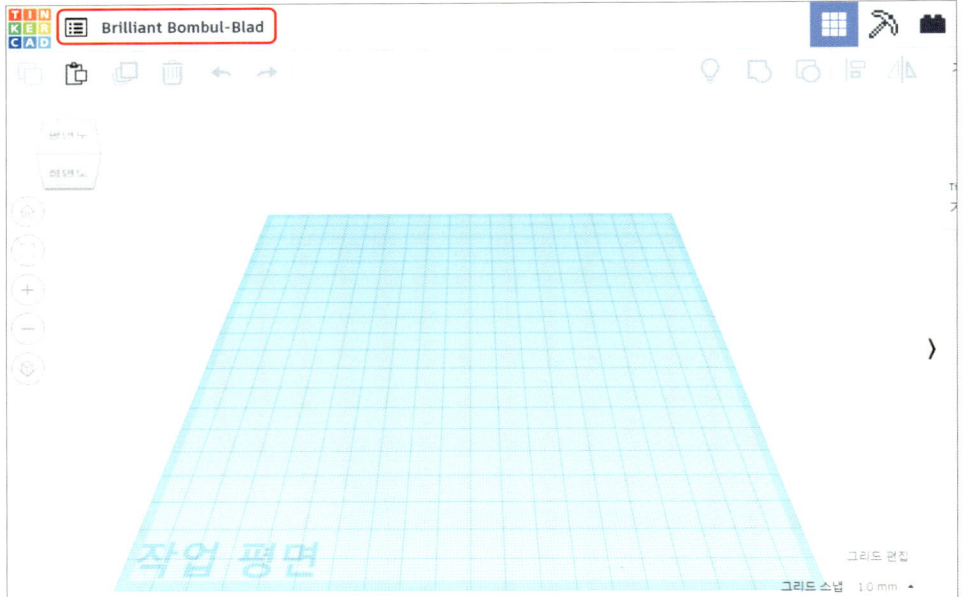

틴커캐드는 저장 버튼이 따로 없으며 웹에서 작업하고 모델링 작업파일 역시 인터넷 저장 공간에 자동으로 저장됩니다. 임의로 주어진 영어이름을 클릭하면 파일명을 수정할 수 있습니다.

TINKERCAD DESIGN For 3D PRINTING

파일명을 "**태엽 토이**"로 수정하고 엔터키 또는 화면의 빈 공간 아무 곳이나 클릭합니다.

 몸통 만들기

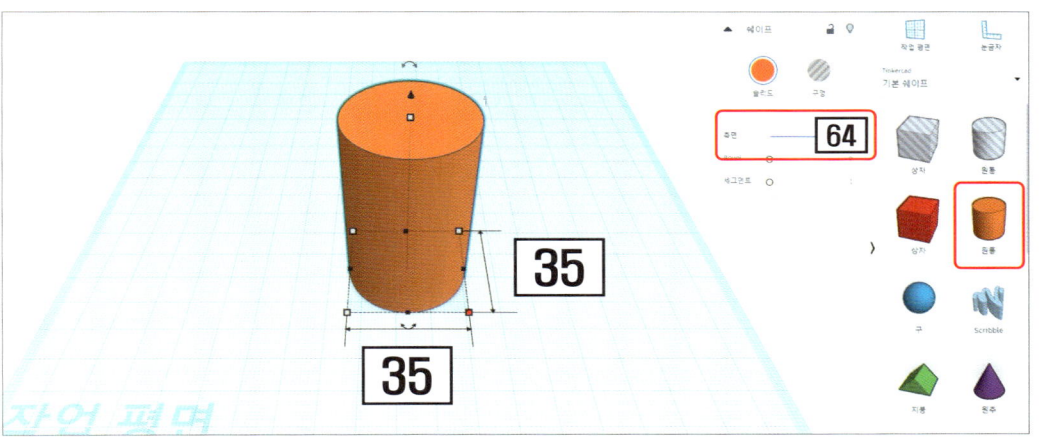

기본 쉐이프에서 원통을 선택하여 작업 평면에 놓은 후 치수를 조절합니다.
예 가로 35, 세로 35, 높이 55, 측면 64

TINKERCAD DESIGN For 3D PRINTING

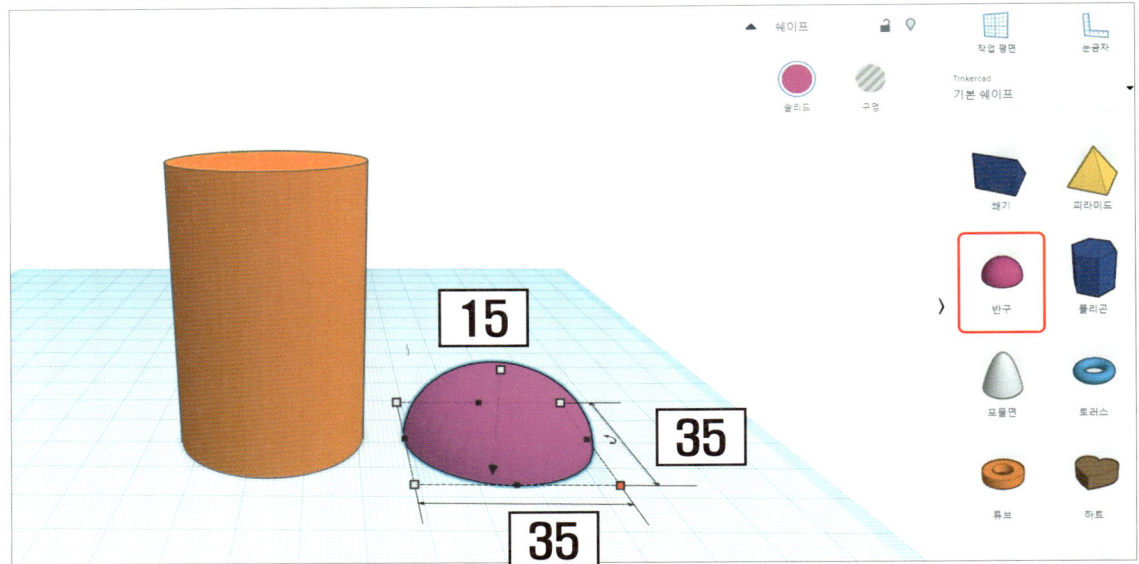

기본 쉐이프에서 반구를 선택하여 작업 평면에 놓은 후 치수를 조절합니다.
예 가로 35, 세로 35, 높이 15

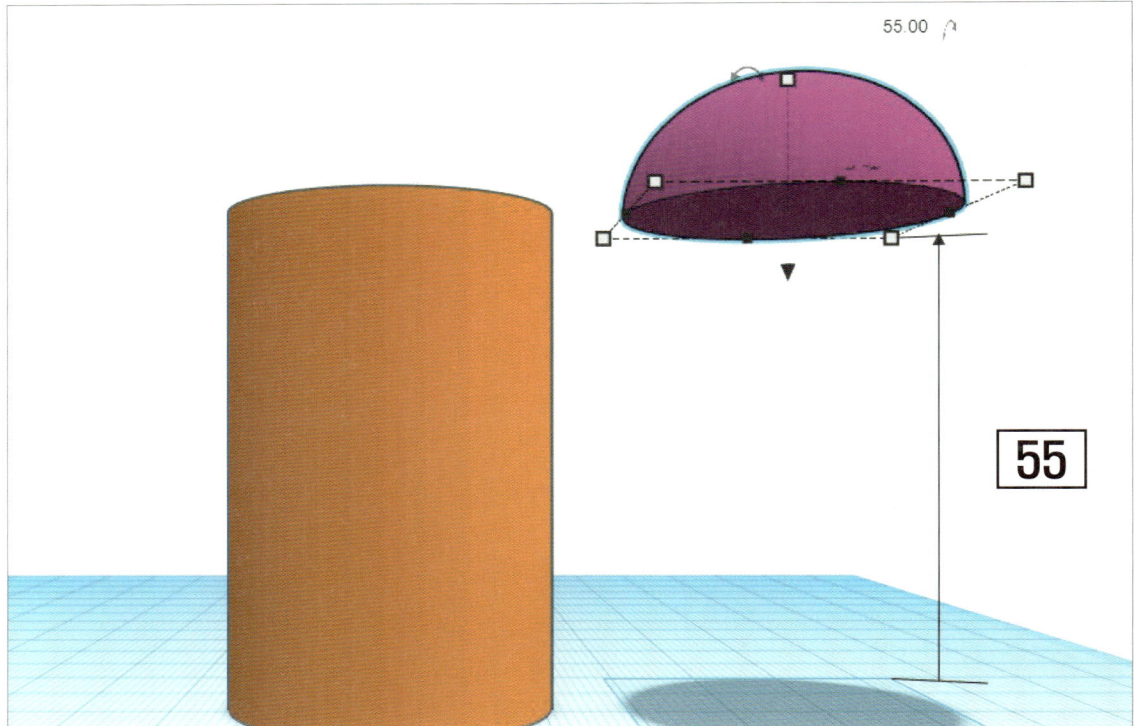

반구를 위로 "55"만큼 올려줍니다.

TINKERCAD DESIGN For 3D PRINTING SECTION 11

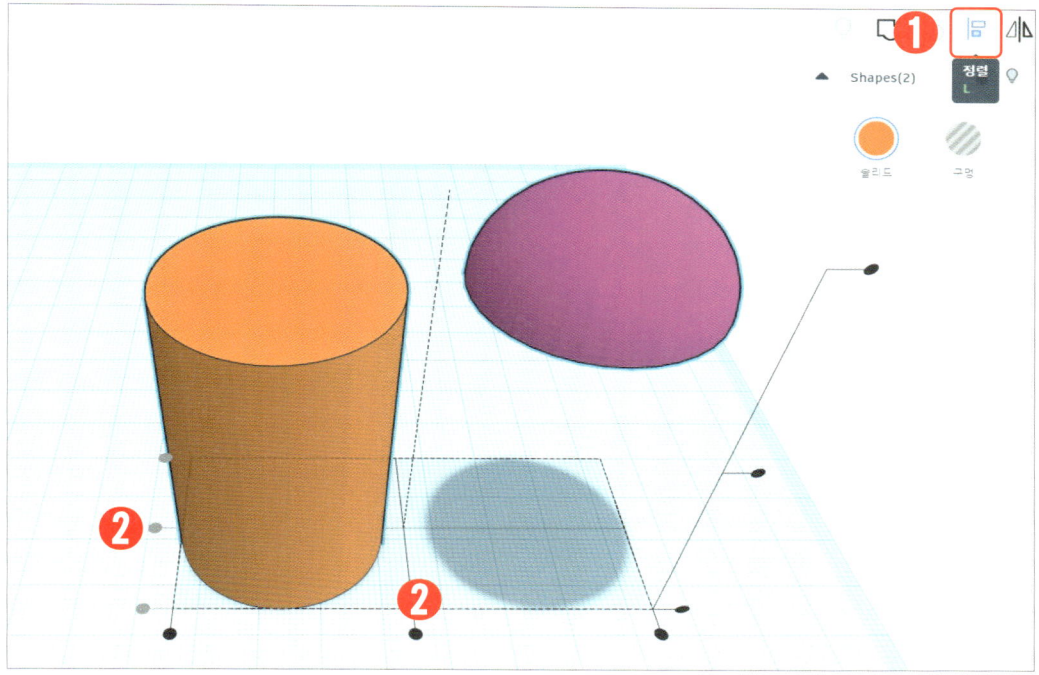

도형을 모두 선택하여 ❶ 정렬 버튼을 클릭한 후 ❷를 클릭하여 정렬합니다.

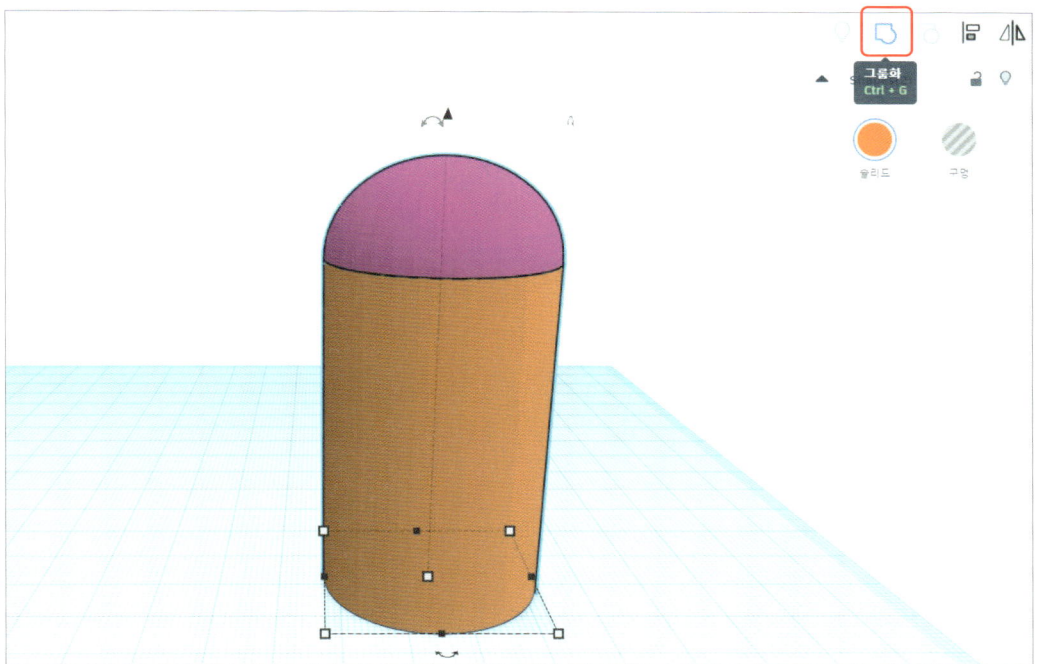

두 도형을 선택한 후 (Shift 키를 누른 상태로 두 도형을 클릭) 그룹화합니다.

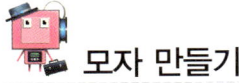 

모자 만들기

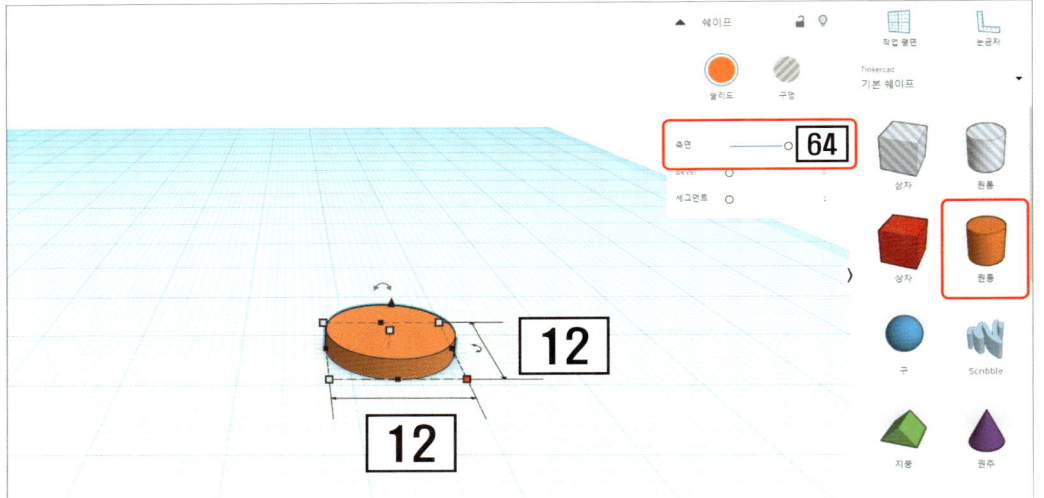

기본 쉐이프에서 원통을 선택하여 작업 평면에 놓은 후 치수를 조절합니다.
예 가로 12, 세로 12, 높이 2, 측면 64

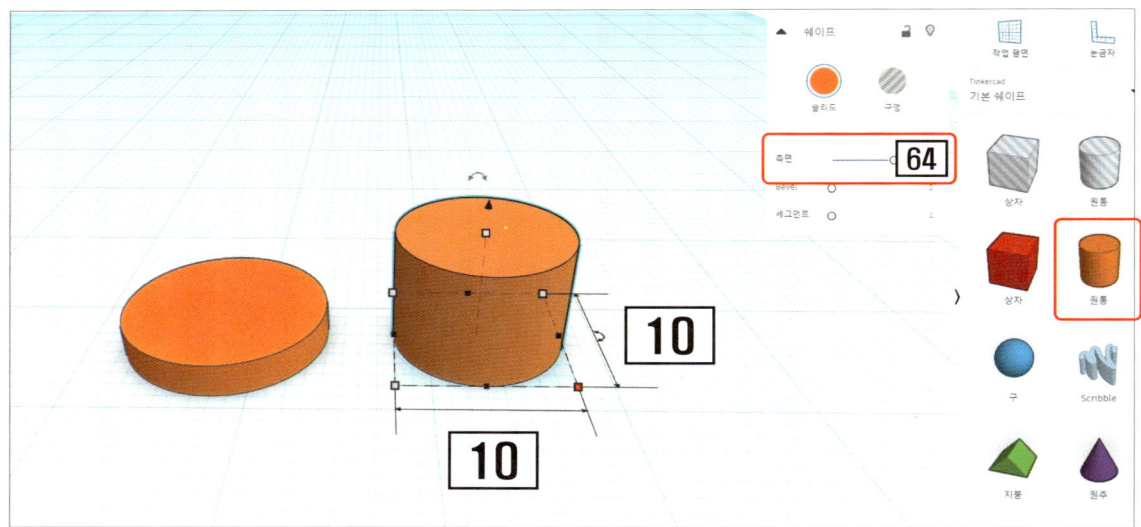

모자 윗 부분을 만들기 위해 기본 쉐이프에서 원통을 선택하여 작업 평면에 놓은 후 치수를 조절합니다.
예 가로 10, 세로 10, 높이 7, 측면 64

TINKERCAD DESIGN For 3D PRINTING

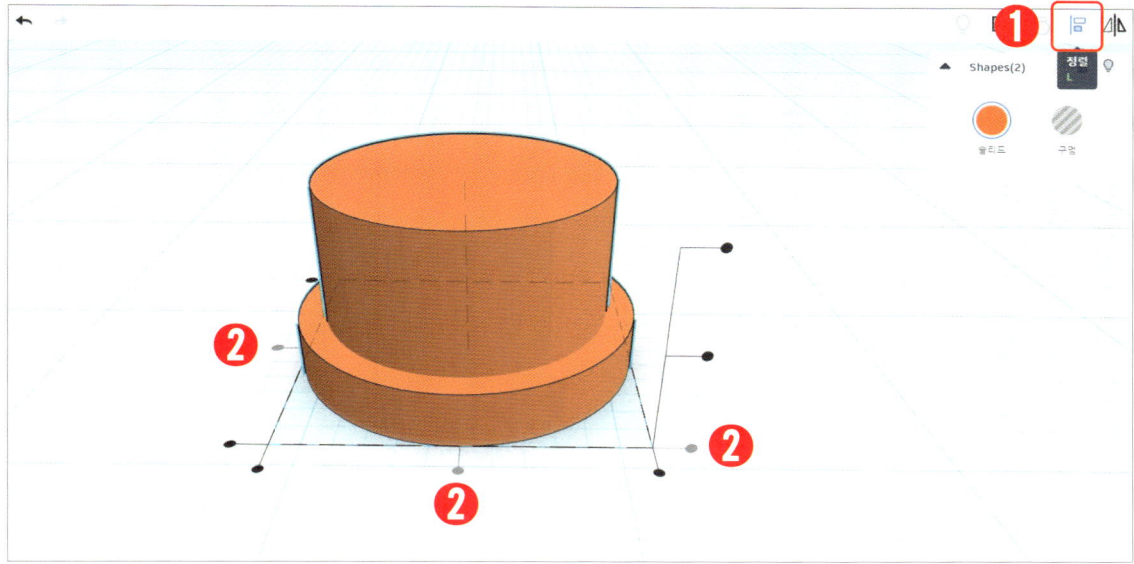

도형을 모두 선택하여 ❶ 정렬 버튼을 클릭한 후 ❷를 클릭하여 정렬합니다.

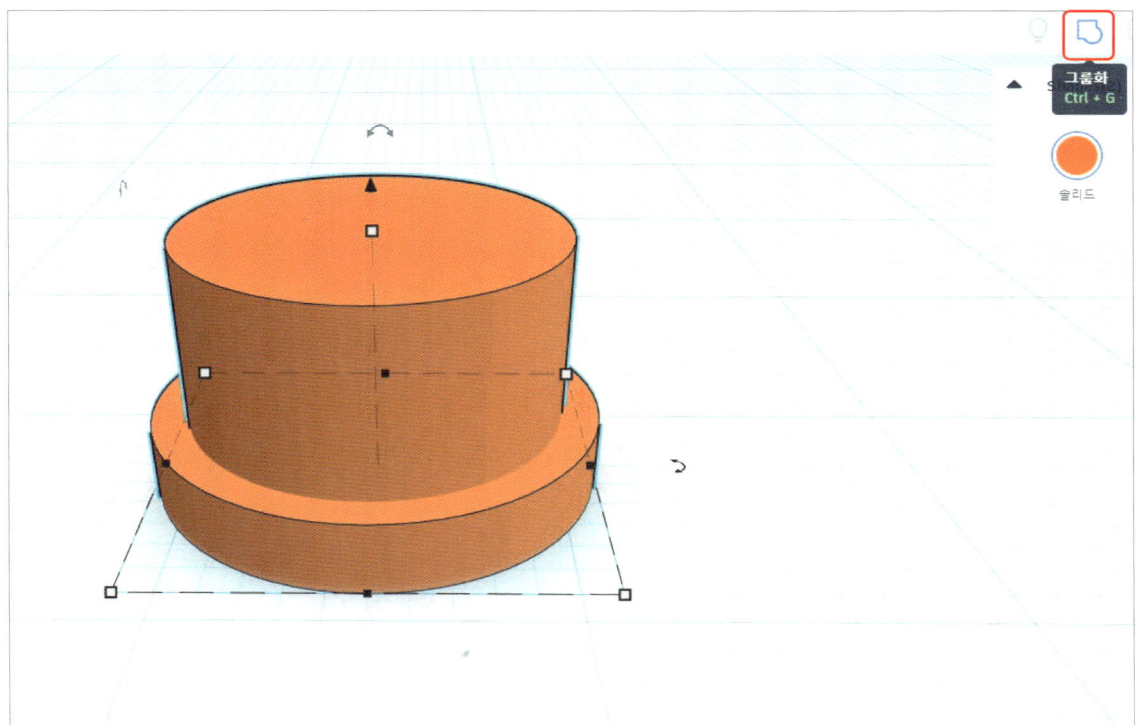

두 도형을 선택한 후 (Shift 키를 누른 상태로 두 도형을 클릭) 그룹화합니다.

TINKERCAD DESIGN For 3D PRINTING _____ SECTION 11

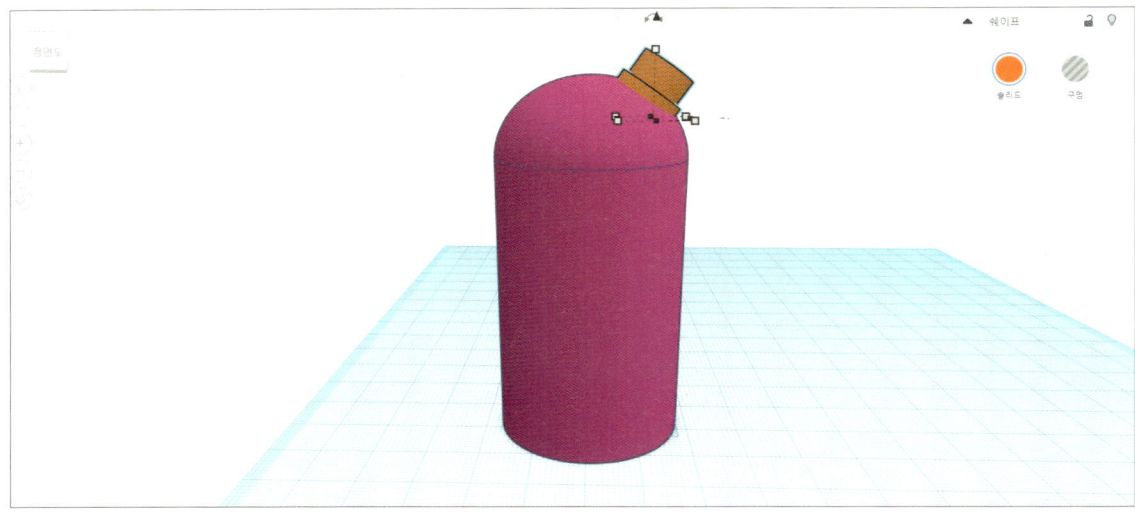

모자를 키보드 방향키 ⬅️⬇️➡️⬆️ 와 높이방향 화살표를 활용하여 그림과 같이 몸통의 적절한 위치에 배치합니다.

눈 만들기

04

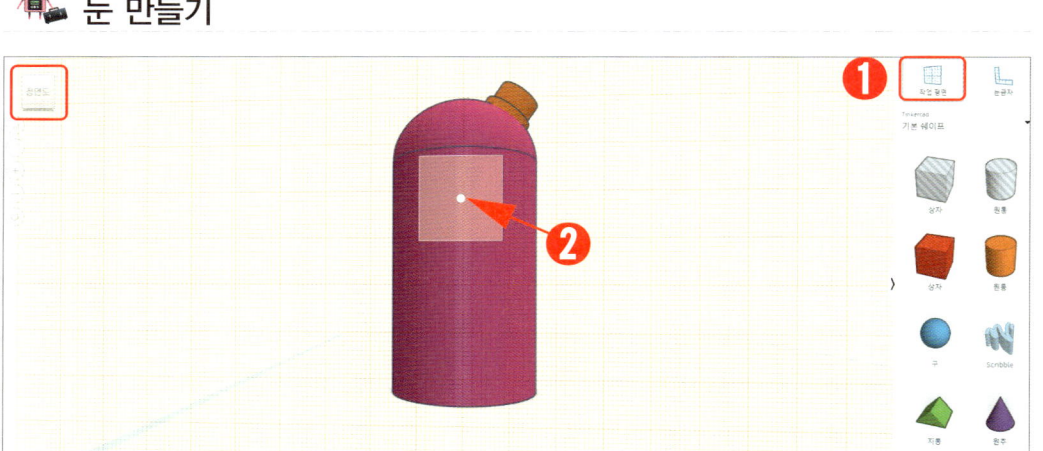

눈을 붙이기 위해 정면도로 화면을 전환한 후 임시 작업 평면을 만들어 봅니다.
❶ 작업 평면 버튼을 클릭한 뒤 ❷ 위치를 클릭합니다.

TINKERCAD DESIGN For 3D PRINTING

SECTION 11

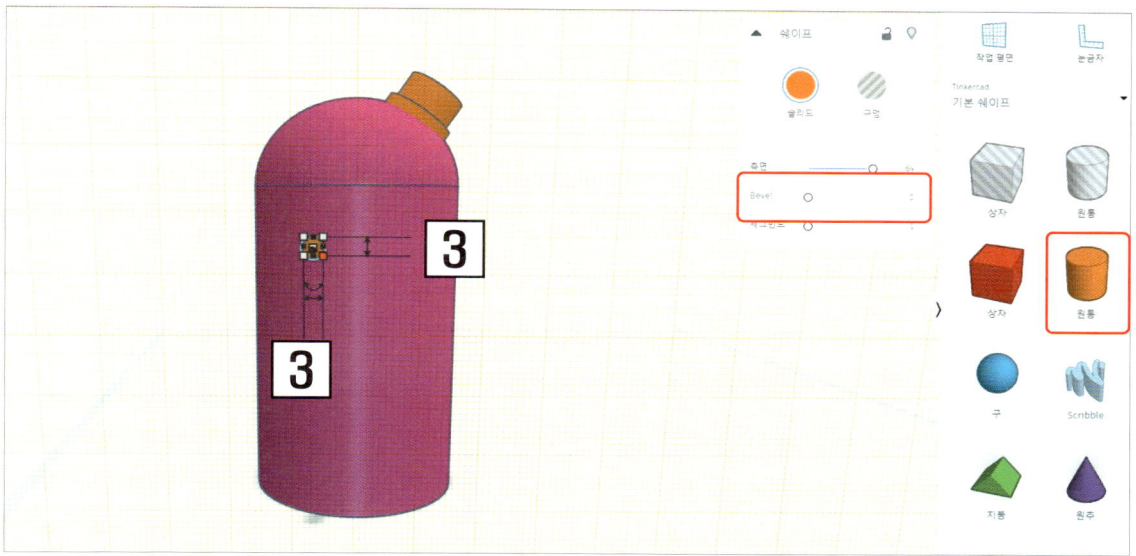

기본 쉐이프에서 원통을 선택하여 작업 평면에 놓은 후 치수를 조절하고, 높이 화살표와 방향키를 이용하여 위치를 잡아줍니다. (눈이 몸통에서 떠있지 않도록 측면도로 돌려서 확인하면서 배치합니다.)

예 원통 : 가로 3, 세로 3, 높이 3

눈을 선택하고 복제(Crtl+D)를 눌러 키보드 오른쪽 방향키 → 로 그림과 같이 적절한 위치에 배치합니다.

TINKERCAD DESIGN For 3D PRINTING

##

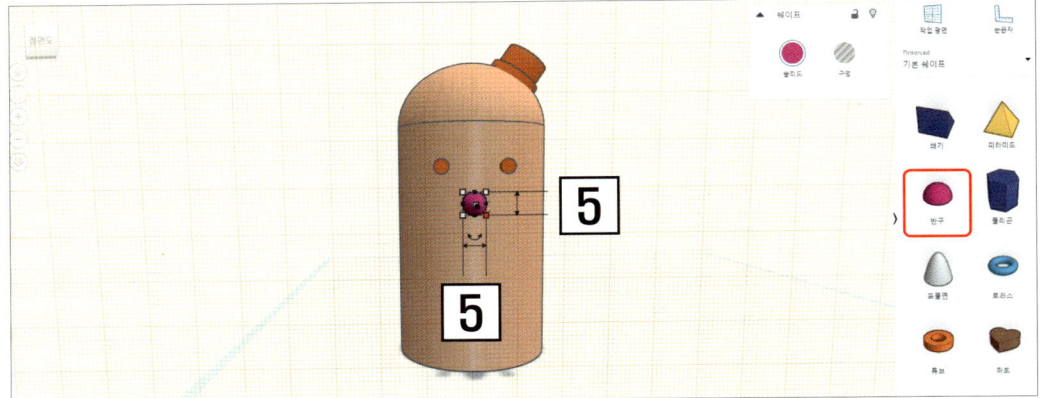

기본 쉐이프에서 반구를 선택하여 작업 평면에 놓은 후 치수를 조절합니다.
예 가로 5, 세로 5, 높이 5

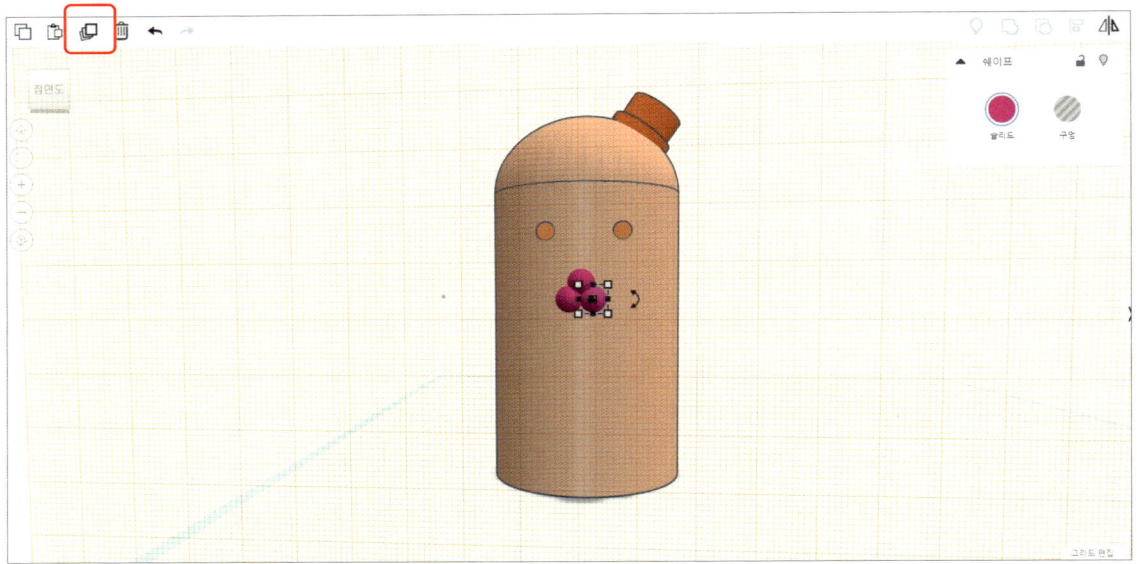

코를 선택하고 복제(Crtl + D)를 눌러 키보드 방향키 로 그림과 같이 적절한 위치에 배치합니다.
(코가 몸통에서 떠있지 않도록 측면도로 돌려서 확인하면서 배치합니다.)

TINKERCAD DESIGN For 3D PRINTING SECTION 11

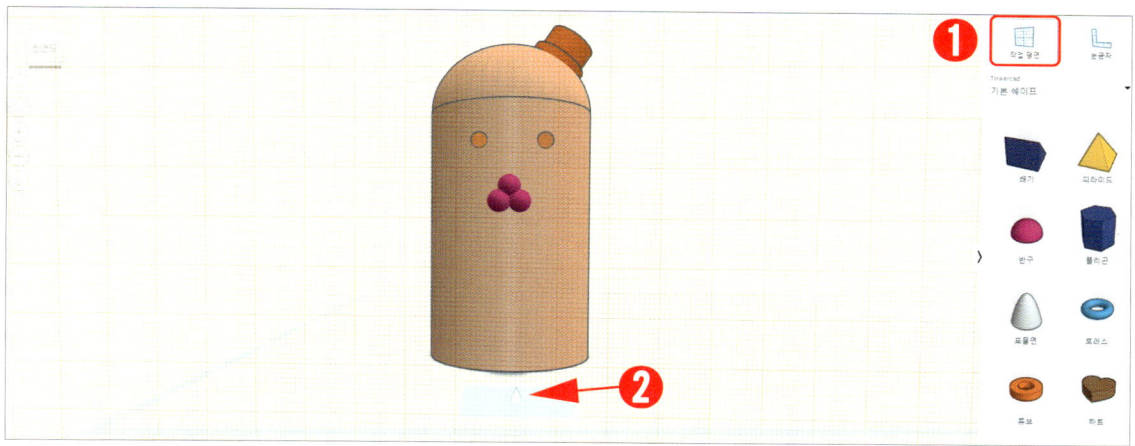

기존 작업 평면으로 돌아가기 위해 ❶ 작업 평면 버튼을 클릭한 후 ❷ 빈 공간을 클릭합니다.

 팔 만들기

 06

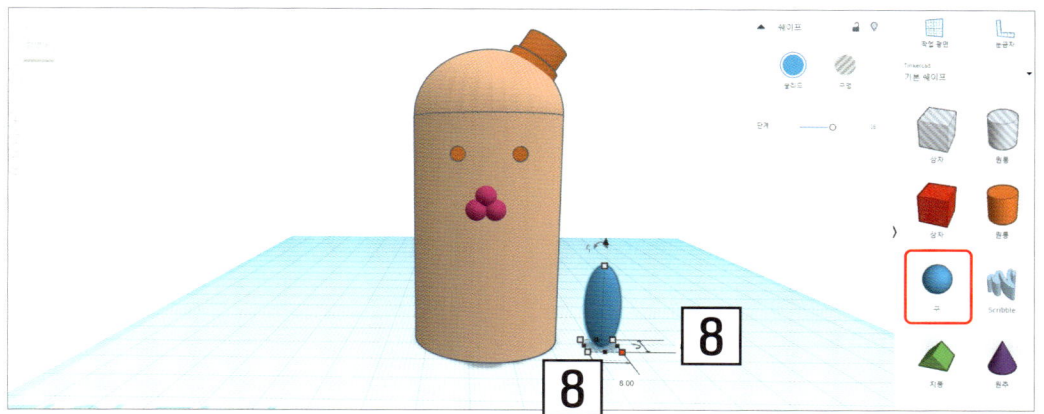

기본 쉐이프에서 구를 선택하여 작업 평면에 놓은 후 치수를 조절합니다.
예 가로 8, 세로 8, 높이 20

TINKERCAD DESIGN For 3D PRINTING   SECTION 11

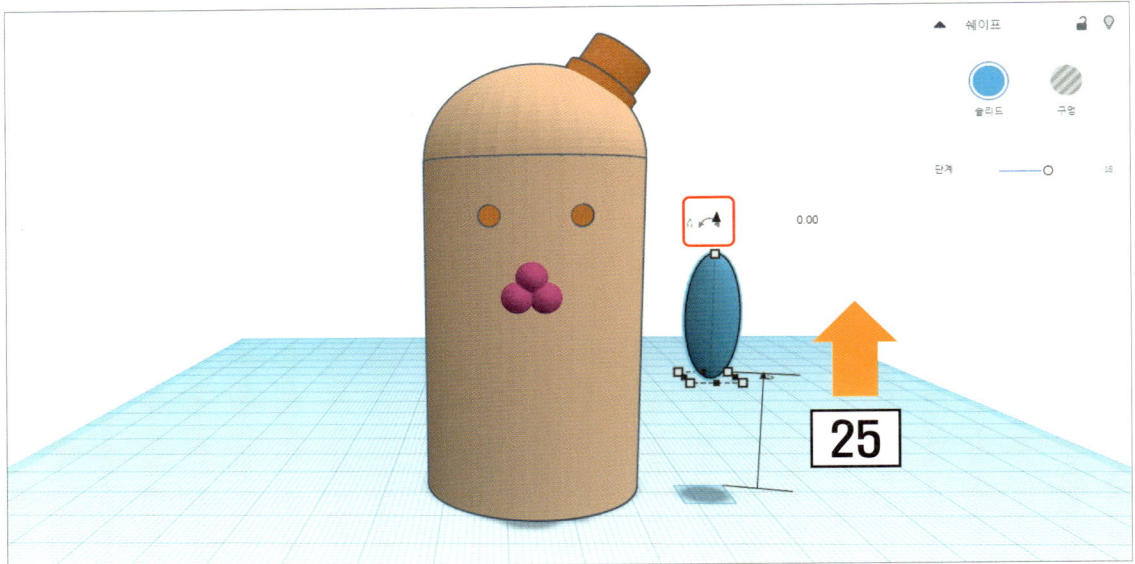

높이 방향 화살표를 이용하여 구를 위로 "25"만큼 올려줍니다.

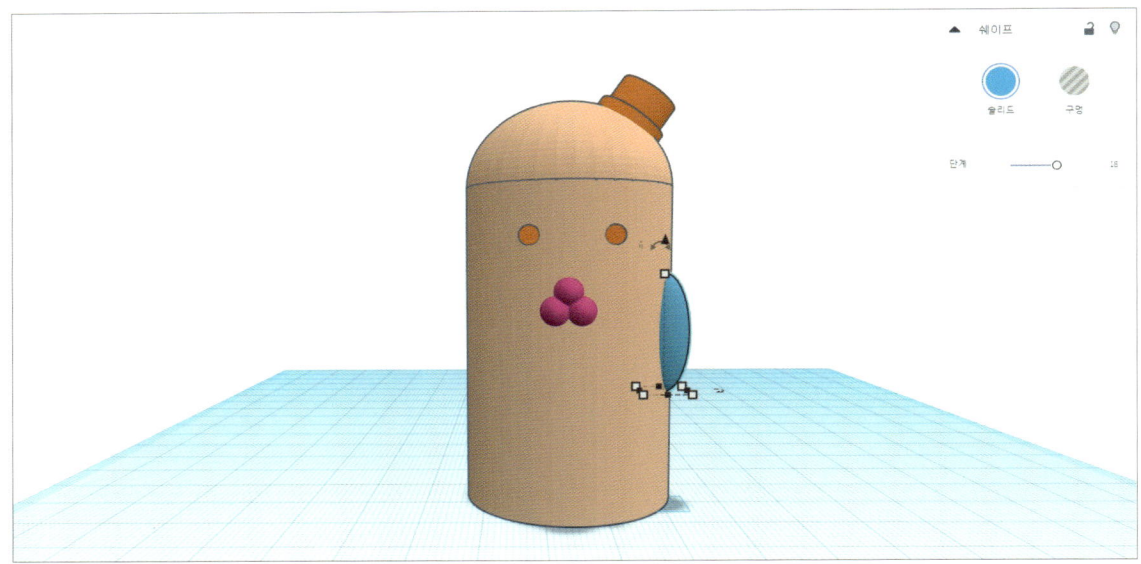

키보드 방향키 ↑←↓→ 로 그림과 같이 팔을 몸통에 배치합니다.

TINKERCAD DESIGN For 3D PRINTING _____ SECTION 11

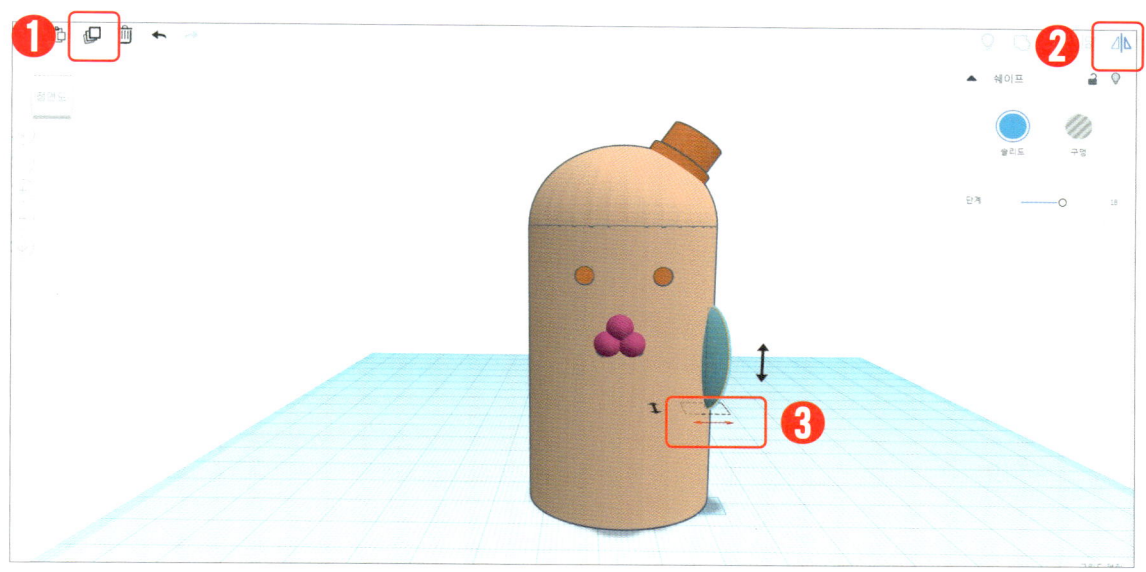

팔을 선택하고 ❶ 복제한 후 ❷ 대칭 버튼으로 ❸ 좌우 대칭하고, 키보드 방향키 로 반대쪽 팔을 배치합니다.

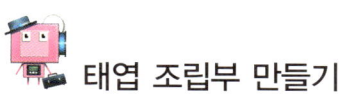 태엽 조립부 만들기

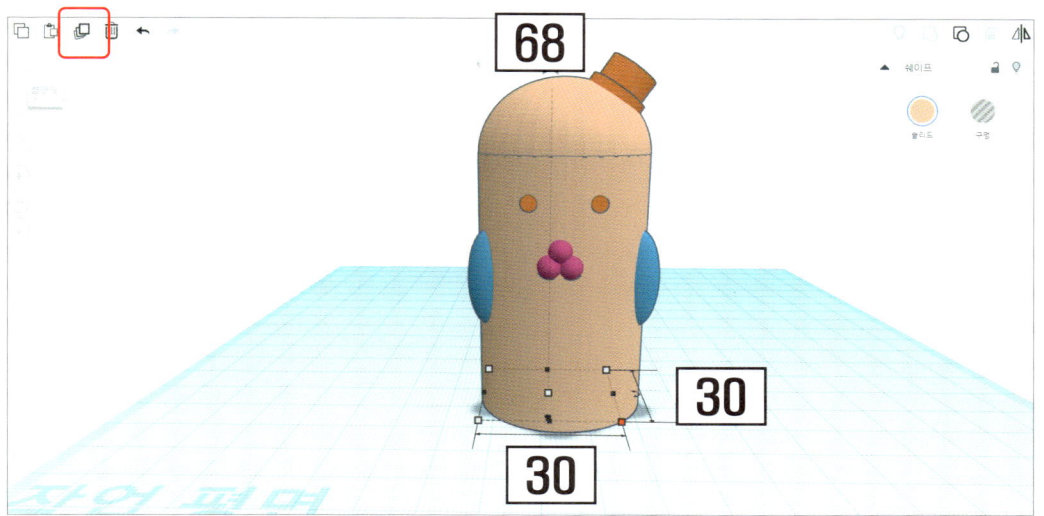

몸통만 선택하고 복제(Crtl + D)를 눌러 복제한 몸통의 치수를 조절합니다.
예 복제한 몸통 : 가로 30, 세로 30, 높이 68

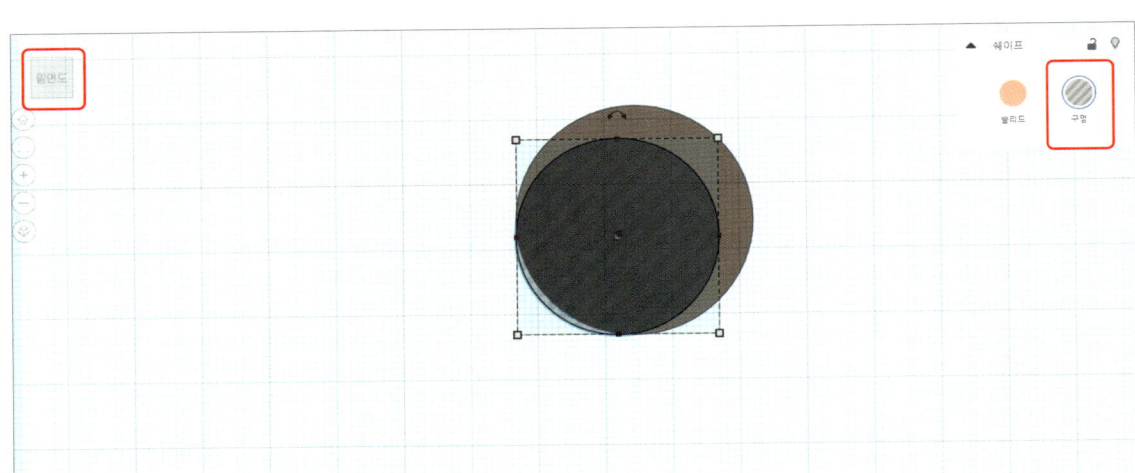

뷰박스를 밑면도로 선택합니다. 복제한 몸통만 선택하고, 구멍 도형으로 바꾸어 줍니다.

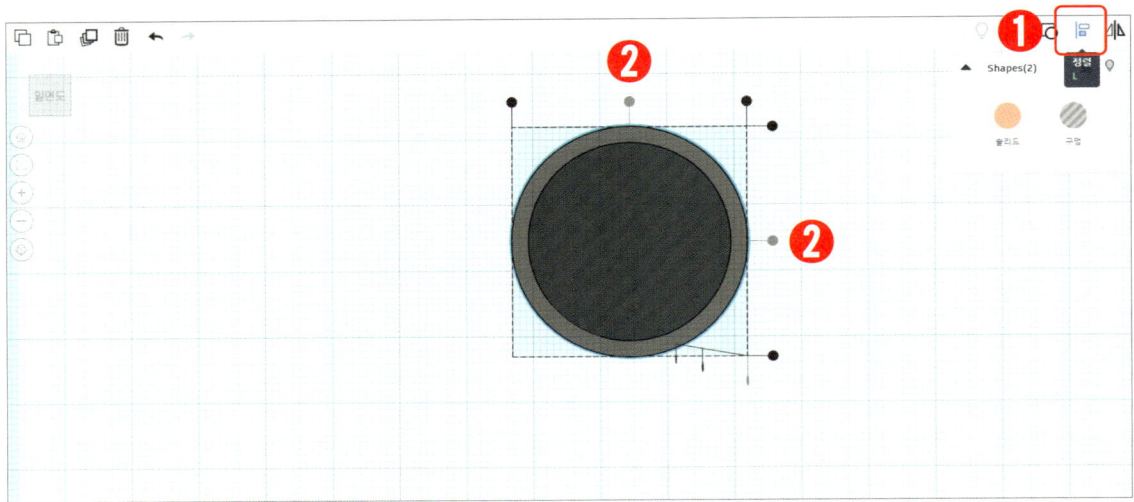

두 개의 몸통 도형을 선택하여 ❶ 정렬 버튼을 클릭한 후 ❷를 클릭하여 정렬합니다.

TINKERCAD DESIGN For 3D PRINTING　　　　　　　　　　　　　　　　　SECTION 11

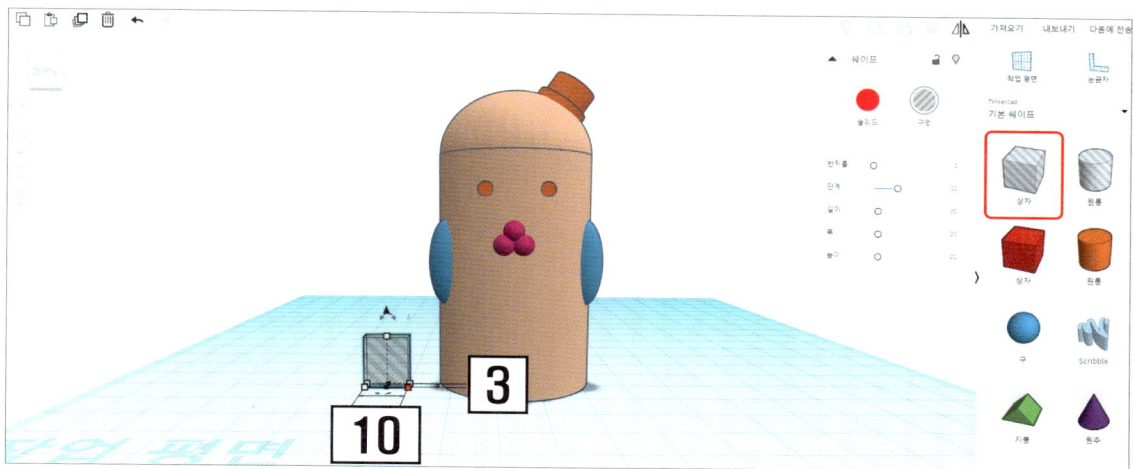

태엽 손잡이가 들어갈 자리를 만들기 위해 구멍 상자를 선택하여 작업 평면에 놓은 후, 치수를 조절합니다.
예 구멍 상자 : 가로 10, 세로 3, 높이 12

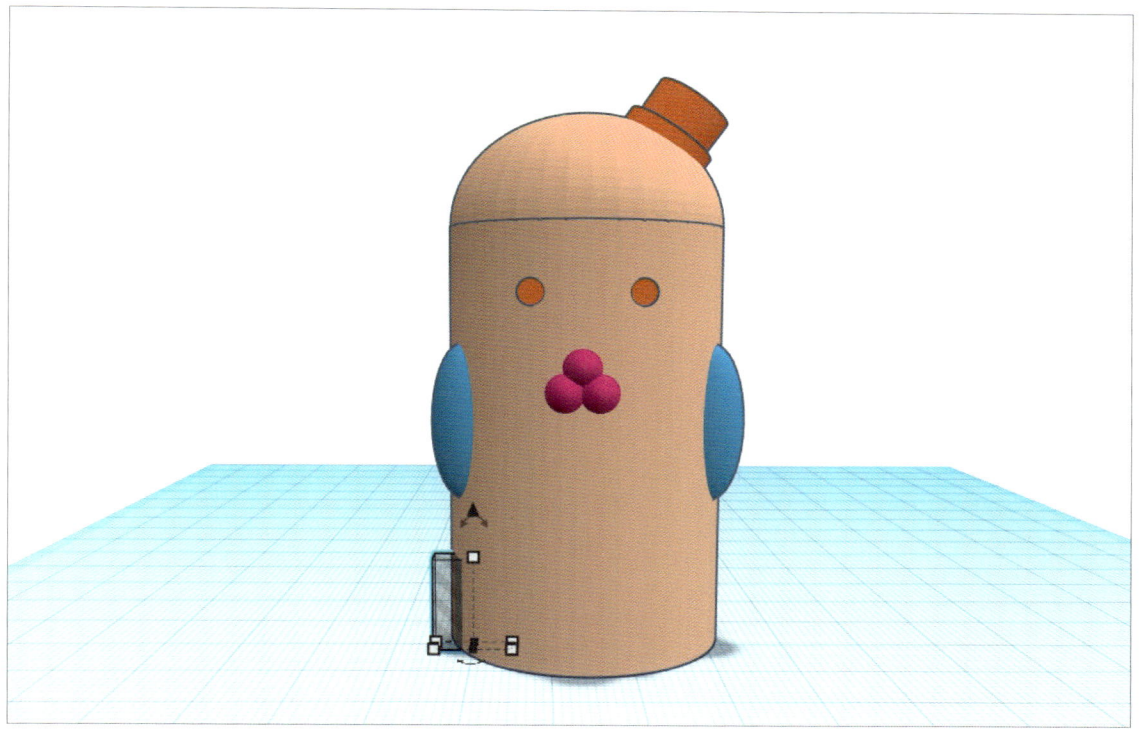

구멍 상자를 키보드 방향키 ⬆⬇⬅➡ 를 이용하여 몸통에 겹치도록 그림과 같이 이동해 줍니다.

(구멍 상자가 작업 평면 바닥면에 붙어 있어야 하며, 팔 아래쪽에 오는 것이 좋습니다.)

TINKERCAD DESIGN For 3D PRINTING — SECTION 11

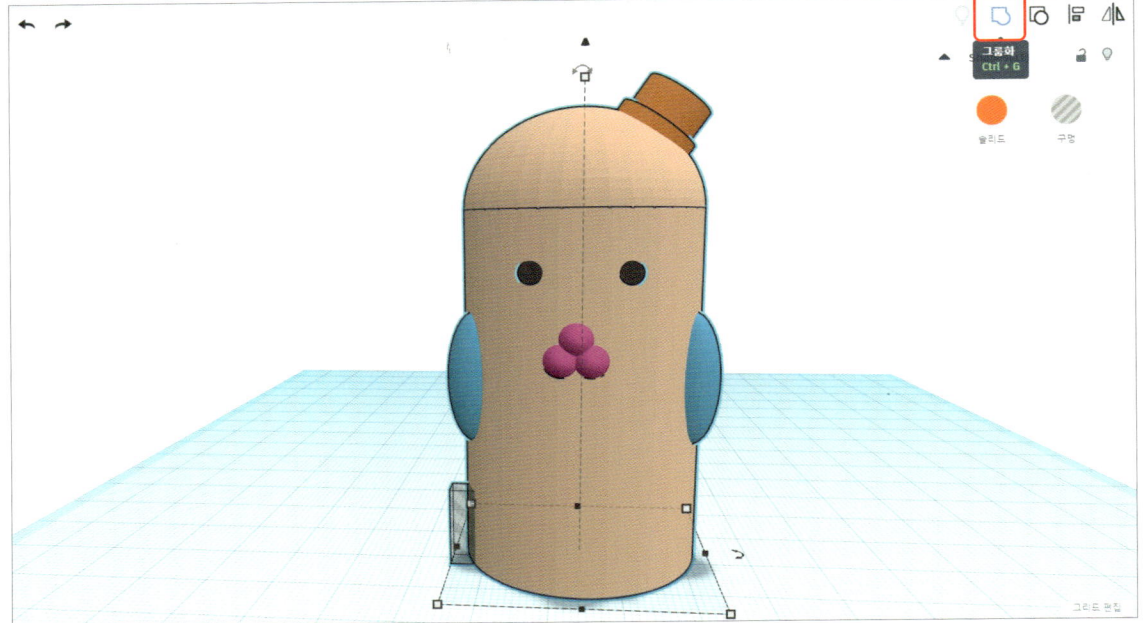

모든 도형을 선택하여 (마우스로 도형 전체를 드래그하여) 그룹화합니다.

태엽 토이 완성!

※ 태엽 로봇(가로 36mm, 높이 46mm : 정면에서 본 길이, 세로 30mm: 옆에서 본 길이)을 구매하여 모델링한 토이에 넣어 움직이는 태엽 토이를 완성해 봅시다.

도|전|과|제

- 다양한 디자인의 태엽 토이를 모델링해 봅시다.

SECTION 12
3D 프린터 출력하기

TINKERCAD DESIGN For 3D PRINTING

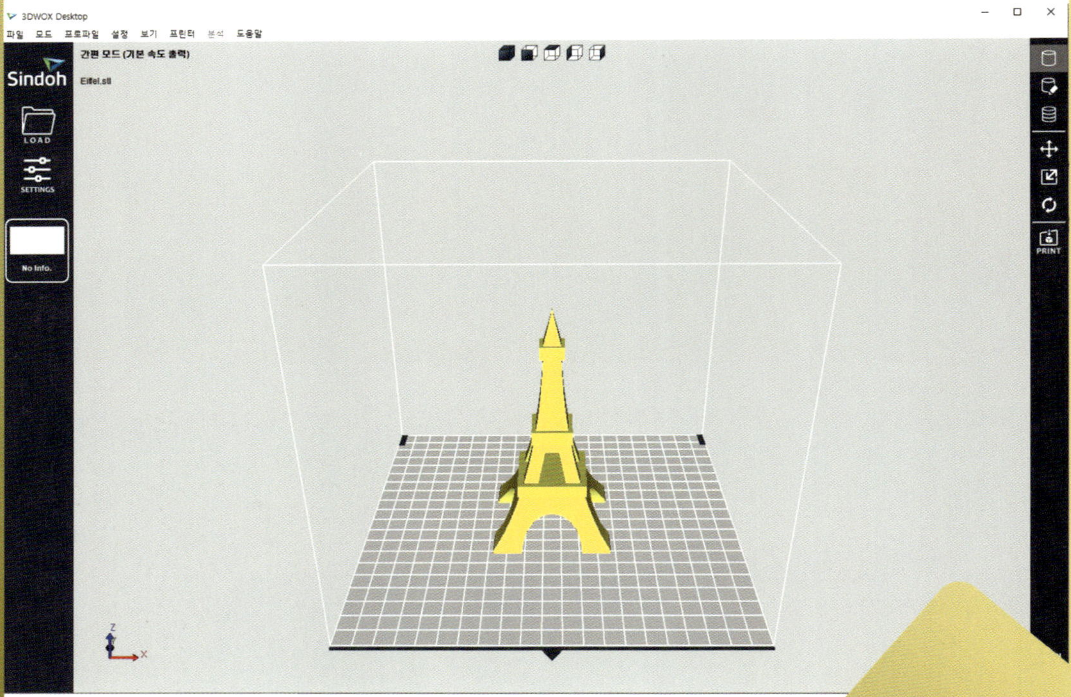

● 3D 프린터 출력하기

모델링을 STL로 변환 후 G-CODE로 변환하는 과정을 알아봅시다.
슬라이싱 프로그램을 활용하여 3D 프린터로 출력해 봅시다.
(본 챕터의 내용은 3DWOX 프로그램을 위한 내용으로 제작되었습니다.)

TINKERCAD DESIGN For 3D PRINTING

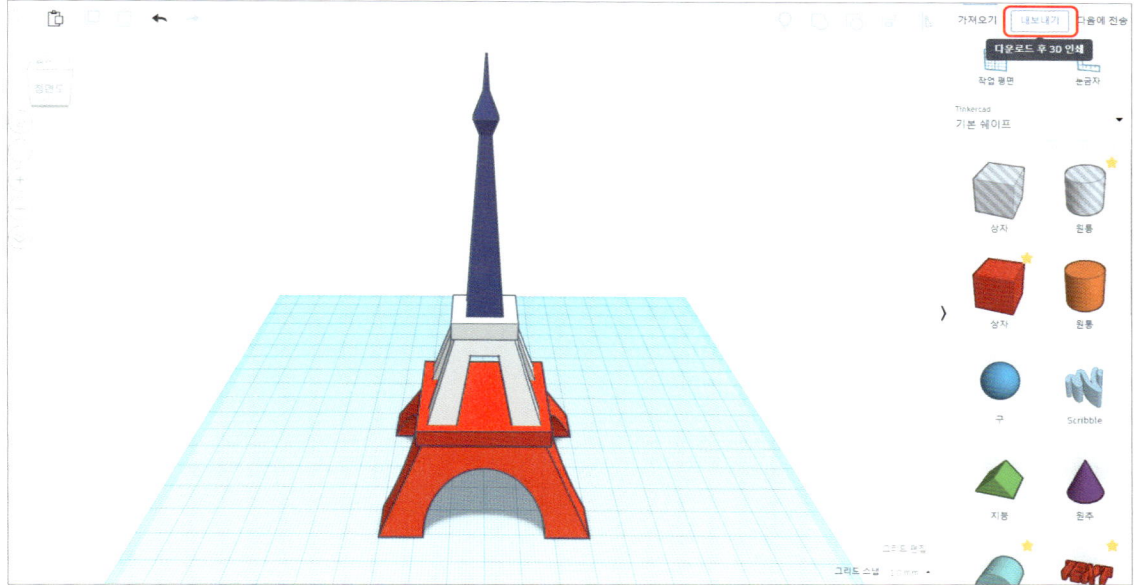

모델링을 완성한 후 프로그램에서 내보기를 클릭합니다.

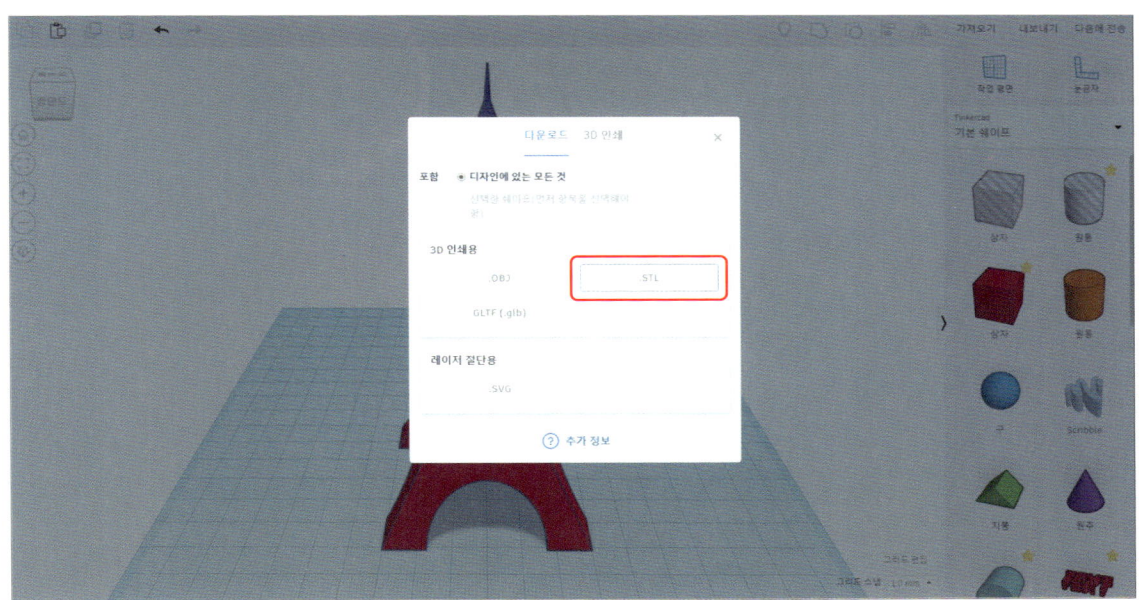

내보내기를 클릭한 후 창이 뜨면 STL을 클릭하여 모델링을 STL파일로 저장합니다.

TINKERCAD DESIGN For 3D PRINTING

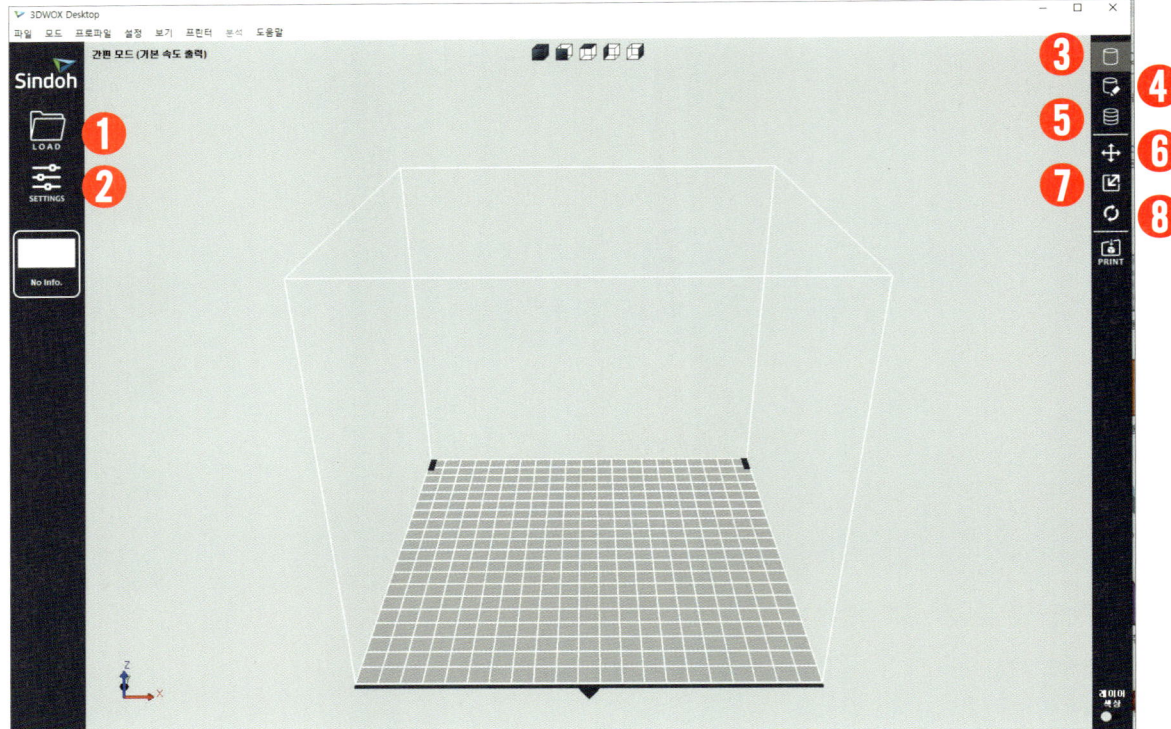

슬라이싱 프로그램을 실행합니다.
종료를 누르면 모델링이 생성됩니다.

❶ : 모델 불러오기　　　❺ : 레이어뷰어

❷ : 출력 설정하기　　　❻ : 모델 이동

❸ : 3D모델 뷰어　　　　❼ : 모델 확대, 축소

❹ : 서포트 편집　　　　❽ : 모델 회전

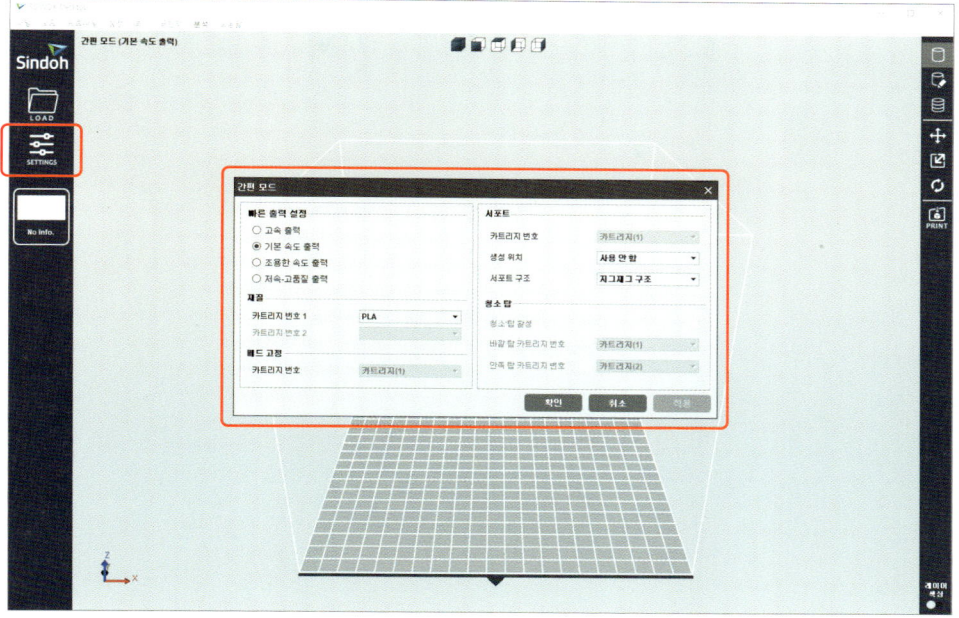

설정을 선택한 후 출력의 설정, 재질, 서포트 설정을 확인합니다.

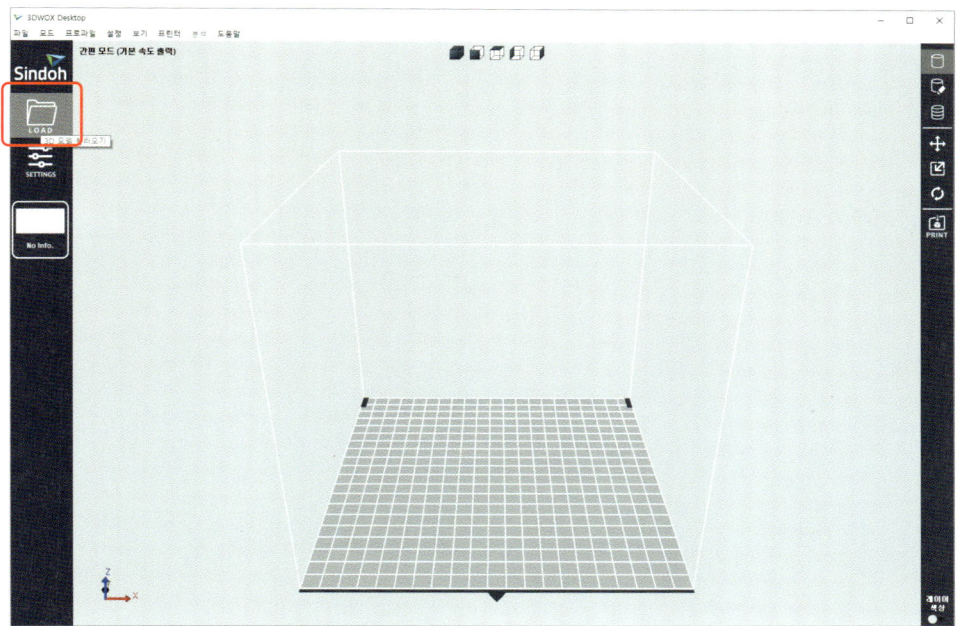

Load를 클릭하여 출력할 모델을 불러옵니다.

TINKERCAD DESIGN For 3D PRINTING _____ SECTION **12**

출력할 파일을 선택하여 열기를 클릭합니다.

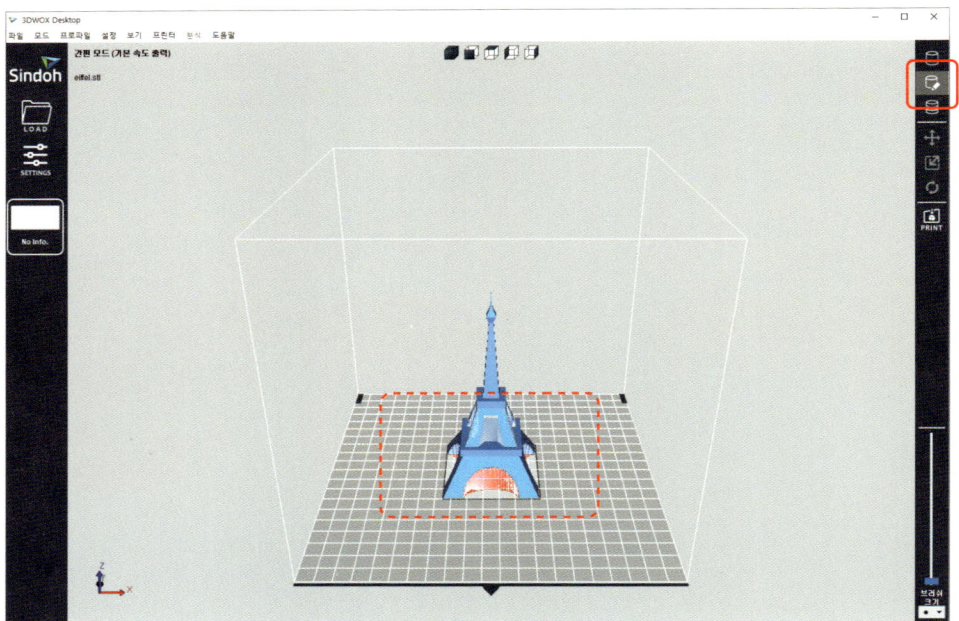

서포트가 필요한 부분은 서포트 편집을 활용하여 서포트를 만들어 줍니다.

TINKERCAD DESIGN For 3D PRINTING

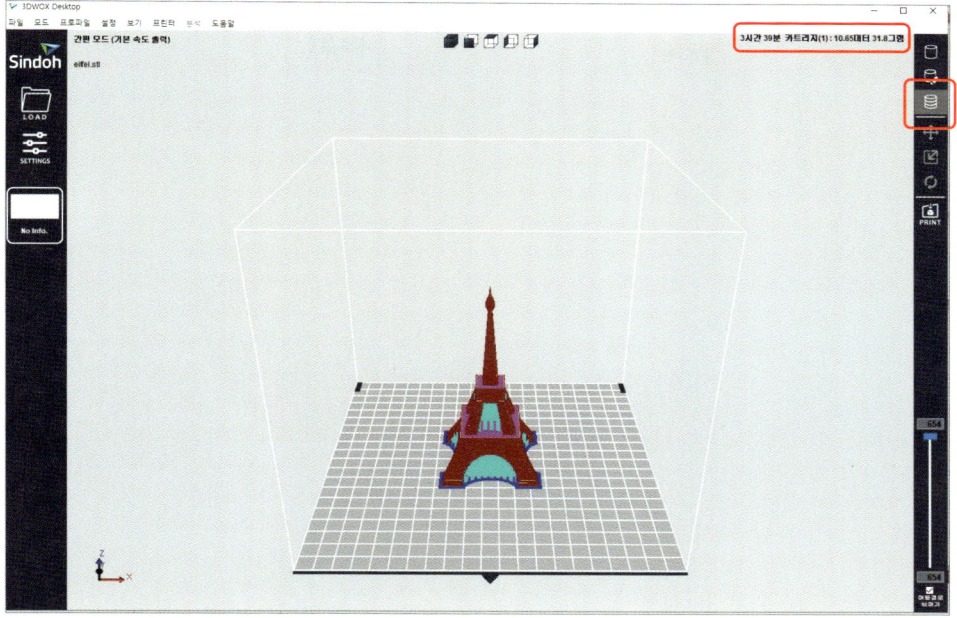

레이어 뷰어로 출력 시간과 필라멘트 사용량을 확인합니다.

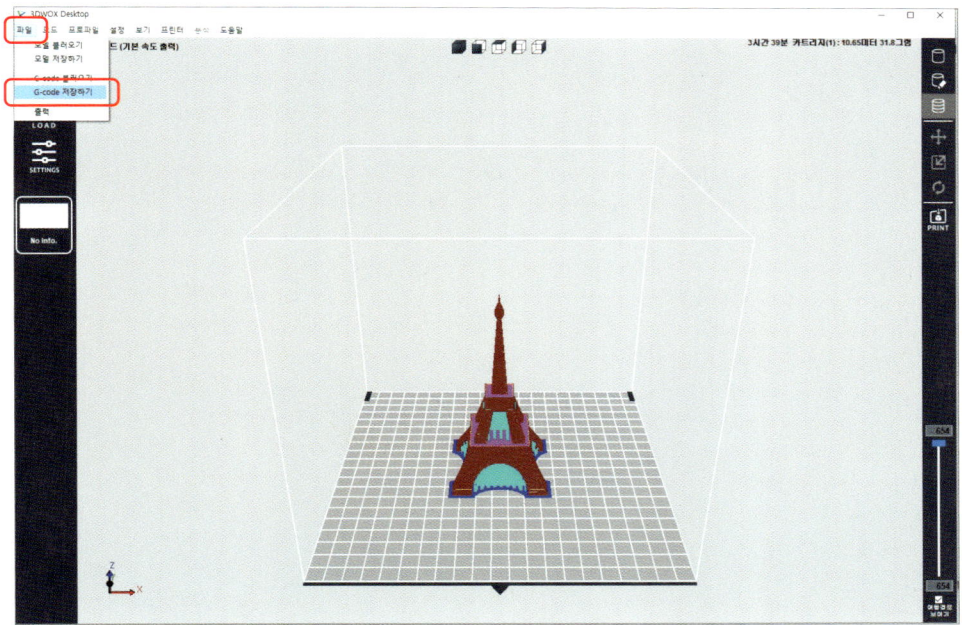

파일에서 G-code로 저장하기를 클릭하여 파일을 g-code로 변환하여 usb에 저장한 후 3D 프린터로 출력합니다.

지금까지 우리는
「3D 프린팅 수업을 위한 틴커캐드 디자인」 5권 교재로
3D 모델링을 재미있게 배웠습니다.
다음 차시는
「3D 프린팅 수업을 위한 틴커캐드 디자인」 6권으로
연결됩니다.